BLUE BOOK BLUE BOOK BLUE BOOK BLUE BOOK BLUE BOOK BLUE BOOK BLUE BOOK BLUE BOOK BLUE BOOK BLUE BOOK BLUE BOOK BLUE BOOK BLUE BOOK BLUE BOOK

海峡两岸新闻与传播研究丛书

CROSS-STRAIT JOURNALISM AND COMMUNICATION

台湾舆论议题与政治文化变迁

邹振东 著

九州出版社 JIUZHOUPRESS | 全国百佳图书出版单位

图书在版编目（CIP）数据

台湾舆论议题与政治文化变迁 / 邹振东著. --北京：九州出版社，2014. 2

ISBN 978 - 7 - 5108 - 2646 - 7

Ⅰ. ①台… Ⅱ. ①邹… Ⅲ. ①舆论 - 影响 - 政治文化 - 研究 - 台湾省 - 现代 Ⅳ. ①D675. 8

中国版本图书馆 CIP 数据核字（2014）第 027490 号

台湾舆论议题与政治文化变迁

作　　者	邹振东　著
出版发行	九州出版社
地　　址	北京市西城区阜外大街甲 35 号（100037）
发行电话	（010）68992190/3/5/6
网　　址	www. jiuzhoupress. com
电子信箱	jiuzhou@ jiuzhoupress. com
印　　刷	北京九州迅驰传媒文化有限公司
开　　本	720 毫米 ×1020 毫米　　16 开
印　　张	20.5
字　　数	350 千字
版　　次	2014 年 8 月第 1 版
印　　次	2017 年 8 月第 2 次印刷
书　　号	ISBN 978 - 7 - 5108 - 2646 - 7
定　　价	68. 00 元

目　录

导　言

本书以政治文化的符号为切入点，通过考察光复以来台湾舆论议题的演变，揭示台湾政治文化的变迁，探讨舆论议题与政治文化的互动关系模式。在进入正文以前，试简要说明本书的问题意识、理论框架和资料方法，并对前人的研究成果略作评述。

第一节　问题的提出

从某种意义上来说，几乎所有的台湾研究都具有未来学的背景，它们都在有意或无意、直接或间接地回答：眼前这个“漂流的台湾”① 将流向哪里？这种对未来的叩问往往来源于人们对现实的焦虑和对历史的困惑。台湾问题应如何破解？台湾为什么会演变成这样？如此的一系列问号，将台湾的历史、今天和未来连接在一起，使台湾研究成为极富当代感和历史感的“中国显学”。

越来越多的台湾研究者在以下方面取得共识：台湾研究不能满足于所谓的应景式的对策研究，而应该将之置身于学有所本的学术渊源中；台湾研究不能满足于对台湾现象就事论事的分析和图解，而应该把台湾现象放在一个更广阔的时空背景中进行历史与总体的考察。作为这种思考的延续，一个鲜明的例子是台湾政治文化变迁研究的出现。台湾政治研究，这个曾被讥为最紧跟形势或被誉为最呼应时代的台湾研究领域，除了继续保持其对台湾的政治变化第一时间做出反应的传统，也开始将台湾的政治研究从制度层面引向文化层面，并在方法论上开始关注传统的政治学

---

①　黄年主编：《漂流的台湾：联合报社论一百篇》，台北：联合报社，2001 年版。

不太重视的历史变迁研究。政治文化的变迁研究，将政治学、文化学、历史学结合起来，印证了台湾研究作为一种特殊的综合研究，是一门可以具有宽广前沿和深远内涵的新兴的交叉学科。

把台湾问题比作一条河，不同的学者可以选择不同的现象和角度研究它，有的人描述它的浪花，有的人分析浪花下面的礁石，有的人预测前面的旋涡，有的人监测河流的水文，有的人分析它的生态，有的人关注它的堤坝，有的人考察它的支流，有的人追溯它的起源。笔者最初的梦想是研究这条河的河床，这条河床是怎样形成的？它的地貌是怎样的？它的地质结构有什么特点？作为既是河床形成的原因又是河床形成的结果的河床的两岸，是怎样规定河床又怎样被河床规定的？河床的这一系列特质将怎样影响河流走向？最后，当然是这条河将流向哪里？但显然，无论从时间、学识和能力，做台湾问题的河床研究对笔者来说，都是自不量力的工程。务实的做法应该选择台湾问题这条大河做“浪花式”的研究，尽管“浪花式”的研究未必不需要功力和水准，但对笔者来说，可能是更适合的小规模工程。我选择的浪花，就是“舆论”。

如果说选择做“浪花式”研究而不是“河床式”研究是笔者无奈的退守，那么选择“台湾舆论”这朵“浪花”而不是别的“浪花”则是笔者有意的坚持，这种坚持来源于笔者对研究对象的如下评价：台湾舆论在台湾如此重要，但是对台湾舆论的研究却如此薄弱。

2007 年 5 月 6 日，民进党 2008 年台湾地区领导人党内初选党员投票结果揭晓，谢长廷胜出，苏贞昌随即宣布退选。曾担任苏贞昌“总统”参选办公室发言人的民进党“立委”林育生 8 日上午在“立法院”向媒体表示，苏贞昌此役败北，究其原因，其实是输给三立，而非输给谢长廷。林质疑：“三立是扮演一个公正的媒体，还是打手与传声筒？这要社会来公断。”① 三立电视台《大话新闻》栏目亲谢远苏

① 民进党 2008 年台湾地区领导人党内初选期间，各候选人竞争激烈，纷纷透过特定的媒体发声。《自由时报》因挺苏贞昌而被称为“自由苏报”。民视挺游锡堃，三立电视台挺谢长廷。不过苏贞昌在这一波的媒体战中基本处于弱势。例如，在绿营群众中有极高收视率的三立《大话新闻》节目就很明显地挺谢压苏：当苏贞昌受访时主持人郑弘仪连番丢出攻击性的问题，而谢长廷在节目中却享有“特殊待遇”，可以详细阐述自己的参选理念；节目中民众的 Call-in 电话也是一边倒地支持谢长廷；甚至三立新闻所公布的民调也常是有利于谢长廷的。因此，初选败阵后，苏阵营纷纷将矛头指向三立。苏系“立委”林育生指出，苏贞昌不是输给谢长廷，而是输给三立。前新系大佬洪奇昌则说：“全世界很难找到这幺偏颇的频道！”以上资料参见林君宜《三立挺谢引纷争——林育生：苏贞昌输给三立，不是谢长廷》，台湾《中国时报》，2007 年 5 月 9 日报道。

的立场人所共知，林的说法得到了蓝绿双方包括亲民党“立委”李鸿钧、吕秀莲以及《联合报》等台湾各大媒体的背书。此前，苏贞昌曾得到“总统”陈水扁和南部7位民进党籍县市长的加持，但是仍然不敌一个电视台的一个栏目的杀伤力。台湾有的网络博客甚至认为三立电视台的《大话新闻》胜过一个民进党党中央。[①]

事实上，三立电视台不过是台湾几十家电视台中的一家，《大话新闻》更只是上千个电视栏目中的一个。因此，不是三立电视台的一个栏目有多“了不得”，而是其制造和传播的舆论“不得了”。这个舆论制造的“蝴蝶效应”，在2008年卷起了一场政治飓风，影响甚至改变了台湾的政治生态。

台湾舆论在台湾“改朝换代”过程中所起的作用，最突出地表现在2000年的政党轮替。[②] 当时党权（执政党）、政权、军权、立法权、司法权甚至媒体的控制权（包括大部分重要媒体的所有权）都掌握在国民党手中，民进党为什么能不费一兵一卒就得到了政权？民进党依靠的最重要的资源和武器就是舆论，正是在舆论战中（而不是表面上的选战，在这里选战反而是表面文章，真正的战争反而是舆论的较量）国民党败在了民进党手里。

台湾舆论根本改变台湾历史进程的标志应由此回溯至1987年前后，正是舆论的先行，[③] 催生了国民党1986年的“政治革新”，[④] 并导致1987年开始的“解严”、“解禁”。“解严”、“解禁”实际涉及三个主题：一是结束戒严，二是解除党禁，三是开放报禁，前两者事关政治体制，后者则关系到言论自由，台湾社会的转型由此不可逆转。舆论的开放与政治体制的开放相提并论，显示出舆论是与政党、政权同一等量级的政治力量和社会力量。[⑤] 事实上，人们普遍认为，“解严”、“解禁”的三大主题最关键的还是解除报禁，如果不开放报禁，结束戒严和解除党禁就是一句空话；反之，如果开放报禁，即使当局不宣布结束戒严和解除党禁，自由的舆论仍将迎接政党政治和民主时代的到来。舆论所背负的民意力量，是政治改革的最终动力，舆论对社会各个层面的渗透，也使之成为社会转型最重要的推手。

---

① 见博客网址：http：//www. blancoage. com/boardtest/afall _ nofso003/showtopic. asp？TOPIC _ ID = 44194&Forum _ id = 60&page = 1。

② 《政党轮替，不只是“政党”轮替而已》，台湾《联合报》社论，2000年1月3日。

③ 陈忠莹：《违反潮流的报禁》，收入《禁》，史为鉴编著，台北：四季出版公司，1981年版，第29页。

④ 《在“宪法”架构下调整政治权力结构》，台湾《中国时报》社论，1986年3月29日。

⑤ 李瞻：《“我国”报禁问题及其解决之道》，台湾《报学》，1987年第七卷第8期。

“解严”后的台湾社会，是一个舆论高度发达甚至是过度发达的舆论社会，但这一足以影响和改变台湾历史进程的台湾舆论现象，却没有引起学术领域对台湾研究的足够重视。一个令人尴尬的事实是：在大陆方面，台湾的舆论研究几乎是空白，不仅没有台湾舆论的研究专著，有价值的台湾舆论研究的论文也是凤毛麟角；在台湾方面，尽管有许多有关舆论方面的研究论文，但迄今为止，仍没有对台湾舆论进行系统研究的专著，更遑论对台湾舆论进行系统的历史考察。

对台湾舆论研究的重视不够，有许多复杂的因素，比如学科建设，舆论与政治学、社会学、文化学、心理学都密切相关，但都没有进入它们的核心范畴和主流对象（少数研究者除外）。舆论一般被视为传播学的研究领域，但它在大众传媒研究中也处于边缘化的地位，一些研究台湾传媒的论著，也不把台湾舆论作为自己的研究对象，更重要的是舆论的复杂性已经超越了大众传媒研究的研究范围和解释半径。

舆论的复杂性曾经让许多学者望而生畏。早在 1904 年，德国历史学家欧肯（Eucken）就对那些试图对舆论下定义的人提出忠告：“任何渴望理解和阐释（舆论的概念）的人，将很快意识到他是在与海神普罗修斯——此神能以一千种形态出现——打交道，它既能被看到，又似幻影，无能却又惊人地有用，它以不计其数的变换形式出现，而且当我们相信已紧紧抓住它时，它却总是从我们的指间滑落，……它的漂浮和流动无法用固定的模式来理解……然而，问起来，每个人都确知舆论的含意。”①

欧肯的无奈发展到 20 世纪 50 年和 60 年代，变成了一种悲观主义论调，人们甚至认为舆论是虚构的，属于思想史的博物馆，只能引起历史学的兴趣，学术界要求放弃对舆论下定义的声音越来越大。

但对舆论研究的轻视和忽视，还在于对舆论的歧视。这种歧视来源于舆论作为研究对象的两大特点：一是舆论的表层性，二是舆论的假象性。

将台湾舆论研究比作“浪花式”的研究，也许不是笔者的自谦，而恰恰是舆论研究的特点。浪花的浮表性的确是舆论的特征。有关舆论的定义五花八门，但以下两个定义很有代表性：一个是中国舆论学者刘建明的定义：“舆论是一种表层意

---

① 转引自张国良主编：《20 世纪传播学经典文本》，上海：复旦大学出版社，2003 年版，第 536 页。

识”，它是“外在的、表面的，具有漂浮在社会空间的特征”；① 一个是西方舆论学者诺尔·纽曼（E. Noelle – Neumann）的定义：“舆论是社会的皮肤。”② 他们的定义都强调了舆论的表层性特征。

无论是“表层流动”还是“皮肤”，都说明了舆论属于社会现象的“最表层”。在一些人眼里，以社会现象的表层作为研究对象的舆论学，显然不是深刻的学问，所以舆论学常常被看作“肤浅”的代名词。

但“社会的表层流动”不需要监测吗？社会的皮肤，就不需要体温计吗？中医学的“望闻问切”哪一个不是从“体表”开始？但它们却成了中医学的基础工作。西医学的“症候学”，都是做“表面文章”，可哪一点影响到它的科学性呢？任何一次大地震前，都会在地表出现反常的现象，通过对这些现象的分析，人们可以预测灾难。舆论不是社会的心脏，却是反映心跳的脉搏，舆论如果真是社会的皮肤，怎么不需要把脉呢？

最表面的东西也许潜藏着最本质的东西，学术研究是否深刻，并不取决于它的研究对象是否深刻，而取决于研究者能否将研究引向深入。越是从社会的表象入手，也许越能触摸到社会的复杂机理，越是能深入到事物的深刻本质。舆论研究有可能在看似“最肤浅”的学科中做出最深刻的学问。

除了舆论的表层性，舆论的假象性也令人心存戒心。那些所谓代表民意的舆论，真的是人民的声音吗？社会的真实等同于政治的真实，而政治的真实等同于舆论的真实吗？那些电视画面报道的台湾，那些由文字评论报道的台湾，就是真正的台湾吗？舆论作为“真实”台湾的复制品，作为凹凸镜变形后的异体，它是真实的吗？

如果把舆论现象当作一种史料，它可能相当大部分要归入到“伪证”，至少要归入到马克·布洛赫（Marc Bloch）所说的“有意”的史料。布洛赫把史料分成“有意”和“无意”两种，前者是指史料提供者“有意”想让“史料”进行说服工作，让时人和后人接受提供者希望他们接受的信息，而后者则是“过去无意中留下的痕迹”，未必真实可信，但它却并不“蓄意”要影响人们的判断。③

---

① 刘建明：《社会舆论原理》，北京：华夏出版社，2002 年版，第 18 页。

② 张国良主编：《20 世纪传播学经典文本》，上海：复旦大学出版社，2003 年版，第 535 页。

③ ［法］马克·布洛赫：《历史学家的技艺》，张和声、程郁译，上海：上海社会科学院出版社，1992 年版，第 48—54 页。

而舆论又是什么呢？笔者的定义是："舆论是由多数人表达或向多数人传播或在多数人反应的对某一对象的共同关注。"舆论一定是公开的、有倾向的，而且一定是有意的，舆论存在的理由就是要影响和左右人们的观点，按布洛赫的分类看，它全部要归入"有意"的证据。

布洛赫认为，如果仅仅依靠"有意"的史料，史学家就会成为史料提供者的思想奴隶，史学家应该自觉地抵制"有意史料"的束缚。如此，舆论作为史学研究的对象还有意义吗？舆论的历史研究如果只是一座建立在伪证、假证或者虚证、偏证基础之上的大厦，它能不倒塌吗？

但布洛赫告诉我们，伪证有伪证的价值。如果史学家只满足于为考证而考证的博学游戏，那么伪证的确是一钱不值，但仅仅考证出史料的虚假，史学家只不过完成了一半的任务，如果史学家继续深入下去，进一步探讨作伪的动机及其与时代的种种关联，将"伪证"作为反映提供者所处时代的生活和思想资料来加以参照，"其价值就无与伦比"。①

可见，史料有真伪，价值无定论。"真"有"真"的价值，"伪"有"伪"的用处。对史料的处理不能停留在简单地"去伪存真"，"存真"当然要，"去伪"则未必。辨别真伪后，"伪"不能当垃圾丢掉，它还可以"废物利用"。史料的价值关键在于你怎么用"真"和怎么用"伪"。一个虚伪的社会，也许恰恰要用虚伪的史料来证伪，一个欺骗的时代也许恰恰要用欺骗的事实来揭穿。将史料化腐朽为神奇的力量，来源于你能够从史料中了解到它自身所愿意告诉你的更多的东西。

舆论现象正是这样一种可能一钱不值，也可能价值无与伦比的史料。如果我们能够从舆论的表象背后看到舆论被操弄的实质，并进一步分析：舆论的操弄主体到底是哪一种或哪几种力量？他们为什么要操弄？为什么能够操弄？他们操弄的舆论议题为什么是这个而不是那个？这些议题有哪些变化？它的土壤是什么？它的社会历史成因是什么？为什么这个社会可以容忍或纵容这样的操弄？这样的操弄又怎样影响了社会历史的进程？在这样的操弄下舆论建构了一个怎样的历史？而这个历史又是怎样建构起来的？在操弄下建构的舆论世界到底离真实的世界有多远？

当我们循着这样的思路不断叩问下去，舆论现象的史料价值就会在一层层的分

---

① ［法］马克·布洛赫：《历史学家的技艺》，张和声、程郁译，上海：上海社会科学院出版社，1992年版，第50页。

析下不断显现并放大。证据不会自己说话，必须叩问，必须质疑问难，它才会吐出有价值的东西。

越是处于表层越是蕴藏深刻，越是表现变形越是折射本质。舆论现象作为历史学的对象，其史实价值远不止如前所述的“表面文章”。被誉为现代舆论学创始人的沃尔特·李普曼（Walter Lippmann）认为舆论不是一种表面东西，而是人类生活的另一个“世界”。他认为人类生活在两个环境里，一为现实环境，一为“虚拟环境”。前者是独立于人们意识体验之外的客观世界，后者则是人类意识或体验到的主观世界。按照李普曼的观点，人类试图直接得到现实的真实图景根本是不可能的，它如此巨大复杂，稍纵即逝，难以捉摸，使得人们对它的直接观察几乎是微不足道的。人类比其他动物的优越在于他创造了种种方法，可以把复杂的现实环境重新建构成一个更为简单的模式。在这个建构过程中，大众传媒发挥了不可替代的作用，它使我们依赖媒介而生活，未经报道过的似乎就是不存在的，人们经历的环境只是通过媒介简单化之后的虚拟环境，最重要的是人类并没止步于虚拟的环境，他们基于这种环境有所期待、有所行动，这些行动不仅有其自身的真实，而且产生了真实的结果，从这个意义上说，虚拟环境创造了新的真实。①

舆论的世界就是这样一个虚拟的环境，它帮助人们用更简单的模式来掌握世界的概貌，但它也常常“欺骗”人们误以为这就是他们所生活的真实的环境。可能只有少数人可以看出舆论是社会的表象与皮肤，对于大多数人而言，舆论所建构的生活图景与价值体系就是他们所依赖的生活环境，他们与舆论的虚拟环境合为一体，既是舆论的对象，也是舆论的参与者。他们好比蜜蜂，而舆论则是蜂蜜，既是他们的食品又是他们的分泌物。更重要的是，舆论是他们的蜂巢，他们生活在其中，亦真亦假，亦实亦虚。

事实上，许多前辈先贤已经意识到舆论对社会的重要性，其中最著名的代表是哈贝马斯（Juergen Habermas）。哈贝马斯用一种理想类型的“公共领域”，建构其社会进化模式，即社会交往模式，而公众舆论能否形成、怎样形成以及由谁来主导，是公共领域能否建构的关键和标志。②

其实，舆论概念从诞生起，就被学者赋予了崇高的地位。1762 年，卢梭（Jean

① ［美］李普曼：《舆论学》，林珊译，北京：华夏出版社，1989 年版，第 1—24 页。

② ［德］哈贝马斯：《公共领域的结构转型》，曹卫东等译，上海：学林出版社，1999 年版。

－Jacques Rousseau）在其经典名著《社会契约论》中第一次将拉丁文字体系中的“公众”和“意见”两个词汇联系在一起，提出了“舆论”这一概念（法文原词opinino publique），并把舆论提高到比法律更高的地位。“舆论既不是铭刻在大理石上，也不是铭刻在铜表上，而是铭刻在公民们的内心里；它形成了国家的真正宪法；它每天都在获得新的力量；当其他的法律衰老或消亡的时候，它可以复活那些法律或代替那些法律，它可以保持一个民族的创制精神，而且可以不知不觉地以习惯的力量代替权威的力量。我说的就是风俗、习惯，而尤其是舆论。”①

哈贝马斯和卢梭等人的理论揭示了舆论与推动社会历史进程更深层的力量紧密相关，舆论可以是也应该是解读社会历史发展的研究对象和解释工具。它带给我们的启示是：台湾舆论研究虽然是浪花式的台湾研究，但它仍可能触及台湾研究的河床，舆论的表层性和假象性不是台湾舆论研究的障碍，反而恰恰是破解台湾问题的一把钥匙。

舆论的表层性让我们更加关注台湾舆论表象背后的东西。我们发现台湾的舆论并不等于台湾的民意。在表面上浮现在我们眼前的东西，其背后可能有不同的利益集团和压力集团在操纵，更重要的即便是各种利益集团和压力集团，表面上是按照自己的利益和意志在说话，实际上背后仍然有制约和规定着的土壤，这个土壤最直接的就是政治文化。不同时期不同特点的政治文化影响甚至决定了在台湾舆论里谁能说话、怎么说话以及用什么方式说话，台湾政治文化对台湾舆论的投射，必将在台湾舆论上打上烙印、留下痕迹。不同时期不同阶段不同特点的台湾舆论总是用不同的方式反映着与其相对应的政治文化，甚至直接成为政治文化的符号。因此，表面上是台湾舆论在风起云涌，实际上是台湾政治文化在暗潮涌动。于是，透过台湾舆论的表面浪花，我们可以触及台湾政治文化的河床。而台湾的政治文化是台湾政治行为、政治过程滋生的土壤，也是台湾政治制度、政治体制赖以维系的纽带，它与台湾的其他文化一起互动成为虽然缓慢却长远地影响甚至决定台湾历史走向的基础性力量。因此，将台湾舆论研究引向深入，就能够从台湾舆论的表象，进入深层次的台湾政治文化，并通过台湾舆论的变化，发现台湾政治文化的历史变迁。

反过来，台湾的政治文化也可以帮助人们更深刻地认识台湾舆论的假象。譬如，当民进党某个政治人物挑起省籍议题，马上有学者指出他的放话是“操弄”，

---

① ［法］卢梭：《社会契约论》，何兆武译，北京：商务印书馆，1987年版，第73页。

这对于决策者迅速提出对策和对于大众迅速做出舆论反应是很有助益的。但对于认识和解决台湾问题，仅仅指出舆论的“操弄”是远远不够的，人们要求更深入地回答为什么这种“操弄”可以一而再再而三地出现？为什么它会屡屡奏效？为什么这么多民众这么愿意被操弄？为什么即使有人指出这是“操弄”，这么多民众还是不肯相信自己被操弄甚至即使明白却仍然愿打愿挨？特别是到底是谁操弄了谁？是政客操弄民众，还是民众操弄政客？如果不是政客操弄民众，如何解释在政治人物的操弄下，同样是这一批民众，为什么会对中国的认同出现这么大的转变？但反过来，如果不是民众操弄政客，为什么政治人物一旦改变了自己的立场，就会被某些民众无情地抛弃？我们如何解释为什么民进党的领导人只要脱离这个党就会被该党的支持者所唾弃？① 如何解释民进党中的有些清醒人士明明不敢认同民进党的某些做法却不敢大声批评，即使敢辞去“立法委员”也不敢辞去民进党党籍？② 如何解释民进党一进行初选，其候选人就开始一个比一个更“独”？到底谁是玩偶？谁是过客？谁是台前？谁是幕后？谁是演员？谁是观众？

对上述问题的回答，如果仅就舆论谈舆论，就会陷入鸡生蛋蛋生鸡的怪圈。只有将台湾舆论引入政治文化的视角，从台湾舆论与政治文化的互动关系着眼，人们才可能理解为什么是这个人物、这个地点、在这种场合会说出这样的话，即使他的话是一种操弄，但操弄者本身也被操纵，它仍然被一双看不见的手所左右，无论是政治人物还是民众，他都不能脱离他所处的政治文化土壤。他可以有自己的个性甚至自主性，甚至可以在某个瞬间某个局部某种程度背离政治文化的引力，更极端的

---

① 台湾政治有一个奇怪的现象，一些反民进党的前民进党大佬，如前党主席许信良、施明德及创党元老朱高正等，一旦脱离民进党，就被泛绿支持者抛弃，其再参与政治选举的时候选票都偏低。例如曾任第五、七届党主席并于 1999 年退党的前民进党主席许信良，无论是竞逐 2000 年“总统”或者 2004 年“立委”均告落败；于 2000 年退党的民进党第六届党主席施明德于 2001 年和 2004 年两度竞选“立委”、2002 年参选高雄市长（后退选），也都无功而返；民进党创党元老之一的朱高正因理念不合而于 1990 年退党并成立中华社会民主党，但该党在 1991 年第二届“国大”代表选举中全军覆没，他本人也在 1994 年台湾省省长的选举中败给宋楚瑜，1998 年“立委”选举落败后退出政坛。以上资料参见陈星：《民进党：二十年变迁与未来发展方向》，http：//www. china. com. cn/overseas/txt/2006 - 09/28/content _ 7200024. htm。

② 2006 年 11 月 13 日，民进党资深党员“立委”林浊水、李文忠发表以“诚信”为名的辞职声明，表达对陈水扁“国务机要费案”民进党中央做出全力挺扁决定的不满。他们表示，从政者应有诚信，不过两人既不愿违背党的决议，也不可能投票支持“罢免案”，为表示负责，因此宣布辞去“立委”。以上资料参见李欣芳：《国务费案批党失信　李文忠、林浊水辞立委》，台湾《自由时报》，2006 年 11 月 14 日报道。

是：他还可能反作用于政治文化，但无论如何他不是在一个政治文化的真空中，也不是在一个别的政治文化的空间中思考和行动，他不是木偶，但身上仍然系着政治文化千丝万缕的线。他说什么话、这些话有没有听众、这些话能不能产生舆论效应、这个舆论能产生什么作用，都与政治文化有关。为什么这个时期有的舆论议题开始沉默，而有的舆论议题开始大声？只有从政治文化的变迁，我们才能找到问题的真正答案。

舆论特点的表层性和假象性，都把我们的目光引向政治文化。台湾的政治文化是台湾舆论研究的分析工具，也是台湾舆论研究的目的旨归。这样，以台湾舆论演变为研究对象的本书，就以台湾政治文化的变迁作为研究的起点和终点。

第二节　学术史回顾

本节拟从本研究的学科背景、研究领域、研究对象等三个面向进行学术史回顾。

一、学科背景

本书是关于光复以来台湾舆论议题演变与政治文化变迁的研究，其学科背景有二：一为历史学，一为舆论学。

历史学是一门古老而历久弥新的学科。本研究受“新史学”的影响较大，特别是总体史学、长时段理论、即时史学以及历史人类学对本书的启发堪称深远。

舆论学是一门年轻而崭露头角的学科，李普曼的两个世界理论、[①] 诺尔纽曼的沉默的螺旋理论、[②] 特别是马克斯韦尔·麦库姆斯（Maxwell McCombs）和唐纳德·肖（Donald·shaw）的议题设置理论[③]对本书有直接的启迪。

历史学以其古老的渊源与开放的前沿使之与诸多学科的结合相得益彰，这不仅为历史学开辟了新的领域，发现了新的方法，创造了新的分析工具，也为相关学科开启了新的视野，提供了新的理论，建构了新的研究模式。历史人类学、历史社会

① ［美］李普曼：《舆论学》，林珊译，北京：华夏出版社，1989 年版。

② ［德］伊丽莎白·诺尔·纽曼：《民意——沉默螺旋的发现之旅》，翁秀琪、李东儒、李岱颖译，台北：远流出版公司，1994 年版。

③ 甘惜分：《新闻学大辞典》，郑州：河南人民出版社，1993 年版，第 211 页。

学、历史语言学、历史文化学、经济史学、计量史学、心态史学、社会经济史学……无论在理论上还是在实践上都硕果累累。但令人遗憾的是历史学与舆论学的结合却不尽如人意，一个不争的事实是：迄今为止，历史舆论学连作为一个“概念”都未有人提起，更遑论对该学科的建设与探索。

故本研究的学科背景存在着一大空白，即历史舆论学作为一个新兴的交叉学科无论在理论还是在实践中尚未建立。

二、研究领域

本书的研究领域有二：一是台湾政治文化研究，二是台湾舆论研究。现试分别对相关领域的学术研究作简要回顾。

1. 台湾政治文化研究领域

台湾政治的研究汗牛充栋，其中与本书间接相关的台湾政治变迁的研究也著述颇丰，其代表性的作品主要有：胡佛，《政治变迁与民主化》；① 廖达琪，《台湾地方政治变迁初探：民国82年与90年地方菁英背景及观点之比较》；② 陈明通，《派系政治与台湾政治变迁》；③ 彭怀恩，《认识台湾——台湾政治变迁五十年》；④ 王振寰，《谁统治台湾：转型中的国家机器与权力结构》；⑤ 朱云汉，《中产阶级与台湾民主化》；⑥ 吴文程，《台湾的民主转型——从权威性的党国体系到竞争性的政党体系》；⑦ 彭怀恩，《台湾政治发展》；⑧ 郭正亮，《民进党转型之痛》；⑨ 施正锋，《台湾政治建构》；⑩ 丹尼·罗伊（Denny Roy），《台湾政治史》。⑪

---

① 胡佛：《政治变迁与民主化》，台北：三民书局，1998年版。

② 廖达琪：《台湾地方政治变迁初探：民国82年与90年地方菁英背景及观点之比较》，台湾《台湾政治学刊》，2002年6期，第184—240页。

③ 陈明通：《派系政治与台湾政治变迁》，台北：新自然主义公司，2002年版。

④ 彭怀恩：《认识台湾——台湾政治变迁五十年》，台北：风云论坛出版社，1997年版。

⑤ 王振寰：《谁统治台湾：转型中的国家机器与权力结构》，台北：巨流图书公司，1996年版。

⑥ 朱云汉：《中产阶级与台湾民主化》，收入《变迁中台湾社会的中产阶级》，萧新煌主编，台北：巨流图书公司，1990年版。

⑦ 吴文程：《台湾的民主转型——从权威型的党国体系到竞争性的政党体系》，台北：时英出版社，1996年版。

⑧ 彭怀恩：《台湾政治发展》，台北：风云论坛出版社，2003年版。

⑨ 郭正亮：《民进党转型之痛》，台北：天下文化出版社，1998年版。

⑩ 施正锋：《台湾政治建构》，台北：前卫出版社，1997年版。

⑪ 丹尼·罗伊（Denny Roy）：《台湾政治史》，何振盛、杜嘉芬译，台北：台湾商务印书馆，2004年版。

将台湾政治研究深入到台湾政治文化及其变迁的著述则相对不多。岛内的代表人物及专著有：胡佛，《政治文化与政治生活》；[①] 唐光华，《政治文化的沉思者——白鲁恂》；[②] 江炳伦，《政治文化导论：理论与个案研究》；[③] 彭怀恩，《台湾政治文化的剖析》；[④] 彭怀恩，《中国政治文化的转型——台湾政治心理倾向》；[⑤] 石之瑜，《政治文化与政治人格》。[⑥] 大陆方面代表人物及专著有：刘国深，《当代台湾政治分析》；[⑦] 刘国深，《台湾政治概论》。[⑧] 论文方面，较有影响的是：黄光国，《"依侍主义"与"党派主义"：台湾政治文化的变迁》；[⑨] 黄秀端，《台湾政治文化变迁与政治民主化》；[⑩] 黄秀端，《政治文化：过去、现在与未来》；[⑪] 以及北京大学李振广的博士论文《当代台湾政治文化转型探源》。[⑫] 还有一些论述涉及政治文化研究的领域，比如政治情感、政治认知与政治评价，尽管其理论框架不一定采用政治文化的概念，对本研究仍有助益。比如游清鑫，《二十一世纪台湾选民的政党认同，政党形象的探索》；[⑬] 游清鑫、萧怡清，《台湾民众政党认同的持续与变迁》；[⑭] 吴乃德，《面包与爱情：初探台湾民众民族认同的变动》；[⑮] 庄英章，《族群互动，文化认同与"历史性"：客家研究的发展脉络》；[⑯] 杨芙宜，《国家认同的分歧或共

---

① 胡佛：《政治文化与政治生活》，台北：三民书局，1998 年版。

② 唐光华：《政治文化的沉思者——白鲁恂》，台北：允晨文化公司，1982 年版。

③ 江炳伦：《政治文化导论：理论与个案研究》，台北：韦伯文化出版公司，2002 年版。

④ 彭怀恩：《台湾政治文化的剖析》，台北：风云论坛出版社，1996 年版。

⑤ 彭怀恩：《中国政治文化的转型——台湾政治心理倾向》，台北：风云论坛出版社，1992 版。

⑥ 石之瑜：《政治文化与政治人格》，台北：扬智出版社，2003 年版。

⑦ 刘国深：《当代台湾政治分析》，北京：九州出版社，2002 年版。

⑧ 刘国深：《台湾政治概论》，北京：九州出版社，2006 年版。

⑨ 黄光国：《"依侍主义"与"党派主义"：台湾政治文化的变迁》，见"国科会 84—86 年度社会组专题计划补助成果发表会"，台北："中央研究院"社会学研究所，1998 年。

⑩ 黄秀端：《台湾政治文化变迁与政治民主化》，见"台湾地区民主化回顾检讨与展览研讨会"，台北：中山大学政治学研究所，1995 年。

⑪ 黄秀端：《政治文化：过去、现在与未来》，台湾《东吴政治学报》，1997 年第 8 期，第 47—85 页。

⑫ 李振广：《当代台湾政治文化转型探源》，北京大学博士论文，2002 年。

⑬ 游清鑫：《二十一世纪台湾选民的政党认同，政党形象的探索》，收入《2002 年两岸政治与经济发展学术研讨会论文》，台北：政治大学中山研究所，2002 年版。

⑭ 游清鑫、萧怡清：《台湾民众政党认同的持续与变迁》，收入《2003 年台湾政治学会年会暨"世局变动中的台湾政治"学术研讨会会议论文集》，2003 年版。

⑮ 吴乃德：《面包与爱情：初探台湾民众民族认同的变动》，收入《2002 年台湾政治学会年会暨全球化与台湾政治学术研讨会论文集（一）》，台北：台湾政治学会，2002 年版。

⑯ 庄英章：《族群互动，文化认同与"历史性"：客家研究的发展脉络》，台湾《历史月刊》，第 201 期，2004 年 10 月。

识？台湾民主化后的国家认同转变》；[①] 刘义周，《民众的“台湾人/中国人认同”发展趋势》；[②] 卢建荣，《分裂的国族认同，1975—1997》；[③] 石之瑜，《当代台湾的中国意识：对集体认同的反思》；[④] 张茂桂等，《族群关系与国家认同》；[⑤] 戴国煇，《台湾结与中国结》；[⑥] 许胜懋，《通婚家庭子女之台湾人/中国人认同（1992—2001年）》；[⑦] 孙同文，《台湾国族认同和危机》；[⑧] 陈陆辉、周应龙，《台湾民众统独立场的持续与变迁》；[⑨] 陈义彦、陈陆辉《模棱两可的态度还是不确定的未来：台湾民众统独观的解析》；[⑩] 吴乃德，《认同冲突和政治信任：现阶段台湾族群政治的核心难题》；[⑪] 黄国昌，《中国意识与台湾意识》。[⑫]

前人对台湾政治文化研究的一个薄弱之处，在于缺乏将台湾舆论的研究引入政治文化研究领域。政治文化属于心理层面，这些心理层面需要表现形式，而舆论就是政治文化的一种特殊的表现形式，舆论作为政治文化的表征，可以最生动最直观地反映政治文化的内涵及其变迁。但迄今为止，从台湾舆论演变切入台湾政治文化变迁的系统性研究仍属空白。

故台湾政治文化研究领域存在着一大薄弱环节，即缺乏将台湾政治文化研究深入到台湾舆论研究领域。

2. 台湾舆论研究领域

大陆对台湾的舆论研究几乎是空白（大陆有对台湾的传媒研究，但传媒研究不

---

① 杨芙宜：《国家认同的分歧或共识？台湾民主化后的国家认同转变》，见“2003年台湾政治学会年会暨‘世局变动中的台湾政治’学术研讨会”，台北：台湾政治学会，2003年。

② 刘义周：《民众的“台湾人/中国人认同”发展趋势》，收入《2003台湾政治学会年会暨“世局变动中的台湾政治”学术研讨会会议论文集（Ⅱ）》，台北：台湾政治学会，2003年版。

③ 卢建荣：《分裂的国族认同，1975—1997》，台北：麦田出版社，1999年版。

④ 石之瑜：《当代台湾的中国意识：对集体认同的反思》，台北：正中书局，1993年版。

⑤ 张茂桂等：《族群关系与国家认同》，台北：业强出版社，1993年版。

⑥ 戴国煇：《台湾结与中国结》，台北：远流出版公司，1994年版。

⑦ 许胜懋：《通婚家庭子女之台湾人/中国人认同（1992—2001年）》，台湾《理论与政策》，2004年17卷4期。

⑧ 孙同文：《台湾国族认同和危机》，收入《从台湾政治到两岸关系》，香港：海峡两岸关系研究中心，1999年版。

⑨ 陈陆辉、周应龙：《台湾民众统独立场的持续与变迁》，台湾《东亚研究》，2004年35卷2期。

⑩ 陈义彦、陈陆辉：《模棱两可的态度还是不确定的未来：台湾民众统独观的解析》，台湾《中国大陆研究》，2003年46卷5期。

⑪ 吴乃德：《认同冲突和政治信任：现阶段台湾族群政治的核心难题》，台湾《台湾社会学》，2002年第4期。

⑫ 黄国昌：《中国意识与台湾意识》，台北：五南图书出版公司，1992年版。

等于舆论研究）。迄今为止，大陆对台湾的舆论研究既没有专著，更没有标志性作品。而台湾也几乎没有以“舆论”为题的学术专著，但这并不表明台湾的舆论研究一片空白。台湾学者不喜欢用“舆论”这个概念，他们愿意用“民意”这一术语代替之（舆论与民意的概念并不等同，本书将在下一节“相关概念及理论”中对此详细讨论），比如李普曼的《舆论学》，在台湾就译成《民意学》。即便如此，以“民意”为题的学术专（译）著也不多，主要有：翁秀琪等译，《民意：沉默螺旋的发现之旅》；[①] 王石番，《民意理论与实务》；[②] 游盈隆，《民意与台湾政治变迁——1990 年代台湾民意与选举政治的解析》；[③] 胡幼伟译，《解读民调》；[④] 郑贞铭，《民意与民意测验》；[⑤] 余致力，《民意与公共政策——理论探讨与实证研究》；[⑥] 赖世培、丁庭宇等，《民意调查》；[⑦] 谢邦昌，《探索民意——民意调查技术之探索》；[⑧] 陈义彦、洪永泰、盛杏湲、游清鑫、郑夙芬、陈陆辉等，《民意调查》。[⑨]

扣除译著，台湾舆论学的专著屈指可数。从台湾喜欢用“民意”来代替“舆论”，可以看出台湾的舆论界基于民意调查的学术倾向，这使得台湾的舆论研究偏向于实证与实务，这从上述专著的书名就可看出。

喜欢实证实务的研究倾向，使台湾舆论研究的学术成果难以形成大部头的学术专著，而更多地表现为短平快的学术论文，而从这些论文的内容形成，更能看出实证与实务的研究倾向。台湾的舆论学研究论文绝大多数都是建立在民调基础

---

① ［德］伊丽莎白·诺尔·纽曼：《民意——沉默螺旋的发现之旅》，翁秀琪、李东儒、李岱颖译，台北：远流出版公司，1994 年版。

② 王石番：《民意理论与实务》，台北：黎明文化专业公司，1995 年版。

③ 游盈隆：《民意与台湾政治变迁：1990 年代台湾民意与选举政治的解析》，台北：月旦出版社，1996 年版。

④ ［美］Sheldon R. Gawiser、G. Evans Witt：《解读民调》，胡幼伟译，台北：五南图书出版股份有限公司，2001 年版。

⑤ 郑贞铭：《民意与民意测验》，台北：三民书局，2001 年版。

⑥ 余致力：《民意与公共政策：理论探讨与实证研究》，台北：五南图书出版股份有限公司，2002 年版。

⑦ 赖世培、丁庭宇、英季雍、夏学理：《民意调查》，台北：空中大学，1996 年版。

⑧ 谢邦昌：《探索民意——民意调查技术之探索》，台北：晓园出版社，2000 年版

⑨ 陈义彦、洪永泰、盛杏湲、游清鑫、郑夙芬、陈陆辉等：《民意调查》，台北：五南图书出版股份有限公司，2001 年版。

上的,[①] 论文中堆积着大量的图表，问卷的设计、统计的方法、结论的总结，这些构成了台湾舆论学论文的主体。

台湾舆论学研究之所以能够广泛建立在民调的基础上，与台湾的民意调查业非常发达密切相关。据统计，目前台湾有60多家民调机构。[②] 众多的民调机构以及民调对社会生活的到处渗透，给舆论研究者搜集资料和数据提供了很好的条件。在台湾，几乎任何一次选举、任何一个大事件、任何一个舆论议题都有民调，甚至有不同种类的民调。[③] 这样的民调资料可以像编年史一样每年都为舆论研究提供了很好的实证基础。用数据说话，是台湾舆论研究者不二的选择。

数字比文字更不容易骗人，但在台湾，数字的公信力却打了折扣。多如牛毛的民调机构，具有不同的利益集团背景。[④] 由于民调的泛滥，不断受到调查骚扰的民众不堪其累，拒接电话、拒绝回答的现象屡有发生，使民调的样本数越来越少，直接影响到民调的可信度。[⑤]

特别要说明的是，开展民调是要花钱的。要让民调的样本数够大、问卷的设计更全面，需要的花费则更大，这使得只有有钱的机构才能进行更大规模的调查。即使学者自行调查，选题和方向也受到提供课题资金机构的掣肘，所以客观与中立的

① 台湾的民调最早就是由舆论的传播机构——媒体发起的。许多研究认为，1952年《台湾新生报》在台湾最早推出民调。但早在1950年《联合报》的前身《经济时报》就已举行过台北市第一任市长选举民调，并于1988年成立“联合报系民调中心”。发展到今天，几乎各大媒体都有自己的民调机构。郑行泉：《“我国”民意测验溯源》，台湾《报学》第7卷第2期，台北：台湾新闻编辑人协会，1984年，第82—88页。

② 来自当局和政党的有“全国民意研究中心”、“国发院”民调、国民党的“政策会”、民进党的“民调中心”，新兴民族文教基金会；来自媒体方面有《联合报》民调、《苹果日报》民调、《中国时报》民调、《自由时报》民调、TVBS民调、年代民调、三立民调等；高校学术机构方面，则有政大、中兴、文化、世新等，也有学者以个人身份出面接受委托；民间单位则有民意调查文教基金会、山水民调、普罗民调，而一些政治候选人在选举期间还会自己成立民调机构。参见颜一、朱孝锋：《台湾民意调查操控内幕》，《世界新闻报》，2006年6月27日报道，另见 http://gb.cri.cn/2201/2006/06/27/1965@1107276.htm。

③ 比如选举，可以在选前一两年就对候选人推出民调，到最后会三天一小调，十天一大调。比如揭弊，就会有“你相信陈水扁会贪污吗”的民调，有“你相信陈水扁还是不相信陈水扁”的民调；再比如政治文化，就有“你认为自己是‘中国人’还是‘台湾人’”的民调。

④ 比如山水民调就公认为是民进党的“白手套”，民调的造假现象屡批不止。参见颜一、朱孝锋：《台湾民意调查操控内幕》，《世界新闻报》，2006年6月27日报道，另见 http://gb.cri.cn/2201/2006/06/27/1965@1107276.htm。

⑤ 张勇：《乱花渐欲迷人眼　台湾民调乱了调》，《国际先驱导报》，2004年2月18日报道，另见 http://news.xinhuanet.com/world/2004-02/18/content_1319838.htm。

理想值到底能坚持多少？学者们要想挣脱利益集团对民调的阴影，仍不容乐观。

台湾民调业的发达，是和台湾选举的发达分不开的。只有选举这个大利益，才能养活这么多民调机构，支付这么多民调成本。这使得台湾的舆论研究的选题大多和选举有关。①

“选举实务”成为台湾舆论学研究论文压倒多数的选题，显示台湾“泛政治化”现象也在向学术机构进行渗透。② 台湾舆论研究的风气必须建立在实证的基础上，而台湾民调又具有主题泛政治化、时间短周期性和结论偏功利性的特征。跟着民调走的台湾舆论研究也普遍具有如下特点：调查事件普遍单一，很少有比较研究和背景研究；调查时间普遍很短，一般跟踪几个月，很少跨年度；调查项目普遍简单，一般只针对事件的某一个特定项目。

由民意而民调，由民调而实证，由实证而实务，这一关系链条构成了台湾舆论学研究的基础模式。

故台湾舆论研究存在以下薄弱环节：

第一，倾向实证实务的台湾舆论研究缺乏对台湾舆论的总体把握。由于民调总是一事一调、一题一调，其时空及议题都限制在微观与局部层次，因此，台湾舆论研究鲜有对台湾舆论的宏观把握，尽管某一个具体的实证研究可能有窥一斑而见全豹的功能，但客观上，台湾迄今没有出现可以给人有关台湾舆论总体想象的系统而全面的研究。

第二，倾向实证实务的台湾舆论研究缺乏对台湾舆论的长时段的梳理。台湾舆

---

① 以梁世武《民调策略　广告与选举预测论文等》一书为例，该书所选十一篇论文全都与1997年的县市长选举有关，有关选举的舆论研究论文可以用汗牛充栋来形容。见梁世武：《民调策略　广告与选举预测论文等》，台北：世新大学民意调查研究中心，2000年版。

② 研究选举的论文有市场、有资金、受重视，比如“行政院国科会”就会提供专题资金补助选举研究。以台湾政治大学选举研究为例，仅在1990年至1993年郑夙芬与同事就获得4项台湾“行政院国科会”的资助，即：1990年郑夙芬、雷飞龙、陈义彦、陈世敏、何思因、盛杏湲，“台湾地区选民的投票行为——一个理论模式的探索”，“国科会”补助专题研究计划报告（NSC79－0301－H004－12）；1993年郑夙芬、陈义彦、刘义周、钟蔚文、何思因、翁秀琪，“台湾地区选民投票行为之研究——从第二届‘国大代表’选举探讨”，“国科会”补助专题研究计划报告（NSC81－0301－H004－1005）；1990年郑夙芬、陈义彦、洪永泰、盛杏湲，“‘我国’大学生政治社会化之研究——十五年来政治价值与态度之变迁”，“国科会”补助专题研究计划报告（NSC80－0301－H004－18）；1993年郑夙芬、陈义彦、刘义周、洪永泰、陈文俊、翁秀琪、孙秀蕙，1993年“选举行为与台湾地区的政治民主化——从第二届‘立法委员’选举探讨”，“国科会”补助专题研究计划报告（NSC82－0301－H004－034）。以上资料见台湾政治大学郑夙芬老师网页：http：//www3. nccu. edu. tw/～sfeng/。

论研究绝大部分是共时态的横切面式的研究，历时态的舆论研究不是主流，跨度10年以上的台湾舆论研究几乎是个空白，更遑论对台湾舆论60年以来的梳理。

第三，倾向实证实务的台湾舆论研究缺乏对台湾舆论进行政治文化的解读。台湾舆论研究往往就舆论而谈舆论，普遍依赖数字说话，一般满足于民调结论，对无法用数字表现的政治文化自然忽视，而为选举服务的策略性研究更不愿也不必把研究引入政治文化层面，迄今为止，用政治文化系统全面地解释台湾舆论的研究亦属空白。

三、研究对象

本书的直接研究对象是台湾的舆论议题。两岸对台湾舆论议题的研究除了前述台湾舆论研究普遍存在的缺乏总体性（系统性）、历史性（长时段）和政治文化性研究的薄弱环节外，还存在以下特殊的盲点：由于台湾舆论议题缺乏细化研究，没有对台湾舆论议题进行分门别类，以致一些论著在涉及台湾舆论议题时，往往笼而统之，混为一谈。特别是在有关族群议题方面，研究者往往将“省籍议题”、“台湾意识/中国意识议题”、“统独议题”当作相同的议题混杂在一起研究，尽管上述三大议题往往被泛绿阵营操弄成族群议题，但是其产生的缘起、发展的过程、议题的特点、作用的人群以及对应的政治文化上都有明显不同，而且上述三大议题常常互为表里，互为策应，互为转换。事实上，议题的操纵者特别希望混淆这三大议题，以便他们在三大议题上暗渡陈仓地相互置换，实现其政治目的。揭示这三大议题的不同及联系，有助于将台湾舆论议题演变及政治文化变迁的研究引向深入。遗憾的是，虽然理论界与实务界可能已意识到这三种议题不同，并出现用三种不同的概念命名之，但迄今为止台湾研究尚未对台湾舆论议题这三大体系进行系统地细化地历史考察，导致对这三大议题等而视之的误区。

故本书的研究对象——台湾舆论议题研究存在着一大盲点，即对台湾的舆论议题分类模糊且界定混乱。

综合上述讨论，本书拟从本研究的学科背景的一大空白处着眼，从研究领域的四个薄弱环节处着力，从研究对象的一大盲点处着手，站在前人研究成果的高度上重新出发。

第一，将历史学与舆论学结合起来，尝试对历史舆论学的学科建设进行前期的案例式的摸索。

第二，将舆论研究与政治文化研究结合起来，从台湾舆论的长期变化观察台湾政治文化的长期变迁，用台湾政治文化解读台湾舆论的本质，探讨台湾政治文化与台湾舆论互动关系的长期演变，并从台湾的个案研究中概括出舆论与政治文化互动的一般模式。

第三，将台湾舆论议题分门别类予以细化研究，探讨台湾舆论议题转化为政治文化符号的转换机制，考察与梳理“省籍议题”、“台湾意识/中国意识议题”、“统独议题”作为台湾政治文化三大符号的历史缘起、发展演变、当代特征及其对台湾政治文化的影响。

第三节　相关概念及理论

本节将按照一定的逻辑将本研究所涉及的一些重要概念及其理论作一番梳理。在介绍这些概念和理论时，本节并不满足于对概念的简单定义和对理论的简单说明，而是将之置于本研究的整个逻辑框架中进行讨论。

本研究遇到的第一个概念就是“舆论”。

笔者对舆论的定义如下：舆论是由多数人表达，或向多数人传播，或在多数人反应的对某一对象的共同关注。

这个定义反映了舆论的以下特点：

第一，定义强调了舆论主体的多元性。一切向多数人传播或在多数人反应的主体，包括但不限于：个人、党团、政府、媒体等，都可以具备舆论主体的资格，只要这些主体能够通过受众或传播使对某一对象的“关注”获得“集合性”特征即可。过去，绝大多数舆论定义把舆论主体限定为“公众”，并明确排除政府、政党、大众媒介和意见领袖（个人）作为舆论主体的地位，许多人正是由此认定“舆论”等同于“民意”。这样不但容易把复杂的舆论简单化，而且会将“操纵的舆论”正义化。事实上，特别是现代社会，压力集团和利益集团不断争夺舆论的主导权，无论是政府、政党还是媒体、意见领袖都在积极地制造舆论、参与舆论和影响舆论，揭示舆论主体的多元性，有助于我们认识到舆论背后争夺与操纵的真相，有助于我们理解舆论的生成机制。只有认识到舆论主体是多元的、开放的，我们才能进一步分析台湾舆论怎样受到政府、政党、媒介和少数意见领袖的影响。本研究将在考察台湾政治文化对台湾舆论议题的影响时，讨论不同时期主导台湾舆论议题的舆论主体的变化。

第二，定义突出了舆论特性的“集合性”。它表明舆论是一种群体行为，这种群体行为不仅可以来源于主体，也可以来源于舆论传播的对象以及传播的途径。舆论的这种群体性，表明即使它是一个人的“言论”，也可以通过发言人的代表性或听众的广泛性或传播方式的大众性，使得这个言论不再是纯粹的自言自语，而变成一个具有群体性特征的行为。正是这种群体性特征使舆论可能与政治文化相联结，因为一种群体性行为往往是某种社会文化的反映，而群体性行为也反过来比个人行为更容易对社会文化造成冲击与影响。

第三，定义开启了舆论客体的“广延性”。这有助于我们扩大舆论客体的范围。传统的舆论定义对舆论客体往往予以限制，或者以不同的概念限定客体，① 或者用不同的定语对舆论的对象予以限定，以强化舆论对象的某种特征。②

这样的定义限制了舆论客体的范围，比如强调事件和事务，那么观念就不构成舆论的客体，这就会把心理层面的政治文化排除在舆论客体之外，而事实上情绪上的“省籍情结”，认知上的“台湾意识/中国意识”以及评价上的统“独”倾向，恰恰是台湾舆论最活跃的舆论议题。另一方面过分强调客体的某种性质也会窄化舆论客体的范围，比如强化现实性，就有可能将历史题材排除在舆论的客体范围之外，而翻历史旧账常常是舆论的拿手好戏，比如“2·28 事件”就不断成为台湾舆论的议题。定义强化了舆论客体的广泛性，也显示了舆论客体的一致性。舆论的客体具有无穷的可能，但是一旦和舆论主体相联结，它总是确定的。这种确定性表明舆论总是就某事（对象）论某事（对象），受此影响，舆论研究也往往就事论事，这也就从另一方面解释了前述学术史回顾所述“为什么舆论研究容易就事论事而难以出现总体和历史的研究”的原因。

第四，定义标注了舆论活动的“公开性”。公开性是舆论开始活动后才产生的

---

① 比如“某一事件”（储玉坤、陈石安）、“某一事态”（甘惜分）、“某一事物”（北京大学《社会学教程》）、“某一事端”（南京大学《新知识词典》）、“一个问题”（伦纳德·杜布）、“各种问题”（《新闻学辞典》）、“任何事务”（W. A. Makinnon）。笔者根据上述作者或论著中有关舆论的定义整理。

② 比如：“社会事务”（邵培仁）、“社会问题”（康荫、美国《政治分析词典》）、“现实问题”（张晓虎）、“公共利益问题”（美国《格劳利尔学术百科全书》、“特定问题”（李良荣、《简明大不列颠百科全书》）、“公共事务”（美国《社会科学词典》）、“有争议的问题”（林枫）、“有争论的主要事件”（孙本书）、“社会矛盾”（刘允洲）、“所关心的任务事件、问题”（张学洪）。它们分别强调了舆论客体的“现实性”、“公共性”、“争论性”、“冲突性”及“关联性”。笔者根据上述作者或论著中有关舆论的定义整理。

属性，是舆论活动存在的一种标志。而政治文化属于心理层面，一般是看不见听不着的，舆论的公开性和政治文化的内在性，使二者正好构成一种表里关系，当心理层面的政治文化需要表现形式时，公开的舆论就很容易成为政治文化的符号。

第五，定义明确了舆论本体的“关联性”。定义用“关注”二字作为舆论本体基础概念，在所有的舆论定义中，如果不是首创，至少也属罕见。使用“关注”二字作为舆论本体术语的意思在于：“注”字强化了舆论本体是舆论的主客体互动的产物，而“关”字强化了舆论本体是舆论的主客体关联的产物，如果没有这种关联性，舆论的主体就不成其为主体，舆论的客体也就不成其为客体，同理，舆论的本体更不成其为本体。因此，无论是舆论的主体、客体还是本体都不是先天的产物，而是在关联框架中互动生成的产物。这就解决了舆论学一个重要的课题，那就是“舆论开始的标志是什么”？定义明确地回答就是“关注”，舆论始于“关注”，终于“关注”。“关注”的产生就是舆论的产生，“关注”的发展就是舆论的发展，“关注”的变化就是舆论的变化，“关注”的高潮就是舆论的高潮，“关注”的消失，就是舆论的消失，而“关注”的重新出现，就是舆论的新周期的开始。舆论的过程就是“关注”的过程，舆论的一切必须围绕“关注”这一核心，正是“关注”将舆论的主客体联结在一起，创造了舆论。此外，用“关注”来表达舆论本体，也否定了舆论一定是有倾向性的成见，也剥去了舆论一定是有正当性的华丽外衣，还原了舆论本体的本来面目。

定义用“关注”作为舆论本体的基础概念，引出了“舆论议题”的概念。

舆论议题，英文是“issue”。《现代英汉综合大辞典》的解释是：“问题，争端，论点。”《美国传统辞典》的解释是：“a matter of public concern.（公众关心的事物）”舆论议题，中文顾名思义，是舆论议论的话题（题目、题材、论题）。笔者的定义是：舆论议题是舆论对舆论对象关注的所在，它包括舆论关注的题材、舆论关注的焦点以及舆论关注的方向甚至舆论关注的倾向。它不是舆论的客体，而属于舆论的本体，它是舆论表现形式的一种，确切地说它是舆论表现形式的核心。它是舆论关注的所在，是关注所依附的对象和所围绕的核心，所以它往往直接表现为一种关注。正如舆论始于关注、终于关注一样，能否被关注，是舆论议题的生命。所以说，舆论议题的出现，就是关注的开始，也就是舆论的开始；舆论议题的消失，就是关注的结束，也就是舆论的结束。反过来说，关注的开始与结束，也就是舆论议题的存亡。因此，考察台湾的舆论议题，就是考察台湾舆论的关注。

讨论舆论的定义，一个最应该区分的概念是“民意”。相当多人认为“舆论”和“民意”是同一个东西的两个不同称呼，“民意”是“舆论”的别名，只不过“民意”比“舆论”更好听一点。英文“Public Opinion”有人译作“舆论”，也有人译作“民意”。比如在大陆，大多数学者将之译成“舆论”，而在台湾，近来大多数学者则将之译作“民意”。在现实运用中，“舆论”与“民意”的确有相互通用之处，比如“舆论调查”也可叫“民意调查”，“舆论领袖”也常称“民意领袖”，“舆论测量”更可以换成“民意测量”，特别是我们常常可以把“舆论认为”替换为“民意认为”。但是在大多数情况下，当“舆论”替换为“民意”，意思大有不同，甚至说不通。比如“舆论议题”，就不好说成“民意议题”；“坚持正确的舆论导向”，换成“坚持正确的民意导向”就有些怪；“国际舆论”不宜说成“国际民意”；“台湾绿营抛出舆论”更不能变为“台湾绿营抛出民意”，其他诸如“大众舆论”、“官方舆论”、“舆论流程”、“舆论效果”等一系列的舆论术语都不可以将“舆论”简单地替换成“民意”。显然，在中文词汇里，“舆论”与“民意”是有较大的区别的，那些认为既可以将“Public Opinion”译成“舆论”，也可以译成“民意”的观点是不符合实际的。

“舆论”和“民意”在中文术语中，显然是指称两种不同的东西。“舆论”和“民意”的区别到底在哪里？除了“好听不好听”，“习惯不习惯”之外，最主要的区别有两方面：一方面是民意的“民”限定了“民意”指称的主体是“民”，而不可能是其他主体，而如前所述舆论的主体既包括“民”，也包括其他主体，比如“政府”、“媒介”等。从这个方面看，“民意”比“舆论”更纯粹，外延更小，内涵更明确，这也就是为什么当人们强调舆论的正当性时，喜欢采用“民意”而不喜欢用包容更大、成分更杂的“舆论”的概念。舆论由于其外延更大，因而涵盖了“民意”。“民意”只是舆论的一个部分，它和“舆论”是“种属”关系，我们可以说“民意”是一种“舆论”，但不能反过来说“舆论”就是“民意”。

“舆论”与“民意”的另一方面区别在于“民意”的“意”。中文的单字常常具有多重含义，“民意”作为一种简略的词组，其“意”可以是“意见”的简写，也可以是“意志”、“意愿”的简称。这看似细微的区别，其实大有文章。如果“意”是“意见”的简写，“民意”作为“人民的意见”的简写，由于公认“意见”是态度的公开表达，因此，“民意”具备了舆论的必须公开表达的形式要件，显然“民意”就是一种“舆论”。而如果“意”是“意志”、“意愿”的简写，那么“民意”的全称就是“人民的意志”、“人民的意愿”。由于意志和意愿属于内在的东西，不具备舆论公开表达的形式要件，因此，“民意”不能称之为“舆论”，是一种“准舆论”。由于它深藏在内心，而舆论不过是意志、意愿的一种外化形式，因此，“民意”往往影响甚至决定“舆论”，而且人们普遍认同“人民的意志”或“人民的意愿”是决定社会历史发展的最终力量。这时的“民意”更像是卢梭的“公意”（general will）。[①] 虽然现在人们不会赞同卢梭所谓的“普遍意志”，但是“民意”中的“意”，如果是“意志”、“意愿”的简称的话，显然更像是英文中的“will”而不是“opinion”，这种意志加上人民这一主体，当然具有比“舆论”更大更深更远的力量。

“民意”的“意”在概念上到底偏“意见”多一些，还是偏“意志”多一些？从公众理解上，应该是后者的成分占据优势。在中文的用语习惯上，“民意”更多的是表现潜在的一种“意志”，因此，“民意调查”比“舆论调查”在术语上更准确，因为民意未公开表达，所以才需调查进行分析、比较并公之于众。当然，“民意”经调查并公之于众，就变成“舆论”了。因为它具备了舆论公开表达的形式要件，这也就是“民意”和“舆论”常常混淆的原因所在。

“舆论”与“民意”在上述两方面的差别，决定了二者不能无条件地简单地相互替代。前述我们提到了的二者相互替换后，许多搭配的表述之所以显得不合情理，不是因为“民意”的外延过小，就是因为“民意”仍属于“意志”而不是“够格”的舆论。从中国用语习惯和公众理解习惯看，“民意”更偏向人民的“民”，“意”更偏向于“意志”的“志”。因此，严格地说，“民意”不是“舆论”，舆论可以表达民意，但民意本身还不是舆论。这样的区分既符合人们的约定俗成，也便于理论界定与学科建设。因此，台湾方面的大多数学者将“public opinion”译成“民意”是不够准确的，也限制了“舆论学”的学科建设与发展。将“public opinion”译成“舆论”，这样中英文才有大致准确的一一对应。而“民意”的英译似乎应是“will of people”才更准确些。同时，使用“舆论”的概念不要因噎废食，不要因为舆论可以被操纵而且有“宣传”之嫌，就将之替换掉。这种替换

---

① 卢梭在《社会契约论》中虽未明确地界定公意的定义，但还是清晰地体现出公意作为某种意义上的公共利益，是高于个人利益之上的人们共同拥有的利益：“公意只着眼于公共的利益……除掉这些个别意志间正负相抵消的部分而外，则剩下的总和仍然是公意。”见［法］卢梭：《社会契约论》，何兆武译，北京：商务印书馆，1987 年版，第 35 页。

对于某些政客来说，恰恰有助于他们的政治目的。可是，对于学科研究来说，正是舆论可能被收买、被操纵，所以更要研究它，甚至要重点研究它为什么可以被欺骗和被操纵，这也恰恰是舆论研究的重心和价值所在。无论从认识论还是从价值论来看，我们都应该坚持用“舆论”的概念来建设这一学科。因为，从价值论看，舆论学不是研究如何帮助政客操纵舆论的御用学术，而是研究如何帮助人们识别政客操纵舆论的科学；而从认识论来看，舆论学只是一门研究舆论现象及规律的学科，它是一门科学，它可以被各种人（包括政客）所利用，但它出发点不是为政客服务。

“民意”与“舆论”概念常常被混淆，甚至被偷换，要害是舆论的正当性。民意的正当性无可置疑，一旦“民意”与“舆论”概念可以等同互通，舆论就顺理成章地拥有了正当性。一些人乐意将舆论打扮成民意，看中的正是民意拥有的道德制高点。

但舆论到底具不具备正当性？笔者的回答是：舆论存在正当性的可能，但舆论就其整体而言并没有必然的正当性，也就是说我们不能下这样的判断：凡是舆论都是正当的，或者说只有正当的才是舆论。舆论中可能存在着一种正当性的“舆论”，人们常常称之为“民意”，但“民意”不等同于“舆论”，而“舆论”也未必代表着“民意”。“民意”一词的多义性，使“民意”与“舆论”有着更为复杂的关系，在这种谁包容谁、谁影响谁的关系中，“舆论”有着更为多变的外表，也有了更难看懂的真相，只有把“正当性”从舆论的必要条件中切割出去，我们对“舆论”的认识才能更加深刻和全面，才能揭示台湾舆论60年来的演变中，哪些议题从开始的“非法”变成“合法”，最后变成“正当”的。

为了讨论的方便，本书将民意定义为“民众的意愿”（will of people），以便与舆论（public opinion）区别开来：一个是内在，一个是外在；一个是有明确的主体——“民众”，一个无明确的主体，任何力量都可介入。这样的区别不仅是论述的便利，更重要的是要揭示舆论的可操纵性。

“舆论”与“民意”的区别，得到了舆论学两大理论的支持：一个是“沉默的螺旋”理论，一个是“议题（议程）设置”理论。这两个理论也是本研究将讨论、运用和修正的理论。

“沉默的螺旋”理论（spiral of silence）主要是研究大众传播效果的。在第二次世纪大战前，传播学界非常流行一种“子弹”理论（bullet theory），也有人称之为“皮下注射器”理论（hypodermic needle theory），或是“传递带”理论。该理论预测大众传媒所传播的消息对于所有的正巧接触到它们的受众都有或多或少的普遍效果。由于第一次世界大战中宣传的力量令人震惊，二次世界大战前人们普遍相信或迷信大众传播的力量，甚至特别害怕和警惕对手（比如希特勒）在本国内借助大众传播制造舆论的效果。但是“子弹”理论几乎一开始就没有得到多少实证的支持，相反，许多证据支持了有限效果模式（the Limited-effects model），特别是克拉珀（Klapper）所著的《大众传播的效果》（1960）一书提出大众传播效果的五个普遍原则，第一个便是：“大众传播一般不能成为产生受众效果必要的和充足的原因，而更可能处于各种因素和影响中，并通过这些因素和影响而起作用。”① 这种认为大众传播效果有限的观点，有时也被称之为最小后果律（the law of minimal consequences），此后传播学理论就不断在关于传播效果或大或小的两极中摇摆。这个理论谱系中包括：格伯纳（George Gerbner）的教养理论（cultivation theory）、麦克卢汉（Marshall McLuhan）的媒介决定论（the medium is the message）、戴维森（Phillips Davison）的第三者效果（the third-person effect）、格兰西（Gramsci）的媒介霸权（media hegemony）、班杜拉（Albert Bandura）的社会学习理论（social learning theory），其中最负盛名的就是诺尔纽曼的“沉默的螺旋”理论。

“沉默的螺旋”理论的核心观点是：大多数的人都会尽量避免单独持有某种观点或意见，以免自己被众人孤立。个人为了了解哪些意见或观点占优势，就会透过自己或大众传播媒介来观察周遭的环境，如果个人认为自己的意见或观点是弱势的，便会因为害怕孤立而不愿意将自己的意见或观点表达出来。结果，这会使得强势的一方更显得强势，甚至比其真正的实力要强；反之，弱势的一方因陷于沉默，会使其显得比其真实的实力还要弱。这就形成了所谓的“沉默的螺旋”。②

“沉默的螺旋”理论的主要内容是五个假定：（1）社会使背离社会的个人产生孤独感觉；（2）个人经常恐惧孤独；（3）个人具有一种准统计学感觉官能，借此他们确定哪些观点和行为模式是他们的环境所允许的和不允许的，哪些观点和行为模式越来越强，哪些越来越弱。对孤独的恐惧使得个人不断地对社会环境进行评估；

---

① Klapper，J. T.（1960），The Effects of Mass Comunication，New York：Free Press. 转引自［美］沃纳·赛佛林（（Werner J. Severin）、小詹姆斯·坦卡德（James W. Tankard，Jr.），郭镇之等译：《传播理论：起源、方法与应用》，北京：华夏出版社，1999年版，第291页。

② 转引自翁秀琪：《选民的意见形成——以民国八十二年台北县县长选举为例检验“沉默螺旋理论”》，台湾《新闻学研究》，1997年，第55集，第162页。

（4）估计的结果影响个人在公开场合的行为，特别是是否公开表达自己的观点；（5）上述四个假定综合形成意见气候，并巩固和改变公众舆论。①

诺氏在上述所设定的基础上，发展出一整套的以“沉默的螺旋”为核心的关于舆论的学说，主要有以下三点：

第一，个人意见的表达是一个社会心理的过程；

第二，意见的表明和“沉默”的扩散是一个螺旋式的社会传播过程；

第三，大众传播通过营造“意见环境”来影响和制约舆论。②

诺尔纽曼的理论一提出就在舆论学界引起广泛的影响，虽然其不断修正自己的观点，但也遭致不少的批评和质疑。③

无论如何，“沉默的螺旋”理论证实了舆论沉默现象的存在，它最大的价值不在于提供了一种令人满意的对舆论沉默现象的分析工具，而是它引导人们关注舆论的沉默现象，并启示人们不断在不同的案例研究中，发现新的且可能更适合的针对舆论沉默现象的解释工具。舆论的沉默现象证实了舆论与民意的背离，它发现人们不能从舆论的声音大小就简单判断民意的分布。事实上，由于各种原因，许多人真实的意愿（民意）没有表达出来，或者稀里糊涂地附和别人表达出来，甚至违心地被扭曲地表达出来。这样，一部分声音沉默了，而且越来越沉默，而另一部分声音被放大，而且越来越大声，这种真实民意与公开舆论的反差与落差，除了人为的操纵外，应该有更深的社会历史、心理文化的因素在起作用。本研究将以台湾舆论的沉默现象作为案例，试图打破“沉默的螺旋”理论及其修正者仅仅在传播学领域内找答案的框框套套。以往的研究者主要从个人、性别、年龄、性格、教育背景、收入地位、大众媒介、人际传播、议题（熟悉的介入程度）、意愿的表达方式、意愿表达的环境等变量入手，本研究将尝试用政治文化理论来解读台湾舆论的沉默现象。

---

① 郭建斌、吴飞主编：《中外传播学名著导读》，杭州：浙江大学出版社，2005 年版，第 278—279 页。

② 郭庆光：《传播学教程》，北京：中国人民大学出版社，1999 年版，第 220 页。

③ 翁秀琪：《民意与大众传播研究的结合》，台湾《新闻学研究》，1990 年第 42 期，第 71—84 页。该文总结了对诺氏的批评主要有以下四点：1. 理论中忽略了参考团体的重要性。2. 过于强调害怕孤立；同时，人在害怕孤立时，也不一定会陷入沉默，也可能有其他的反应，例如变得更具有攻击性。3. 害怕孤立并不是一个常数，而是一个变数，因此，必须考虑个人的人格差异。4. 除了准统计官能及从众（conformity）之外，还有其他的理论可以解释从个人意见到民意形成的历程，例如“照镜理论”（looking glass theory）和“多数的无知”理论（pluralistic ignorance theory）。

对“沉默的螺旋”理论的修正，主要是将更多的变量还原到历史现场，以解释舆论沉默现象的发生。但这里最核心的变量还是舆论的议题，所有的变量，包括人口学变量、传播学变量、社会学变量、文化学变量和历史学变量，都只有针对特定的舆论议题才有意义。不同的舆论议题会在其他变量相同的情况下得出截然不同的结果。而事实上，无论对于舆论学还是历史学，舆论议题都应是研究舆论沉默现象时最关注的目标，舆论学探讨什么议题会沉默，从而对传播做出指导，而历史学探讨什么议题开始沉默，从而可以从社会关注的变化，透视其社会历史的变迁。

提到舆论的议题，不能不提及舆论学另一个重要的理论，那就是“议题设置理论”（agenda setting），也有研究者称之为“议程设置理论”。

议题设置理论的核心观点是：大众媒介具有议题设置功能，其重视与不断强调的议题，会影响或改变人们对议题重要性的判断。大众媒介可以通过各种手段：比如反复报道、显著标题、黄金时段、头版头条等，将自己对问题重要性的判断强加给它的受众，并潜移默化地使“媒体的选择”变成人们心目中的选择，人们在不知不觉中受到媒介议题设置的影响，从而按照媒体的设定建构自己脑海中对世界的形象。伯纳德·科恩（Bernard Cohen）关于报业威力的一段名言，被反复引证用以比喻媒介的议题设置功能：“在多数时间，报界在告诉人们该怎样想时可能并不成功，但它在告诉它的读者该想些什么时，却是惊人的成功。”①

1972 年，马克斯韦尔·麦库姆斯和唐纳德·肖发表了《大众传播媒介的议题设置功能》（The Agenda-setting Function of Mass Media）。这是议题设置理论的第一项系统成果，麦库姆斯和肖也被誉为议题设置理论的创始人。

但“议题设置理论”的理论先驱更早应该追溯到李普曼的《公众舆论》。李普曼认为由于现实环境过于庞杂和短暂，人们在驾驭它之前不得不用简单的方法对它进行重构，这个被重构的虚拟的环境正是联结人们与现实环境的中介。报纸的作用正是给我们提供“外部世界”的观点以便形成“我们头脑中的图像”，而这些图像被人们误以为是生活中的世界，人们根据这样的图像而真实地行动并产生真实的结果。李普曼对媒介的一句经典名言传诵至今——“它（媒介）就像探照灯的光束一样，不停地照来照去，把一件又一件事从黑暗处带到人们的视域内”。②

---

① 张隆栋主编：《大众传播学总论》，北京：中国人民大学出版社，1995 年版，第 176 页。

② ［美］李普曼：《舆论学》，林珊译，北京：华夏出版社，1989 年版，第 240 页。

“探照灯”的比喻告诉人们，媒体可以将它自己对世界的关注变成我们对世界的关注，它照亮哪里，我们的目光就追随到哪里。舆论议题就是舆论关注的所在。议题设置理论在引起巨大反响的同时，也不断在实证研究中得到修正。一个最重要的修正，就是人们发现媒体不仅可以将其报导的主体（subject）之显著性移植到民众的脑海中，还可以将主体属性（attributes）的显著性移植到民众的脑海中。由此，麦库姆斯和肖在1993年将自己的原先的理论修正道：“议程设置是一个过程，它既能影响人们思考些什么问题，也能影响人们怎样思考。”①

其实，媒体的议题设置功能不仅有两个层次，还有第三个层次。媒体不仅可以通过议题设置，影响甚至改变人们关注的对象（主体）、关注的角度（主体属性），还可以影响甚至改变人们关注的指向（主体及其属性与其他事物的联结）。媒体的议题设置可以使人们从关注的主体及其属性中跳出来，将关注指向其他与主体及其属性可能事实相关也可能毫无相关的其他方面。② 本研究将重点考察台湾舆论的议题设置怎样把议题指向台湾的政治文化。

媒介的议题设置理论最大的局限就在于它把该理论限制在媒介。固然，媒介是现代社会中最活跃的舆论主体，但事实上舆论的议题不仅有大众媒介在设置，还有其他包括各种利益与压力集团以及意见领袖在内的舆论主体在操纵。

“议题设置”最重要的贡献在于打开了舆论研究的一个窗口，从而使舆论研究有了更集中的研究主题与更广泛的研究领域。由议题出发，在回答“谁在设置议题”、“怎样设置议题”、“议题是否有效”等一系列问题的过程中，议题设置理论不止事关媒介自身的议程作业，而且涉及对媒介的使用和理解、受众的接受与反馈、社会的控制与反弹、文化的选择与重构等一系列问题。议题设置将媒介、受众、利益集团、社会、文化、心理等所有内容都联结在“议题”这个交集点上，从而构成媒体与媒体之间、受众与受众之间、媒体与受众之间、媒体与利益集团之间、媒体与政治之间、政党与政党之间……这样几乎无穷的关系组合。换言之，社

---

① McCombs, M. E, and D. L. Shaw. The evolution of agenda-setting research; B Twenty-five years in the marketplace of ideas. Journal of Communication 43 (no, 2): P63.

② 比如陈水扁妻子吴淑贞的车祸，在2000年的大选中，在政治广告与宣传报道的议题设置中，不仅使其从成千上万的车祸中凸显出来，而且赋予陈水扁铁汉柔情的主体属性。更荒谬的是媒介议题可以将这场普通的车祸与政治迫害、“外省人”欺负“本省人”以及“外来政权欺压台湾人”等一系列政治符号联结起来，证实了媒介议题设置，不仅可以停留在现象及现象的属性，还可以指向更深层的东西，比如政治文化。

会上任何关系组合都有可能在议题设置上找到其关系的联结点，从而可以形成无穷的假设，可能在无限的变量中进行对比研究、交叉研究、历史研究、综合研究等一系列研究。小到一次选举中的候选人的议题比较或一个事件的媒介的议题比较，大到对一个社会长时段的议题分析，都可以进行或理论或实证的研究。这些研究不仅可以把各学科的方法比如社会学、心理学、政治学的方法结合其中，而且可以超越媒介研究本身，比如“政党的议题设置”，就已经属于政治学领域，“社会的议题选择”就属于社会学范畴，“议题的心理投射”就是心理学的天下。议题设置理论不仅是媒介研究的一次自觉，而且被各门学科广泛地接受，并将研究领域向广度和深度推进，不仅为舆论研究，而且为一切与舆论相关的研究开掘了一个具有无限可能和无穷发展的源泉（比如同一个媒介同一个议题在不同的时间段都可能不同），这就是为什么议题研究的论文层出不穷，而且常见常新的原因。

由此，议题设置理论应该从“媒体的议题设置理论”解放出来，成为“所有舆论主体的议题设置理论”，任何可以制造、参与、影响或改变舆论议题的舆论主体，包括但不限于政党、政府、组织、个人，都可能像大众媒介一样，具有议题的设置功能，它们的行为都可以得到议题设置理论的指导或解释，并成为议题设置理论的研究对象与适应范围。这种扩大了的议题设置理论，使本研究可以从台湾的政治文化，来考察其对台湾舆论议题的设置影响。

前面我们不断提到政治文化的概念，现在轮到对政治文化进行定义。

政治文化这个概念，首先是在比较政治学研究领域中出现的，首次提出了“政治文化”一词的是美国政治学家阿尔蒙德。此后，这个概念很快取代了传统政治学中常见的“民族精神”、“民族性格”、“国民性格”等意义相近、但难以用实证性方法予以研究的术语，成为西方政治学最重要的概念之一。① 路辛·派伊（Lucian Pye）认为，政治文化是政治体系中存在的一个主观的政治领域，它给予政体以定义，给予制度以纪律，给予个人行为以社会关联。② 美国的杰克·普拉诺（Jack C. Plano）在其所著的《政治学分析辞典》中则把政治文化解释为“每一社会内由学

---

① 其中最有影响的著作是阿尔蒙德与 S. 维巴（1963）合著的《公民文化》（徐湘林等译，北京：华夏出版社，1989 年版）、L. W. 派伊和 S. 维巴（1965）合著的《政治文化与政治发展》（美国：普林斯顿大学出版社，1965 年版）、加布里埃尔·A. 阿尔蒙德、小 G. 宾厄姆·鲍威尔（1966）的《比较政治学：体系、过程和政策》（曹沛霖等译：上海：上海译文出版社，1987 年版）等。

② L. W. Pye and S. Verba, Political Culture and political Development, Princeton: Princeton University Press, 1965, p. 7 - 8. 转引自高洪涛：《政治文化论》，北京：中国广播电视出版社，1990 年版，第 5 页。

习和社会传递得来的关于政府和行为模式的聚集”。[①] 中国国内的一些学者倾向将政治文化从主观领域延展到包括上层建筑领域“物质性”层面的政治制度和政治规范，其中比较有代表性的是将政治文化定义为“在一定社会物质生活条件下，民族、国家、阶级和集团所建构的政治规范、政治制度和体系以及人们关于政治现象的态度、感情、心理、习惯、价值信念和学说理论的复合有机体”。[②]

尽管对政治文化定义非常多，但还是阿尔蒙德（Almond，G. A.）的定义最为国内外学术界普遍接受。阿尔蒙德在其代表作《公民文化》中指出：“政治文化”一词中所包含的文化概念与人类学、社会学和心理学之中所使用的文化概念有差别，“我们仅仅是使用文化概念许多含义中的一种，即对社会对象的心理取向。当我们说到一个社会的政治文化时，我们所指的是：作为被内化于该体系成员的认知、情感和评价之中的政治体系”。[③] 阿尔蒙德认为政治文化属于心理层次的政治取向。“它包括：（1）‘认知取向’，指的是关于政治制度、政治制度的作用以及这些作用的执行者以及政治制度的输入输出的知识和信仰；（2）‘情感取向’，或者说是对政治制度、政治制度的作用、执行者及执行的情感；（3）‘评价取向’，指的是凭借信息和情感对典型地包含价值标准和尺度的结合的政治目标所作的判断和评价。”[④] 1986 年，阿尔蒙德把政治文化的概念进一步明确定义为“一个民族在特定时期流行的一套政治态度、信仰和感情”。[⑤]

本书采用阿尔蒙德的定义，即政治文化是一个民族[⑥]在特定时期流行的一套政治态度、信仰和感情，它属于主观心理层面，包含政治认知、政治情感和政治评价等三大元素。所谓政治认知，属于政治的认识论范畴，指的是政治主体对于政治生活中各种人物、事件、活动及其规律等方面的感性认识和理性认识，即对各种政治现象的认识和理解。所谓政治情感属于政治心理范畴，指的是政治主体在政治生活中的内心体验和感受，是人们在政治活动过程中对政治体系、政治活动、政治事件

---

① ［美］普拉诺，胡杰译：《政治学分析辞典》，北京：中国社会科学出版社，1986 年版，第 111 页。

② 公丕祥、李义生：《商品经济与政治文化观念》，《政治学研究》，1987 年第 1 期。

③ ［美］阿尔蒙德、维巴：《公民文化》，徐湘林等译，北京：华夏出版社，1989 年版，第 16 页。

④ ［美］阿尔蒙德、维巴：《公民文化》，徐湘林等译，北京：华夏出版社，1989 年版，第 16 页。

⑤ ［美］加布里埃尔·A. 阿尔蒙德、小 G. 宾厄姆·鲍威尔：《比较政治学：体系、过程和政策》，曹沛霖等译，上海：上海译文出版社，1987 年版，第 29 页。

⑥ 阿尔蒙德的定义将政治文化的主体限制在“一个民族”略显狭窄，大到跨民族的共同体如欧盟，小到一个民族内部特殊的组成部分如台湾，都有其相对范围的政治文化体系。因此，政治文化的主体应该宽泛一些，将“一个民族”改为“一个体系的群体”似更妥当（笔者注）。

和政治人物等各种政治客体所产生的好恶感、爱憎感、美丑感、亲疏感等心理反应的统称。政治评价，也称“政治价值取向”，属于政治的价值论范畴，指的是政治主体理性的政治立场、政治倾向和政治主张，以价值判断和价值追求为表现形式，包括政治信仰、政治理想、政治道德规范在内的价值观念体系。

政治文化具有如下特点：一、主观性，政治文化属于观念形态的范畴；二、内在性，政治文化渗透在政治生活的各个方面和政治活动的各个环节中；三、稳定性，政治文化是长期形成的比较稳定的一贯性的政治倾向和心理；四、延续性，政治文化通过政治社会化（political socialization）得以传播和沿袭，使一国文化有可能代代相传，也使国家、地域、民族之间的政治文化呈现出长期的差异性。这与舆论的公开性、表面性、动态性、一时性恰成对照。绝大多数对政治文化定义的解读，都把舆论排除在外，这也就是为什么政治文化的研究中会忽视舆论现象研究的一个原因。但舆论的上述四个特点恰恰可以和政治文化的上述四个特性形成表里相映和长短互补的紧密联系。特别是从历史阶段来看，舆论往往成为政治文化的一个特殊表现形态，有些学者干脆把舆论划为政治文化的组成部分，代表人物是派伊，他认为政治文化是政治系统中存在的政治主观因素，包括一个社会的政治传统、政治意识、民族精神和气质、政治心理、个人价值观、公众舆论等等，其作用在于赋予政治系统以价值取向。为论述方便，本书不采用此定义，但派伊将舆论与政治文化紧密相连的观点值得重视。①

政治文化理论最成功的实践是在比较政治领域的运用。阿尔蒙德和维巴（S·Verba）在其《公民文化》一书中将政治文化划分为三种类型：区域型（parochial）的政治文化、服从型（subject）的政治文化与参与型（participant）的政治文化②。所谓区域型（parochial）的政治文化是指该地区本身还没有发育成成熟的政治共同体，缺少专门的政治角色的分化，社会成员没有独立于他们地域性的宗教和社会取向的政治取向，对于政治体系的整体以及体系内的权威、制度和规范等，社会成员没有或缺乏明确的认知、情感和价值取向，更谈不上对体系内的决策及决策的实施施加影响。所谓服从型（subject）的政治文化是指政治体系的成员对政治体系中的角色、结构、权威、规范以及自己在政治体系输出方面的责任等有较明确的认知、

---

① L. W. Pye and S. Verba, Political Culture and 6political Development, Princeton: Princeton University Press, 1965, p. 7－8. 转引自高洪涛：《政治文化论》，北京：中国广播电视出版社，1990 年版，第5 页。

② 阿尔蒙德、S·维巴：《公民文化》，徐湘林等译，北京：华夏出版社，1989 年版，第 15—35 页。

情感和价值取向，而对于政治体系输入方面的取向以及社会成员作为政治参与者的自我取向却非常低。政治体系的成员与体系的关系实质上是一种被动的服从关系，这种类型的政治文化一般存在于中央集权型的政治体系中。所谓参与型（participant）的政治文化是指公民对政治投以关注，并且认为大众参与可予期待且有效用，社会成员对政治体系作为整体以及体系的输入方面和输出方面都有强烈而明确的认知、情感和价值取向，并对自己作为政治体系成员的权利、能力、责任及政治行为的效能具有积极的认识和较高的评价，这种类型的政治文化一般与现代民主政治相适应，使公民抱有不过分的参与热情，对合法的权威亦有充分的尊重。但是，任何社会都不会只有单一类型的政治文化，而是诸种政治文化的结合。

阿尔蒙德和维巴对政治文化的分类并不具有普适意义。事实上不同的政治体系、同一政治体系的不同组成部分以及同一政治体系的不同阶段，其政治文化都有不同的特点。本研究将借鉴政治文化的分类理论，针对台湾政治体系的特点，通过研究台湾政治文化的不同变量在不同时期的变化，考察台湾政治文化的转型。

阿尔蒙德的政治文化分类理论令人瞩目地采用了“输入”和“输出”的概念。所谓政治体系的“输出方面”是政治系统理论中的概念，它指的是政治系统中公共政策的贯彻和实施；而政治体系的“输入方面”与“输出方面”相对，指的是从社会向政治体系流动的要求以及这些要求向官方政策的转化。阿尔蒙德概念用“输入”、“输出”和“转换”将政治过程划分为政治体系与环境之间相互作用的三个阶段，环境是三个阶段的起点，也是终点。本研究将借鉴“输入”、“输出”和“转换”这三个概念，用以分析政治文化与舆论的互动过程，并根据台湾政治文化在“输入”、“输出”和“转换”过程中内容与结构的变化，总结台湾政治文化不同时期的特点。

阿尔蒙德不仅是政治文化概念的提出者和比较政治学的开拓者，也是行为主义政治学的领军人物。行为主义政治学与传统政治学在研究方法上最大的区别在于：一个是注重动态的政治行为、政治心理与政治过程的研究；一个是注重静态的政治制度、政治文献和政治形式的研究。

在行为主义政治学之后，贝蒂（Bertrand · Badie）以当代“解释人类学派”的创始人格尔兹（Clifford · Geertz）的文化的符号学定义[①]为基础，结合历史和比较社

---

① 格尔兹（Clifford Geertz）的文化的符号学定义是：一种通过符号在历史上代代相传的意义模式，它将传承的观念表现于象征形式之中。通过文化的符号体系，人与人得以相互沟通、绵延传续，并发展出对人生的知识及对生命的态度。以上资料参见 Clifford Geertz, The Interpretation of cultures New York: basic books, 1973, p. 89。

会学的方法，提出了政治文化的符号学研究理论。该理论试图通过文化符号诠释各个政治体系的独特性，探究既具有控制一个社会的政治过程和社会过程变动的功能，同时又由一个社会的历史形成的文化代码（cultural code）。这种“文化代码”成为研究一个社会的社会对象（如权力、共同体、法、规范等的独特意义和取向）的一把钥匙，使研究者可以解释一个政治体系的独特性和政治变动的特征。该理论把文化看成一个社会的成员们所熟知的、使用于他们之间的相互作用的意义体系。而文化不是一个固定不变的东西，因此对文化的研究需要历史的方法。但是，作为表现一个文化的整体性的“文化代码”具有基本不变的特性，因此，通过历史的方法，可以区分出可变的和不变的部分。①

政治文化的符号学理论启示我们，可以将不同的政治文化看作是不同的意义体系，在这个意义体系中，有其社会历史所形成的独特的政治文化代码，这种代码像语法一样控制着一个社会的政治过程和社会过程变动的功能，找到这种政治文化代码，我们就可以找到解读这个社会政治文化的钥匙。这种政治文化代码就储存和附丽于一个个政治文化的符号当中，一个个政治文化符号构成的符号体系就是政治文化的意义体系，政治文化通过一个个符号表现出来，人们也通过一个个政治文化符号进行沟通和传承。因此研究政治文化符号可以发现储存和附丽其中的政治文化代码，而发现了政治文化的代码，就可以找到解读政治文化历史变化的钥匙，而政治文化又是解读政治体系乃至整个社会历史现象的一把钥匙。我们可以从这一连串“钥匙的钥匙”的关系链条上，找到政治文化研究的路径。

本书采用索绪尔（Ferdinand de Saussure）对符号的定义。索绪尔认为符号是可以指代其他东西的某种东西，它由“能指”和“所指”两部分组成。“能指”是指人们感官可以感知到的部分，如文字的字体、语言、图像等，“所指”是指符号所包含的内容和概念。②

“政治文化符号”是笔者提出的新概念，没有现成的定义可选择，笔者的定义是：政治文化符号是政治文化的象征形式，它同样由“能指”和“所指”两部分

① Bertrand Badie, comparative analysis in political science: requiem of resurrection?, political studies, vol. 37: 344 - 347. Bertrand Badie, democracy and religion: logics of culture and logic of action, international social science journal, vol. 43 (1991): 511 - 516.

② ［瑞士］索绪尔：《普通语言学教程》，高名凯译，北京：商务印书馆，1985 年版，第 102—103 页。

组成，具有一般符号的所有特点，是符号家族的一种特殊符号，其特殊性在于其“所指”总是指向政治文化，因此，它是政治文化的指称物或政治文化的形式。

按此定义，舆论议题可以转换为政治文化的一种符号。我们可以从台湾舆论议题的演变入手，解读台湾政治文化的变迁，并借鉴符号学的相关理论，特别是将索绪尔的关于能指和所指、语言和言语、历时和共时、结构和功能（符号系统）等理论，运用到本研究中。

至此，笔者已将本研究所使用的基本概念和所借鉴的重要理论全部予以界定和说明。接下来，将陈述本研究的思路和框架。

第四节　思路与框架

本书的研究思路是从台湾舆论议题入手，解读台湾政治文化的历史变迁，并通过考察台湾舆论议题与政治文化互动关系的变化发展，来揭示舆论与政治文化互动框架的一般模式。

台湾舆论议题是本书的直接研究对象。从光复以来，台湾舆论议题难以计数。仅以《联合报》为例，其创刊至今，保持每天至少一篇社论的惯例，[①] 以一篇社论仅讨论一个议题为保守估计，50余年来，仅《联合报》社论设置或参与的舆论议题即有二万余条。[②] 如果加上《联合报》其他版面的评论（如有《联合报》小社论之称的“黑白集”），其他报纸的社论、评论，其他媒体（广播、电视、网络）的议题，以及由非媒体提出的议题，抛去其重复部分，光复以来台湾舆论议题的数量堪称天文数字。仍以《联合报》为例，如果仅将《联合报》涉及的舆论议题罗列出来，字数也将百万字以上。

面对数量如此庞大的台湾舆论议题，本书首先要做的工作就是分类。如果我们被台湾舆论每一个具体的舆论议题牵着鼻子走，我们的研究很容易陷入“最变幻无

---

① 台湾《联合报》创刊时，一天有三篇社论，1952年1月1日起，改为每日一篇联合社论。以上资料参见王天滨：《台湾报业史》，台北：亚太出版社，2003年版，第244页。

② 报纸社论涉及的议题有重复部分，比如几篇社论探讨一个议题，但一个议题由几篇社论从不同角度探讨，从广义来看，也可视为不同的议题。比如针对“修宪”议题可能有几篇社论分别针对“总统”任期、“总统”权力、“修宪”程序等方面进行论述，既可将之看做一个议题——“修宪”议题，也可将之看做几个议题，比如“总统”任期议题、“总统”权力议题、“修宪”程序议题。再加上，一个社论还可能涉及几个议题，所以上述数据属于大致推论（笔者注）。

常和最具欺骗性”的旋涡。① 固然，对某一个具体的舆论议题的细致研究并非没有价值，作为样本的解剖同样有助于发现一般的舆论规律，但是如果我们从更长的时段对舆论议题进行考察，将会发现短时段的历史无法把握和解释的舆论现象及其变化。自从1958年费尔南·布罗代尔（Fernand Braudel）写了有关“长时段”的著名论文，越来越多的史学研究者认识到：“历史的发展时快时慢，但推动历史的内在力量却只有在长时段中才能起作用并被把握。”② 借鉴历史的长时段理论，将台湾舆论议题放在60余年的时间里考察，我们发现有两类议题：一类议题生命期限非常短暂，它们在历史的长河中一闪而过，稍纵即逝，即使有的议题在当时掀起轩然大波，甚至持续数月之久，但是此后就销声匿迹，不再被人提起；另一类议题其生命期限却非常长，它在历史的长河中经久不衰，不断频繁地出现在人们的视野里，甚至经过半个多世纪仍历久弥新，好像慢性关节炎一样，一到合适的气候条件，就反复发作，不断提示人们它的存在。

所谓舆论议题的生命期，指的是舆论议题被持续关注或反复关注的时长。一个议题看似在某个阶段其关注消失，可是它在下个阶段又被关注，说明这个议题在此前并没有走到生命终结，只不过是生命的蛰伏。虽然舆论的议题千差万别，但我们发现前述两类议题却各有其共同的特点。

生命期短的第一类议题绝大部分属于诉求型议题，诉求性舆论议题一般源于某个事件或一个问题，由此产生明确的中短期舆论诉求，③ 随着事件的解决或问题的消失，④ 舆论的议题也就不复存在，舆论的活动也由此终结。

而生命期长的第二类议题绝大部分属于认同性议题。认同性舆论议题，一般源于情感、观念和价值的分歧，它只有在人们的情感、观念和价值上得到统一或者这种情感、观念和价值不再值得人们关注，它才会终止和消失。它不一定要有明确的

---

① 法国“年鉴学派”的代表人物布罗代尔抨击此前几百年中一直在政治史中占据统治地位的“短时段”研究。他认为：“短时段”是“所有时段中最变幻无常和最具欺骗性的时段。”以上资料参见：［法］J. 勒高夫，P. 诺拉，R. 夏蒂埃，J. 勒韦尔主编：《新史学》，姚蒙译，上海：上海译文出版社，1989年版，第132页。

② ［法］J. 勒高夫，P. 诺拉，R. 夏蒂埃，J. 勒韦尔主编：《新史学》，姚蒙译，上海：上海译文出版社，1989年版，第27页。

③ 比如要求某人下台，反对涨价，要求解决香蕉滞销，要求提高退休待遇，要求相关机构检讨应对SARS对策等（笔者注）。

④ 比如香蕉滞销可能没有解决，但随着香蕉收获销售的季节已过，对香蕉的关注已没有意义，对于果农来说下一个议题可能是橙子等（笔者注）。

舆论诉求，其舆论的爆发主要源于认同的歧异。它可能有确切的诱因，比如拆蒋介石像；它也可能有明确的诉求，比如让陈水扁当选；但是舆论产生的基础还是源于人们在认知上的难以统一、在情绪上的不能共鸣以及在评价上的无法一致。由于人们在认知上的分歧、在情感上的鸿沟以及在评价上的对立，往往无法在一时一地予以短平快地消解，甚至可能在少数人的操弄下，或者在偶然事件的催化下越积越深，越演越烈，使人们在认知上更加南辕北辙，在情感上更添新仇旧恨，在评价上更会针锋相对。认知的问题、情感的问题和评价问题，无法像前一类议题用诉求的满足和时过境迁来短时间解决。比如，拆了蒋介石的像，“拥蒋派”会心甘情愿，而“倒蒋派”会就此罢休吗？再比如，陈水扁当选，泛绿就会偃旗息鼓，撕裂族群的议题就不会再出现吗？显然，认同的歧异，如同历史难以愈合的伤口，一有风吹草动，它就会隐隐作痛，而它的每一次发作，往往都是揭开伤疤并撒上盐，为下一次发作埋下伏笔。

第一类议题不是本书的研究对象，它可能是其他台湾研究领域，比如台湾社会生活史的良好素材。它尽管同样蕴藏着丰富的社会历史信息，从中可以找到许多有趣或有益的结论，[①] 但对本研究（仅仅对本研究）来说，它不是最重要、最有价值的素材。尽管我们承认它在一时一地可能是最重要的，一个议题能进报纸的社论，如果不是一时之选，至少也是一天之选，可如果将之置于60 年的历史框架下，它对历史的影响力就微不足道了。这些多如牛毛却又如过眼云烟的议题是本研究急于撇开的对象，因为只有不被这些纷乱的旁枝错节所迷惑与干扰，我们才能静下心来，把握60 年来一直在台湾舆论中频频出现的议题，这是些60 年来一直活着而且传下来的议题，这是些60 年来一直在左右台湾社会的议题。

通过对第二类议题的分析，发现这些生命期长的议题绝大部分都指向了台湾的政治文化。纯粹的政治议题可能难以长久，比如“立法院”改革议题，“行政院”人事任免议题，如前所述随着问题的解决或时过境迁，难以再吸引舆论的关注，其议题的生命力自然短暂。而纯粹的文化议题却难以进入舆论中心，比如古迹保护议题、传统艺术存活议题，由于不被政治权力所青睐，缺少了政治的推波助澜，也难以被广大民众所切身感受而关注，往往处于舆论的边缘地位，生命力的微弱，使其

---

① 因为历史上任何一个现象都有可能携带着社会历史的全息图像，有心的研究者会从中找到历史的基因（笔者注）。

存活期也不长，甚至进入大众视野的可能性都很低。只有那些既关乎政治又指向文化的议题，由于政治利益和权力的争夺，使之成为舆论关注的兴奋中心；同时，文化冲突的长期性和广泛性，使之成为舆论长久关注的焦点。跟政治有关的文化或者跟文化有关的政治，就成了进入话语中心又被长期关注的舆论议题，比如台湾的汉语拼音方案问题，本来是一个纯粹的文化议题，由于涉及“台湾/中国”的认同，就有了政治议题的属性；再如陈水扁想当“总统”，本来是一个纯粹的政治议题，却由于被舆论的操纵者操弄成“选‘本省人’自己的‘总统’”议题，涉及“本省人”与“外省人”的认同，就了有文化议题的属性。又如“台湾人/中国人”的认同，“‘本省人’与‘外省人’”的认同，本身就属于政治文化的认同，其兼具政治属性和文化属性，成为舆论长期关注的焦点。而那些表面上看属于政治或文化的议题，经过政治文化的转换，变成了政治文化的议题。正是通过这种转换，政治文化将那些表面上生命期短暂的“一过性”的其他议题，转化为自己历久弥新的政治文化议题。政治文化议题借助一个个不同时空的小议题的外壳，使自己不断复活，像一个可以不断轮回的灵魂，或借尸还魂，或投胎新生，长久地成为台湾舆论议题的主轴和台湾社会关注的中心。

60 年余来，台湾舆论中不断出现、不断积累、不断变异并一直在影响台湾的舆论议题主要有三个：它们是“省籍议题”、“台湾意识/中国意识议题”和“统独议题”，① 这三大议题共同构成台湾舆论议题的三大主轴。如前所述，两岸的台湾研究者往往把这三大议题混为一谈，认为它们属于同一类议题，只是概念和称呼不同而已，在理论和实践中更多地看到这三大议题的共性而忽视其相互之间的区别，从而影响了对台湾舆论议题研究的深入。事实上，“省籍议题”、“台湾意识/中国意识议题”和“统独议题”尽管紧密相关而且相互交叉，但并非完全重叠，它们可以相互呼应甚至相互转换，却不影响它们是性质不同、各自独立的议题。在舆论的实践操作中，李登辉、陈水扁等最擅长将这三类不同的议题混杂在一起，希望民众将这三种议题误以为是相同的议题，这样他们可以在不同的时间不同的地点根据不同的形势有针对性地抛出不同的议题，或单挑，或组合，并娴熟地在这三大议题中进行转换，以最大限度地遮人耳目并最有效地动员力量。因此，将这三大议题区别开来，

---

① 严格地说是三组议题，分别由大大小小的各个子议题组合而成，或者由不同的议题转换而成，为了论述的方便，我们仍用量词“个”来表示这些“议题组合”或“议题系列”（笔者注）。

就可以更加清楚地了解台湾舆论战的战术战法；更重要的是对舆论议题的细化研究，将把台湾政治文化的研究引向深入。

“省籍议题”、“台湾意识/中国意识议题”以及“统独议题”这三大议题在以下方面有所区别：

第一，这三大议题所对应的关系不同。“省籍议题”属于台湾内部族群关系的舆论议题，其对应的关系是台湾内部的族群关系；“台湾意识/中国意识议题”属于台湾与祖国关系的舆论议题，其对应的关系是台湾与祖国的关系；而“统独议题”属于两岸关系的舆论议题，其对应的关系是台湾与大陆的关系。台湾内部的族群关系，台湾与祖国的关系，台湾与大陆的关系，是跟台湾有关的最重要的三组关系，这三组关系构成了台湾基本的内外环境，沿着这三组关系，产生着一系列的议题，并分属不同的舆论议题谱系。比如说台湾内部族群关系的议题有：“省籍议题”、原住民议题、客家人议题、外籍新娘议题。“省籍议题”属于台湾内部族群关系的议题，尽管“省籍议题”常常被操弄成“统独议题”，但显然“省籍议题”不等于“统独议题”，将两者混为一谈如果不是糊涂，就是别有用心。台湾与祖国关系的议题包括一切台湾与祖国有关的议题，比如属于身份认同的“台湾人/中国人认同议题”，属于文化认同的“‘去中国化’/‘反去中国化’议题”，属于情感认同的“爱台湾/卖台湾的议题”，属于价值认同的“台湾优先议题”，以上议题都建立在台湾意识与中国意识的基础上，都属于“台湾意识/中国意识议题”。而“大陆与台湾的关系的议题”则包括一切两岸关系的议题，比如属于两岸政治关系议题的“统独议题”，属于两岸经贸关系的“三通议题”，以及属于两岸交流的“大熊猫来台议题”。

第二，这三大议题所针对的族群不同。“省籍议题”针对的是具有人口学意义的“本省人”与“外省人”，“台湾意识/中国意识议题”针对的是对“台湾人/中国人”认同有分歧的族群，“统独议题”针对“统独倾向”有差异的族群，这三组族群虽然相互关联，高度交叉却并不完全重叠。

第三，这三大议题的舆论特点也不同。无论是禁忌的程度，还是能量的当量、晕环的效应、地位的等级、适应的环境、接受的广度、影响的深度、表现的形式以及转换的机制和扮演的角色都各不相同。

第四，这三大议题形成演变的过程也不相同。无论是产生的背景、生成的条件、成形的时间、还是发展的过程、逆转的节点、高潮的阶段以及形成演变的生命周期都各不相同。它们有时同台竞艺，有时各领风骚，有时竞相开放，它们不仅与社会政治发展的历史阶段并不完全同步，而且其各自的发展过程也不完全等同。

第五，最重要的是，这三大议题所对应的政治文化不同。“省籍议题”对应的是“省籍情结”，它属于台湾政治文化的政治情感；“台湾意识/中国意识议题”对应的是“台湾意识”与“中国意识”，它属于台湾政治文化的政治认知；“统独议题”对应的是“统独倾向”，它属于台湾政治文化的政治评价。

如前所述，阿尔蒙德归纳政治文化由“政治认知”、“政治情感”和“政治评价”三大要素组成。而“省籍情结”是台湾政治文化中最典型的政治情感，“台湾意识与中国意识”是台湾政治文化中最核心的政治认知，“统独倾向”则是台湾政治文化中最重要的政治评价。舆论议题作为政治文化符号化的表现形式，由“省籍情结”，“台湾意识/中国意识”以及“统独倾向”投射或反映到台湾舆论的三大议题：“省籍议题”，“台湾意识/中国意识议题”和“统独议题”，就成为台湾政治文化最有代表性的符号体系。分别沿着这三大舆论议题考察其历史演变及效应特点，就可以分别梳理出台湾政治文化的政治情感符号、政治认识符号和政治评价符号这三大代表性符号的流变及特征。在此基础上，本书将在台湾舆论议题与政治文化的关系框架下将问题进一步引向深入，从台湾舆论议题内容与结构的变化揭示台湾政治文化的转型，反过来，再从台湾政治文化的转型讨论台湾政治文化对台湾舆论议题主体的影响，并以媒体政治为切入点，考察研究台湾舆论与台湾政治文化互动媒介的嬗变。

最后，本书将总结台湾舆论议题与台湾政治文化变迁的阶段性特征及要素性特点，并试图在台湾舆论与台湾政治文化互动关系的个案研究基础上，探究舆论与政治文化的互动关系的一般模式。

按照这样的思路，本书的写作框架如下：

导言，分别从问题意识、学术史回顾、相关概念及理论、思路与框架以及资料与方法上，对本书的选题价值、学术背景、论述重点及研究方法与目的作简要的说明。

第一章为“‘省籍议题’——台湾政治文化的政治情感符号”。“省籍议题”是指有关“省籍情结”的舆论议题，属于台湾内部族群关系议题。“省籍情结”是台湾政治文化中最典型的政治情感，以“省籍情结”为指向的“省籍议题”，是台湾政治情感的代表性符号。本章将述及“省籍议题”的历史缘起、发展演变、当代特征、生命周期，并讨论“省籍议题”与台湾政治情感的悲剧性互动。

第一节为“‘省籍情结’的历史缘起”。“省籍情结”是指台湾地区“本省人”与所谓的“外省人”之间互不信任、彼此对立、相互歧视的一种心理矛盾，是在台湾特殊的族群关系中表现出的一种特殊的族群意识。本节将从移民社会、日据隐患、“二·二八事件”的导火索、国民党统治的先天性缺陷及后天性错误、文化的冲突及政治的操弄等诸方面，解读“省籍情结”这一典型的台湾政治情感的前因后果。

第二节为“‘省籍议题’的发展演变”。“省籍情结”的公开化就转化为舆论议题，但转化为舆论议题的“省籍议题”并非与“省籍情结”亦步亦趋，尽管二者保持着高度的关联度，却有着不同的发展轨迹。本节将梳理“省籍议题”的发展演变，叙述其从“失语”到“悲情”再到“焦虑”的三个历史阶段。

第三节为“‘省籍议题’的当代特征”。本节分析“省籍议题”的当代特征，围绕“省籍议题”肆无忌惮的公开性、不断发酵的可持续性、坐收渔利的绩优性、情绪煽动的宣泄性以及沉默螺旋的倒置性五个方面，讨论作为台湾政治情态符号的“省籍议题”发展到当代的新变化。

第四节为“‘省籍议题’与台湾政治情感的互动”。本节将揭示“省籍议题”与政治文化的互动关系及其悲剧性本质。“省籍议题”与台湾政治文化的互动是台湾的悲剧，这种悲剧既是历史的悲剧更是当代的悲剧，既是现实的悲剧更是想象的悲剧，“省籍议题”是舆论最好的舆论工具，却是最恶的社会乱源，它对于政治人物是最低的成本，对于政治文化却是最沉重的代价。

第五节为“‘省籍议题’的生命周期”。本节讨论“省籍议题”的生命周期，根据“省籍议题”与民意基础的关系，可将其生命周期划分为三个阶段，第一个阶段是“省籍议题”的提出与民意基础一致，第二个阶段是“省籍议题”的提出与民意基础相对分离却大致合拍，第三个阶段是“省籍议题”的提出与民意基础完全对立。

第二章为“‘台湾意识/中国意识议题’——台湾政治文化的政治认知符号”。“台湾意识/中国意识议题”是台湾政治文化中最核心的政治认知。作为“台湾意识/中国意识”在台湾舆论的反映，“台湾意识/中国意识议题”是台湾政治文化中最有代表性的政治认知符号。本章论述“台湾意识/中国意识议题”的历史演变、当代特征、冲突实质，及其对台湾政治认知的影响。

第一节为"'台湾意识/中国意识议题'的历史演变"。本节述及清廷被迫割让台湾以及国民党"中央政权"空降台湾，使台湾作为一个地方性区域与祖国处于一个不正常的关系。这种特殊的关系是产生"台湾意识与中国意识议题"的土壤与背景。"台湾意识/中国意识议题"的变迁，大致走过以下阶段：一是日据时期的"亚细亚孤儿"议题；二是1950年代到1970年代台湾与大陆争夺正统性议题；三是1970年代至1980年代"台湾优先还是中国优先"的优先选择性议题；四是"政治革新"与"解严"后的"台湾认同与中国认同"的认同选择性议题。认同选择性议题包括属于身份认同的"台湾人/中国人认同议题"，属于文化认同的"'去中国化'与反'去中国化'议题"，属于情感认同的"爱台湾与卖台湾议题"。其中对"台湾人/中国人认同议题"是核心的认同选择性议题，其他议题都是与之配套的议题，而"台湾人/中国人认同"的变迁，也发生了从蒋介石的"我是中国人"到蒋经国的"我是中国人，也是台湾人"，再到李登辉执政前期的"我是台湾人，也是中国人"，再到李登辉后期与陈水扁的"我不是中国人，我是台湾人"以及游锡堃的"我是华裔台湾人"，以及到最近马英九再提"我是台湾人，也是中国人"这样的戏剧性变化。

第二节为"'台湾意识/中国意识议题'的当代特征"。本节将"台湾意识/中国意识议题"放在与"省籍议题"、"统独议题"的关系框架中进行对比研究，探讨"台湾意识/中国意识议题"发展到当代所出现的新变化。其主要特征是"爱台湾议题"成为"台湾意识/中国意识议题"的主导议题。本节论及"台湾意识/中国意识议题"以"爱台湾"议题为代表成为台湾所有舆论议题中最具有光晕感的议题。"爱台湾"议题成为民进党继民主、自由、进步后占据的第四座舆论高峰，从而使之置身于绝对正确、所向无敌的舆论制高点。这个议题在台湾无人敢质疑其正当性与合法性，在台湾的三大族群议题中成为最无须禁忌、也最难以反弹的议题，并使台湾的三大族群议题逐渐形成向其靠拢的趋势。因为统"独"很敏感，"省籍"有争议，通过转换成"爱台湾"的议题，则变成不言而喻、不证自明的东西。

第三节为"'台湾意识/中国意识议题'的冲突实质"。本节在"台湾意识/中国意识议题"、"省籍议题"与"统独议题"的关系框架中讨论"台湾/中国意识议题"的冲突实质，借鉴族群认同理论的"本质论"、"结构论"与"建构论"，分析得出台湾族群的三大认同——"省籍认同"，"统独认同"及"台湾人/中国人认同"都是刻意建构的产物。这种刻意建构是族群政治的产物，正是族群政治的推波助澜，使台湾三大议题的认同冲突越演越烈，也正是族群政治的需要，“台湾意识/中国意识议题”与“省籍议题”和“统独议题”一样，成了相互配套、并不可相互替代的舆论工具。

本节通过分析“台湾意识/中国意识议题”中的“中国”符号如何被妖魔化而成为舆论假想敌，进一步揭示“台湾意识/中国意识议题”的冲突实质——表面上其指向台湾与祖国的“冲突”，实际上，舆论的推动者最主要的目的还不是分化台湾与祖国的关系，而是要借台湾与祖国的“冲突”来分化台湾内部的关系，内部权力斗争（选票利益）的需要，才是“台湾意识/中国意识议题”制造一组在台湾内部根本不存在的所谓“台湾人”与“中国人”的对立族群的真正动因。

第四节为“‘台湾意识/中国意识议题’对台湾政治认知的影响”。本节以民调资料为据，讨论“台湾意识/中国意识议题”对台湾的政治认知的影响，1992 年至 2003 年的台湾政治大学选举研究中心对“台湾人/中国人认同”所做的民调，间接支持了在“台湾意识/中国意识议题”的影响下，台湾在“台湾人/中国人的认同”上发生了显著的变化。本节通过不同年龄、性别、教育程度、职业和地区的台湾人对“台湾人/中国人认同”的变化，细化研究“台湾/中国意识议题”对不同特征的台湾人群的影响，提出利益关切、文化认同的“舍远求近”理论，解释台湾人在不对称的议题操纵下，政治认知出现的“弃中就台”现象。

第三章为“‘统独议题’——台湾政治文化的政治评价符号”。“统独议题”指的是有关两岸统一或台湾“独立”的舆论议题，是台湾人的“统独倾向”在台湾舆论的反映。台湾人的“统独倾向”是台湾政治文化中最重要的政治评价，以“统独倾向”为指向的“统独议题”是台湾政治评价的代表性符号。本章论及“统独议题”的缘起演变、当代特征、发酵过程及其对台湾政治认知的影响。

第一节为“‘统独议题’的缘起与演变”。本节首先分析“统独议题”的现实基础与历史背景。“统独议题”属于两岸关系议题，其现实基础是台湾与大陆的事实分离，没有这种分离，就没有“统一”或“独立”的议题存在。因此，1949 年国民党退据台湾后，才有可能出现“统独议题”。但“统独议题”常常会把台湾的移民、迁徙、政权变化，国际公约作为其历史背景。因此，“统独议题”的缘起是两岸关系与国际关系两个框架中的产物。

在历史变迁方面，本节述及“统独议题”经过三个阶段；一是“统一议题”独尊阶段。上世纪 50 年代至 80 年代中期，台湾主流舆论只有“统一议题”没有

“台独议题”，“台独议题”被严厉禁止。二是“台独议题”抬头阶段。从上世纪80年代中期台湾政治文化的转型到20世纪末，“台独议题”松动，并出现“统独议题”的逆转。三是“台独议题”横行阶段。从1999年李登辉抛出“两国论”至今，“统独议题”出现“台独议题”代替“统一议题”成为最高上位性议题。自上世纪90年代至今，“台独议题”一直保持着以“打着中华民国旗号的台独”为主流的“台独”舆论、以“去中国化”与“为台湾正名”为次主流“台独”舆论显隐共生的奇特现象，“中华民国已独立”成为“独”派阵营相当多人可接受、中间阵营相当多人不反对和统派阵营相当多人能容忍的最大公约数。政党轮替后，“台独议题”更是形成了以“打着中华民国为旗号的‘台独’”为主体，以“文化台独”和“法理台独”为两翼的特殊结构，并形成两翼的“台独”舆论议题比主体的“台独”舆论议题更活跃的现象。

第二节为“‘统独议题’的历史特点与当代特征”。本节论及“统独议题”一直具有两大历史特点：第一个历史特点是舆论主体的两岸性与国际性，即“统独议题”不仅是台湾内部的舆论议题，也是两岸的舆论议题，甚至是国际的舆论议题，“统独议题”并非是仅由台湾单方面所主导的舆论议题，而是由两岸共同作用、国际参与的舆论议题；第二个历史特点是舆论层级的高上位性。“统独议题”发展到当代，出现台湾主流舆论几乎没有“统一议题”只有“台独议题”的一边倒现象，而此时的“统独议题”在舆论层级上的高上位性就演变成“台独议题”具有高指标、高污染性、高能量性、高危险性、高敏感性等五大当代特征。这使“台独议题”成为禁忌最多、敏感最大、危险性最高的议题。

第三节为“‘台独议题’的发酵过程”。本节用舆论的层级效应理论来解读“台独议题”的发生发酵过程。通过对舆论议题不断地转换，特别是将“台独议题”转化为“台湾意识/中国意识议题”中的“爱不爱台湾”的议题之后，“台独议题”变成深绿很狂热、浅绿很欢迎、中间人士能认同、浅蓝不排斥的从深绿到浅蓝通吃的现象，实现了舆论在由内向外的传播扩散过程中其舆论效应不仅没有出现层层递减的现象，而且出现了层层叠加的效应。本节论及“台独议题”的发生发酵往往以民主议题为先导和借口，以选举议题为实质和归宿，对其舆论层级叠加效应的解构亦应对症下药。

第四节为“‘统独议题’对台湾政治评价的影响”。“统独倾向”为台湾政治文化中最重要的政治评价，本节根据民调资料，论及1992年至2003台湾民众的“统独倾向”的重要变化，间接支持了“统独议题”对台湾政治评价的影响，并分别从不同年龄、性别、省籍，教育程度、职业和地区的台湾人在“统独倾向”的变化，讨论“统独议题”对不同人群政治评价影响的敏感性。

第四章为“台湾的舆论议题与政治文化”。本章重点讨论台湾的舆论议题与台湾政治文化的关系，首先从台湾的舆论议题的变化揭示台湾政治文化的转型，反过来，从台湾政治文化的转型，分析其对台湾舆论议题的影响，并以媒体政治为契点，考察台湾舆论与台湾政治文化互动媒介的演变。

第一节为“从台湾的舆论议题的内容结构看台湾政治文化的转型”。本节论及光复以来台湾的舆论议题发生了巨大的变化，台湾的政治文化也出现了根本性的转变。本研究从台湾舆论议题的演变透视台湾政治文化的转型发现：60 年来，台湾的舆论议题内容由禁忌到开放再到放纵，其结构由一元到多元再到二元对决；而台湾的政治文化也从“威权主义”的政治文化经由“民主化”、“自由化”发展到“民粹主义”的政治文化，从“民族主义”的政治文化经由“本土化”发展到“族群主义”的政治文化。转型后的台湾政治文化是“民粹主义”加“族群主义”的复合型政治文化，笔者将其命名为“群粹主义”的政治文化。

第二节为“台湾政治文化的转型对台湾舆论议题的影响”。本节论及台湾政治文化的转型对台湾舆论议题的影响。60 年来台湾政治文化从“民族主义”加“威权主义”的政治文化经由“民主化”、“自由化”与“本土化”的转型发展到民粹主义加“族群主义”的“群粹主义”政治文化，它给台湾舆论议题的主体带来的最主要的变化就是舆论议题的主体，从单极到多极再向多极并存的两极分化发展，具体表现为舆论议题的主体从一党独尊到多党争雄，从行政主导到议会主导，从政治人物唱主角到意见领袖抢风头，从精英阶层垄断向普通民众开放的转变。

第三节为“媒体政治——台湾舆论与台湾政治文化的互动媒介的演变”。在现代社会里，媒体政治是舆论与政治文化互动关系中最重要的媒介，传媒与政治关系的演变，反映出舆论与政治文化互动框架的变迁。本节以媒体政治为切入点，考察光复以来台湾舆论与台湾政治文化互动媒介的变化。作为台湾传媒与台湾政治关系的反映，台湾的媒体政治经过了从“媒体政治化”到“政治媒体化”的转型，并向“媒体即政治”方向发展，而与此相适应的是台湾舆论议题最有代表性的形式也发生了从社论到政治广告再到电视谈话节目的转变。

结语部分。本书将对台湾舆论议题的演变及台湾政治文化的变迁进行归纳，总结其历史进程的阶段性特点与要素性特点，并试图在台湾舆论议题与政治文化的互动个案上，进一步揭示政治文化与舆论互动关系的一般模式。

第一节将台湾舆论议题与台湾政治文化联系在一起，总结其变迁的过程，分述其各阶段性和要素性的特点。光复以来的台湾60年历史，台湾的舆论议题发生了巨大的变化，使台湾舆论议题的内容从禁忌到开放再到放纵，舆论议题的结构从一元到多元再到二元对立，舆论议题的主体由单极到多极再到多极并存的两极分化，舆论议题的形式也从社论到政治广告再到电视谈话节目。与此同时，台湾政治文化也进行着艰难而痛苦的变迁，它从“威权主义”加“民族主义”的政治文化经由“民主化”、“自由化”与“本土化”的转型发展到“民粹主义”加“族群主义”的“群粹主义”政治文化。在深入研究的基础上，本书发现台湾舆论议题与台湾政治文化的变迁既大致合拍却并不完全同步。总体来看，议题的转变先于政治文化的转型，而作为台湾政治文化三大符号的三大舆论议题，其演变过程虽然方向相同、阶段类似，但其起点，转折点及变潮期却不尽相同，各有错落，显示出台湾政治文化符号演变过程的复杂性。

第二节将试图从台湾舆论议题与政治文化互动关系的例证分析中，建构起一般的舆论议题与政治文化的互动模式。主要内容是舆论与政治文化存在两个方向的互动关系。第一个方向是从政治文化出发落脚到舆论，第二方向是从舆论出发最后归宿到政治文化。第一个方向的逻辑关系是：政治文化将其内容与内涵投射到舆论中，用政治文化将舆论中现有的议题进行解读，从而把不是政治文化议题的舆论议题转化为政治文化的符号，由此将政治文化符号的“所指”指向政治文化的内容与内涵，最后引导舆论。第二个方向的逻辑关系是：舆论直接反映政治文化，使自己成为政治文化的符号，并将政治文化符号转化为舆论议题，从而使舆论的关注得以聚焦在政治文化设置的议题上，而长期的舆论也使某些议题积淀下来成为政治文化本身，甚至成为政治文化的代码。

结语的最后部分笔者将总结本研究的创新与不足之处。

第五节　资料与方法

在运用理性的语言和严肃的风格对本书的问题意识、学术史回顾、相关概念与理论以及思路与框架进行学理式说明之后，接下来笔者试图换一种论述笔调对本书的资料与方法做一个介绍，这样做的目的是试图在导论中尽可能地“还原”本书的“写作现场”。如同历史学家千辛万苦寻找机会试图置身或重建“历史现场”，许多读者一旦对一本书感兴趣的话，肯定同样对作者的“写作现场”感兴趣。笔者正是这样的读者，尤其是读到那些晦涩难懂、高深莫测的论文，或者是高山仰止、其趣难穷的巨篇，我就止不住想象那用语词、材料、逻辑和观点建构起来的思维大厦中隐匿的思考者的灵魂与个性，就会想象作者是在什么时空、是在什么境遇、用何种心情写下这些文字，就会想象除了文本告诉我们之外的任何东西……

钱穆在其《国史大纲》中开宗明义，要求阅读该书的读者“尤必附随一种对其本国已往历史之温情与敬意”。① 布洛赫也说：“不要以为真正的历史学家是不动感情的。”② 他推崇历史学家要亲身感受探索历史时的喜悦：“我们要警惕，不要让历史学失去诗意，我们也要注意一种倾向，或者说要察觉到，某些人一听到历史要具有诗意便惶惑不安，如果有人以为历史诉诸于感情会有损于理智，那真是太荒唐了。”③ 布洛赫甚至认为：“每一本名符其实的历史著作都应包括一章自白，或在适当的地方插入几段，小标题可写成‘写作缘起’，我相信，即使外行在阅读这类‘自白’时也能体验到一种精神乐趣。”④

如果说任何论文的写作过程都是从问号开始的，那么回答这个问号的过程首先就是对研究对象的理解过程。“千言万语，归根结底，‘理解’才是历史研究的指路明灯。”⑤ 只有理解历史，才能解释历史，才能评判历史。

但问题是作为一个大陆人，我能理解台湾吗？这是当我确定博士论文选题伊始就一直煎熬着我的问题。那一年是2002年，我尚未到过台湾，而且短期也没有去台湾的计划和条件，直觉告诉我，也许博士论文写完了我都无法踏上台湾这块土地，一个从未到过台湾的人能写好一篇关于台湾的博士论文吗？你有什么理由让人

---

① 钱穆：《国史大纲》，北京：商务印书馆，1996年版，首页（未编页码：笔者注）。

② ［法］马克·布洛赫：《历史学家的技艺》，张和声、程郁译，上海：上海社会科学院出版社，1992年版，第105页。

③ ［法］马克·布洛赫：《历史学家的技艺》，张和声、程郁译，上海：上海社会科学院出版社，1992年版，第10页。

④ ［法］马克·布洛赫：《历史学家的技艺》，张和声、程郁译，上海：上海社会科学院出版社，1992年版，第55—56页。

⑤ ［法］马克·布洛赫：《历史学家的技艺》，张和声、程郁译，上海：上海社会科学院出版社，1992年版，第105页。

相信你所写的台湾就是真实的台湾？当时我不禁感慨，古代史研究者隔了时间的距离，尚可以通过田野调查回到历史的现场，从空间相同或相似的点，找寻重构历史的支撑点，可是作为一个当代史的研究者，隔了空间的距离，我却未能自由地越过那一湾浅浅的海峡，直面和置身于我的研究对象。所幸的是，博士论文的写作期间，我得以在2004年年底，2007年年初，两次踏上台湾这块土地，尽管两次都只有短短的十天，却已让我受益匪浅。不过，这仍然无法减轻我对台湾研究的诚惶诚恐：和那些与斯土斯民始终生活在一起的台湾学者，我会比他们更了解台湾吗？如果没有同甘苦共患难的经历，我会比他们更理解台湾吗？我有什么力量可以让自己相信我所做的台湾研究比台湾学者做的台湾研究更可靠或更有价值？

其实这种困惑，不是一种个体的困惑，而是一种群体的困惑。这不仅困惑着大陆的台湾研究学人，也同样困惑着台湾的大陆研究学人；不仅困惑着中国的外国研究学人，也困惑着国外的汉学界学者。这个困惑还可以从空间延伸到时间，所有的古代历史研究者都将面临这样一个诘问：你不是古人，你可能比古人更了解古人吗？国外的汉学家顾彬（Wolfgang Kubin）抱怨自己在中国遭遇到的尴尬，太多中国人质疑他的汉学研究：你不是中国人，你可能理解中国吗？① 问题似乎又回到了“子非鱼”的古老悖论：“你不是鱼，你怎么可能知道鱼的快乐”，“可你不是我，你怎么能知道我不知道鱼的快乐？”这种“你不是×××，所以你不理解×××”的思维，转化为另一个语式就是：“只有×××，才能理解×××”。故前述的疑问就变成“你不是台湾人，你不可能理解台湾”，“只有台湾人才能理解台湾”，“你不是中国人，你不可能理解中国”，“只有中国人才能理解中国”。如果把这种话语模式推到极致，就出现了“你不是希特勒，所以你不理解希特勒”，“只有希特勒理解希特勒”，“你不是神经病，你不理解神经病”，“只有神经病才能理解神经病”的荒唐结论，这种思维模式足以颠覆一切学术研究。要求一切研究者必须类同于研究对象或者源自研究对象是十分荒谬的，研究对象是“肉”，研究者是“刀”，要求研究者同样也是“肉”，研究者是无法处理那“肉”的。

“不识庐山真面目，只缘身在此山中”，道出了研究者置身于研究对象之间也有可能出现的软肋。研究者来自研究对象有其所短，研究者不来自研究对象也有其所长。事实上，研究者无论其身份如何，实质上在学术研究上都站在同一条起跑线

---

① 顾彬：《“只有中国人理解中国”？》，《读书》，2006年7期，第14页。

上。尽管史学研究一直强调“如实直书”，“史学家的唯一目的就是按照事情发生的本来面目记叙历史，他的最高追求就是还原历史的真相”。① 但是现代物理学的测不准原理告诉我们，观察者对观察对象的影响无可避免，而史学研究作为研究人类的科学，研究者更不可能不在研究对象上打上自己的烙印。一些强调主体性的学者甚至将之推向极致：“我写作的就是我”，“我所研究的就是我”。

每一个研究者只能按照自己的理解来研究对象，他们的研究成果就是他理解的对象。所以台湾研究不仅有大陆人的台湾研究与台湾人的台湾研究之别，甚至每一个人的台湾研究都是不一样的。每一个人都是按照自己的历史来建构历史，但是历史仍然是历史，而不是自己，尽管对象可能体现了自己对象化的本质，但对象仍然是对象，没有对象的研究就和没有主体的研究同样不可思议。你可以在对象上打上自己的烙印。但你不可能在没有的对象上打上自己的烙印，无视对象的特质，这种自大狂式的研究，无疑是痴人说梦。

可以允许不同的人对台湾有不同的理解，不仅存在这样一个前提：即本来不存在着一种绝对地对台湾的“完全的理解”，而且存在这样一种共识：对台湾的不同理解有助于创造彼此之间的联系。“互相之间不能完全地理解，无论如何不是个灾难，忘记了我们习惯性地缺乏理解，这才是灾难”。②

所以，既必须承认不可能对台湾“完全地理解”，同时也必须认识到决不能“习惯性地对台湾缺乏理解”。我们的一切选择就是对台湾尽可能地理解。但是对于一个海峡此岸的人，他应该用什么方法去克服空间与内在的距离去理解彼岸呢？

首先必须肯定的是传统的历史文献研究方法对本书的助益，历史文献构成了本书主要的资料来源。

报纸杂志是研究舆论的重要史料，作为印刷媒体，便于保存。报纸的各个版面甚至广告启事都记录了大量的社会历史信息。厦门大学台湾研究院存有从 1980 年到 2007 年的台湾报纸共 18 种，③ 特别是由于电子储存技术的进步，一些大报把以

---

① ［法］马克·布洛赫：《历史学家的技艺》，张和声、程郁译，上海：上海社会科学院出版社，1992 年版，第 101 页。

② 顾彬：《“只有中国人理解中国人”?》，《读书》，2006 年 7 期。

③ 分别为：《中时晚报》、《民生报》、《工商时报》、《经济日报》、《自立晚报》、《台湾时报》、《自由时报》、《台湾日报》、《青年日报》、《联合晚报》、《台湾新生报》、《联合报》、《中国时报》、《自立早报》、《更生日报》、《英文中国时报》、《台湾公论报》、《青年战士报》。

前的报纸输入光盘，尽管光盘没有印刷纸质的质感，但它便于查阅。厦门大学台湾研究院购买了一套《中国时报》的光盘，内容从创刊到2005年的报纸内容，笔者曾用编年史的方式逐日逐页翻阅几十年来每一天的报纸版面，它带给笔者的新鲜体验非笔墨所能形容。它与一般的编年体的史书大为不同，虽然都有对史料的编辑，但史书的编辑有纵向的架构，但报纸的编辑只针对当日，而且其编辑常常不是体现个人的意志，而是反映编辑部的集团思想，编辑部也随着世事变迁而不断进行人事变动，所以报纸的积累只有时间的原始链条，而没有历史的编辑体例。这样从某一天的报纸可以看到当时的话语权掌握者对史料（新闻）的选择与表述，但是在历史纵向这一维中不同年月日的报纸又处于话语权失控的状态，这样就保留了一些十分珍贵的历史信息。新闻的版式、社论的标题，包括遣词造句无不打上时代的烙印。从新闻的头版可以看到当时舆论的中心议题是什么，从广告的版面多少可以看出当时的经济发展水平，即使是一些文字习惯，比如"两蒋"年代报道"总统"名讳时前面要空格，也能折射"威权时代"的媒体地位与舆论导向。特别是结合当时的另一份主要报纸《联合报》的相关资料进行相互印证和对比，看看哪些新闻是共同的，哪些社论是有差异的，就能对当时的台湾舆论环境有一个总体的印象，对台湾的社会历史变迁，有一种比翻阅历史学家编写的史料或档案馆散存的史料更为不同却同样有益的感受。特别是从2004年开始，笔者有条件每一天下午可以看到台湾当天的几份主要报纸，它们是《中国时报》、《联合报》、《中央日报》①、《自由时报》、《台湾日报》②、《经济日报》、《工商时报》、《民生报》③，将这些有着不同党派色彩、受着不同利益集团影响的报纸对比看，能够最直观地感受台湾舆论环境的风生水起，而且可以即时地掌握这些舆论信息，使笔者的研究能够同台湾舆论的发展同步。

在杂志方面，笔者利用厦门大学台湾研究院图书馆及网络资源，查阅了台湾与舆论相关的主要刊物，它们是《新闻学研究》、④《民意》、⑤《广告学研究》、⑥《广

① 因财务危机于2006年6月1日停刊，后转型为网络报。

② 已于2006年6月6日停刊。

③ 已于2006年12月1日停刊。

④ 台湾政治大学新闻系主办：《新闻学研究》，1967—2006年。

⑤ 《民意》，台湾"中华民国民意测验协会"主办，1987—2000年。

⑥ 《广告学研究》，台湾政治大学广告学系主办，1993—2006年。

播与电视》、[①]《传播文化》、[②]《台大新闻论坛》、[③]《中国广告学刊》、[④]《卫星与有线电视杂志》。[⑤] 其中特别值得介绍的是《民意》，厦门大学台湾研究院存有1987年至2000年的各期杂志，这是一本由“中华民国民意测验协会”主办的以“民意”为主题的杂志，基本上每期都有“专论”、“民意调查”、“民意文摘”等民调文章，附有大量的民调资料，包括各种图表及数据分析，是掌握台湾社会“民意”变迁最集中的第一手资料。尽管在国民党执政年代，许多民调具有“政府”主导的官方色彩，但仍然记录了那个时代真实的一面。

除了报刊外，那些经过史家编纂的资料，虽然不够具体，但十分集中地记录了当时一些重要的人物、事件和文献，特别是一些具有统计学意义的数据和汇总。它们是与舆论有关的一些年鉴，主要是《中华民国出版年鉴》、[⑥]《中华民国电视年鉴》、[⑦]《中华民国广播年鉴》、[⑧]《中华民国广告年鉴》、[⑨]《中华民国电影年鉴》、[⑩]《中华民国杂志年鉴》、[⑪]《中华民国新闻年鉴》[⑫] 及《中华民国广播电视年鉴》，[⑬] 特别是《中华民国新闻年鉴》对新闻通讯事业、报业、广播、电视、海外新闻事业、广告事业、新闻教育、杂志事业，包括大陆新闻事业都有详细的介绍，对传播机构、行政机关、新闻团体、新闻法规都有全面的记载，既是台湾比较全面的新闻

---

① 《广播与电视》，台湾政治大学广播电视学系主办，1992—2006年。

② 《传播文化》，台湾辅仁大学大众传播学研究所主办，1992—2006年。

③ 《台大新闻论坛》，台湾大学新闻研究所主办，1994—1997年，2005—2006年。

④ 《中国广告学刊》，台湾“中国文化大学”广告学系主办，1990—2006年。

⑤ 《卫星与有线电视杂志》，台湾卫星与有线电视杂志社主办，1991—2006年。

⑥ “中国出版公司”编：《中华民国出版年鉴》，台北：“中国出版公司”，1976年、1978年、1991年。

⑦ 陈静瑜等：《中华民国电视年鉴2003—2004》，台北：“行政院新闻局”，2005年。

⑧ 刘伟勋等：《中华民国广播年鉴2003—2004》，台北：“行政院新闻局”，2005年。

⑨ “中华民国”广告年鉴编撰委员会：《中华民国广告年鉴2003—2004》，台北：台北市广告代理商业公会，2005年。

⑩ “中华民国”电影年鉴编辑委员会：《中华民国电影年鉴》，台北：“财团法人国家电影资料馆”，1991—1997年。

⑪ “中华民国”杂志年鉴编辑委员会：《中华民国杂志年鉴1950—1998》，台北：“中华民国”杂志事业协会，1998年。

⑫ 《中华民国新闻年鉴五十年版》，台北：台北市新闻记者公会，1961年版。《中华民国新闻午鉴六十年版》，台北：台北市新闻记者公会，1971年版。《中华民国新闻年鉴七十年版》，台北：台北市新闻记者公会，1981年版。《中华民国新闻年鉴八十年版》，台北：台湾“中国新闻学会”，1991年版。《中华民国新闻年鉴·八五年版》，台北：台湾“中国新闻学会”，1997年版。

⑬ 刘伟勋等：《中华民国广播电视年鉴79—84》，台北：广播电视事业协会，1996年。

事业史，也为舆论研究留下了许多重要史料。

在历史文献中，笔者特别喜欢传媒机构自己编纂的资料，这些资料往往不对外广泛发行，仅仅是作为同行交流或自我纪念，里面的文章往往自觉或不自觉地“暴露”传媒机构的秘密，比如新闻背景、编辑思想及采编过程。在台湾朋友的馈赠下，笔者有《联合报四十年》一系列纪念文集、[①]《联合报五十年》一系列纪念文集、[②]《中国时报四十年》一系列纪念文集、[③]《中国时报五十年》一系列纪念文集、[④]《台湾时报五十年》一系列纪念文集。[⑤]这些纪念文集除了有《纪念册》外，还有图片（如《中国时报四十年（画史）》、《联副插画五十年》），有社论选，（如《我们的信念与主张——中国时报五十年社论选辑》、《漂流的台湾——联合报社论一百篇》），有作品选（如《时代小说——联合报文学奖短篇小说首奖集》）。将这些资料对比研究很有意思，五十年的纪念文集与四十年的纪念文集时间有所重叠，就会出现对同一历史事件（比如“2·28 事件”）的两个不同的记忆与表述，历史的重构就在同一媒体的不同时代有了不同的演绎，时代的变迁影响了“历史”。除了报纸的纪念文集外，电视媒体的文宣资料也提供了电视节目之外的“有意义”的信息。这些一般不面向大众只供利益相关人或同仁阅读的材料是研究舆论重要的“民间”资料，可以和“台湾新闻史”或“新闻年鉴”这样的“正史”资料对照来研究。东森媒体集团、TVBS、民视、年代、中天、三立、公视等媒体还每月定期或不定期地寄送其收视宣传册，这对于笔者了解台湾舆论的运作提供了很大的便利。

另外一些有价值的资料，是有关媒体人的传记或回忆录，如《报人王惕吾：联合报的故事》、[⑥]王惕吾的回忆录《我与新闻事业》、[⑦]《中文报业王国的兴起：王惕吾与联合报系》、[⑧]《提笔为时代——余纪忠》、[⑨]《文茜半生缘》。[⑩]这些传记或回忆录，尽管可能有为传主矫饰与虚美的一面，但也揭示出报业内幕不为人知的一面，

---

① 黄年主编：《联合报四十年》，台北：联经出版公司，1991 年版。
② 杨选堂总编撰：《联合报五十年（1951—2001）》，台北：联合报社，2001 年版。
③ 《中国时报四十年》编辑委员会，《中国时报四十年》，台北：“中国时报社”，1990 年版。
④ 《中国时报五十年》编辑委员会，《中国时报五十年》，台北：“中国时报社”，2000 年版。
⑤ 《台湾时报五十年》特刊编辑委员会编，《台湾时报五十年》，台北：台湾时报社，1996 年版。
⑥ 王丽美：《报人王惕吾　联合报的故事》，台北：天下文化出版公司，1994 年版。
⑦ 王惕吾：《我与新闻事业》，台北：联经出版公司，1991 年版。
⑧ 彭明辉：《中文报业王国的兴起：王惕吾与联合报系》，台北：稻乡出版社，2001 年版。
⑨ 张慧英：《提笔为时代——余纪忠》，台北：时代文化出版公司，2002 年版。
⑩ 夏珍：《文茜半生缘》，台北：时报文化出版公司，1999 年版。

比如为一则新闻惊动“总统府”，既从一面反映台湾当局对新闻的“钳制”，另一面也显示地位显赫的报纸老总与政治人物的互动密切；又如李登辉上台风波，《联合报》、《中国时报》不仅在报纸舆论上大加支持，这是呈现给读者看的一面，而另一面则是两大报业的老板身兼国民党中常委在最高决策会议上挺身而出、鼎力支持，发挥了不可替代的影响力，这不为人知的一面更可见报业介入政局的一斑。后来李登辉渐露“台独”嘴脸后，两位报人又不同程度表达“后悔”之意，这些幕后的操作与当事人的情境对理解台湾舆论背后的机制很有助益。

还有一类媒体人的文章值得留意，它们是媒体人经意不经意间写成的随笔，这些随笔提供了媒体人以个体身份观察台湾的另一种角度，它不同于传媒人在传媒机构所进行的传播，而是以个人身份进行的私人传播，但由于作者又具备传媒人的身份，因此分外引人瞩目。此外，这些随笔或多或少记录了传媒人的生活以及各种所见所闻，这些带故事性的“民间”资料可能从另一面看到台湾的传媒生态，比如在《只怕陈文茜》中陈文茜记录了她和赵少康、施明德、李永萍的互动；[①] 又如胡忠信的《解读年代》；[②] 陈凤馨的《遇见百分之百的连战》。[③] 这一类的书非常多，有心（耐心、细心和用心）去读，会有很多收获。媒体人的文章还有一类特别珍贵的，是内部的讲话或留言，这些讲话隔了许多年后可能从内部转为公开，比如《联合报》的几次危机，王惕吾的讲话，透露出媒体人在社会的夹缝中生存困境与智能，这些讲话随着事过境迁，时代变化，借由《联合报》40 年、50 年的社庆得以面世。2006 年东森媒体遭遇一“劫”，笔者也有幸从好友处得到东森媒体集团总裁王令麟先生的致内部员工的一封信，得以窥见台湾媒体危机处理时的内部作业。类似的珍贵资料在此无法一一列举，但这些的确使我对台湾传媒的生态及台湾的舆论环境有更深的了解。

上述历史文献是我理解台湾的一个重要渠道，但是它仍然属于傅衣凌先生所说的“死文字”，而不是“活材料”。[④] 要想尽可能地接近台湾，就必须将“死文字”和“活材料”结合起来。

本研究最倚重的“活资料”，就是台湾的电视。从 2001 年开始，笔者坚持每天

---

① 陈文茜：《只怕陈文茜》，台北：INK 印刷出版有限公司，2004 年版。

② 胡忠信：《解读年代》，台北：我识出版社，2004 年版。

③ 陈凤馨：《遇见百分百的连战》，台北：天下文化出版公司，1999 年版。

④ 傅衣凌：《我是怎样研究中国经济社会史的》，《文史哲》，1983 年第 2 期。

都收看台湾的电视，用遥控器在同一时段的不同频道中来回切换，或者从早晨到晚上，顺着时间的顺序观察台湾电视节目的编排，有时将两个新闻频道的新闻进行对比，从中发现了许多文献所不能发现的东西。比如，从字幕的颜色就可以看出频道的政党色彩，字幕多用蓝色的肯定是亲蓝媒体，而亲绿媒体民视和三立，自然喜欢用绿色的字幕，这是媒体介入政治或是被政党利用最直观的例证。再如，要想知道台湾社会泛政治化的政治文化的程度，只需感受一下台湾电视政论节目的数量及播出时段即可，在 2004 年“大选”前的高峰时刻，台湾电视在黄金时段居然有 30 多个电视政论节目，足以创下吉尼斯世界纪录。[①] 而且一些政论节目收视率居高不下，在黄金休闲时段，民众不是看电视剧、综艺节目放松娱乐，而是喜欢看政论节目，一方面说明政治力透过传媒将公领域的话题侵入私领域，另一方面也说明台湾民众被泛政治化所培育的收视喜好又反过来成为台湾泛政治化的政治文化的催化剂，而且从台湾政论节目的议题、嘉宾、座位及 Call in 内容，无不反映出台湾社会族群的撕裂及政治文化的蓝绿对决。又如从台湾电视为什么这么缺少国际新闻节目，就可以知道台湾民众的信息化程度和国际化视野，也可以看出台湾政治文化的价值取向与开放程度。一个更趋本土没有国际观的政治文化有利于某些政党的利益，台湾再小的事也是大事，国际再大的事也是小事。国际新闻收视率普遍偏低，最后电视台不得不把国际新闻关停删减。这种状况反过来又说明高举“本土化”的舆论议题为什么这么有号召力，为什么一句“你爱不爱台湾”这么具有杀伤力。还如，同一天同一时段的同一个媒体，可以在这个频道播放国民党的造势晚会（字幕全用蓝色），而在另一个频道播放民进党的造势晚会（字幕全用绿色），从中可以了解到媒体作为舆论工具与政党互动时利用与被利用的复杂关系，也可以了解到台湾大众媒体作为政治文化与舆论议题的互动媒介，其媒体政治的特殊表现。其他诸如刘翔拿到金牌时台湾媒体的报道程度不仅与大陆媒体相比，甚至与亚洲媒体和欧美媒体相比也有大幅落差。“3. 19”枪击案、陈水扁公务机要费案、马英九特支费案，不同媒体的报道口径，以及某些新闻发布会拒绝某特定媒体，民众围打特定媒体的现场记者……不一而足，都能从中捕捉到大量的社会历史信息，都能从中触及区域（政治）文化被创造和传播的机制。

经过历史学界几代人的共同努力，特别是在中国社会经济史学科一批追求有方

---

① 陈文杰：《台湾名嘴电视论政》，《南方人物周刊》，2005 年 9 月 7 日第 18 期。

向感的区域社会历史学者的倡导下，史料的外延在不断放大。原来被官修的正史所不屑的大量的地方文献、民间文书和口述资料正不断进入史学家研究的视野，包括族谱、契约、碑刻、宗教科仪书、账本、书信甚至神话、传说和故事，并在此基础上，建立并发展起具有中国特色的民间与地方文献的解读方法和分析工具。但是电视无论是作为史料还是作为历史解释工具，不仅在理论上没有得到应有的重视，在实践上也鲜有令人称道的建树。这与电视自身的地位与作用极不相称。除了网络以外，作为信息载体，电视所记载的社会历史的信息量无与伦比；作为传播工具，它对文化的传播速度及覆盖面，其他传媒无法匹敌；作为社会公器，它对权力框架、公共领域乃至私人空间的影响力令他者难以望其项背。但历史学界，特别是当代历史学界对电视的地位和作用却没有充分的认识。

首先遇到的一个难题是，电视可以作为史料吗？当我们以民俗乡例证史，以实物碑刻证史，以民间文献（契约文书）证史，我们是否还可以以电视证史？答案是毋庸置疑的。实际上，历史学界早已将电视能否证史的理论障碍予以扫清。史料固然有直接间接之分，有一手二手之别，有主料辅料之差，特别是有“有意的”与“无意的”及“真实的”与“作伪的”区别，但是对于历史研究，最重要的还是在于历史学者对待史料的态度、处理史料的方法以及应用史料的目的；在于历史学者是不是善于与史料对话，叩问出隐藏在史料背后不会主动说出的答案；在于历史学者是不是善于将不同的史料相互对比和印证，从而揭示社会错综复杂的关系并尽可能地接近社会历史真相。电视作为一种迄今为止没有被充分发掘其价值的史料，理所当然地应成为历史学者认识历史的新途径。当然，电视稍纵即逝以及可以被伪造的特点，影响到它作为史料的运用，但是随着现代技术手段的进步，这些缺点正在被克服。

电视作为认识历史的新途径，对历史的作用不仅仅是作为史料。它除了可以作为社会生活的信息载体直接成为历史的“呈堂证据”，其本身对信息的处理过程也成为重要的历史现象。它选择什么作为头条，它将信息编辑成什么样子，不仅是社会利益和权力集团博弈的结果，也反映社会的价值体系和民众的接受心理。而电视作为社会的镜像，反过来又参与现实并影响时代，使之成为史学研究者考察国家——社会互动机制中不可忽视的因素，更重要的是电视可以作为历史考察的一个“场域”，人们可以通过它走向历史现场。

走向历史现场，是人类学与考古学对史学的影响和启示，它鼓励研究者离开枯坐的书斋，来到研究对象实际生活的场地，寻找资料，寻找灵感，寻找和研究对象进一步对话的场域。“置身于历史人物活动和历史事件发生的具体的自然和人文场景之中，切身感受地方的风俗民情，了解传统社会生活中种种复杂的关系”，“从而引发兼具历史感与现场感”的学术思考。[①] 所谓的历史现场，是借鉴人类学、考古学的田野发掘。田野调查的“田野”概念，桑兵认为这个“田野”译自 field，其本来的意见应该是“实地”，并不局限于乡村，也包括乡镇和都市。[②] 但笔者认为，对历史学来看，“现场”一词应做更广泛的解释。走向历史现场，就是一个用“空间”来换“时间”的行为。历史学者无法回到时间的“过去”，却可以回到历史曾停留过的空间。之所以走向历史现场对于历史学家有这么大的意义，绝不仅仅在于回到这个现场可以发掘与发现更多历史留下的痕迹，寻找更多可资考究的史料，更重要的是研究者置身于古人曾经生活和思考过的地方，可获得进一步理解历史对象的感悟和体验。因为作为对象的历史和作为研究者的今天，在隔了无法重返的时间距离后，在空间上找到了一个相同或相似的点，而这个相同或相似的点就成为理解历史的切入点和重构历史的支撑点。

因此，走向历史现场，与其说是走向一个“场”，不如确切地说走向一个“点”。当我们这样理解的时候，“现场”就不一定是一个地点（site）或环境（context），也可能是古人留下的文献（text）或文物（relics），甚至可能是有关历史的传说（legend）或记忆（memory），以及任何一个可以联结历史的相同或相似的点。有了这个点，历史就不再是虚无缥渺仿佛不曾发生的虚构，历史也就不再是无法和今天对接和沟通的隔绝的世界。历史学家通过这个点就有可能从空间中找到时间的感觉，就有可能使自己的心智与情感回到历史曾发生的一刻，就有可能在感悟与体验中获得理解历史的灵感，使自己的学术研究事有所依、情有所附、志有所托。

所以一切与研究对象相同或相似的点，就是历史学者要寻找和要走向的“现场”，电视正是这样一个“现场”。长时间来，我就是依赖这个“现场”来把握台湾，当我无法使自己的身体置身于台湾这个空间时，我从台湾的电视找到了理解台湾的“现场”。电视是我与研究对象共享的现场，我今天看到的电视节目，正是同一时刻 2300 万台湾民众同步看到的电视，电视媒介正在用其惯常的手法反映着当

---

① 陈春声：《走向历史现场》，《读书》，2006 年第 9 期，第 19 页。

② 桑兵：《从眼光向下回到历史现场》，《中国社会科学》，2005 年第 1 期。

下的台湾生活，正在用其固有的力量影响着台湾的方方面面。通过电视，我掌握了无数有关台湾的信息，一个台湾人如果不看电视，也许对台湾的理解比我深刻，但肯定不如我对台湾了解得那么丰富。任何一个人的直接的生活体验，都无法替代和超越电视媒介对社会生活无所不在甚至无孔不入的窥视和发现。大多数的台湾民众回到家里，其大多数时间是由电视陪伴度过的。他们打开电视看到的就是我同样而且同时看到的画面和声音，他们就生活在我所能直观看到的电视创造的虚拟的舆论空间和媒介生态里，他们中的绝大多数人也同我一样没法来到电视新闻报道的一个个新闻事件的现场，只能依赖记者的眼睛和声音感受他们无法亲历亲为的新闻事件，只能同我一样被动地接受不同的频道传来的对这个世界的不同的看法。他们可以和我一样做出反应，选择继续收看或关掉电视，却无法改变别人收看还是关掉电视的现实。这就是台湾生活的一部分，而且是非常重要的一部分，这就是我每天都在进行的理解台湾的最重要的"历史现场"。

把"历史现场"从环境和地点的限制中突破出来，我们就有更多的机会走向研究对象不同的历史现场。在本研究中，另一个对我帮助极大的"现场"就是"台湾人"。我无法长时间地呆在台湾感受斯土斯民，历史的机遇却使我可以长时间地和台湾人打交道。这些离开台湾本土的台湾人，不仅仅是一个个独立的个体，他们或多或少地带着他们所处的环境和时代来到我的眼前。同他们的交流中，我既可以了解他们每一个人的个性，也可以感受到台湾人这一个群体，以及整个台湾附着在他们身上的气息，从他们怎样待人接物、他们对什么话题敏感、他们习惯用什么词汇和句子、他们的笑容或眼泪、他们的打拼与玩乐，就可以感受到整个台湾投射到他们身上的印迹，就可以感受到他们有着怎样的历史包袱和现实焦虑，就可以理解为什么他们会选出这样的"总统"，为什么像陈水扁这样不断变化的人却可以一度拥有许多支撑者？

田野调查本来就有到乡村访问耆老一说，但人类学和考古学都讲究在当地的环境中进行走访，这既是田野调查的理想值，也是它的无奈之举。对于偏远村落的异文化，人类学者只有深入其间才可能访问大量的村民，但是这种状况并不意味着"走向现场"只有走到当地去才能接触民众，也不意味着如果民众脱离当地来到研究者面前，研究者面访民众就毫无意义。由于历史的限制和机遇，我有可能人不在台湾却能够大量地接触台湾人。不能长时间呆在台湾于我是一种无奈的束缚，但是与脱离台湾环境的台湾人接触于我未必不是一种意外的收获。文化研究对文化的理解未必只能在文化的核心地带才能找到答案，也许在该文化的最边缘地带我们才能触摸文化的本质，在异文化的对比和边际效应中，本文化的特点才可能最鲜明地显露出轮廓，这是逆光映照下产生的“文化的剪影效果”。一个人只有离开他原本所属的文化圈，才有可能发现他究竟能从这个文化圈带走什么东西，而这些可以带走的东西才是这个文化圈真正影响他的东西，而且他只有带着这些东西在异文化生活相当长一段时间，才会发现到底有哪些东西不会改变和难以同化，这才是他母文化真正具有生命力的东西。当一个个台湾人离开台湾后，他们所能带到异地的，才可能是真正的台湾文化在他们心中生根的东西。在这样的情境下，我们更可能通过“离开台湾的台湾人”这一特殊的历史现场，触及台湾文化的根与灵魂。

这些年来，我有幸和数以千计的台湾人打交道，和他们交谈的时间也以千小时计。他们上至“立法院长”，下至平民百姓，他们有“立法委员”、县市长等政治人物；有明星、主持人、制作人、经纪人、媒体老总和地下电台业者等媒体人物；有学者、教授、中小学教师；有小公务员，有 IT 业者，有农民，有亿万富翁，也有摊贩业者、计程车司机；有宗教界大师级人物，也有普通的信徒信众。他们三教九流，带着不同的职业特征，分属不同的阶层，有着各自不同的文化圈和交际圈。他们构成了台湾社会生活的各个方面，一个人就是一个世界。他们或多或少地带着他们所属文化的缩影，和他们接触越多，就会对台湾文化有更深一层次的认识。和他们交往的经验使我坚信，如果不和上千个中国人交谈，一个外国人很难说对中国人有真正的认识。同样，如果没有同上千个美国人交流，一个中国人也很难对美国有更深刻的了解。

和这些台湾人的交流是很随意的，很自然的，有一对一的访谈，但更多的是多人在一起的闲聊，有时只有一个台湾人，他就必须应对不同的大陆人对台湾的好奇；有时只有我一个大陆人，我就能够轻松地作为旁观者，他们最初还会对我客气和礼貌，但不久他们就会忍不住讨论台湾人自己喜欢的话题。在绝大部分交流时，我没有像一般的博士论文作者准备一系列问题来一个深入访谈，这样也许可以很快找到对论文有利的答案，但这样刻板的访问，常常让被访者在紧张的状态下进行职业的回答。相反，笔者在与绝大多数台湾人交流时，彼此都是比较放松的，所谈的话题也是兴之所至，各取所爱。在这样的交流气氛下，谈话者都可以以接近“原生态”的方式表现自我，有争论，有切磋，有交集，有笑声。我特别喜欢那种不时有笑声的交流，这种有笑声的交流常常是交流者最愿交换信息的交流，也是最有效应的交流。

我对台湾非常多问题的认识来自这些交流，至少是在这些交流启示下改变了我对台湾的看法。比如我曾认识到台湾媒体被政党色彩光谱化，曾得意于发现了台湾舆论的走向不仅被政治人物所操控而且取决于事业团队的竞争。直到2007年，我和尹乃菁的经纪人交流时，才惊奇地发现他们也是《大话新闻》郑弘仪的经纪公司，许多极绿极蓝的政治名嘴都同属该公司的麾下，他们同时经营着《大话新闻》、《龙凤配》等极蓝极绿的政论节目。我十分好奇他们这些名嘴和团队有没有互相交集？他们的舆论议题有无共享？他们的神秘爆料有没有事先透露？这些工作团队的政党倾向是否真的认同谈话节目的调性？他们的酬劳是根据什么发放的？经纪公司十分友好地回答了我一系列的问题，并告诉我十分难忘的一句话："新台币是没有颜色的。"直到这时，我才意识到专业团队对舆论的介入已经到了如此炉火纯青的地步，而大部分民众只看到电视节目的大打出手，水火不兼容，却不知道以子之矛攻子之盾的幕后却是同一个经纪公司的左右手互搏，无论蓝绿谁当政，也无论哪个节目收视好，按下葫芦涨起瓢，经纪公司是不会倒的，这使我对台湾舆论生态和政治生态有了更深层的认识。

再如我曾接触一位来自台湾南部的地下电台主持人，谈起他为什么会改变"台独"主张而认同"一国两制"。他说了一个故事：有一次在东南亚某国，恰逢中国总理出访，他看到红地毯从机场一直铺到城里，问当地的市民为什么铺这么长，答曰中国总理来了，再问别的国家总理来了会不会铺这么长，对方摇头，他顿时悟道：原来是"老大"来了，他一下感觉到做中国人的骄傲，是一等公民，从此大力向南部民众用地道的闽南话宣传统一以后做中国人的好处。这种令人匪夷所思的逻辑的确是符合台湾中南部农民的思维，对于台湾中南部农民用官方语言讲"世界上只有一个中国，台湾是中国不可分割的领土，中华人民共和国是唯一代表中国的合法政府"，他们是听不进去的，而一句"老大来了"这样的句式，才是最适合他们口味的舆论。

走向历史现场另一个值得一提的"现场"就是目前我从事的职业——媒体，媒体不仅是最为活跃的舆论主体，也是影响力最大的舆论传播工具，尽管我是在大陆媒体工作，与台湾媒体大相径庭，但纵然二者千差万别，毕竟还都是媒体。从我与台湾媒体的合作交流看，我发现我们仍然有许多共同语言：从新闻的选题，到标题的拟定，再到编辑的审核，以及突发事件的应变、新闻来源的核实、SNG车的运用、直播公共信号与单边信号的分配、节目的编排、字幕的运用、嘉宾的取舍、收视率的调查、记者工作量与绩效的考核……仍然有共同的术语和共同的难题，也有共同的规律可循。我们对彼岸新闻从业者的酸甜苦辣感同身受，也比一般民众能够更看透彼此舆论背后的规则与运行机制。我不能不说，同样是看台湾电视，我不仅能比一般的大陆民众看到更多的东西。甚至能比一般的台湾民众看到更多的东西，这很大程度上得益于我是一名媒体从业人员：我知道媒体的基本运作的环节，从而不被舆论的表象所迷惑。为什么走向历史现场可以引发兼具历史感和现场感的学术思考？是因为历史感的培养未必全部来源于历史，它同样可以来源于“现场”，而这个现场未必就是历史事件真正发生的“现场”。马克・布洛赫就一直强调“有关当今的知识往往能以一定的方式更为直接地帮助我们了解过去”。[①] 他以自己为例，尽管他多次读过或叙述过战争，却直到经历过第一次世界大战，才对战争有了真正的理解。谁都知道第一次世界大战无论是规模、武器，都与古代战争相差甚远，但作者却只有亲身经历了这一现代战争，才能对古代战争的“惨败”和“胜利”有了感同身受的理解。同样，笔者虽不是在台湾从事媒体和舆论工作，但是在大陆从事媒体和舆论工作的经历，却使笔者对台湾舆论的理解有了更近的距离。所以说，笔者所从事的职业同样是理解台湾舆论的另一种意义的“历史现场”。

当然，走向历史现场，最理想的状况还是能够回到历史事件曾经发生过的地点和环境，在这样的地点和环境，有可能把一切“现场”的“点”集中起来，可以感受当地的自然风貌和地理气候，可以在当地和当地人们交谈，可以在当地看当地的电视，甚至在当地看当地的文献也会和在异地看当地的文献大有不同。博士论文写作期间，我有幸分别于2004年年底和2007年年初两次踏上台湾，虽然两次都只有十天的短暂停留，但它们使我对台湾的理解都具有点睛之笔的意义。

走进台湾，使我对台湾的地理环境和气候如何影响台湾人的文化性格有了直观的感受。当我来到台湾的中央山脉，看到许多小溪的河床裸露着一颗颗鹅卵石，这才知道由于山脉横贯南北形成中间突起东西狭窄的地理结构，一旦山洪暴发，洪水便往东西两个方向排泄，没有湖泊可聚集，很快就流向大海。由于既没有持续不断的水源也没有蓄水的地形，平时的小溪就是一条“干河”。我相信这样的地理会培

---

① ［法］马克・布洛赫：《历史学家的技艺》，张和声、程郁译，上海：上海社会科学院出版社，1992年版，第37页。

养台湾人特殊的性格，比如刚烈，易激动，也易消褪，敢于打拼，豪爽，有爆发力，不信邪，敢于冒险，不计后果，勇往直前，先闯出去再说等等。广阔的海洋给了台湾人民博大的胸襟，但易涨易退的山溪水有时也会产生易反易复的小人。再比如：2006 年“百万倒扁”运动“红衫军”的走上街头，很像这种山洪暴发，而死不下台的陈水扁认定“头过身就过”，大概也是看透了这种“山洪”的易涨和易退。

走进台湾，使我对台湾的街头政治的政治文化有了切身的感受。以前吃过从台湾移种在厦门的莲雾，觉得并不好吃，一直奇怪台湾人为什么那么爱吃莲雾，直到在高雄的六合夜市买了黑糖莲雾，那种水果的甜，彻底颠覆了我对莲雾的感觉。其间吃到许多好吃的水果，比如从来没见过这么大这么甜的梨，从而感佩台湾果农改选品种的能力和精神；在台南的许多夜市上，看到许多摊点上摆着政治人物与摊主的合影，成为摊子的招牌广告，才切身体会台湾选举时的扫街拜票为什么要走到小摊里来。在大街的摊子上吃小吃，和酒店里吃小吃感觉大不一样，难怪台湾媒体批评马英九总吃便当而不到街上吃小吃拉远了与台湾民众的距离。如果在大陆，一个吃盒饭的官员本来是一个平民的形象，可是在台湾，在车上吃便当的马英九就会被南部民众不认同为“自己人”。

在“3·19”枪击案的发生地，我没有兴致模拟和想象枪击案发生的情形，相反吸引我的是两边的骑楼和商业街。街并不宽，我这才明白站在车上的陈水扁和吕秀莲可以这么近地和两边的民众接近，民众和车几乎混在一起，乱成一团，便于开枪，也便于逃遁，这就是政治人物在选举时讨好民众的最佳途径和最容易发生故事的现场。在台北，朋友好意安排我们在赵建铭内线交易的事发点——一家著名的日本料理店用膳，不起眼的外观，里面却装饰豪华，私密而高档，让我见证了幕后交易的现场。

走进台湾，使我对台湾的政治人物与民众的互动有了亲身的体验，从而了解在这特殊的政治文化环境里政治人物的生存智能和惨淡经营。在“立法院”，最让我印象深刻的并不是王金平“院长”特地请假从接待外宾的活动场所赶回来和我们一行见了面，而是在等候期间，“立法院”参事、王“院长”秘书特别是始终微笑的一名女工作人员对我们的照顾，见我们站在走廊一再邀请我们进去喝咖啡吃茶点。温馨而得体的举止让我见识到王“院长”手下人的待客之道，体会到政治人物的公关形象不但在于自己也在于自己身边人，不但在于外界的曝光，也在于每一个和人打交道的细节，从另一个侧面体会到王金平的工作作风和理解王金平人脉是怎样积累起来的。因为不仅是我们，另外一拨等候拜见王“院长”的不知哪里来的乡亲，也同样受到礼遇。

走进台湾，使我对台湾的选举文化大长了见识。和一些“立法委员”的饭局也同样让我大开眼界。不断有人离席也不断有人进入，他们直言告诉我，当“立法委员”命最苦，一个晚上吃五个饭局是平常事，特别是年终尾牙宴期间，请客的希望有“立法委员”到场来提高排场，被请的“立法委员”不敢轻慢任何一个做东的，害怕失掉任何一张选票。“票就是这样一张张积累起来的”，同桌的蓝绿“委员”互不见外，跑了五六场还没吃饱饭，感叹现在还好，到时“立法院”改选，单一选区只有两个“委员”，“那还不要把人跑死”。这就是台湾特殊的选举文化和社交文化。

走进台湾，使我对台湾的泛政治化的政治文化有了切身的体会。2004 年“大选”前，从南到北每个城市的户外广告包括沿街的电线杆都挂满了候选人的广告，让我感受到台湾的泛政治化如此浓厚，也让我发现台湾经济的衰退，因为最好的户外广告位置都被政治广告占领了，看不见商业广告，除了证明政治广告的购买力强，还证明商业的不景气。几个造势晚会给我的印象是灯光、音响非常专业，说明有支专业的队伍在服务。造势晚会除了政治人物上台亮相，就是一些明星上场，也有民众自己的舞龙舞狮，把造势晚会变成一个嘉年华会。晚会的旁边还有医务人员义诊，这也是拉动人气服务乡亲的手段。台湾政治文化的娱乐化现象值得关注。

走进台湾，使我对台湾普通民众对台湾政治文化的感受有了面对面的交流。在台湾中部，我和一名来自南部的小公务员和中学教师在湖边泡他们带来的茶，聊起选举时的劳民伤财，聊起老师们已不知道该怎样教学生历史，他们说自己都弄糊涂了。在高雄我问一位出租车司机看哪一个台的电视，他说什么都不看，看了生气。我再问他是蓝还是绿，他反问：“我爸爸是河南人，我妈妈是山东人，你说我是蓝还是绿？”

走进台湾，使我对台湾与大陆的社会文化的异同可以进行体验式对比。在台湾南部，刚好和三个初中生的“毕业之旅”旅游团在同一个地点吃饭。他们吃完离去后，我到每一个餐桌看了看，发现哪些菜吃得精光哪些菜几乎一动未动，联想自己女儿的饮食习惯，对比两岸孩子的饮食差异。而在日月潭时，我们这个大陆团的几位北方客人与台湾导游发生了争执，北方人一路上充满了不屑：“不就一个水库吗？

大陆随便拿一个小湖就比它强多了。”我突然发现自己对这几位北方的大陆游客多了一份陌生，而对台湾导游更近了一些距离……斯土斯民，只有走进台湾，才能对它在心灵、情感和理性上有更深一层理解。

让本书受惠良多的还有一个因素，就是“长时段的写作”。1958 年，费尔南·布罗代尔提出了“长时段”这个概念：“这一概念描述了历史中时间节奏的多重性并优先重视了最为缓慢的节奏——即结构的时间节奏。”① 长时段概念的提出，不仅改变了史学的研究领域，也改变了史学的研究方法和技巧。如今，在对长时段理论的批评与改进中，长时段概念已被史学界广为接受。人们越来越认识到，尽管长时段不是包医百病的历史分析工具，但是许多历史领域，只有运用长时段理论才能予以突破；许多历史现象只有用长时段概念才能予以解释；那种被显而易见的表面事件所掩盖的未被人们意识到的历史只有在长时段中才能得以显现，长时段这一方法成为人们进一步把握历史时间的手段。长时段理论对本研究的影响是深远的，比如对台湾的舆论议题研究，笔者就没有陷入对那些时过境迁的舆论议题的纠缠，而选择了长时间一直影响着台湾社会的三大舆论议题——“省籍议题”，“台湾意识/中国意识议题”以及“统独议题”进行讨论。笔者并不是把光复以来的台湾舆论议题看成是一个几乎不变至少是变化缓慢的历史，相反，这三大议题 60 年历史变迁中有着显著甚至翻天覆地的变化。由此，本研究重点考察这三大议题与台湾政治文化的各自演变与相互转换及其阶段性与要素性特点。

在写作过程中，笔者发现，不仅考察历史对象需要有一个长时段的区段，而且进行历史研究本身，最好也要有一个长时段的积累，这实在是笔者歪打正着的收获。由于种种原因，笔者的博士论文写作一再延宕，但这不得已的选择却让本研究受益良多。笔者发现，每推迟一年，笔者对台湾舆论就有新的发现和新的认识。2003 年笔者发现了台湾舆论“沉默的螺旋”现象，仅想以台湾的舆论现象来验证“沉默的螺旋”理论；2004 年笔者又发现了台湾舆论的“双声道”现象，对“沉默的螺旋”进行修正；2005 年笔者从台湾舆论总结出舆论的层级效应理论，2006 年笔者发现了台湾舆论的媒体即政治现象，舆论的专业人士从幕后走向前台；2007 年，笔者从台湾舆论的议题研究深入到台湾政治文化研究。也许是笔者的才疏学

---

① ［法］J·勒高夫、P·诺拉、R·夏蒂埃、J·勒韦尔主编：《新史学》，姚蒙编译，上海：上海译文出版社，1989 年版，第 31 页。

浅，笔者不由地质疑历史学博士研究生的三年学制究竟有无合理性，以笔者的实践看，几乎每过一年，笔者对台湾舆论的认识就比往年进一步，甚至觉今是而昨非，对过去的认识进行颠覆性的否定。这固然和台湾的舆论正在变化有关，但更多的是笔者对历史对象的心智有一个成长期，这绝不是简单靠勤奋就可以缩短时间，研究历史的长时段可能需要历史研究自身的长时段。

最后，特别要总结的是，本书所有的研究方法主要是来源于两大学科，一个是有着深远渊源和深厚积累的古老学科——历史学，一个是充满诱惑、充满挑战的新兴学科——舆论学。本研究分别从前者枝繁叶茂的沃土中吸取营养，从后者亟待开发的处女地上找到灵感。令人惊叹的是，在本研究中，来自不同理论体系的历史学研究方法和舆论学研究方法居然可以如此水乳交融地结合在一起，而且相得益彰（如果有生硬之感的话，那只是笔者的功力不够，而绝不是两种方法论的龃龉），证明了无论是古老的学科还是新兴的学科，二者都因界面的友好而有广阔的开口和无限的远景。由此笔者相信，跨学科的结合必有善果，在历史哲学、历史人类学、历史语言学、历史文化学、心态史学、计量史学……这样一长串链条中，终将会诞生一门崭新的学科——历史舆论学。

一切还刚刚开始，甚至还尚未开始。

第一章

“省籍议题”——台湾政治文化的情感符号

本章论及“省籍议题”的历史缘起、发展演变、当代特征、生命周期及其与台湾政治情感的互动。“省籍议题”是指有关“省籍情结”的舆论议题，属于台湾内部族群关系议题。“省籍情结”是台湾政治文化中最典型的政治情感，以“省籍情结”为指向的“省籍议题”，是台湾政治情感的代表性符号。

“省籍情结”是台湾的悲剧，其悲剧性不仅仅在于它是悲剧之果，而且在于它是悲剧之因。台湾的一系列悲剧性的因素导致、加剧并扩大了这一情结，反过来，台湾的一系列悲剧事件又最终可以在“省籍情结”上找到其最原始的根源。

“省籍情结”是一系列错误的产物。这些错误包括一系列客观的错位、重叠的误会、无意的疏失、人为的误导，特别是有意的挑拨。它在无数的偶然和冥冥的必然中酝酿、产生、累积、扩大并持续地发酵，成为台湾近几十年来最严重的社会问题、最廉价的政治工具和最活跃的舆论议题。

第一节　“省籍情结”的历史缘起

“省籍情结”是指台湾地区“本省人”与所谓的“外省人”之间互不信任、彼此对立、相互歧视的一种心理矛盾，是在台湾特殊的族群关系中表现出的一种特殊的族群意识。

所谓“本省人”，主要是指1945年光复前来台定居的汉人移民，主要以闽南人和客家人为主；所谓“外省人”，主要是指1945年光复后陆续来台，特别是1950

年随国民党当局从大陆撤退而大规模移居台湾的各省人士。[①]

理论上，台湾称不上一个族群（ethnic group）复杂的社会。台湾的学术界对台湾族群的界定与分类，或者按民族（nation）或者按亚族、次族（sub-nation），主要分为两种："一种是将'族群'分为两个，一个是汉族，包括闽南人、客家人和'外省人'（其实，所谓'外省人'不只是汉族，还包括满、蒙、回、藏、苗各族）；另一个是原住民族，包括高山九族和平铺十族。另一种是把'族群'界定为亚族或次族，其或只是'具有某种共同文化特征、历史经验乃至共同利害关系的人'，在此意义下则把台湾'族群'分为闽南人、客家人、'外省人'和原住民四大族群，其中原住民又分为九族。"[②] 从族群结构的人口比例来看，台湾"行政院客家委员会"于2004年进行"台湾地区客家人口基础资料调查研究"，这是台湾近几年来最大规模的族群人口调查。其量化的调查发现，台澎金马地区四大族群中，单一认定福佬人（即闽南人——笔者注）占73.3%、客家人占13.5%（台湾客家人约12.6%、大陆客家人约0.8%）、台湾少数民族占1.9%及大陆各省市人占8.0%。[③] 另外，全球化的移民潮，形成一个新的非台湾籍配偶人口社群。从1987年到2003年底止，非台湾籍配偶申请入境人数合计301414人。其中外籍配偶人数为106425人，大陆配偶人数为194989人，在台湾形成四大族群外第五个新的人口社群。[④] 这第五个社群看似人口比例不大，但是他们与配偶及子女加在一起，则是未来不可忽视的力量。胡忠信认为，十几年来，台湾发生最大的转变就是"新台湾之子"的产生。现在台湾地区的新生儿当中，每8个小孩，甚至每7个小孩，就有1个小孩是非台湾籍的母亲所生。[⑤]

但就在台湾这样一个族群并不复杂的社会里，却产生出牵涉面广而且影响深远的"省籍情结"，其发展走向不仅关系到整个台湾社会而且关系到两岸关系的稳定

---

① 此定义在台湾约定俗成，较无争议。以上资料参见洪泉湖：《台湾的族群意识与族群关系》，收入《百年来两岸民族主义的发展与反省》，洪泉湖、谢政俞主编，台北：东大图书股份有限公司，2002年版，第118页。

② 洪泉湖：《台湾的族群意识与族群关系》，收入《百年来两岸民族主义的发展与反省》，洪泉湖、谢政谕主编，台北：东大图书股份有限公司，2002年版，第120页。另参见张茂桂等：《族群关系与国家认同》，台北：业强出版社，1993年版，第24—49页，第233—271页。

③ 资料来源："行政院客家委员会"：2004"全国"客家人口基础资料调查研究第三部"台湾族群分布"第一章"台湾族群发展与分布"，台北："行政院客家委员会"，2004年版，第2页。

④ 杨莲福：《人口问题与台湾政治变迁》，台北：博扬文化，2005年版，第380页。

⑤ 胡忠信：《解读年代》，台北：我识出版社，2004年版，第59页。

和发展，成为左右台湾政局、决定台湾命运与前途的最重要的族群意识。令人深思的是，台湾最重要的族群意识不是产生于从学术角度看其族群特征更加明显的汉人移民与台湾少数民族之间，而是发生在无论是种族、文化还是语言都基本相同的汉人移民之间，即所谓的“本省人”与“外省人”之间。① 这与其他国家、地区的族群关系形成鲜明的对比：比如在美国，族群意识的鲜明或强烈首先表现在原住民印第安人与美国移民的关系。其次才是美国黑人与美国白人的关系，尽管美国移民社会也是有先来后到的顺序，但是美国白人之间的族群意识几乎闻所未闻。

一、移民社会的人口学背景

移民社会为台湾的“省籍情结”提供了人口学的背景。台湾地处边陲，与大陆隔海相望，特殊的地理位置使台湾成为一个以移民为主的社会。除了早期的少数民族，历代汉人因各种原因迁徙台湾，构成了台湾人口的主体。其中比较大的移民潮，一是明末崇祯年间（1628—1644）郑芝龙组织数万闽南饥民入台，二是明末清初，郑成功为抗清而收复台湾带来的移民高潮，三是清朝康熙统一台湾后带来的移民高潮，四是乾隆年间清王朝取消禁渡后带来的移民高潮，② 五是 1949 年国民党撤退台湾后的移民高潮。

这几个大的移民高潮除了大量的民间移民外，往往还带来大批的军事移民。移民的陆续赴台成为开发台湾、建设台湾的生力军，但也带来了族群问题。由于移民本身没有土地，移民必须和先住民争夺或重新分配包括土地在内的各种资源，这自然带来相互间的摩擦与冲突。而且后来的移民初来乍到也要投靠先期移民的同宗同乡，甚至这些后来的移民正是先来的移民引介而来的，这样利益的冲突、血缘的不同、语言文化差异以及生存的需要（联盟或对抗），就造成台湾大大小小各种不同的族群。这种特殊的族群关系既以空间上的祖籍地为区隔，也以时间上的先来后到为差异。所以，台湾所谓的四大族群：少数民族、闽南人、客家人和“外省人”，既有来源地的不同，也有先后顺序的区别。在争夺资源的过程中，个人的力量势单力薄，因此能否抱团是争夺资源的重要筹码。各种历史、文化的共同点，比如血

---

① 施正锋：《台湾政治建构》，台北：前卫出版社，1999 年版，第 131—133 页。

② 林国平主编：《闽台区域文化研究》，北京：中国社会科学出版社，2000 年版，第 76—77 页；关于台湾的移民研究，另参见陈孔立：《清代台湾移民社会研究》，厦门：厦门大学出版社，1990 年版；李祖基：《台湾历史研究》，北京：台海出版社，2006 年版，第 100—158 页。

亲、同姓、同村、同乡就成为利益共同体的联结点，而个人的生存与发展必须依赖共同体对个体的接受、认同与保护。这样利益的冲突、抱团的需要就容易演变成一个个群体事件，最有代表性的就是“械斗”。除了由不同祖籍的社会群体之间的矛盾冲突所引发的“分类械斗”外，另外还有同一祖籍不同血缘，或者同一血缘不同分支，因宗族或其他矛盾和冲突引发的“宗族械斗”与其他“械斗”。[①] 特别是“分类械斗”成为台湾历史的一个特殊的社会现象。“械斗”是移民社会的产物，因为争夺资源，就会出现先来与后到者的各自抱团，或者不同地缘关系的相互联盟以及不同姓氏、甚至同一姓氏不同分支这种基于血缘关系的内部组合。“械斗”在台湾时有发生。在清代前期，从乾隆三十三年（1768 年）到咸丰十年（1860 年），据不完全统计，一共发生各类“械斗”事件 55 起，其中“分类械斗”47 起。[②]

移民社会特别是陆续赴台的移民社会，构成了台湾“省籍情结”的人口学背景。分析“省籍情结”，不仅要讨论空间的地缘关系，还要考虑时间的先后顺序。所谓“外省人”，不仅是来源地不同，而且赴台时间也不一样，所以他们对于先期赴台的“本省人”，不仅是“外来的”，而且是“后来的”。直至 2005 年，在台湾电视新闻里仍然能看到匪夷所思的“中国猪滚回去”的标语牌。从这被操纵的情绪化语言，可以看到其背后埋藏着和“分类械斗”的背景一脉相承的移民社会的主线。从这句话中仍然可以看到空间和时间的交织，“中国猪”是空间的，其来源地不同，其潜台词是“外省人，非我族类”；“滚回去”是时间的，其潜台词是“这是我先来先到而拥有‘先占权’的地方，你们后来后到，所以应该‘滚回去’”。操纵或接受这种议题的一些“本省人”，从来就没有考虑或者考虑了也觉得不重要的事实是，相对于原来的住民来说，他们也是后来后到的“外来人”，如果根据先来先到的逻辑，也应该被原来的住民“请回去”。这样在一些“本省人”心目中就分裂出两个逻辑，一个逻辑是对付“原住民”的，这里没有什么先来后到，大家都是台湾的主人，甚至自己是更强势的主人；另一个逻辑是对付“外省人”，“我们才是‘本土的’，你们就是‘外来的’”。

二、日据时期埋下的隐患

考察台湾的人口与结构，一个虽然移民不多但对台湾的移民社会产生重大影响

---

① 陈孔立：《台湾历史纲要》，北京：九洲图书出版社，1997 年版，第 232—233 页。

② 陈孔立：《台湾历史纲要》，北京：九洲图书出版社，1997 年版，第 232 页。

的时期不能逃离我们的视野，那就是日据时期。1895 年，清廷被迫把台湾割让给日本，从此台湾与祖国大陆分别走过了 50 年不同的历史轨迹。一边是大陆历经义和团、八国联军、废除科举、辛亥革命、“五四”运动、共产党诞生、北伐、大革命、十年内战、八年抗战、解放战争，革命风起云涌，战火延绵不绝，大陆人民经过了大变革、大动荡、大灾难的苦难岁月；另一边是台湾在日本的殖民统治下踽踽独行，日本统治者发展殖民地经济，推行殖民地教育，推广“皇民化活动”，尽管类似“苗栗事件”、“雾社起义”之类小规模的抵抗活动时有发生，但在被压迫、被剥削、被奴役、被歧视的高昂代价下，台湾地区度过了相对平和与稳定的 50 年。50 年的殖民统治，对台湾社会、经济、文化、教育都影响深远，无论是政治架构、经济结构，还是文化形态、教育模式，都与祖国大陆大为不同。除了经济发展水平的落差之外（比如日据末期，在公共工程建设、电力生产都较大陆先进），台湾民众的历史记忆、语言习惯、文化习俗、心理特点、价值认同、知识结构都与大陆民众有所不同，所以当光复之后，特别是 1949 年随国民党政权赴台的新一轮移民（“外省人”）与“本省人”要共同生活在同一个地域空间时，两个族群不仅在政治经济等资源分配上进行竞争，而且在文化、教育、语言、心理、观念等各方面形成对比，其间的差异，为“省籍情结”埋下了隐患。①

日据时期为“省籍情结”埋下的隐患，仅举两个典型的例子就可以看出端倪。台湾学者郑鸿生在其《水龙头的普世象征》② 一文中生动地叙述了一个极具象征意蕴的故事：光复后赴台的国民党官员及“外省人”看到水龙头一拧开就会出水，自己买的一个水龙头却怎么弄都出不了水——他们不知道水龙头的出水要靠与自来水厂联结，还以为是台湾人欺负他们是“外省人”听不懂当地话而卖给他们坏的水龙头，结果大骂台湾人奸诈。水龙头在当时就如现在的手机电脑一样，是现代文明的象征，也是歧视乡下人闹笑话的经典议题，其背后所代表的先进生产力及文化，是检验统治者执政正当性的一个话题，这个话题使得 60 年来国民党都贴上了一个代表落后的“水龙头”象征符号。一边是“本省人”嘲笑和看不起“外省人”，另一边是“外省人”看不起“本省人”。这方面的典型例子体现在对日本的看法上。“本省人”没有经历过抗日战争的苦难，没有“南京大屠杀”这样的恐怖记忆，也

---

① 戴国煇、叶芸芸：《爱憎二·二八——神话与史实：解开历史之谜》，台北：远流出版公司，1992 年版，第一章。

② 郑鸿生：《水龙头的普世象征》，《读书》，2006 年第 9 期，第 3 页。

没有在前线浴血奋战，体验冒着敌人的焰火的危机感和壮烈感，特别是对于一个50岁以下的台湾人，其一出生所接触到的就是日本的殖民统治和殖民教育，他要通过其他渠道，才能够认识到自己“不是日本国民，而是中国国民”。而日本的“皇民化运动”更是制造了人们心灵的创伤，使一部分人对祖国历史文化缺乏了解，而对日本抱有程度不同的好感，① 甚至出现极少数日本殖民统治的协力者和亲日派，② 这些“本省人”至少不像大陆军民亲历日本军国主义的兽行而对日本深怀仇恨，而且他们70%的人除了会讲闽南语以外，还会说日语。当打了八年抗战，带着国恨家仇的“外省人”来到台湾，接触到的却是一些满口日语（有时把听不懂的闽南语也当作日语）、不仅不恨日本人而且还对其抱有一定好感的“本省人”，其间的心理落差可想而知。作为对日本的仇恨者与胜利者，一些“外省籍”国民党官员面对某些不能和自己同仇敌忾反而有日本遗风的“本省人”，自然心生鄙视和厌恶。“相看两相厌”，就这样，“外省人”与“本省人”虽有着不同的历史背景却无可选择地挤到同一个空间。50年日据的确为“本省人”与“外省人”的悲剧性冲突埋下了种子。

三、“2·28事件”的引爆

经过日据50年，“本省人”与“外省人”各方面的差异在台湾光复后进行了面对面的对比碰撞，“省籍情结”开始酝酿。加上国民党接收大员不仅缺乏经营产业的能力，使得工人失业、市民破产、粮食匮乏、物价飞涨，民众挣扎在贫困线上；而且用人不公，贪污百出，腐败横行。“已习惯于守法（虽然这个法是日本强制于台民的恶法）和循法而办事的台民，当然看不惯来自于无法无天、又贫困又落后的大陆歹徒之做法。”③ 有人在旧总督府的大门上挂了一幅标语：“狗去猪来”④，“本省人”对国民政府的失望和不满日益高涨，已经逼近临界点。

这一情绪终于在“2·28事件”上得以引爆。“2·28事件”的导火线是台湾的

---

① 陈孔立：《台湾历史纲要》，北京：九洲图书出版社，1997年版，第416页。

② 戴国煇：《台湾总体相》，台北：远流出版公司，1989年版，第86页。

③ 戴国煇：《台湾结与中国结》，台北：远流出版公司，1994年版，第67页。

④ 闽台通讯社编的《台湾政治现状报告书》里面记载：称接收5个月，台湾十分混乱，“三民主义”变成了“三眼主义”。甚至有人在旧总督府大门前挂起一幅大漫画，后面有一只丧家之犬垂头丧气出去，前面有一只无能愚蠢之猪摇摇摆摆进来，以讽刺国民党当局的无能。以上资料参见《台湾政治现状报告书》，收入《二二八事件：台湾人的噩梦》，闽台通讯社编，1988年版，第2页。

专卖局查缉私烟。1947 年 2 月 27 日，缉私人员和警察在台北市南京西路“天马茶坊”查缉私烟时，由于处置不当打伤了女烟贩林江迈，打死了围观群众陈文溪，造成流血事件。此后，国民党当局对事件的认识一再出现误判，对事件的处理也一再用力过猛，造成群众的不满不断升级，从台北民众请愿、罢工、罢课、罢市，到全岛都出现抗官与排外事件，盲目殴打“外省人”，国民党当局用叛乱案处理，派出军队血腥镇压。许多台湾知名人士和大量民众被杀，死亡人数至少有几千人。①

尽管“2・28 事件”是由一个偶然事件引起，尽管当时的群众有一些过激行为，而且尽管当时的失控过程中有一些复杂的因素，比如有些日本浪人扮演了不光彩的角色，有些地痞流氓趁火打劫，但总体上说，台湾民众的行动还是一次“人民民主自治运动”，其主要的诉求是进行政治改革、铲除专制与贪污腐败现象，实行“地方自治”。除了“地方自治”的要求有台湾的特殊性之外，其他的要求和当时在大陆各地此起彼伏的反贪污反腐败事件的目标也大体相同，但国民党当局却对这一事件定以“企图颠覆政府、夺取政权、背叛国家”的叛乱罪。如果说事件的初期，当局和民众之间都有可议之处，但事件的后期，国民党当局发动“清乡运动”，使牵连者众，台湾菁英被进一步摧残，形成恐怖政治，这使得本省民众“有苦无处诉，有冤无处申”，从此，“台湾进入一段很长的政治冬天”。②

“2・28 事件”对省籍关系的影响，从本省人对外省人的称呼就可以看出。戴国煇对此评论道：“由‘唐山人’到‘阿山’、‘猪仔’这样的改变，我们也可以看到省籍矛盾问题在台湾的历史演变。……台湾人一直尊称大陆来的人为‘唐山人’，是所向往的唐土那儿来的人。而我们客家人对大陆称‘原乡’。对大陆来的人称‘老屋伯’、‘唐山客’。但是经过二二八事变后，对祖国的期望落空了、失望了，‘唐山人’遂变成‘阿山’、‘猪仔’这种好吃懒做、侮辱性的称呼了。”③ “2・28 事件”在台湾人民与国民党当局之间以及在“本省籍”与“外省籍”之间制造了难以愈合的裂痕和难以遗忘的创伤。这个历史的创口，一有风吹草动，一有气候变化，一有现实需要，就会有人揭开伤疤，就会隐隐伤痛和潜潜渗血。“2・28 事件”

---

① 陈孔立：《台湾历史纲要》，北京：九洲图书出版社，1997 年版，第 428—431 页。有关“2・28 事件”的详细资料参见邓孔昭：《二・二八事件资料集》，台北：稻乡出版社，1991 年版。

② 黄富三：《二・二八事件处理委员会与二・二八事件》，收入《台湾光复初期历史》，赖泽涵主编，台北，1993 年版。

③ 戴国煇：《台湾史研究》，台北：远流出版公司，1985 年版，第 188 页。

成为台湾历史的一个标志性事件、台湾走向的一个重大转折点以及台湾舆论的一个永远的话题。此后台湾社会形态和政治生态的许多变化，追根溯源，都可以从这个事件找到原因和影子，它是“省籍情结”产生的最直接的成因。

四、国民党统治的先天性缺陷与后天性错误

“2·28事件”后，国民党统治的先天性缺陷与后天性错误为“省籍情结”的累积提供了助力。国民党从大陆撤退，从此，在同一个地域的空间里，一个“中央级”的权力架构与“地方性”权力架构相互重叠的矛盾，一直持续至今。其间，既有法统的危机，也有机构的冲突；既有权力的争夺，也有利益的妥协。为了解决“中央级”权力架构缺乏“地方性”基础的空洞化现象，国民党当局采取了一系列措施巩固自己的统治基础。这些措施主要有：通过一系列“修法”、“修宪”以解决包括“国大代表”、“立法委员”、“监察委员”以及国民党执政合法性与正当性的“法统危机”；通过颁布“戒严令”①、《戡乱法》②、《戡乱时期检肃匪谍条例》③实行特务统治，局部开放地方层级选举实行“县市自治”，让地方本土菁英参与政治并与之形成利益交换联盟；④ 实行“三七五减租、公地放领”、“耕者有其田”的土地改革，⑤ 改善土地分配不均、缓和农村矛盾获得农民的广泛支持；大力发展经

① “戒严令”：1949年5月19日，国民党在从大陆全面撤退前夕，刚接任台湾省主席不久的陈诚秉承蒋介石之意，通过台湾“警备司令部”颁布“戒严令”，宣布台湾地区处于“战时动员状态”。台湾从此开始了长达38年之久的“戒严”时期，开创了中外历史上“戒严”时间最长的先例。以上资料参见李祖基：《战后台湾四十年》，北京：光明日报出版社，1990年版，第21页。

② 《戡乱法》：为了让国民党的一党专制合法化，早在1948年4月18日，国民党当局就通过了由700多名“国大代表”联合提出的“动员戡乱时期临时条款”提案，规定：“总统在动员戡乱时期，为避免国家或人民遭遇紧急危难，或应付财政经济上重大变故，得经行政院会议之决议，为紧急处分，不受宪法第39条（经立法院通过或追认）或第43条（发布紧急命令依照的程序）所规定程序之限制。”“临时条款”通过才半个月，蒋介石便签发了“全国动员戡乱案”。以上资料参见李祖基：《战后台湾四十年》，北京：光明日报出版社，1990年版，第15页。

③ “戡乱时期检肃匪谍条例”：为强化对人民群众的控制，1950年6月13日，台湾当局订定“戡乱时期检肃匪谍条例”，规定对“叛乱者”、“匪谍”、“通谍”、“知情不报者”最高可处死刑，这一时期枪决匪谍的新闻标题，一周会在《中央日报》出现好几次。以上资料参见李祖基：《战后台湾四十年》，北京：光明日报出版社，1990年版，第30页。

④ 陈孔立：《台湾历史纲要》，北京：九洲图书出版社，1996年版，第438—442页。

⑤ 从1945至1956年，国民党在台湾推行土地改革。土地改革共分“三七五减租”、“公地放领”、“耕者有其田”三阶段进行。土地改革促进了台湾城乡资本主义生产关系的发展，为台湾社会转型和日后的经济起飞打下了基础。以上资料参见沈宗瀚：《农业发展与政策》，台北：台湾商务印书馆，1975年版，第70—73页。

济，改革币制、税制及外汇贸易管制；推动十项建设，进行产业升级，完成经济转型；在教育上灌输儒家意识形态，在言语上排斥地方方言，强力推行“国语”，在文化上强化“中华民族”的认同感。上述措施在稳定台湾社会、恢复台湾经济、重建中华文化的过程中起了一定的积极作用，但也种下了腐败、专制的恶果，积累了“省籍”矛盾和冲突。

国民党采取“党国一体”的方法，透过政府机器，将台湾的政治、经济及社会各层面全面掌握在“外省”统治菁英手中，“外省族群”除了一手包办党、政、军、特以外，还垄断司法、教育与警察。以1952年国民党中央委员第七全会为例，“中央委员”32人中，仅有1人为“本省籍”，余皆“外省籍”；到1969年第十全会，“中央委员”99人中，“本省籍”也仅有6人，仅占6.1%，其余93人皆为“外省籍”，占近94%。[①]“行政院部会”首长也是如此，1950年~1960年12位部会首长没有一位“本省籍”，全为“外省籍”，直到1966年才有一位“本省籍”首长。[②]“外省族群”以10%左右（1949年后为8%，1960年代维持在12%—13%比例）的人口比例控制了绝大部分“国家机器”与“公营经济”。[③]

学者瓦西林（Vasil. R·K.）观察族群政治发现，在多族群社会里，如果出现一个人口上占绝对优势的族群与其他人口占绝对劣势的少数族群这样的组合，会出现明显的宰制从属关系，多数人口的族群将成为强势的主导族群。[④] 但在台湾光复后，“本省族群”的人口优势并没有转化为统治优势，(其实在日据时期的台湾，也是由少数日本人统治多数“本省族群”)，造成人口数量与政治权力机构极度不平均的失衡现象。本省人“在心理上，很容易产生‘多数被少数管理’的不安全感、不公平感、不信任感”。[⑤] 为了缓和这一矛盾，国民党一方面通过有条件的开放地方层级选举和县市自治，结果又形成了政治权力架构中的“中央”与“地方”的二元结构转化为“外省人”与“本省人”的矛盾；另一方面在经济上让利“本省人”，在一系列经济政策的主导下，(比如公营企业民营化)，“本省人”成为最大的受益

---

① 施正锋：《台湾政治建构》，台北：前卫出版社，1999年版，第150页。

② 吴文程：《台湾的民主转型——从权威型的党国体系到竞争性的政党体系》，台北．时英出版社，1996年版，第32页。

③ 杨莲福：《人口问题与台湾政治变迁》，台北：博扬文化，2005年版，第140—141页。

④ 参见 Vasil. R·K. (1980). Ethnic Politics in Mslaysia New Ddhi: Radianc Publisher。

⑤ 吴锦发：《做一个新台湾人》，台北：前卫出版社，1989年版，第45页。

群体,[①] 这又将政治与经济的二元结构转变成"外省人"与"本省人"的矛盾。如此，国民党在台湾统治先天性的结构矛盾（人口比例的矛盾，"中央"与"地方"的权力重叠的矛盾）以及后天性的统治的失当（特务统治、打压"本省人"等，人为区隔两大族群）共同为"省籍情结"的累积推波助澜。

五、文化的差异

考察"省籍情结"的缘起不能不回到文化的层面。有学者指出文明与文化的区别在于文明是普遍的，文化才是特殊的，文化总是在时间上来源于其历史传统、在空间上区别于其地域或族群的东西，而文明则是全人类共同进步的、共同分享的现代化的东西。可见，文化就是一个族群区别于另一个族群的特质所在。在文化上，"本省族群"与"外省族群"，无论在语言、习俗、信仰、性格乃至饮食起居等生活方式上都与"外省人"有较大的差异,[②] 但纯粹的文化差异并不能直接构成"省籍"的冲突，只有文化的政治化，才会使文化的差异因为等级、身份、待遇和利益产生非我族类的敌意。"外省人"普遍拥有正统中华文化的优越感，这种优越感又在初期得到现实支持：他们的职业大都是军公教，意识形态与执政党相同，在经济上仰赖当局的保障，大多是白领或中高阶层，受教育程度高，较有理性；而"本省人"则有强烈的乡土文化的归属感，对"外省族群"有鹊占鸠巢的潜在敌意，特别是现实上的不公平待遇，有较强的逆反心理，这种心理和早期移民积极进取的冒险精神结合在一起，就有一种不服输、不信邪、敢冲敢闯的族群性格。[③] "外省人"的文化正统的优越感得到了意识形态的支持，却没有得到土地的归属感，离家逃难、随时准备"反攻大陆"的生活情境，使之在生活经验中感受到四周都是"本省人"的文化落差与潜在敌意。[④] 而"本省人"的文化归属感却没有获得意识形态的支持，执政当局禁说方言、排斥闽南文化的一系列措施使之在文化心理上处于劣势地位。"'本省人是本省人、外省人是外省人'的心理隔阂，一如日本时代本岛人与日本人的关系。人人都保持一定距离，以为安全。""族群间的差别待遇，撕裂台湾

① 王涂发：《战后台湾经济的发展》，收入《台湾史论文精选》，台北：玉山出版社，2000 年版，第 393 页。

② 徐宗懋：《台湾人论》，台北：时报文化出版公司，1993 年版，第 133 页

③ 尹章义：《台湾的性格与历史发展》，台北《历史月刊》201 期，2004 年 10 月出版，第 41—51 页。

④ 王甫昌：《当代台湾社会的族群想象》，台北：群学出版公司，2004 年版，第 147—149 页。

人原本对祖国毫无保留的感情，也切断原本血缘至高无上的思考。”① 二种文化在意识形态的作祟下共同形成巨大的落差，以及其中的隔阂、不解乃至轻视甚至敌视，就成了政治作用在族群文化上的投影。②

六、政治的操弄

如果说人口要素、文化要素是隐性而深层次地影响“省籍情结”的话，那么政治要素则是影响“省籍情结”的诸要素当中最直接也最明显的。以台湾“政治革新”前后为标志，政治对“省籍情结”的作用主要是制造、积累和压抑；第二个时期政治对“省籍情结”的作用主要是释放、放大和扭曲。

第一个时期，如前所述，“2·28事件”、台湾政治经济的二元结构都制造和转化为省籍矛盾。特别是“中央和地方”的矛盾，使国民党不得不用省籍的区别来维护其对台湾统治的合法性。李哲夫指出，国民党退守台湾之后，用“‘法统’与‘省籍’作为统治的两个基本原则”。他认为：“在五十年代，台湾确是有强烈的省籍问题，台湾人与外省人的界线清清楚楚，是绝不会与社会阶级混杂的。到六十、七十年代，省籍问题的存在却是政策上的需要，原来是社会自然形成的，后来则是人为的，因为要强调‘法统’就一定会加强省籍面的政治提法。”戴国煇也指出：“因为立法委员、国大代表大部分是大陆时代选出来的外省人士，‘法统’的强调必然得根据省籍背景，如此一来，当然无意中亦给省籍矛盾加油添醋。”③

第二个时期又分为三个小阶段。

第一个阶段是政治对“省籍情结”的释放。这主要发生在“党外反对运动”时期，“省籍情结”的释放成为“党外反对运动”的力量之源及政治动员的基础。李哲夫指出：“相对地看七十年代兴起的党外民主运动，虽然表面上谈的是民主、是参政或选举，其实就是围绕着‘法统’的问题。党外运动也就是从这时候开始，有了一个主题，而且这个主题甚至还包括了‘省籍’的矛盾问题。国民党对高雄事件的反应，为什么那么紧张呢？过去她自己借省籍的分界来避开阶级问题，但是，党外运动兴起后，非常明显地，‘省籍’问题转而成为党外手上一张运用自如的王

① 虞义辉：《台湾意识的多面向》，台北：黎明文化，2001年版，第91—97页。

② 张炎宪：《台湾近百年史论文集》台北：吴三连基金会，1996年版，第36—38页。

③ 《台湾社会发展与省籍问题——与李哲夫对谈于华府》，参见戴国煇《台湾史研究》，台北：远流出版公司，1985年版，第195页。

牌了。”①

第二个阶段是政治对“省籍情结”的放大。这主要是指在“解严”后，“省籍情结”成为政治选举的工具，在选举过程中，“省籍情结”的作用被放大，“省籍情结”的“悲情”也被放大。在1990年前后，台湾的选举出现了一种奇特的现象，你无需政绩、也无需许诺，不管你是阿猫阿狗，只要你敢于站出来用正宗的闽南语大喊我是“台湾人”，并大骂国民党，并呼吁民众“台湾人”（“本省人”）选“台湾人”（“本省人”），你就可以不花钱就能够当选，② 至少也有可观的选票。“省籍情结”由释放到逐渐放大，这种“支持‘台湾人’（‘本省人’）自己的……”的模式一直持续在台湾的转型期，从乡市长一直选到“总统”。③

第三个阶段是政治对“省籍情结”的扭曲。实现政党轮替后，“省籍情结”本应该随着“本省人”的出头天而逐渐消释，可是“省籍情结”作为廉价的舆论动员工具，还是让政治人物难以舍弃，“省籍情结”继续被政治操弄为选举工具，“省籍情结”被强烈扭曲。

政治的操弄使“省籍情结”被放大、扭曲、释放，甚至脱离现实的层面进入想象的仇恨，其标志就是“省籍情结”转变为“省籍议题”。“省籍情绪”变为舆论的议题完全是因为族群政治，因为真正的族群竞争在于政治权力及资源的分配。④

族群认同的确与政党认同具有密切的关联，请看1992年的不同族群背景民众的政党支持状况：

表1：不同族群背景民众政党支持状况（1992）

	国民党			民进党			
族群别	支持	不支持	无意见	支持	不支持	无意见	小计
闽南人	501人 （49.5）	177人 （17.5）	334人 （33.0）	299人 （29.6）	359人 （35.5）	354人 （34.9）	1012人 （73.0）
客家人	114人 （55.3）	28人 （13.6）	64人 （31.1）	44人 （21.3）	98人 （47.6）	64人 （31.1）	206人 （14.9）

① 《台湾社会发展与省籍问题——与李哲夫对谈于华府》，参见戴国煇《台湾史研究》，台北：远流出版公司，1985年版，第196页。

② 刘国深：《当代台湾政治分析》，北京：九州出版社，2002年版，第60页。

③ 彭怀恩：《认识台湾——台湾政治变迁五十年》，台北：风云论坛出版社，1997年版，第165—166页。

④ 施正锋：《台湾政治建构》，台北：前卫出版社，1997年版，第135页。

续表

	国民党			民进党			
族群别	支持	不支持	无意见	支持	不支持	无意见	小计
“外省人”	124 人 (73.4)	20 人 (11.8)	25 人 (14.8)	12 人 (7.1)	129 人 (76.3)	28 人 (16.6)	169 人 (12.1)
合计	739 人 (53.3)	225 人 (16.2)	423 人 (30.5)	355 人 (25.6)	586 人 (42.2)	444 人 (32.2)	1387 人

资料来源：“台湾地区社会变迁基本调查”2 期 3 次，“中央研究院”民族学研究所，1992 年 12 月版。

从上表看，1992 年国民党的支持民众中“外省人”高达 73.4%，而民进党的支持族群则以闽南人最多有 29.6%，“外省人”最少只有 7.1%。

再看另一份 1992—1998 年的不同族群的政党认同分布表：

表 2：全体选民政党认同的分布（1992—1998）

	闽南族群			“外省人”			全体选民		
年代	国民党	民进党	新党	国民党	民进党	新党	国民党	民进党	新党
1992	32.8	15.4	—	83.1	1.6	—	40.9	12.3	—
1995	33.8	21.3	7.4	41.8	5.3	21.2	36.3	16.6	11.5
1998	33.2	31.1	1.5	63.9	6.9	16.0	37.1	26.3	3.0

资料来源：陈陆辉，《台湾选民政党认同的持续与变迁》，《选举研究》7 卷 2 期，2000 年版，第 109—140 页。

从上表看，泛蓝的政党仍然以“外省人”为主，而民进党在闽南人的政党认同度稳定并成倍成长。

2000 年后，“省籍”与政党认同可看下表：

表 3：省籍与政党认同

	闽南族群				客家族群				外省群			
年代	国	民	亲	新	国	民	亲	新	国	民	亲	新
2000	14.4	32.2	9.6	0.3	24.1	17.4	16.4	2.1	24.0	7.7	44.3	3.8
2002	12.1	37.8	8.8	0.4	18.2	29.6	15.2	0.4	28.6	5.2	39.6	0.5

资料来源：杨莲福：《人口问题与台湾政治变迁》，台北：博扬文化，2005 年 9 月版，第 214 页。

从上述资料看，虽然每一年政党认同中，支持族群的数据具体不一样，但是大体的板块是一致的："外省族群"是泛蓝政党的拥泵，"本省族群"则是民进党的群众基础。因此，族群议题，特别是"省籍议题"的操弄就有可能改变族群支持者的比例，巩固并增加自己的选民基础。

综上所述，"省籍情结"的缘起有着复杂的社会历史成因。移民社会的人口与背景、日据种下的隐患、"2·28事件"等偶然事件的点火与助燃、国民党统治的先天缺陷与后天错误、文化的差异与冲突，特别是政治的操弄，使得"省籍关系"成为台湾内部最重要的族群关系，而"省籍情结"成为台湾内部最重要的族群意识。"本省人"与"外省人"互不信任，彼此对立，相互歧视，由此产生了冷漠、仇恨及"悲情"等强烈情感。这种情感与光复前台湾的苦难历史前后呼应，与台湾人原有的"悲情意识"一拍即合，构成了台湾政治文化中最典型的政治情感。以"省籍情结"为指向的"省籍议题"成为台湾政治文化中最有代表性的政治情感符号。

第二节 "省籍议题"的发展演变

当"省籍情结"公开表达形成舆论，"省籍情结"就转化成了舆论议题，所以，"省籍议题"就是以"省籍情结"为关注对象的议题。"省籍议题"作为一种舆论议题，它和现实的"省籍情绪"并非亦步亦趋，尽管二者保持着极高的关联度，却有着不同的发展轨迹。从总体来看，"省籍议题"走过了一个从"失语"到"悲情"再到"焦虑"的三个历史阶段。

一、"失语"阶段

在"威权时代"，"省籍议题"是一种舆论的忌讳。"省籍情结"客观上存在，但在舆论表现上却处于"失语"状态，这与"省籍情结"的客观现状极不相称。前述"省籍情绪"的缘起，从移民社会到日据时代，再经过"2·28事件"的历史积淀，以及国民党执政时不同族群地位与归属的现实反差，现实的"省籍情结"不仅存在而且还在时间的延续中积累着力量，但是在国民党的舆论管制和当时的政治文化下，"省籍议题"是忌讳的。"省籍议题"只能偷偷藏在属于"台湾意识/中国意识议题"的"本土化"议题中暗渡陈仓，但即便是"本土化"议题也被严重压抑。在党外运动所高举的三大舆论旗帜："民主化"、"自由化"与"本土化"中，

“本土化”比“民主化”、“自由化”更为敏感。国民党将“本土化”的舆论议题直接与“台独”议题挂钩，成为舆论中不可轻易触碰的高压线。因为“台独”无论在过去还是在现在，都没有取得被舆论广泛认同的“正当性”。这和“民主”和“自由”完全不同，国民党尽管要压制“民主”与“自由”，但是对这两个被全人类普遍认同的美好字眼，还是不敢或者不便将之视为舆论的禁忌。特别是到蒋经国晚期，一方面在现实中逐步推动台湾的“民主化”进程，并放松对舆论的管制，另一方面在舆论中也对“民主”与“自由”网开一面，但是在“省籍议题”等同于“台独议题”的关联下，“省籍议题”仍然被从严控制。即使在一些标榜走中道路线的民营媒体，它们对“民主化”、“自由化”、“本土化”等三大议题也有取舍与侧重。比如《联合报》和《中国时报》，它们比一些官方报纸（如《中央日报》）更积极地鼓吹民主与自由，但对包括“省籍议题”与“台独议题”在内的“本土化”议题同样十分警惕。两大报的四十年纪念文集社论选中，不约而同地都没有一篇关于“2·28 事件”“省籍议题”的社论。① 一些不愿走过激路线的人则将包括“省籍议题”与“台独议题”在内的“本土化”议题改为“多元化”议题，鼓吹“自由化”、“民主化”与“多元化”并举。1971 年 12 月台湾大学举办全面改选“中央”民代的辩论会，② 1972 年 1 月《大学杂志》发表“国是九论”，聚集点仍然是民主、自由与改革，只是顺带提出应着眼于台湾本身的生存与发展。1975 年 8 月的《台湾政论》的创刊，本土议题开始启蒙，③ 借一些选举活动，“在野人士”开始公开地批判“中华民国政府代表全中国”的理念，强调“台湾人出头天”。但这些舆论不是被打压就是无法进入主流舆论层面。1977 年的“中坜事件”和 1979 年的“美丽岛事件”，将“台湾独立”的理由公之于世，但国民党同样以“台独”为由予以镇压。在 1983 年发生著名的“台湾意识”与“中国意识”论战中，“省籍议题”仍潜伏其中。

这里一个有意思的现象是，同为“本土化”议题，“台湾意识/中国意识议题”中的“台湾意识”议题最早冲破封锁浮出水面，而更被严厉打击的“台独议题”也在高压下暗潮涌动并偶尔露出水面，独有“省籍议题”是最后端出台面的。这与

① “中国时报编辑委员会”：《中国时报四十年》，台北：“中国时报社”，1990 年版；黄年主编：《联合报四十年》，台北：联合报社，1991 年版。

② 李筱峰：《台湾民主运动 40 年》，台北：自立晚报，1987 年版，第 82 页。

③ 李筱峰：《台湾民主运动 40 年》，台北：自立晚报，1987 年版，第 115 页。

三大议题的特点有关。相比之下，“台湾意识/中国意识议题”的“台湾意识”（“台湾优先”）最容易获得正当性。而“台独议题”属于“政治理想”，即便镇压最狠但仍然可以被某些持不同政见者视为政治信仰而竭力追求。前两个议题都可以成为政治的“旗帜”或在大范围内或在小范围内被高高举起，它一旦被社会接受便成为社会公认的“旗帜”；它不被接受就可以成为反对的“旗帜”或另类的“旗帜”，所以它们能够较早成为台湾舆论的公开议题，而“省籍议题”不像前两个议题那样具有正当性或理想性。“省籍议题”挑动的是族群内部的矛盾，比较不容易端上台面，在全世界范围内挑动族群冲突的议题都是不得人心的，台湾是个例外（接下来要详细讨论）。但台湾这个例外要突破人们的心理承受力也有一个艰巨的过程要走。因此，表现出来的就是在“本土化”议题当中，“台湾意识/中国意识议题”中的“台湾意识”议题最早公开化和正当化，跟在其后的是“统独议题”中的“台独议题”，而“省籍议题”则最后出现在人们的视野里，其“失语”的时间最久。

二、“悲情”阶段

严格意义上讲，“省籍议题”的公开化与大行其道，是在“解严”前后才出现的。

其突破口就是对“2·28事件”的翻案。直到1986年2月，台湾当局将“2·28事件”定性为台湾人“颠覆政府”的暴乱。“2·28事件”的阴影使台湾“本省人”长期背负着“颠覆合法政府”的“原罪者”的政治包袱。“解严”之后到李登辉上台，“省籍议题”的禁忌才通过“2·28事件”的翻案最终打破。而李登辉刚一上台，也把“省籍议题”作为分化国民党、巩固自己权力地位的杀手锏，在党内既无党政人脉也无军方资源的李登辉只能靠“省籍议题”诉诸“省籍情结”，从而在族群政治中获得力量，并为自己“本省人”的出身予以正当性的加持。1988年2月22日，李登辉继任“中华民国第八任总统”。在举行第一次总统记者会上，他公开宣布：“‘2·28事件’是台湾人的悲剧。”① 这一石破天惊的宣告，标志着李登辉用“省籍议题”开台湾族群政治的先河。不管李登辉的动机如何，对“2·28事

① 李登辉：《面对问题、迎向挑战》，《奉献与奋斗》，台北：“行政院新闻局”，1995年版，第326页。

件”的重新认定，一定程度上顺应了当时的民意，长期被压抑的“省籍情结”喷发出来。作为文化对政治的呼应，1989 年侯孝贤推出了以“2·28 事件”为题材的《悲情城市》,① 该电影一播出即引发万人空巷，这标志着对“2·28 事件”的反省深入人心。

对“2·28 事件”的反省引发了对所有台湾历史的重新认定。克罗齐（Benedetto Croce）说：“一切历史都是当代史”,② 对历史的反思总是与现实的解困相联系。“2·28 事件”成为一个政治文化符号，此前国民党将之解读为“本省人”的原罪，如今的台湾人“积极地寻求影响力与自主权，开始‘脱原罪化’，不再认为‘2·28 事件’是台湾人的原罪。台湾人开始走出历史的阴影，激进的人更开始将其神话化，作为对国民党抗争的图腾。”③ 但李登辉对“2·28 事件”翻案，决不是想把火烧到国民党，无论从权力斗争和地位巩固上，这都不利于其作为国民党主席及“中华民国总统”的身份。李登辉要的是借助“省籍议题”强化其台湾人（“本省人”）自己的“总统”身份，因此，作为政治文化符号的“2·28 事件”在李登辉的操控下，其内涵不是指向民主与专制对抗的民主悲剧（这才是事件真正的属性），而是指向“本省人”被“外省人”欺负的“省籍悲情”，从而将国民党的原罪转化为“外省人”的原罪。陈映真指出：“由于政治力的推波助澜，二二八事件被无限上纲成国民党外来政权（=外省人=中国人）武力镇压台湾人民的事件，被扭曲成‘族群矛盾’事件，甚至被极端建构成‘民族矛盾’（中国人对台湾人）的事件；不断被渲染的这种历史观点，也就不断复制、扩大台湾内部的纷扰和与中国大陆的对立局面，使台湾永无和平安宁之日。”④ 因此，事件的真相在翻案中再次被蒙蔽和更加被扭曲，“2·28 事件”这一政治文化符号就从民主议题转变为彻头彻尾的“省籍议题”，“省籍情结”像决了口的洪水般汹涌而出。

---

① 侯孝贤是当今台湾影坛最重要的人物之一，他的影片一贯与台湾的历史与传统文化密不可分，着力为台湾人的生活、历史及心境塑像。《悲情城市》借着台湾“2·28 事件”前后，将一个地方大家族的兴衰起伏挥洒成一部时代变化与个人命运紧紧相扣的台湾史诗。全片在多线叙事、众多人物关系的网脉中，不带乖张暴戾地诉说着历史。《悲情城市》被看作是侯孝贤最为成功的一部绝作和最为成熟的一部影像台湾史。该片于 1989 年获第二十六届金马奖最佳导演奖、最佳男主角奖（陈松勇），第四十届威尼斯国际电影节金狮奖，联合国教科文组织人道精神奖。笔者根据各大媒体影评整理。

② ［意］B·克罗齐：《一切历史都是当代史》，田时纲译，《世界哲学》，2002 年第 6 期，第 6 页。

③ 陈俐甫：《禁忌·原罪·悲剧，新生代看二二八》，曹永和序，台北：稻乡出版社，1990 年版，第 3 页。

④ 曾健民：《新二二八史像》，台北：台湾社会科学出版社，2003 年版，第 10 页。

“解严”后的这一阶段的“省籍议题”可以用“悲情”二字予以定调。侯孝贤的《悲情城市》电影从片名到情绪上都为这一基调作了很好的诠释。为什么别人有，我没有？为什么别人富，我很穷？为什么别人穿皮鞋，我却光着脚？为什么别人当大官有好工作，我却吃不饱？为什么别人的命金包银，我的命却不值钱？这一系列的问号追下来，全部指向两个字：“出身”。原来，别人命好，因为他们是“外省人”；我歹命，因为我是“本省人”。“省籍议题”勾起了“本省人”无数悲情的记忆。长期被压抑的“省籍情结”不断被挑起，也不断在释放。“省籍议题”的这种“悲情”到1994年李登辉接受日本作家司马辽太郎专访时发展到巅峰。李登辉宣称：“在台湾的中国人，始终被历史的命运所摆布，始终没有机会和权力决定自己的命运，长期以来潜藏着一股深层的‘悲情’意识。”[①] 连贵为“总统”的李登辉都在感叹自己“生为台湾人的悲哀”，这怎么不让一些“本省人”激起滔天“悲情”。李登辉以自己特殊的地位，彻底为“省籍议题”的“正当性”背书。这种“悲情”意识以“什么时候才是台湾人的出头天”为舆论诉求，使得“省籍议题”成为动员族群吸收选票最佳的特殊工具，帮助“本省人”不断在选举中获胜，直至在2000年实现政党轮替。

由李登辉1988年打开闸门的“省籍议题”，也由他于1994年将之推向顶峰。1994年是“省籍议题”的转折点。如果说此前的“省籍议题”仅仅是从忌讳到公开的话，此时的“省籍议题”已经由公开而“正义”，尽管在此期间，民进党接过1988年由李登辉抛出的“省籍议题”的球玩转台湾，成为“省籍议题”的主要推动者和最大受益者之一。“民进党最大的武器是‘台湾情结’，利用国会、媒体及群众运动等的交叉应用，将外省的党国大老锁定为‘卖台集团’，配合李登辉团队的默许及提供资料，外省族群一一走入历史。”[②] 但“在野”的民进党在操纵“省籍议题”总是有操弄族群关系的不正当之嫌，而占据台湾最高位的李登辉在此登高一呼，“省籍议题”就转化为“正义”的化身，成为追求转型正义的舆论议题，尽管事后无数的事实证明，它推动了台湾的转型却没有推动“正义”。

---

① 李登辉：《生为台湾人的悲哀》，日本《朝日周刊》，1994年4月24日。台湾《自立晚报》，1994年4月30日—5月2日以同名文章连续转载。

② 董智森：《台北经验，陈水扁——一位资深记者的私人笔记》，台北：月旦出版社，1998年版，第325页。

三、“焦虑”阶段

当1994年“省籍议题”的“悲情”达到顶峰时，“省籍情结”的另一种情结从原来的悄悄滋生到普遍弥漫开来，那就是“焦虑”，这种“焦虑”来自“外省人”。

也就在1994年，“省籍议题”开始发生逆转，出现“本省人”与“外省人”主客易位和议题情绪与现实情感倒置的情形。表面上，“省籍议题”一直在打“本省人”的“悲情”牌，但是在现实中，“本省人”的“悲情”已成为历史，而“外省人”则开始生活在逐渐失去党政大权的失落感及“本土文化”大行其道的环境下，充满着不满和疑惧。外省人“真正的危机感来自他们多年坚持的价值、情感和付出不被承认，反而被当成外来者对待”①。“省籍议题”的基调由原来议题的“本省人”的“悲情”与现实中“本省人”的“悲情”合二为一，变为议题是“本省人”的“悲情”而现实是“外省人”的“焦虑”。这种“焦虑”其实早在“省籍议题”的公开化和合法化时就在“外省人”心中种下阴影，只是由于国民党还在执政，这种“焦虑”还有寄托和幻想。到了1994年，“外省人”发现自己的国民党主席和台湾地区领导人都在为其“本省人”的身份而“悲哀”，这对于他们几乎是令人窒息的一击。李登辉承认自己曾经是日本人，宣称“中华民国”是外来政权，而国民党只有两岁。他不仅是在将台湾的政治权力重新洗牌，而且是在为国民党重新定位历史身份，更重要的是他用他的权势与地位从根本上颠覆了许多“外省人”所赖以生存的精神世界，摧毁了他们的价值取向与文化认同，使他们的全部历史——无论是集体的还是个人的——都从原来道德正义的叙事沦为带着耻辱感的叙事。“外省人”在现实中不仅充满疑惧地感受到地位、权力与物质基础的下降，而且在一片“省籍议题”汪洋大海中发现自己像没有港口也没有锚锭的孤船，没有归属，也失去尊严。

“省籍议题”对“外省人”精神上的打击，远比现实中权力与地位下降更深刻地刺激“外省人”的危机意识。这种“焦虑”到2000年政党轮替时，彻底变为现实。原来“外省人”的“焦虑”还有对未来的半信和对现实的半疑，2000年后，这种“焦虑”从疑惧转变为真实的状况。“省籍议题”在“焦虑”和“悲情”的对

① 徐宗懋：《务实的台湾人》，台北：天下文化出版公司，1997年版，第66页。

抗中，转为“本省人”的鸭霸（蛮横）和“外省人”的寒蝉效应。本来在“省籍议题”上就没有优势而言的“外省人”进一步陷入了舆论的“沉默的螺旋”。当“本省人”早已过去的“悲情”历史仍然在“省籍议题”中不断重复与放大时，“外省人”却在“焦虑”中声音越来越小，乃至逐渐沉默。

在讨论“省籍议题”的变迁时，不能不关注“省籍议题”的转换。这种转换在1992年就出现端倪。据台湾媒体报道：“1992年底，李‘总统’在南台湾指出，全体‘国人’要有‘生命共同体’的体认，摒弃‘省籍情结’……，隔年4月第二届‘国大’第三次临时会，李‘总统’在题为‘这是一个历史的开端’的开幕典礼致词中信心十足地宣告，‘今天，在台湾的两千万同胞，已经形成一个新的生命共同体’。”① 1994年4月23日国民党年终工作检讨会上表示：“在我们之间，不应该有任何族群分化论调。大家都是中国人，而且只要认同台湾，为台湾的生存发展奉献心力，不论哪一个族群，不论来台先后，也都是台湾人。”②“转换”到1998年达到高点：1998年李登辉再次提出“新台湾主义”主张，1998年12月1日，台北中正纪念堂，国民党举行台北市长选举“牵成团结胜利之夜”造势活动。当时的国民党主席李登辉在数万人的集会上，问马英九：“你是哪里人。”马英九立即用闽南语回答：“我是台湾人，吃台湾米、喝台湾水长大的‘新台湾人’，艋胛长大的正港台北人。”李登辉突然举起马英九的手，告诉在场的民众说，马英九是正宗的“新台湾人”，大家要努力支持他，话音未落，全场欢呼声雷动。③

从“生命共同体”到“新台湾主义”，至少在表面上看，是对“省籍议题”的一种反动。李登辉等人已经意识到“省籍议题”的局限性与负面性。由于“本省人”已经逐渐掌权，“外省人”欺负“本省人”的“悲情”历史已不复存在，在过度消费“本省人”的“悲情”意识后继续操弄“省籍议题”，将出现缺乏现实基础的支持而逐渐贬值，此为“省籍议题”的局限性。而由于“省籍议题”在团结了“本省人”之后，却敌对了“外省人”，特别是族群之间通婚的普遍存在，纯粹的“外省人”家族加上有“外省人”成员的家族不在少数，敌化这些人，将不利于政

---

① 《李“总统”：台湾是我们共同的家园　只要大家摒除族群、地域隔阂　相互包容团结　必能克服一切挑战》，台湾《中国时报》，1999年1月1日报道。

② 林佳龙、郑永年主编：《民族主义与两岸关系：哈佛大学东西方学者的对话》，台北：新自然主义出版社，2001年版，第252页。

③ 《“马英九牵成之夜”沸腾士林区　李登辉表示大家都是新台湾人　盼民众走出过去的悲哀》，台湾《中国时报》，1998年12月2日报道。

治动员开辟新票源，此为“省籍议题”的负面性。特别是操纵“省籍议题”的人一旦当权或执政，在“马上”打天下不能再在“马上”治天下，“省籍议题”是选举工具，选后则要高唱“和解共生”。这一系列原因，造成一些政治人物对“省籍议题”既舍不得放弃又担心其局限性与负面性的复杂原因。解决的方法就是对“省籍议题”进行修正与转换。无论是“生命共同体”还是“新台湾人主义”，在消除了“省籍”矛盾之外，又制造了新的冲突，那就是“台湾意识”与“中国意识”的冲突以及统“独”倾向之间的冲突。事实上，“新台湾人主义”也就是李登辉策动、推行的“李登辉路线”。表面上看，“新台湾主义”是对“省籍议题”的解构，但这种解构是通过将“省籍议题”转化为“台湾意识/中国意识议题”和“统独议题”而实现的。因此，它看似在化解“省籍”的族群矛盾，却又重新制造了“台湾人/中国人”与“统独认同”的新的族群对立。“台湾意识/中国意识议题”比“省籍议题”更具有正当性，因为它把假想敌定为“中国”，较易被内部族群所接受，对“外省人”的直接伤害也淡化；而“统独议题”又比“省籍议题”更具理想性，更加刺激，也更加有能量。“省籍议题”转化为“台湾意识/中国意识议题”与“统独议题”之后，抛弃了“省籍议题”的弱点，但同样收到了分化族群的政治动员效果。因为，在“台湾意识/中国意识议题”和“统独议题”中，同样在台湾内部分化出“认同台湾”和“认同中国”的两个族群以及“倾向统一”和“倾向台独”的两个族群。这样，“省籍议题”转换为“台湾意识/中国意识议题”与“统独议题”，既克服了“省籍议题”的局限性与负面性，也达到了“省籍议题”的目的，这实在是舆论战中舆论技巧的高超表现。

需要强调的是，“省籍议题”转化为“台湾意识/中国意识议题”与“统独议题”时，自己并没有销声匿迹，而是移花接木、借船出海地将自己潜伏在“台湾意识/中国意识议题”和“统独议题”当中。所以，台湾常常会出现一个议题，既可以将之解读为“省籍议题”，也可以将之解读为“台湾意识/中国意识议题”与“统独议题”。最典型的就是1994年李登辉那一番言论——“身为台湾人的悲哀”。当时李登辉宣称：“以往掌握台湾的，都是外来政权”，“即使国民党也是外来政权”，“一想到牺牲许多台湾人的‘2·28事件’，‘出埃及记’就是一个结论”。①

① 李登辉：《生为台湾人的悲哀》，日本《朝日周刊》，1994年4月24日，台湾《自立晚报》，1994年4月30日—5月2日连续转载。

李登辉的上述论调，它既是“省籍议题”，谈话中以“2·28事件”的“本省人悲情”为诉求；也是“台湾意识/中国意识议题”，谈话中渲染台湾人受“外来政权”欺负，它有“台湾人出头天”的理想；还是“台独议题”，它把包括清政府、国民党当局府视为外来政权，内含台湾“独立”的倾向。事实上，在一些政党的操弄下，“省籍议题”和“台湾意识/中国意识议题”与“统独议题”常常混杂在一起，互为表里，互为主宾，并互相转换。所以1994年不仅是“省籍议题”由公开到正义的转折点，也是“省籍议题”由“悲情”到“焦虑”的转折点，也是“省籍议题”向“台湾意识/中国意识议题”与“统独议题”转换的转折点。

第三节 “省籍议题”的当代特征

“省籍议题”发展到今天，其作为台湾政治文化的政治情感符号具有如下特征：

第一个特征就是肆无忌惮的公开性。本来所有舆论都是公开的，但是由于受到道德、政治、法律和文化的约束，有些舆论议题是受到限制的，是有忌讳的，一旦有人敢于触碰这些议题，就必然会掀起轩然大波。比如全世界公认有关族群的议题一般是有忌讳的，越是民主自由的社会，对族群议题越是忌讳。在美国，如果有人胆敢碰种族歧视或蔑视女性的议题，就像捅了马蜂窝一样不可收拾。不仅政治人物不敢挑衅这种舆论的禁忌，就是娱乐明星甚至大学校长触犯了这个禁忌也同样会受到严惩。2006年11月17日，美国著名喜剧演员迈克尔·理查兹（Michael Richards）在进行现场喜剧表演时，表现出了歧视黑人的动作和言语，这一场面刚好被名人网站TMZ.com及时拍摄了下来，其视频录像被放到了互联网上并得到广泛传播。在舆论的压力下，11月20日，理查兹在美国好莱坞的一家国家电视台里，就自己的种族歧视言论公开进行了道歉。[①] 2005年1月14日在一次经济学会议上，哈佛大学校长萨默斯（Lawrence H. Summers）尽管是作为经济学学者的身份而不是以哈佛大学校长的身份出席此次会议，但是他在会议的演讲中语出惊人：女性之所以在理工科领域落后于男性，可能是因为两性之间天生的差异。此言一出，舆论大哗。一位麻省理工学院著名女科学家当场退席以示抗议，哈佛大学女教师委员会写信给他说：“你的行为给大学的名誉带来严重损害。”在舆论压力下，萨默斯写信给

① 《美国喜剧明星为种族歧视道歉》，新华网，2006年11月22日，http://www.xinhuanet.com。

哈佛大学女教师常务委员会道歉，但仍然难以平息世界舆论的谴责。萨默斯的这种被舆论强烈斥为“性别歧视”的论调，直接引爆一场轰轰烈烈的要求其辞职的“反萨默斯风潮”。2006 年 2 月 21 日，萨默斯校长正式对外宣布，出于自己的决定而不是校董事会的命令，他将在今年 6 月 30 日辞职。随后哈佛校董事会表示“以尊重”的方式接受其辞呈，从而结束了这一历时一年之久的巨大风波。①

但在台湾，同是作为“族群议题”，“省籍议题”居然可以赤裸裸地、毫无忌惮地公开表达，而且并未受到舆论的同声谴责，反而取得一部分舆论的支持和赞赏，并收到舆论的现实效果，舆论的推动者还被本族群的人视为“族群英雄”。这种现象在全世界的舆论环境里都是罕见的。没有一个社会的舆论会像台湾这样让有关族群的议题如此横行。在西方，有关族群的舆论忌讳甚至有些草木皆兵。举一个例子：在中国流传一个考托福的诀窍，那就是如果托福的听力有男声和女声不同的答案，常常就是男声的答案不正确；如果题目有出现黑人、印第安人的题目，正确答案一定是正面评价黑人与印第安人的，因为出试题的人都害怕招来轻视妇女与少数族裔的舆论之祸，可见族群的舆论忌讳已经渗透到生活的各个方面。可是在台湾，在这种特殊的政治文化里，上到“总统”，下到普通民众，包括大学教授在内的一切人都可以公然地挑起族群问题。2002 年 4 月 19 日，高雄市工务局长吴孟德在市议会答询时，居然将高雄市 2001 年闹水灾之责归咎于“外省人来太多”。② 人们不仅奇怪他的逻辑，更讶异他的大胆。族群议题的肆无忌惮可见一斑。

在台湾，“省籍议题”不仅没有道德的包袱，不负法律的责任，甚至没有政治的压力，不像“统独议题”那样，还有禁忌。陈水扁可以脱口而出“省籍议题”，却不敢随意抛出“统独议题”，这就说明“统独议题”在台湾还是受到某些压力，不能随意地、肆无忌惮地说出来，即便说出来，随后也要自己或请人解释和澄清。比如 2006 年初陈水扁抛出“废统”议题，立即引起轩然大波，遭到了大陆方面和国际社会的强烈反对。由于受到政治和舆论的强大压力，陈水扁最后不得不把“废统”改为“终统”③。尽管陈水扁“谋独之心”路人皆知，但陈水扁及其幕僚还是

---

① 胡乐乐：《哈佛大学校长辞职始末》，《科学时报》，2006 年 2 月 28 日。

② 参见《自由时报》，2004 年 4 月 19 日，http://www.libertytimes.com.tw/2002/new/apl/19/today-p9.htm。

③ 参见《废统变终统　美吁扁勿改变现状》，台湾 TVBS 电视台，2006 年 2 月 28 日报道，www.tvbs.com.tw/news/news_list.asp?no=alisa20060228084128。

得不断出来解释、澄清，所谓“终止”不是“废除”，其“终统”的行为，没有改变台海现状，也没有违背其承诺的“四不一没有”。而在“省籍议题”上，陈水扁等人则毫无这样的压力，他可以脱口而出，而且无需解释，也无须澄清。陈水扁在1998年为寻求台北市长连任，肆意操弄省籍议题，将说闽南话的自己和不大会讲闽南话的对手比喻为以“土狗对贵宾狗”、“包子对比萨”，把选战转化为一场激烈的省籍之战。①

在台湾“省籍议题”常常是和“统独议题”相伴而生的。对于某些政党和政治人物，“省籍议题”和“统独议题”其舆论的目的都是一样的，但是就因为前者的肆无忌惮、后者的敏感性，其使用的频率和功效大不同。因此，“省籍议题”可以频繁地抛出，而“统独议题”一定是在非常时期才出现——它一旦出现，就是舆论地震。但它不仅是票房大补药，也是票房大毒药，由于其药性过猛，所以必须少用和慎用，不到万不得已，不到紧急状况，“统独议题”是不会轻易抛出的；相反，“省籍议题”也许功效不如“统独议题”那么猛，但是它实用、便宜、成本低、代价小，就成为政治人物最爱操弄的议题。“省籍议题”的肆无忌惮，是台湾舆论怪象中最典型的症状之一。人们每每用撕裂的台湾来形容当今的台湾，“省籍议题”的肆无忌惮是它的原因，也是它的标志。

但是“省籍议题”在台湾也并非是一开始就毫无忌讳的，在威权时代，“省籍议题”是严格限制的，② 即使是地方县市长的选举，“本省籍”的候选人为了动员“本省籍族群”，也只能用身份的区隔、暗示的话语，而不敢公然操纵“省籍议题”——如“2·28事件”、“外省人滚回去”这样的舆论来争取选民。“解严”过后，政治“民主化”为族群政治提供了环境条件，因为只有政治“民主化”，政治资源的争夺才会从官场与宫廷波及平民百姓，民众的选票才成了政客争夺的资源，因此，族群政治才能够有条件地出现。但“族群政治”并不等于可以肆意操弄“族群议题”，以族群的仇恨与歧视作为议题仍然是全世界的大忌。不过在台湾，“省籍议题”却是作为“政治民主化”的“成果”被台湾社会接受下来，反映了这个时期台湾政治文化的特点。“省籍议题”的肆无忌惮被作为“自由”的象征和“民主”的标志，“省籍议题”的无所顾忌连同“立法院”的打架一起，成为台湾畸形

---

① 夏珍：《选民自主　带领政局迈向新世代》，《中国时报》，1998年12月6日报道。

② 杨莲福：《人口问题与台湾政治变迁》，台北：博扬文化，2005年版，第267—269页。

民主的一道风景和政治文化的奇观。这不仅是舆论学值得研究的对象，也是政治学、社会学、社会心理学反思民主进程得与失的典型个案。“省籍议题”从忌讳到开放再到放纵，是台湾政治文化转型的结果。有关这方面，本书将在第三章详细讨论。

台湾“省籍议题”的第二个特征就是它不断发酵的可持续性。一般的舆论议题经过一个周期，就会自然消失，公众对它的注意力会慢慢减弱。舆论始于关注、终于关注，令人长时间兴奋的舆论议题少之又少。而对于政治人物来说，好计不可再用，一种舆论作为工具达到一次目的，下一次使用就要谨慎：或者担心公众不再喜欢老调重弹，或者害怕公众识破自己制造舆论的功利性目的。但是“省籍议题”却百毒不侵，不受这种羁绊，它可以反复使用，频繁使用，长时间使用，甚至不间断地使用，而且屡屡奏效，屡创奇迹。它甚至还可以积累，把前一次的议题效果作为下一次的基础，不断走向高潮。对于某些族群，“省籍议题”就像每天嚼的槟榔，尽管有得口腔癌的危险，尽管被医生警告为不健康的行为，但却上了瘾，不吃就不爽，一吃就痛快，而政客因此乐得捡得便宜货。“解严”以来，在台湾，没有一项选举没有“省籍议题”的出现。它的经久耐用是政客们取之不尽的政治银行，它甚至会利滚利地放出高利贷，成为会自动吐出选票的售票机，一按就灵。

从 1989 年的“三项公职人员选举”到 2006 年的“北高市长”选举，台湾年年陷入“省籍议题”的舆论漩涡。不仅将省籍情结直接表现为“省籍议题”，甚至在包括“民生法案”在内的其他议题也转化为“省籍议题”，以此作为彼此区隔、协商、妥协与结盟的依据。当然“省籍议题”作为最有效的族群动员工具，始终是选战的焦点：“比萨 vs. 包子”、“贵宾狗 vs. 土狗、”、“香港脚”、“清党产”、”外省人滚回去”、“外省院长欺负本省总统”、”外省人要夺本省人土地”① 等一系列符号与语句，作为“省籍议题”的层出不穷、花样百出的不同表述，成为撕裂族群、动员群众最刺激的议题。② 2005 年 2 月 25 日，由民进党“本省籍”的陈水扁和亲民党“外省籍”的宋楚瑜，发布“扁宋会”十点声明中，其中两点涉及族群议题：分别是“任何对族群具有歧视或攻击性的语言和行为，均应受法律制裁和约束，共同推动保障族群权益及促进权益及促进和谐的基础法制”，以及“政府应在经济、社会、

① 张麟征：《歧路上的台湾》，台北：海峡学术出版社，2000 年版，第 332 页。

② 杨莲福：《人口问题与台湾政治变迁》，台北：博扬文化，2005 年版，第 272 页。

教育、文化和考试领域，确保各族群享有公平的权利与地位”。① 这从反面证明了族群问题在族群议题捉弄下已经将社会撕裂到何种程度！具有讽刺意味的是，随后的事实让人看到这十点声明只不过是又一次族群和解的假象或烟雾。它只不过证明，族群和解如同“省籍情结”一样，也是政治利益驱动的舆论议题，或者说本身就又是一次“族群议题”的变种。之后，陈水扁继续在玩类似“‘外省人’在欺负‘本省人’”的议题把戏。“省籍议题”就是这么廉价有效的政治工具，所以“省籍议题”对于那些想从族群政治中大捞好处的政客怎么可能轻易放弃？

“省籍议题”之所以能反复使用，就是因为它能给舆论的制造者带来利益。“省籍议题”被视为在台湾竞选活动中最廉价、有效的工具，因此，“省籍议题”的第三个特征就是它的坐收渔利的“绩优性”。它就像一只信用良好的股票，你投资它，就可以升值就可以分红，这个“值”和“红”就是政治资本。由于选举议题夹杂着其他议题，也包括候选人的其他因素，因此，无法专门就“省籍议题”与候选人是否当选的纯粹关联度进行实证研究，也无法通过实验来验证“省籍议题”对投票行为的影响，但是我们可以从每一次选举都大打“省籍议题”的现实情况，以及这十几年来族群政党认同中发生的变化，看到二者的关联，请看表 4：

从表 4 可以看出，从 1999 年到 2003 年间“本省”闽南人支持泛绿的人群，从 14.3% 上升到 1997 年的 22%，再到 2000 年后基本维持在 30% 左右，增幅高达一倍以上。增加的支持者主要来自“本省”闽南人中原来的中立无反应者，而这部分的人群从原来的 55%，下降到 40.2%；原来支持泛蓝的“本省”闽南人大约一直维持在 30% 上下；而“本省”客家人支持泛绿的人群比例也从 1994 的 12% 增加到 1997 年的 20% 上下，而中立无反应者则下降到 10%。显而易见，经过十几年的政治操弄和社会变迁，对政党认同的“省籍”版图已经发生了变化，大量（10% 到 15%）的“本省籍”中间选民转为支持泛绿，从而使泛蓝与泛绿的政治版图皆维持在 30% 到 40% 这样不相上下的阶段，让每一次选举都成为关键的少数之战。两三万票之差可以定“总统”，几千票之差可定“立法委员”，而“省籍议题”既可以动员基本盘的民众不流失而且出来投票，又可以分化中间选民。正是因为可以从现实中得到这些甜头，而让政治人物乐此不疲。

“省籍议题”的第四个特征就是情绪煽动的宣泄性，这与它作为政治文化的政

---

① 《扁宋会十点联合声明》，台湾《联合报》，2005 年 2 月 25 日报道。

表 4：（省籍）对政党认同趋势分布表

		94 下	95 上	95 下	96 上	96 下	97 上	97 下	98 上	98 下	99 上	99 下	00 上	00 下	01 上	01 下	02 上	02 下	03 上
本省客	支持泛蓝	38.1	57.1	45.5	48.8	48.5	34	33.2	36	41.6	43.1	41.6	37.5	38.2	37.7	34.9	31.8	38.7	41.9
	支持泛绿	12.9	6.8	10.6	10	11.6	23.3	19.7	21.1	21.5	17.8	23.8	23.6	22.3	22.6	18	24.6	23.3	19
家人	中立无反应	48.9	36.1	43.8	41.3	39.8	42.7	47.1	42.8	36.9	39.1	34.6	38.8	39.5	39.7	47.1	43.6	38.1	39.1
	样本数	139	133	2133	562	379	150	295	705	794	634	344	901	301	713	518	801	344	389
本省闽	支持泛蓝	29.9	34.5	32.6	38.5	37.8	28.6	25.2	28.5	28.9	31.6	34.2	27.3	28.1	27	24.2	24.9	27.5	31.2
	支持泛绿	14.3	12.6	15.4	16.4	14.7	22	17.9	24.2	24.8	25	27.3	29.7	30.7	29.6	30.5	31.3	307	28.6
南人	中立无反应	55.8	52.9	52	45.1	47.5	49.4	56.9	47.3	46.2	43.4	38.5	43	41.3	43.4	45.3	43.8	41.9	40.2
	样本数	862	866	13713	3463	2654	872	2035	4567	4823	4581	2228	6245	2014	4631	3183	4787	2494	2378
大陆客	支持泛蓝	67.5	74.1	65.7	73.5	73	58.8	56.7	52	53.3	63.7	58.6	58.2	58.8	60.9	57.4	53.4	56.5	63.2
	支持泛绿	2	4.1	3.7	3.4	2.5	4.4	5.6	7.4	8.5	72	8.2	8.6	7.9	9	9.8	10.3	10.3	9.2
省市人	中立无反应	30.5	21.8	30.6	23.1	24.5	36.9	37.7	40.6	38.2	29.1	33.2	33.2	33.3	30.1	32.8	36.3	33.1	27.6
	样本数	151	170	2616	532	474	160	321	800	880	774	428	1019	330	823	564	818	474	446
少数民族	支持泛蓝	35.7	45.8	59.2	61.5	70.3	37.5	64.3	52.5	56.3	53.3	64.6	57.3	51.9	44.7	51	57.3	63	53.7
	支持泛绿	7.1	16.7	4.5	5.1	9.4	25	107	9.3	10.7	14.3	12.5	13.5	14.8	16.5	4.1	14.6	8.7	7.3
	中立无反应	57.1	37.5	36.3	33.3	20.3	37.5	25	38.1	33	32.4	22.9	29.2	33.3	38.8	44.9	28	28.3	39
	样本数	14	24	314	78	64	16	28	118	103	105	48	96	27	85	49	82	46	41

资料来源：杨莲福：《人口问题与台湾政治变迁》，台北：博扬文化，2005 年版，第 232 页。

治情感符号是相一致的。本来煽动性是所有舆论的特点，舆论就是要通过煽动才能聚集多数人的力量而形成舆论压力来达到现实效果。而“省籍议题”的煽动性与一般议题的煽动性不同在于它主要是一种情绪的宣泄。一些舆论议题也有煽动性，比如“民生议题”、“政见议题”、甚至“统独议题”，都有可能具有煽动性，但它们主要不是靠情绪的发泄和渲染，而是通过其他手段比如诉诸人们的理性达到目的。而“省籍议题”的主要表现形式就是宣泄，制造悲情、委屈、愤怒、仇恨的情绪。这些议题大多没有实质的内容，既不着力于现实问题的解决，也不着眼于未来理想的建构，而只是或沉湎于重翻历史旧账，编造一种修饰裁剪过的情绪化的历史；或满足于口舌的快感，制造语言的冲突和对立。

“省籍议题”第五个特征是它“沉默螺旋”的倒置性。“省籍议题”发展到今天，呈现一边倒的现象。“省籍议题”实质上只是“一省一籍”的议题，只有“本省籍”的人挑起这个议题，“外省人”避之惟恐不及。本来族群议题既然目的是为了动员族群，你可以动员你的族群，我可动员我的族群，在许多民族国家或社会里，各民族的菁英就是分别用族群识别来作为议题动员自己的群众。但是在台湾，“外省人”不敢公开说自己是“外省人”，政治人物尽可能回避自己的“外省人”身份（比如马英九出生在香港就像是原罪），政党害怕被贴上“外省籍”的标签（比如亲民党）。这种害怕与回避，循环往复，就变成“本省人”的声音越来越大，“外省人”的声音越来越小，这是一种舆论典型的“沉默的螺旋”现象。

“沉默的螺旋”理论的核心观点是：大多数的人都会尽量避免单独持有某种观点或意见，以免自己被众人所孤立。个人为了了解哪些意见或观点占优势，就会透过自己或大众传播媒介来观察周遭的环境。如果个人认为自己的意见或观点是弱势的，便会因为害怕孤立而不愿意将自己的意见或观点表达出来。①

今天“省籍议题”不仅是一边倒的舆论议题，而且是倒置性的舆论议题。一般而言，在多族群的社会里，特别是存在一个人口比例占多数的族群与其他少数族群共同生活的族群社会里，常常是强者只做不说，而弱者只说难做。因为强者拥有人口优势或者是政权优势，它往往会造成族群社会里族群之间事实上的不平等。强势族群由于是事实上的受益者，所以它对族群议题尽可能不碰，以避免落人口舌或提

---

① 转引自翁秀琪：《选民的意见形成——以民国八十二年台北县县长选举为例检验“沉默螺旋理论”》，台湾《新闻学研究》，1997年，第55集，第162页。

醒人们把注意力集中在族群的不平等上，甚至不惜用各种手段禁止压制族群议题的提出；而弱势族群由于在现实中是受损害者、被剥夺者或遭歧视者，而它又无力用政治、经济、法律等实用手段解决问题，所以转而求诸舆论，大张旗鼓地挑起族群议题，尽可能让社会的注意力集中在族群不平等的现实上，以形成舆论的压力而迫使强势族群有所收敛，有所改善。舆论是弱势群体的天然盟友，弱势群体往往运用舆论工具使自己能成为舆论的强势群体，而现实的强势群体往往是舆论的弱势群体，因为当一个强者与弱者的矛盾公之于众，人们一定是同情弱者。如政府和民众一旦在舆论中对立，政府除了用行政手段施压外，往往在舆论交锋中处于下风。所以，一些政府为了改变这种劣势，往往要把自己打扮成人民的代表者或群众的代言人。因为在舆论的主体的名义上，“人民”和“群众”比“政府”更有正当性，“主权在民”的深入人心，使“政府的权力来源于人民”成为天下的共识，所以多少政客假人民的名义以行舆论之实。而弱势群体则是舆论最理直气壮的舆论主体，特别是有些群体除了声音几乎一无所有的时候，舆论是他们唯一能够抗衡社会的武器，所以舆论常常是实现社会正义、平衡社会失衡的社会公器。在绝大多数民主社会里，黑人、少数民族、妇女、同性恋者最善于抛出事关族群的舆论议题，通过舆论的关注和压力来获得同情与支持以改善自己的地位。

如果说“解严”前的台湾社会很符合舆论世界的常识，比如国民党当局作为强者在族群关系上只做不说，甚至在族群议题上采取高压政策。而 2000 年政党轮替后的台湾社会，就和舆论世界的常识背道而驰了。在今天的台湾社会，“本省族群”不仅在人口数量上占据绝对的优势（在 2003 年，所谓的“本省人”占台湾人口总数的 82.9%，“外省人”仅有 13.5%①），“本省籍”的人口比例已占压倒性的多数，而且在政治资源上居于强者地位，代表“本省籍”的民进党已成为“执政党”，而“外省人”无论从人口数量和行政资源上都处于弱势的地位，可是偏偏就是他们不敢像西方社会的黑人等弱势群体那样高举舆论的大旗，反而对族群的议题避之惟恐不及；与之相反，恰恰是人口数量占优势的“本省人”及政治地位属强者的执政党的民进党，却肆无忌惮地挑起“族群议题”。“省籍议题”这种倒置性的特点，如果不是世界舆论现象绝无仅有的特例，也是罕见的舆论奇观。

---

① 蔡佳泓、郑夙芬：《1990 年代台湾族群的流动》，收入《台湾政治学会年会暨世局变动中的台湾政治学术研讨会会议论文集》，台北：台湾政治学会，2003 年版。

第四节 “省籍议题”与台湾政治情感的互动

“省籍情结”是台湾政治文化最典型的政治情感，“省籍议题”是台湾政治文化最有代表性的政治情感符号。“省籍议题”与台湾政治情感（“省籍情结”）的互动，用两个字概括，就是“悲剧”。

如前所述，“省籍情结”作为台湾的典型的政治情感，它是一系列悲剧的产物，经过长时间地压抑、积累，于“解严”后释放并反映到舆论上形成“省籍议题”，曾经走过短暂的追求转型正义的理想阶段，但随着政治的操弄，“省籍议题”又将“省籍情结”放大扭曲，“省籍议题”变成又一个悲剧。它没有澄清事实，反而模糊了真相；没有卸下历史包袱，反而增加了历史负担；没有促进族群和解，反而导致族群对立；没有消解旧的问题，反而制造新的冲突。“省籍议题”使台湾的政治情感变得更分裂、更迷乱、更对立、更仇恨。在“省籍议题”的操弄下，“省籍情结”持续积累着新仇旧恨，并由此再次反映到“省籍议题”上，制造新一轮的省籍冲突，并如此循环往复，从一个悲剧进入到另一个悲剧。后一个悲剧是前一个悲剧之果，又转化为下一个悲剧之因，就这样“省籍议题”与作为政治情感的“省籍情结”互为悲剧的因果，其悲剧性至少表现在以下几方面：

一、“省籍议题”与“省籍情结”的互动是历史的悲剧，更是当代的悲剧

如前所述，作为台湾的典型政治情感，“省籍情结”是历史的产物，以之为基础的“省籍议题”也是历史的产物。如果说历史上一系列的悲剧造成了“省籍情结”转化为“省籍议题”的话，那么随着过去的悲剧性的历史条件消失以及过去的悲剧不再重演，“省籍情结”应该逐渐淡化，“省籍议题”也应该随风飘去。原来“省籍议题”强烈诉求的“台湾人的出头天”，随着李登辉的上台，特别是2000年的政党轮替，已经如愿以偿。原来“省籍议题”强烈呼吁的“自由化”、“民主化”与“多元化”（“本土化”）在某种意义上也达到了现实目标。可是为什么今天的台湾虽然不再发生类似“2·28事件”这样的流血事件，但是“省籍”的分歧反而越来越大、“省籍”的冲突反而越演越烈？悲剧造成了“省籍议题”，而“省籍议题”继续制造悲剧。如果说“省籍议题”的历史悲剧令人扼腕的话，那么在今天“省籍议题”继续制造更大的悲剧不仅让人匪夷所思，更让人痛心疾首。政治人物为了自

己的一党之私、一己之利，不惜不断地用“省籍议题”撕开“省籍情结”的伤口，让它放大和扭曲。“省籍议题”作为今天的悲剧之因比其作为历史的悲剧之果，有着更沉重的悲剧性。

二、“省籍议题”与“省籍情结”的互动是现实的悲剧，更是想象的悲剧

如前所述，“省籍议题”不是空穴来风，它是建立在一定悲剧性现实的“省籍情结”的基础之上的。但是，在原来引发“省籍情结”的一系列现实冲突解决之后，加上时至今日，“省籍情结”在一般民众的日常生活之中感觉并不那么严重的大环境中，“省籍议题”却越演越烈。每当重要选举来临时，总会有候选人拿它来作为诉求，“而且也往往能达到一定程度的‘撩拨’效果”。[①] 按照李普曼的理论，人们生活在两个世界，一个是现实世界，一个是虚拟世界。用舆论建构起来的虚拟世界并不等同于现实世界，它是由人们建构起来的，在建构的过程中，由于人们的成见、偏见、操弄以及一系列的因素，人们从舆论世界得到的现实图景和本来的现实世界大相径庭。[②]“省籍议题”也同样如此，显现在“省籍议题”中的族群关系，远比现实的“省籍关系”分歧更大、冲突更大，在这个想象的世界里，“本省人”与“外省人”几乎你死我活不共戴天。可是在现实生活中，“客家人”与“外省人”虽然和原籍的台湾人有次文化的差异，但其基本上都属于汉文化，加以近年来各族群间婚姻交换和语言学习的普及，这几个汉人族群间的族群界限渐趋模糊。[③]那么，政治人物为什么需要这样一个想象的世界？原因在于人们对现实世界把握的能力是有限的。现实世界庞大复杂且转瞬即逝，人们直接把握现实世界的可能性微乎其微，人们对现实世界的认知，更多地依赖于别人特别是由媒体提供给自己的虚拟世界。人们生活在这个虚拟世界中，却误以为这就是生活的本来世界，也没有条件（物质、时间、金钱）来判断真假，最关键的是人们往往依赖这个虚拟的世界并以此为依据而进行现实的行动。因此，想象的世界同样可以产生现实的行动以及现实的结果。正是看到了这一点，所以政治人物对于建造一个有利于自己的“想象的

---

① 洪泉湖：《台湾的族群意识与族群关系》，收入《百年来两岸民族主义的发展与反省》，洪泉湖、谢政渝主编，台北：东大图书股份有限公司，2002 年版。

② ［美］李普曼：《舆论学》，林珊译，北京：华夏出版社，1989 年版，第 1—24 页。

③ 许木柱：《弱势族群问题》，收入《台湾的社会问题》，杨国枢、叶启政主编，台北：巨流图书公司，1991 年版，第 400 页。

世界”乐此不疲。当“省籍议题”越来越背离现实生活中的“省籍关系”与“省籍情结”时，那些害怕与担心族群的和谐与和解将损害其利益的政治人物与政党惊喜地发现，“省籍议题”是可以制造现实中并不存在或者比现实更加猛烈的冲突，而且议题中的冲突能够使一些人们相信这是真切的，并使之在现实中转化为更强烈的政治情感并依据此进行投票行为等现实行动。作为“想象世界”中的“省籍议题”，它来源于现实悲剧并继续制造着更多的现实的悲剧，因此，“省籍议题”不仅是现实的悲剧，更是想象的悲剧，它将现实的转化为想象，再把想象的转化为现实。

三、“省籍议题”与“省籍情结”互动的最大悲剧在于“省籍议题”是最好的舆论工具

纯粹就舆论而言，“省籍议题”堪称最佳的舆论工具之一。它的优点在于廉价、有效而且可以反复使用。这种舆论工具是不可多得的，任何具有这样的特点的舆论议题都是舆论的最爱。

“省籍议题”的成本很低，舆论操纵者无须政绩，不需要用业绩。说话就可以“空口套白狼”——“空手套白狼”还需要力气动动手，而“省籍议题”只要动动嘴皮子就可以。“省籍议题”操纵者不必对选民承诺什么，政治人物如果承诺三年经济搞不上去或者半年治安没有明显好转，就要承受舆论压力，时间到了就要交账，交不了账就要费口舌，而民众心里自有一杆秤；但“省籍议题”的操纵者绝没有这样的包袱，他不许诺“台湾人什么时候出头”，只要喊一喊“什么时候才是台湾人的出头天”就够了。台湾人什么时候出头不是他们要兑现的责任，他无须向选民负责，倒是选民要内疚，为什么还不让“本省人”的政治菁英当权，使台湾人有出头天？

“省籍议题”的功效很好，屡试不爽，即使不能保证操弄议题的人一定当选，但是一定能够保证自己的选票会比不操弄的增加不少。“省籍议题”的厉害是可以一下命中对方的命门，不管你政绩再好，再清廉，只要你是“外省人”，你就是“中国猪”、“卖台集团”①、“不爱台湾”，至少“不如‘本省人’更爱台湾”，最低

① 1994 年台湾省市长选举，民进党指责“新党”是外省人的政党，是“台奸”、“卖台集团”，要求“中国猪”滚回去。以上资料参见《新党高市演讲，民进党人强力反制》，台湾《中国时报》，1994 年 9 月 26 日报道。

限度也是让“本省人”信不过你，这样你就永远无法翻身，因为你可以改变政绩，可能坚守清廉、可以改善形象，但是你不可能改变出身，这是“外省人”的原罪。你的出身就注定了你不可能维护“台湾的主体价值”，这是“外省人”的命运的“阿喀琉斯之踵”，政治人物只要一剑就可以封喉。①

“省籍议题”不仅可以拼选票，在转移舆论话题上也是屡建奇功。比如2006年陈水扁身陷弊案风暴，6月20日，在台湾“立法院”即将表决对陈水扁罢免案的前一天，“总统府”通过电视直播陈水扁的“向人民报告”。陈水扁全程80%用闽南语讲话，被舆论认为是向本土族群诉苦，以转移“弊案议题”。台湾媒体第二天评论，陈水扁两个小时的演说，花了一半以上的时间歌颂自己的“丰功伟业”，只用不到十分之一的内容响应围绕在其家庭周围、招致民怨沸腾的弊案。对于诸多弊案，陈水扁不是讲不清楚，就是避重就轻，甚至有说谎之嫌。陈水扁全程几乎都以“台语”发音，现场还安排“台语翻成国语”同步口译。此一安排充分显现陈水扁有意把台湾区分为“听懂台语”及“不懂台语”两个族群，谈话内容也极尽分化之能事。谈到对自己的揭弊，就将之说成是“联共反台”对抗“反共保台”，强调他是采行“本土路线”，暗示不支持他的人就是“反本土”。陈水扁在“报告”最后提到，有人说“子弹已经上膛”，若为了台湾，他愿意牺牲，“请扣扳机吧!”陈水扁如此运用民粹，试图把“省籍议题”与清查弊案真相模糊在一起，硬是以其权力的优势，透过电视的黄金时段，以“独白”而不接受提问的方式转移话题，煽动仇恨。②

但陈水扁以“省籍议题”转移话题目的仍然达到。中南部的一些民众，特别是陈水扁老家的台南乡亲含着眼泪看着陈水扁被“欺负”的图景，群情激昂。政治人物喊出努力营造出“外省人”欺负“本省人”场面，提醒“本省人”：你们看看，“本省人”当上了“总统”还被他们欺负得这么厉害，想当年“外省人”当“总统”会像我们“本省人总统”这样民主、这样包容而咽下这口气吗？一下子就将反贪腐议题转移成族群议题话题。③

---

① 黄嘉树、程瑞：《台湾政治选举文化》，台北：博扬文化，2001年版，第131—137页。

② 《“向人民报告‘是一场’自欺欺人”的独白》，台湾《联合报》，2006年06月21日报道，另见当日台湾《中国时报》、台湾东森新闻网报道。

③ 参见台湾民视《头家来开讲》，三立电视台《大话新闻》2006年6月20日直播“总统向人民报告”的评论与观众Call in内容。

在各种议题中，“省籍议题”对于相当一部分人来说，具有舆论的比较优势，易刺激舆论兴奋中心，由此可以遮盖丑闻和弱点。舆论的素材有的是，只要挑起历史，就可以转移话题，如果泛蓝咽不下这口气，跟着打这个议题，那就更好。2007年泛绿阵营再次掀起了“去蒋化”运动。他们继续搬走台湾军营和军校等地的两蒋铜像，要求将“中正纪念堂”改名甚至拆除，撤除桃园慈湖蒋氏父子暂厝陵寝“宪兵”的护卫编制，取消新台币纸币上的蒋介石肖像。为反制当局“去蒋化”的动作，清明节当天，国民党特别在桃园慈湖举行了谒陵仪式。此前的3月31日，国民党也组织了“热爱台湾，捍卫中华民国”的万人大游行。[①] 这样泛绿又成功地惹得泛蓝跳起来，和自己打“省籍议题”的舆论战，使得泛蓝从具有优势的反贪腐议题转移到泛绿最擅长的“省籍议题”，这是绿色政治人物最有优势的舆论主场。泛蓝客场竞争，且不说输多胜少，即使赢了，泛绿也就成功地把舆论的兴奋中心从自己最不利的地方转移了，这是绿色政治人物屡试不爽的金蝉脱壳之计，而泛蓝往往中计，被泛绿主导的“省籍议题”牵着鼻子走。

舆论的议题是干什么的？议题设置理论指出，媒体也许无法改变人们对事物的看法，却能够改变人们想什么。[②] 设置舆论议题的第一个层面的交锋，就是要改变民众认为什么样的议题最重要，从而让其他议题屏蔽，将舆论主体所操纵的议题凸显成为人们的关注点。“省籍议题”或者可以把议题从现实拉回到历史，从而开辟另一个舆论主战场，或者可以把一切现实的舆论议题解读为省籍的矛盾与冲突（如“外省人”欺负“本省人”）。这样能攻能守的舆论议题，正是绿色政治人物的最爱。

如前所述，一般的舆论议题只能用一次，即使反复使用，也会呈现效果的衰减效应。这除了契合人类的喜新厌旧心理，另一个原因就是好计策的反复使用容易让人识破计谋背后的阴谋或阳谋，并引起人们的抗药性和免疫反应。历史会愈合伤疤，时间会淡化“悲情”，但是至少在2005年前，“省籍议题”还没有出现逆转和衰减现象，它最多不过是转化为“台湾意识/中国意识议题”与“统独议题”，或

---

① 李明贤、施晓光：《蓝护蒋大游行　绿呛蒋独裁者　马谈蒋对台贡献瑕不掩瑜》，台湾《自由时报》，2007年4月1日报道。

② ［美］埃弗里特·M·罗杰斯、詹姆斯·W·迪林：《议程设置的研究：现在它在何处，将走向何方?》，收入《大众传播学：影响研究范式》，常昌富等编选，北京：中国社会科学出版社，2000年版，第100页。

者是潜伏在其中，伺机而动，（2005 年台湾出现了舆论历史拐点，将在另文中详细讨论）。“省籍议题”不断使“省籍情结”积累与放大，并被实践一再证明是行之有效甚至是立竿见影的工具。2004 年 2 月 28 日，泛绿阵营借“2·28”纪念日发起了由基隆至屏东的“百万人牵手护台湾”大游行，其实质是为凝聚本土选民，动员本土选票支持陈水扁 2004 年竞选。据报道，本次活动参与人数多达 120 万，动员催票效果明显。活动过后所做的民调显示，原先绿营一直落后蓝营 7－5 个百分点，但在大游行后，绿营只差蓝营 3 个百分点。① 而陈水扁本人也在活动后续效应的影响下，连任成功。“省籍议题”反复使用是否有效，一个最直观的证据，就是“省籍议题”反复在使用的这个事实本身。政治人物是最现实和最功利的，如果一个舆论议题无效甚至反效果，他们是不会一再使用的。

一方面，“省籍议题”是如此好用的舆论工具，另一方面，“省籍议题”又为撕裂族群、培育恶质的政治情感种下了一系列恶果，这个工具越好，它所酿造的悲剧越大。“省籍议题”的廉价、有效只是针对舆论的操纵者，但它使政治人物在付出最小的政治成本的同时，让社会付出了最沉重的代价。“天下没有白吃的午宴”，如果有人在白吃，就一定有别人买单。舆论也不可能没有成本，只是这个成本由谁支付。当“省籍议题”让一小部分人获利时，整个社会的利益就受到冲击。今天台湾政治情感的分裂、对立、仇恨、焦虑无不与“省籍议题”相关，“省籍议题”必须为撕裂的台湾负责。它越能够反复使用，人们的梦魇就越是挥之不去。“省籍议题”与“省籍情结”互动的最大悲剧在于省籍议题是最好的舆论工具，却是最恶的社会乱源。

第五节 “省籍议题”的生命周期

尽管“省籍议题”呈现出历史性、持久性、反复性、复杂性等多重特点，其至今仍作为廉价而有效的工具被反复地使用，影响着当代台湾政治、经济、文化、教育等社会各个层面，而且似乎一发不可收拾，没完没了，甚至出现滚雪球效应，但“省籍议题”同任何一个舆论议题一样具有生命周期，从其与台湾民众相互关系的

---

① 参见台湾《今日新闻》2004 年 3 月 5 日报道，http：//www. nownews. com/case/politic/2004/index07. htm。

变化，可将“省籍议题”的演变划分为三个阶段。

第一个阶段，“省籍议题”的提出与民意的基础一致，基本反映了现实的“省籍情结”状况。在这个阶段，“省籍议题”获得了民意的支持与支撑，这时提出“省籍议题”的意见领袖成为民意的代言人。尽管议题的提出者是否真心为民众发声仍值得历史的质疑，但他们的声音的确代表着大部分民众的心声，民众仍然相信意见领袖是在为他们的“民主”、“自由”和“权利”在呼吁呐喊。“省籍情绪”在“省籍议题”的公开过程中得到释放与补偿，从而在一定程度上缓和了族群的紧张关系，避免了社会矛盾的激化。

第二个阶段，是“省籍议题”的提出与民意的基础相对分离，却大致合拍。这个阶段，产生“省籍情结”的现实性因素逐渐减少，“省籍议题”慢慢脱离其现实性的基础而进入历史的回忆与现实的虚构。从“威权时代”的结束到李登辉上台直至民进党“执政”，族群关系的形势逐渐发生逆转，“本省人”被欺压的“悲情”事件越来越少，取而代之的是“外省人”的危机意识油然而生，“省籍冲突”转化为大规模的流血与暴力事件的可能性越来越小。而从舆论学“沉默的螺旋”理论来看，“省籍议题”如今是“本省人”强者越强的舆论武器。“外省人”对“省籍议题”不敢也不愿涉及，而失去权力、失去资源居于少数的“外省人”已不可能将类似“2・28 事件”的故事重演。“本省人”的“悲情”故事随着强人政治的远去而远去，“本省人”“出头天”的时代已经到来。依靠“悲情”来支撑的“省籍议题”无法从现实中找到题材，只能不断地回到历史的记忆中寻找源泉。因此“2・28 事件”在“省籍议题”中不断被提及，这一方面证明历史议题的长远影响力，另一方面也证实了“省籍议题”在现实中越来越缺少支撑的基础，“省籍议题”不得不停留在历史中，用不断揭开历史的伤疤来延续议题的生命力。民众也开始逐渐认清“省籍议题”不过是政治人物为一己、一党之私而操弄的政治工具。1994 年，一位“本省人”的女性，她做“外省人”的媳妇，她对省籍产生了困惑，她以“我的一双儿女到底要算外省第几代？”为题，书写了她的不安与迷惘。“我觉得莫名其妙，到底我的先生是‘外省’第二代吗？那么我的一双儿女就算‘外省’第三代了？或者他们算混血？是该滚到台湾海峡内？或者丢到太平洋里？……”① 但由于政治人物长期挑拨，造成了台湾社会“信者恒信，不信者恒不信”的结果，台湾社会已

① 《新党通讯》，1995 年 1 月号，第 39 页。

经裂解为深度不信任的两极，两边的民众也已经演化成为本阵营的坚定“信众”。他们只相信本阵营所标榜和坚持的东西，对于相对一方面的说法是既看不到，也绝对不相信。“信者恒信，不信者恒不信”这句话成为台湾政论节目说得最多的一句话，并往往成为报纸的标题，① 甚至写进法官的判决。②

这个阶段民众即使心里明白政治人物的真实意图，也认识到现实生活中过去的族群压迫的悲剧已不再重演，但政治人物所主张的舆论还是和他们长期积累下来的“悲情”、怨恨、成见、观感相对合拍，所以政治人物说的话还是让他们很“爽”。台湾民众，特别是“本省籍”民众对舆论的认同，常常就一个标准“爽不爽”，对味了就爽，不对味就不爽，所以当那些政治人物说着草根的语言，唤醒历史的记忆，控诉曾经的“统治者”，强化“本土”的认同，羞辱非我的族类，就和他们长期积累的心理与认知产生普遍的共鸣，哪怕明知被欺骗被利用，也心甘情愿，因此愿意和政党的舆论操纵相呼应。这个阶段的“省籍议题”还能一呼百应，是因为议题的操纵者不断将“省籍情结”放大，而人们在“省籍情结”的惯性中，对“省籍议题”的操弄如果不是全盘接受，也还是大致认可。

第三个阶段是“省籍议题”的提出与民意的基础相对立。“省籍议题”不仅没有建立在现实的民意上，而且和现实的民意相冲突。它很像台风的形成与发展：由于气候的不平衡，台风在海洋中形成，不断吸收洋面上的水汽，聚集能量，一旦登陆后在陆地上造成巨大的破坏力。但台风在陆地上破坏最大的时候，它离衰弱也就不远了。肆虐的台风一经登陆，它在陆地上就无法继续吸收水汽，当它把在洋面上积聚的能量倾泻在陆地上时，由于没有后续的能量补充，台风就会在破坏中消耗，在消耗中衰竭。“省籍议题”也是如此。它在历史与现实中积聚“悲情”，就像台风在洋面上吸收水汽与能量一样，一旦禁忌打开，它就挟舆论的风暴震撼台湾社会。但随着“本省人”执政与“出头天”的到来，历史上造成“本省人”“悲情”意识的社会条件已不复存在，再制造如“2·28 事件”那样所谓“外省人”欺负“本省人”的流血暴力事件已不太可能。“省籍议题”就如同台风登上了陆地，虽然它还可能持续一段时间的凶猛，甚至破坏性还会加强，但它毕竟不再有新的能量

---

① 例如台湾《联合报》2005 年 01 月 18 日的评论文章标题即为《信者恒信，不信者恒不信》。

② 李登辉夫人曾文惠与前“立委”谢启大、冯沪祥等人的互控案，法官判决写进“信者恒信，不信者恒不信”这句话。见林河名：《旁观司法之手 务必远离政治阴影》，台湾《联合报》，2002 年 12 月 13 报道。

补充进来，这使得支持“省籍议题”能量的越来越不是现实的“水汽”，而是舆论操纵者的“口水”。“口水”虽毒，而且众口也能铄金，但和台风的水汽毕竟不能同日而语。随着“省籍议题”想象的冲突与现实的冲突悖离得越来越远，总有一天维系想象与现实的联结点就会断裂，“省籍议题”就会从历史的悲剧到想象的悲剧最后变成现实荒谬的喜剧。人们对政客操纵“省籍议题”的动机及其对社会的危害性的认识将越来越清楚，并必将从听之任之的麻木发展到视其为过街老鼠。当今世界虽然仍然存在着族群的种种问题，比如事实的不平等，但是公然地在舆论上歧视其他族群，公然地制造族群矛盾的舆论在世界范围内已不多见，而且一出笼就会在全世界的主流舆论中成为过街老鼠，人人喊打。当今世界的舆论主流不是种族歧视，而是反种族歧视；不是鼓励族群对立，而是倡导族群和解。也许，与民意相分离的舆论操纵可能基于惯性而继续横行，但必将行之不远，等到社会的代价达到一个临界点时，“省籍议题”终将遭到民间的强烈反弹。

“省籍议题”演变到今天，已经从第一、第二阶段开始迈进第三阶段。2005 年台湾舆论走到了一个历史的拐点。前述我们将“省籍议题”与民意基础关系分为二者一致、两者分离却大体合拍以及两者对立三个阶段。如果说大约 1994 年以前，台湾的“省籍议题”还处在第一个阶段，经过上世纪 90 年代末期的过渡，到 2000 年，台湾的“省籍议题”进入了第二个阶段；到了 2005 年，“省籍议题”出现了新的变化，其标志就是当年的“三合一”选举时，“省籍议题”的挑拨第一次遭到大规模的反弹。在 2005 年台湾“三合一”选举中，民进党照惯例又打出“省籍”牌，操弄省籍矛盾，比如宣布取消 18% 优惠存款，补贴老农等，但屡试屡中的灵丹妙药“省籍议题”在这次选举居然不太灵光了。① 其实，在此之前的“立法院”选举，“省籍议题”的失灵就已露出端倪。2004 年 11 月 9 日台湾教育部门公布的 2006 年度新版高中历史课程纲要草案，将“台湾史”与“中国史”分开，除将孙中山创建“中华民国”的历史放入“中国史”外，同时将“台独”分子奉为“台湾地位未定论”法理基础的“旧金山和约”等正式列入新的历史课程中。按照这样的逻辑，孙中山便成了“外国人”。紧接着，11 月 11 日，“考试委员”林玉体又把矛头直接对准孙中山，建议“废掉国父”。“考试院长”姚嘉文也站出来呼应，称“孙

---

① 孙云：《民进党惨败的原因及启示》，中国台湾网，2005 年 12 月 09 日。http：//www. chinataiwan. org/web/webportal/W2008590/Uliuf/A153106. html。

中山是外国人，称他国父只是尊敬他”。此言论一出，舆论大哗。[①] 当“孙中山是外国人”等一系列荒腔走板近乎极致的舆论议题被抛出时，舆论普遍认为少数政客操纵“省籍议题”渐近黔驴技穷。随着“省籍议题”现实性基础逐渐丧失，工具的反复使用呈现出惰性，民众的政治情感愈趋理性并越来越具有舆论的免疫力，这一切迫使舆论的操纵者必须下猛药才能刺激选民、动员力量，“省籍议题”由此被推到极致。当把孙中山说成是“外国人”，这样也把“本省人”最信仰的妈祖[②]、关帝[③]推到“外国人”的尴尬境地。“省籍议题”从原来的“悲情”变成荒唐的闹剧，它砍向别人的舆论双刃剑最终也伤到自身，并动摇自我认同的基础。越来越多的人看到了这场闹剧的荒诞性，这个闹剧的最终结局就是以民进党的暂时失利而告终。2005 年台湾“三合一”选举结果 12 月 3 日揭晓：泛蓝囊括 17 个县市长，泛绿仅在 6 个县市胜出，国民党在县市议员及乡镇市长选举中，也分别获得 40. 21% 与 46. 46% 的得票率，远高于民进党的 22. 25% 与 23. 69% 。[④] 国民党由此重整旗鼓，而民进党一部分人士也在开始检讨民进党的极端路线，提出应回到中间路线，以现实的角度，最大多数地争取中间选民。

2005 年“三合一”选举对“省籍议题”在内的台湾舆论是一个拐点，台湾舆论的悄悄转弯在 2008 年的台湾大选浮出水面。这一次大选，民进党参选人谢长廷在整个选战中，攻击对手的靶心主要集中在对手的个人形象（绿卡）和个人政见（“两岸市场”）上，没有像从前类似陈水扁操弄的选举那样，过度使用挑起族群冲突的“省籍议题”等其他的大规模杀伤性舆论武器，使舆论攻击仅仅局限于对手本人等少数人，没有过多地伤及无辜。固然这与谢长廷的性格、见识与理念相关，但台湾舆论背后的政治文化的悄然转型依然是影响政治人物言行举止的决定因素。当现实中无法继续呼风唤雨的“省籍议题”不再像过去那样成为选举利器，政治人物取舍的一念之间区隔的就是审时度势还是倒行逆施。2008 年大选，马英九与谢长廷

---

① 参见《突然间，他们成外国人》，台湾《联合晚报》，2004 年 11 月 11 日社论。

② 妈祖：又称天妃、天后、天上圣母、娘妈，是历代船工、海员、旅客、商人和渔民共同信奉的神祇，也是两岸信众共同信奉的海上女神。台湾早期的妈祖从福建湄洲庙分灵。台湾妈祖信仰十分普遍，台胞有三分之一以上都信仰妈祖。以上资料参见王耀华、谢必震主编：《闽台海上交通研究》，北京：中国社会科学出版社，2000 年版，第 352—355 页。

③ 关帝：又称关圣帝君。在民间广大信众的心目中，关圣帝君既是一位战神，也是一位武财神，又是五文昌之一。台湾的关帝信仰是从大陆传去的。在台湾，祭祀关羽的庙宇也相当普遍。以上资料参见林国平：《闽台民间信仰源流》，福州：福建人民出版社，2003 年版，第 177 页。

④ 资料来源：台湾“中选会”网站，www. cec. gov. tw。

的211万选票差距虽仍不能说定纷止争，但“省籍议题”已经逐渐退出台湾舆论战的主战场正是大势所趋。马英九长期致力族群和解的舆论种子终于开花结果，使得马英九穿上了免于“省籍议题”攻击的软猬甲。但真正让马英九得利的却还是“省籍议题”的反复使用与过度使用，使它的毒性逐渐减弱。前人栽树，后人乘凉，在舆论战中却转化成前人中毒，后人免疫。① 2012年台湾“大选”，“省籍议题”继续边缘化，经济议题、民生议题、大陆与台湾关系议题、台湾意识与中国意识议题才是舆论战的主战场。②

今天，我们尚不能断言“省籍议题”第三个阶段已经全面到来。“省籍议题”固然已丧失其民意基础，但说它与台湾的民意基础相对立并和台湾现实的民意意相冲突，却似乎还为时过早。“省籍议题”最多不过是疗效不明显甚至有副作用而让民进党投鼠忌器，根本谈不上全面退出台湾的舆论舞台，甚至连偃旗息鼓都算不上。由于议题的复杂性以及政客的操弄，“省籍议题”与民意基础的欲分还合的现象还将反反复复相持很久，台湾还要经过漫长的冬天才能完全走出“省籍议题”的第二阶段。但笔者相信，“省籍议题”的历史终结值得预期与等待，一个“省籍议题”一出便人人喊打的时代终将到来，这就是民意与“省籍议题”全面对立的第三阶段。

---

① 参见邹振东：《2008年台湾选战复盘》，广州《南方周末》2008年5月15日。

② 参见邹振东：《2012年台湾大选复盘》，广州《南方周末》2012年2月2日

第二章

“台湾意识/中国意识议题”
——台湾政治文化的政治认知符号

“台湾意识/中国意识议题”是关于“台湾意识/中国意识”的议题，有时也分述为“台湾意识议题”或“中国意识议题”。“台湾意识”是台湾人对台湾的政治认知，“中国意识”是台湾人对中国的认知。由于特殊的历史时代原因，台湾人对台湾的认知总离不开对中国的认知，同样，台湾人对中国的认知也总是联系着其对台湾的认知，“台湾意识/中国意识”是台湾政治文化中最核心的政治认知。作为“台湾意识/中国意识”在台湾舆论的反映，“台湾意识/中国意识议题”是台湾政治文化中最有代表性的政治认知符号。本章论及“台湾意识/中国意识议题”的缘起演变、当代特征、冲突实质及其对台湾政治认知的影响。

“台湾意识/中国意识议题”包括一系列认知性议题，如“正统性认知”的两岸争夺中国唯一合法代表权的议题，“价值性认知”的“台湾优先”还是“中国优先”的议题，“身份认知”的“台湾人/中国人”的认同议题，“文化认知”的“台湾文化/中国文化”的认同议题，以及“情感认知”的“爱台湾”与爱祖国的认同议题。由于上述议题都建立在对台湾的认知与对中国的认知的基础上，本书把有关“台湾认知/中国认知”的议题，统称为“台湾意识/中国意识议题”。

第一节 “台湾意识/中国意识议题”的缘起与演变

1895 年清廷被迫割让台湾和 1949 年国民党政权撤退台湾，使台湾作为一个区域与祖国处于一个不正常的关系，这种特殊的关系是“台湾意识/中国意识议题”产生的土壤与背景。

“台湾意识/中国意识议题”的变迁，大致走过以下阶段：一是日据时期的“亚细亚的孤儿”议题；二是上世纪50年代到70年代台湾与大陆争夺正统性议题；三是上世纪70年代至80年代“台湾优先”还是“中国优先”的优先议题；四是“政治革新”与“解严”后的“台湾认同”与“中国认同”的认同冲突议题。认同议题包括属于身份认同的“台湾人/中国人”认同议题，属于文化认同的“去中国化”与“反去中国化”议题，属于情感认同的“爱台湾”与“卖台湾”议题。其中对“台湾人/中国人”认同议题是核心的认同议题，其他议题都是与之配套的议题。而“台湾人/中国人”认同的变迁，也发生了从蒋介石的“我是中国人”到蒋经国的“我是中国人，也是台湾人”，再到李登辉执政前期的“我是台湾人，也是中国人”，再到李登辉后期与陈水扁的“我不是中国人，我是台湾人”以及游锡堃的“我是‘华裔台湾人’”，到最近马英九再提“我是台湾人，也是中国人”这样的戏剧性变化。

一、“亚细亚的孤儿”时期

清廷被迫割让台湾，造成“台湾意识/中国意识议题”最重要的母题就是“亚细亚的孤儿”议题。[①] 这个议题在日据时期产生，并在光复后仍持续发酵。罗大佑一首“亚细亚的孤儿”被当时的台湾当局禁止，[②] 但它风靡台湾、至今传唱的现象，表明“亚细亚的孤儿”的议题已经超越了时空。

“亚细亚的孤儿”是日本殖民统治留下的伤痕。台湾民众既不满清廷满洲人未经“台湾人”的首肯而割让台湾，又不甘做“皇民化运动”[③] 下的二等公民。台湾民众稍有不满就遭到日本人“滚回支那去”的声声斥责，殖民者的偏见与歧视，刺

---

① “亚细亚的孤儿”一词最早源自于1945年吴浊流先生所著的同名长篇小说，主要是叙述日据时期，台湾知识分子在不同的政治力间游移，找不到自己的定位，扮演着边缘人的角色，深切刻画出台湾人身份认同的矛盾。这一“亚细亚孤儿”情结后来被“台独”分子操弄成“台独议题”。吴浊流：《亚细亚的孤儿》，北京：华夏出版社，1996年版。

② 歌曲《亚细亚的孤儿》是台湾歌手罗大佑创作于1980年代的作品，被当时台湾当局禁止传唱。歌词内容：“亚细亚的孤儿在风中哭泣，黄色的脸孔有红色的污泥，黑色的眼珠有白色的恐惧，西风在东方唱着悲伤的歌曲。亚细亚的孤儿在风中哭泣，没有人要和你玩平等的游戏，每个人都想要你心爱的玩具，亲爱的孩子你为何哭泣。多少人在追寻那解不开的问题，多少人在深夜里无奈地叹息，多少人的眼泪在无言中抹去，亲爱的母亲这是什么道理。”

③ 皇民化运动是日本殖民者统治台湾期间，为将台湾人民改造为对天皇与日本保有高度忠诚的强制同化政策。其目的是力图在台湾培养大批日本顺民，从根本上割断台湾与中国文化的联系，使台湾永远充当日本的殖民地。以上资料参见陈小冲：《1937—1945年台湾皇民化运动论述》，《台湾研究集刊》，1987年第4期。

激着包括闽南人与客家人在内的台湾意识的成长。他们自称“台湾人”以与日本人相区别，可是他们一旦回到大陆[①]，又因为他们的日本籍而往往被怀疑是日本人的奸细，备受歧视。[②] 总之，当时，“台湾人”面对日本是无人疼的养子，面对祖国又是无人认的弃民或庶子，逐渐培养出“孤儿意识”。[③]

从“亚细亚的孤儿”的名称就可以看出该舆论议题指向的复杂性。一个“亚细亚”概念（请注意：不是中国孤儿的概念），使原来作为中国大家庭成员之一的台湾民众脱离母体，置身于一个以民族、国家为组成成员的亚细亚（亚洲）环境，这被一些人视为台湾“民族意识”的觉醒的契机，也为后来“台湾意识”与“台湾人认同”的议题埋下了伏笔，一些别有用心的人更是将之视为“台独意识”最早的隐喻符号。但是一个“孤儿”的概念，却道出了台湾民众不具备独立“民族”的身份，相反，它只是暂时离开民族母体并渴望找回母体。所以完整地看“亚细亚的孤儿”，其真正的情结决没有“台独意识”的成分。这从台湾光复时台湾人民欢天喜地回到祖国怀抱就可以看出。[④]

“亚细亚的孤儿”议题衍生出三种历史记忆：第一是“我找不到家”。此后“我是谁”的问题一直困扰着“台湾人”，从而陷入了“我是台湾人还是中国人”的认同困境，这是“台湾意识/中国意识议题”的主线。第二是“我被欺负了”。命运的不公产生弃子的悲情，直接与“2·28事件”对接，并延续到李登辉“‘身为台湾人’的悲哀”，这是“省籍议题”的辅线。第三是“我被抛弃了”。一个无主的孩子，有了自主的渴望，从而埋了“台独”的伏笔，这是“统独议题”的暗线。“台湾意识/中国意识议题”总是与“省籍议题”与“统独议题”纠缠在一起。悲情容易促进对自我的高度认同，而这种自我认同又始终缠绕着与母体认同的矛盾。“台湾人/中国人认同”的议题就是在这样一个动态与复杂的环境中延展开来，因此，“亚细亚孤儿”堪称台湾三大议题的母题。它滋生着此后各种相关议题的

---

① 在“2·28事件”爆发后，少数左翼分子成功流亡大陆，逃过国民党的围捕；即使在白色恐怖之后，仍有知识分子心向共产党统治的祖国。以上资料参见谢里法：《台湾心灵探索》，台北：前卫出版社，1999年版。

② 参见王育德：《苦闷的台湾》，台北：前卫出版社，1999年版，第148—149页。

③ 参见施正锋：《台湾民族主义与垦殖国家的政治民族塑造——汉人血缘、华人文化及政治中国的挑战》，收入《百年来两岸民族主义的发展与反省》，洪泉湖、谢政谕主编，台北：东大出版社，2002年版，第466页。

④ 台湾人民喜迎光复的资料参见陈孔立：《台湾历史纲要》，北京：九洲图书出版社，1997年版，第424页。

元素。

随着台湾的光复，“亚细亚孤儿”意识似乎将走进历史，但是台湾人民欢天喜地地庆祝回归祖国的“回到家”的感觉，却被国民党接收大员的腐败与“2·28事件”种下的仇恨完全颠覆了。“2·28事件”使台湾人民“对大陆人士的心态经历了‘期待－失望－怀疑－不满－委屈－反抗’的痛苦历程”。① 在政治的操弄下，台湾民众的怒火从国民党专制政权迁怒到“外省人”，并波及对中国的认知。中国符号在台湾人民的心目中从此便有着更加复杂的内涵，而“台湾意识/中国意识”的议题也由此重新开始。

二、台湾与大陆争夺“中国正统性的代表”时期（“大中国意识议题”时期）

上世纪50年代开始，在国民党的高压政策与苦心经营下，“台湾意识/中国意识议题”的主轴是台湾与大陆争夺“中国正统性的代表”。

这时的台湾空降了一个“中央政府”，在“中央政府”的大力倡导下，“中国元素”从政体到文化，全面地渗透到台湾社会的各个方面。台湾被称为“中华民国”的“复兴基地”，与大陆的关系被置换成“中华民国”与“中华人民共和国”两个政权争夺“中国”的合法代表的关系，二者的关系可以形容为一个家庭两个兄弟相互坚持不分家却各自认为自己才是这个家庭的合法继承人。这时“台湾意识/中国意识”的议题是相互争夺合法性的议题，因此议题双方互相称对方为“伪政权”、“匪帮”（“蒋匪”、“共匪”、“毛匪”），② 并在国际舆论中争夺谁是“一个中国”的“法人代表”。从联合国席位到国际组织，以及与美国等大大小小国家的“建交”、“断交”、“复交”，都属于这一类型的议题，至今仍不绝如缕。③

由于国民党对信息的封锁，大陆对“中国”合法性代表的议题被屏蔽了，在台湾，人们只能听到“惟有三民主义才是能救中国、救中国人的惟一大道”、“中兴复国”、“反共复国”。④ 残缺不全的“三民主义”与不切实际的“中国的正统”，是国民党对内动员力量与维护其对台湾统治合法性的源泉。在政治的需要与文化的归属

① 戴国煇：《台湾结与中国结》，台北：远流出版公司，1994年版，第263页。

② 参见张春英主编：《海峡两岸关系史》，福州：福建人民出版社，2004年版，第599—622页。

③ 两岸在“一个中国”代表权问题上的争夺，主要体现在对联合国、WHO等国际组织唯一合法代表权的争夺，以及与其他国家的“建交”方面。参见《台湾烽火外交血泪史》，台湾《联合报》2007年6月7日报道，及赵建民：《两岸互动与外交竞逐》，台北：永业出版社，1994年版，第226页

④ 参见张春英主编：《海峡两岸关系史》，福州：福建人民出版社，2004年版，第634—637页。

的双重选择下，败退台湾的国民党大力提倡“中国意识”。“大中国意识议题”成为这一时期“台湾意识/中国意识议题”的主题。之所以说它是“大中国意识议题”而不是“中国意识议题”，指的是此时的“台湾意识/中国意识议题”只有“中国意识议题”没有“台湾意识议题”。台湾被定义为“中华民国复兴基地”，它只是国民党反攻大陆“暂时”寄居的地方，台湾只是“中国符号”下的一个“基地”。这个时期，“中国符号”遍地开花。一个典型的例子，就是台北市的地名，几乎所有的街道都把原来的乡土名字改掉，换上了大陆各个省份及主要城市的地名。这些街名在空间上也和中国版图相一致，比如福州街和厦门街，一定是在台北市的东南角。为破除日本统治观念，台湾省行政长官公署特别在1945年制订了“台湾省各县市街道名称改正办法”，作为改街道名称的依据。该办法规定，台湾各县市在拟定街道名称时，必须能够发扬中华文化、民族精神或符合当地地理、习惯等意义。① 与此相对的是对台湾意识的刻意忽视与压抑，最突出地表现在对“国语”的提倡与对方言的禁止。早期国民党当局强制性推行了一系列压制方言的政策。1956年台湾教育部门禁止各级学校说闽南话，并组纠察队，叫学生互相监视，说闽南话的学生被施以体罚、罚钱，或“挂狗牌”的侮辱；② 1957年限制《教会公报》使用Ho-lo闽南话的罗马拼音；1963年“行政院”颁布《广播及电视无线电台节目辅导原则》，规定“播音语言应以国语为主，方言不得超过百分之五十”；1964年台湾省政府通令机关学校“办公时间，必须一律使用国语”；1972年台湾教育部门函令电视台“闽南语节目每天每台不得超过一小时”；1975年没收罗马字版的《台语圣经》；1976年“行政院”公布“广播电视法”，规定“播音语言应以国语为主，方言应逐年减少”。③ 语言的优越感是政治地位的反映和标志，民进党此后以闽南话来反制国民党正是该语言政治的一种反动。在文化方面，台湾的本土文化也长期受到贬抑：“过去30多年，官方甚少提倡台湾的文化艺术，古迹文物也任其毁坏。广电法中，方言节目受到限制，不但制作经费有限，甚至趋向粗俗化；主司其事者无心将台湾文化的内涵和精髓展现在‘国人’之前，一般文化媒体，始终欠缺有关台湾

---

① 施添福：《关山镇志·下册》，台东：台东县关山镇公所，2002年版，第460页。

② 洪惟仁：《台湾的语言战争及战略分析》，发表于台湾师范大学“本土文化学术研讨会”，1994年12月10日。

③ 以上资料整理自张锦华《多元文化主义与我国广播政策——以台湾原住民与客家族群为例》，台北《广播与电视》，1997年第3期，及薛云峰《电视传播与族群语言的传承——以公共电视台之客家节目为例》，台湾大学新闻研究所硕士学位论文，2000年。

乡土文学、艺术、史迹、风俗等方面的报导。”[①] 国民党的政治主导、文化建设与舆论机器多管齐下，至70年代“中国意识议题”已经牢牢地占据统治地位。

三、“台湾优先”与“中国优先”的争夺时期（“台湾意识议题”抬头时期）

到了70年代，这种“大中国意识议题”终于受到挑战。这种挑战来自两个方面：一方面是与台湾争夺“中国合法代表”的大陆日益强大，随着中华人民共和国重返联合国并被世界上绝大多数国家承认为唯一代表中国的合法政府，“中华民国”的正统性遭到前所未有的危机。另一方面，随着台湾当局代表被逐出联合国并与美国“断交”，台湾的无奈与受挫感日益加剧，这种情绪最鲜明地反映在罗大佑“没有人和你玩对等的游戏”的歌词的痛苦中，它直接促成了“台湾意识议题”的抬头。

这种“台湾意识”的抬头发展到一定阶段，终于出现了与“中国意识”的对立，但其矛头并不是指向大陆的“中国意识”，而是指向台湾内部的“中国意识”。由于国民党一直以“大中国意识”为主导，以“反攻大陆”为己任，将台湾视为“复兴基地”，忽视了对台湾的经营与发展，这时的舆论开始公开批评“‘中华民国政府’代表全中国”的理念。[②] 要求台湾当局把重心和目标收回到台湾，把关爱从不切实际的大中国回到真正养育着台湾人民的每一寸土地。从此，“爱台湾”成为延续至今的重要的舆论主题。

从70年代开始，“台湾意识/中国意识议题”的主轴从台湾与大陆对中国符号正统性的争夺转化为台湾内部对“台湾优先”还是“中国优先”的争论，舆论议题的内容也从一边倒的“大中国意识”转变为“台湾意识优先”与“中国意识优先”的抗衡。在这种抗衡中，由于退出联合国和与美国断交造成的“反攻大陆”与“三民主义统一中国”的日益虚妄，未来的不切实际的“中国意识议题”自然没有切身可感的“台湾意识议题”更有优势。国民党一方面为了巩固自己的统治需要，另一方面也确实感受到经营台湾的现实性与紧迫感，在主动的选择与被动的推动下进行“本土化”。于是，在执政者与民间力量的多重博弈下，“台湾意识议题”在与“中国意识议题”的抗衡中，逐渐胜出。

---

① 黄美英：《台湾文化断层——现象评析》，台北：稻乡出版社，1990年版，第24—25页。

② 洪泉湖：《台湾的族群意识与族群关系》，收入《百年来两岸民族主义的发展与反省》，洪泉湖、谢政谕主编，台北：东大出版社，2002年版，第125页。

这一时期的“台湾意识/中国意识议题”是伴随着“民主化”、“自由化”议题而来的。“民主化”、“自由化”和“本土化”，是当时台湾反对力量的三面旗帜。但相较于“民主化”、“自由化”，“本土化”的口号最晚提出，也最隐讳。[①]“民主化”、“自由化”早在50年代就引发关注，“本土化”的舆论在70年代才崭露头角，但“本土化”却是“民主化”、“自由化”最重要的支持力量。当时的党外运动的领导人，几乎都是本省籍人士。[②]“本土化”具有比“民主化”、“自由化”更广泛的群众基础和更强大的号召力，但这时“本土化”议题还是以“台湾意识/中国意识议题”为主，“省籍议题”与“统独议题”还无法走上台面。因为分化台湾内部族群的“省籍议题”和否定“中华民国法统”的“统独议题”将动摇国民党的统治基础，因此更为敏感；相比之下，“台湾意识/中国意识议题”仅仅以台湾意识优先为诉求，具有相当的正当性，不仅受广大民众欢迎，也易被国民党接受。[③] 它在没有动摇国民党统治的体制与基础的情况下，仅仅属于国民党的战略转移，因此“台湾意识/中国意识议题”的台湾优先主题是相较于“省籍议题”、“台独议题”等其他“本土化”议题最先走上政治舞台，最早获得舆论的公开化许可的。尽管当时的“台湾意识/中国意识议题”掺杂有省籍和“台独”的成分，但后二者还不是以相对独立的议题被社会广泛接受。

台湾学者徐宗懋指出，国民党撤退台湾伊始，在台湾“处处抹上大中国的色彩”，“小小的台湾岛被硬套上大中国的衣服”，可是，“70年代起，台湾的大中国外衣一件件地被剥掉”。[④] 1971年12月，台湾大学举办全面改造“中央民代”的辩论会，[⑤] 开启了台湾民众对“大中国意识”质疑与挑战的先河。1972年1月，《大学》杂志发表《国是九论》，提出着眼于台湾本身生存与发展的全面改革：一论基本人权，二论人事与制度，三论生存“外交”，四论经济发展方向，五论农业与农民，六论社会福利，七论教育革新，八论地方政治，九论青年与政治。这是当时知

---

① 陈仪深：《台湾制宪运动的回顾》，收入《台湾新“宪法”——群策会“台湾新宪法”国际研讨会论文集》，周美里主编，台北县淡水镇，财团法人群策会，2005年1月版，第96—115页。

② 王甫昌：《族群动员与台湾反对运动的支持转移》，台湾《中国论坛》，1990年9月25日第360期，第45页。

③ 有关“台湾意识”不同于“台独意识”并被“台独意识”利用的观点，参见《台湾问题专家刘红谈宋楚瑜演讲 台湾意识很正常》，中国台湾网，2005年5月12日，www. chinataiwan. org。

④ 徐宗懋：《务实的台湾人》，第291、306、220页。转引自陈孔立：《1945年以来的集体记忆与台湾民众的复杂心态》，《台湾研究集刊》，2003年第4期

⑤ 李筱峰：《台湾民主运动40年》，台北：自立晚报，1987年版，第82页。

识分子联合对旧有统治机构中的积弊提出多面性批评的长篇建言，新一代“在野”问政至此达到最高潮。[①] 1975年8月《台湾政论》创刊，标榜要“发挥批评官僚制度，扫除封锁的环境中所造成的诸种不合理事项的功能”，要求国民党当局走现实“外交”，开始展现明显的“台湾意识”并进行“本土化”启蒙。[②] 70年代中期的“乡土文学运动”，由于其“回归传统，关切现实”的时代批判精神，激发了一场乡土文学论战。论战从文学层面进入对台湾现实的评价，引发了文人的争议和当局的介入。总体上，“乡土文学运动”认同台湾乡土文学是现实主义文学，属于中华文化的一部分。但在论战中，一些主张以“台湾意识”抗衡“中国意识”的议题也借机公开化。此后台湾乡土文学阵营分裂，展开“台湾意识”与“中国意识”之争，而一些“台独议题”也借壳上市。[③] 1977年，叶石涛发表了《台湾乡土文学史导论》，虽然在戒严时期还有一些伪装，但却第一次提出了台湾文学的“台湾立场”和“台湾意识”，第一次提出了台湾在日据下“现代化”历程中产生了“台湾意识”的主张。此主张随即引发了一场持续了20年的论战，其中最著名的是台湾知名作家、评论家陈映真与陈芳明的“双陈大战”。双方论战的焦点主要是：一，台湾到底属何种社会性质、台湾应该统一还是“台独”？二，台湾文学用何种类语言写就？三，台湾文学真的从中国文学“分离”出去过吗？此番论战实际上是一场以文学为名的意识形态前哨战。[④] 但总体来说，1970年代的“台湾意识/中国意识议题”，“台湾意识”的推动者在提出回归乡土、民主革新、省籍平等的舆论诉求过程中，其主流的历史叙事主体仍然是以“作为中国人、中华民族的台湾人”而自居的。[⑤]

直到“中坜事件”和“美丽岛事件”，反对运动以直接的政治行动推动“台湾

---

① 1972年元旦，《大学》杂志四周年纪念时，又发表了《国是九论》。以上资料参见李筱峰：《台湾民主运动40年》，台北：自立晚报，1987年版，第105页。

② 1975年8月，由黄信介、张俊宏与康宁祥共同创办《台湾政论》，宣扬本土自由主义知识分子的政治理念。该杂志一创刊就把矛头对准国民党的专制政治，不久更发表直接点名批评蒋经国的政论，并发出要求解除“戒严令”的呼吁。当局以“煽动他人触犯内乱罪”，查封杂志。以上资料参见李筱峰：《台湾民主运动40年》，台北：自立晚报，1987年版，第115页。

③ 朱双一、张羽：《海峡两岸新文学思潮的渊源和比较》，厦门：厦门大学出版社，2006年版，第481—491页。

④ 朱双一、张羽：《海峡两岸新文学思潮的渊源和比较》，厦门：厦门大学出版社，2006年版，第491—506页。

⑤ 萧阿勤：《认同、叙事与行动：台湾1970年代党外的历史建构》，《台湾社会学》第5期，2003年6月，第195—250页。

意识”的扩展，“台独议题”才借“台湾意识议题”出笼。此后，众多的党外人士以及本省籍文化界人士逐渐成为台湾民族主义者，台湾民族主义逐渐成为与国民党的中国民族主义相抗衡的政治理想。①

1983年的“台湾意识”与“中国意识”的论战，让“台湾意识议题”发展到一个高峰。② 极端的“台湾意识论者”认为，“台湾意识”是以台湾本土为主体的人们四百年来休戚与共互相依存而产生的一种共同意识，它不同于国民党当局强加给“台湾人”的“中国意识”，是自主而独立存在的“台湾人”意识。他们否定“台湾人”是“中国人”，否认台湾文化属于中国文化，主张“住民自决”或“台湾独立”。1983年的这场论战是台湾舆论的转折点，“台独议题”披着“爱台湾”的外衣正在“台湾意识/中国意识议题”中借腹生子，暗渡陈仓。这是一次典型的舆论先行，它兆示出此后台湾政治的革新与政治文化的转型。③ 但客观地说，这一时期主流的“台湾意识”与“中国意识”的对立，仍然是在“中国意识”框架下的对立，而不是两个意识地位平等的对抗。陈昭瑛认为：20世纪90年代前的“台湾意识”有着根深蒂固的“中国意识”，此后的“台独”意识正是作为对这种“台湾意识”中的“中国意识”的对抗，才异化而与“中国意识”对立。④ 可见，20世纪90年代前，主流的“台湾意识”争论的只是“反攻大陆”与“经营台湾”的优先权，它是一种孰轻孰重的价值选择，并没有把台湾摆在与中国的一个对等的地位，相反它是在大体承认台湾是中国的一部分的前提下主张优先发展地方。所谓台湾优先与台湾第一，从字面上就可以看出台湾与中国的从属关系。如果是主张“台独”的论调，则无所谓优先与第一，它直接就是“独立”，不会排先后次序。但是舆论的特殊性在于主流的议题往往不是焦点议题，最火爆的议题往往都是非主流的。因为它非主流，所以它异端，而越是异端，其与主流的对立越突出，就越吸引眼球。所以表面上这次论战似乎是“台独议题”在唱主角，可从深层次来看，虽然它夹杂着些“台独”思想和理念的成分，但总体上说这不是“台湾独立”与中国统一的论战，它还是“中央”和“地方”利益冲突在舆论上的表现。

---

① 王甫昌：《当代台湾社会的族群想象》，台北：群学出版公司，2003年版，第95页。

② 参见施敏辉：《台湾意识论战选集》，台北：前卫出版社，1989年版。

③ 参见陈孔立：《台湾历史纲要》，北京：九洲图书出版社，1997年版，第491页。

④ 陈昭瑛：《论台湾的本土化运动：一个文化史的考察》，《中外文学》第23卷第9期，第6—43页。

“台湾意识/中国意识议题”的“台湾意识”优先，在蒋经国晚期“本土化”政策的背书下，取得了台湾上下较为普遍的共识，在李登辉上台和政党轮替后，它更成为不是问题的问题。没有太多争议的议题就逐渐退出了台湾舆论的中心，取而代之的是“大台湾意识”的舆论议题。

四、“台湾意识”与“中国意识”认同冲突时期（“大台湾意识议题”时期）

解严之后，“台湾意识/中国意识议题”的主轴是“大台湾意识”与反“大台湾意识议题”的对抗。“大台湾意识”与“台湾意识”的不同在于：后者还是在与“中国意识”的比较中强调“台湾意识”优先，而前者则是只有“台湾意识”，没有“中国意识”。反对“大台湾意识”者对“台湾意识”的反抗仅仅是“破”而不是“立”，反对者并不是用“中国意识”的“立”来对抗“台湾意识”，反对者仅仅是反对“大台湾意识”，反对把一切都按“台湾意识”进行意识形态化，反对过分地强调“台湾意识”，而人为地把族群分为“爱台湾”集团与“卖台湾”集团，并随意或刻意地将对手贴上卖台标签。反对者“只破不立”的最突出的例子就是在此后的台湾只有“去中国化”的议题，没有“中国化”的议题，反对者最多只能反“去中国化”，没有人大声提倡“中国化”，任何提倡“中国化”的人都会被污名化。就像20世纪50年代的“大中国意识”议题年代只有“中国意识”没有“台湾意识议题”一样，在今天的“大台湾意识议题”年代，只有“台湾意识议题”没有“中国意识议题”，“中国意识议题”在舆论中的声音逐渐式微并走向沉默。

“大台湾意识的”的“台湾意识/中国意识议题”逐渐发展为在以下三个舆论主轴的冲突与交锋：一是属于身份认同的“台湾人”与“中国人”的议题；二是属于文化认同的“去中国化”与“反去中国化”的议题；三是情感认同的“爱台湾”与“卖台湾”意识议题（这是个伪议题，下面将详细讨论）。在上述三个议题中，“台湾人”与“中国人”的认同议题是中心，其他两个议题可以视为它的配套议题。之所以说“台湾人/中国人”的认同议题是这个时期的“台湾意识/中国意识议题”的核心议题，是因为“台湾人/中国人”的认同是“台湾意识/中国意识议题”中最本质的议题，其他议题都是由此衍化而来的，而且只有到身份认同才进入到族群认同的实质，才使“台湾意识/中国意识议题”从一般的意识形态的议题转化为族群议题，而族群议题才是族群政治的表现。但在舆论的表现上，两个配套的议题却显得更活跃，“去中国化”和“反去中国化”议题，“爱台湾”与“卖台湾”

议题占据了“台湾意识/中国意识议题”最主要的版面，三个议题表里互补，各有特色，相互呼应。

这一时期的“台湾人/中国人”认同分歧，最典型地表现在1996年“大选”。当时四组“总统”候选人对“中国人”或“台湾人”的认知，按照施正锋的归纳，分别是陈履安：“是中国人，不是台湾人”；林洋港：“是中国人之下的台湾人”；李登辉：“是台湾人也是中国人（但“中国人”的含义不清）”；彭明敏：“是台湾人不是中国人”。[①] 而在日常生活中，台湾民众对“台湾人/中国人”的认同的政治认知并不直接表现为舆论，其转化为舆论的途径主要以民调形式出现，民调的形式使零散的民众成为统计学意义上的公众，通过民调的方式，“零散的民众”聚集成“统计的公众”，从而以民意的方式展示其舆论的力量。在进行民意调查时，有这样几种典型的题目，例如，张茂桂和萧新煌（1987）所采的测量方式如下：

> 下面有好几个关于个人的说法，请勾选一项您认为最能代表你的想法的说法：①我是台湾人；②我是中国人；③我是中国人，也是台湾人；④我是台湾人，也是中国人；⑤中国人、台湾人，或者台湾人、中国人没有差别；⑥其他。[②]

胡佛，陈德禹教授的：

> ①对居住在台湾的两千万人来说，您认为最适当的称呼应该是什么？②在您个人感觉上，您比较属于那一个族群？中国人或是台湾人？③在您的感觉上，在台湾，认同自己是台湾人的和认同自己是中国人的，在思想观念上有没有不一样？④在您的感觉上，在台湾，认同自己是台湾人的和认同自己是中国人的，在利益上是不是有冲突⑤就您所知，政府目前的做法是比较有利于哪一方面的利益？[③]

民进党中央党部的民族认同问卷题目如下：

> 在台湾，有人自认为是中国人，也有人自认为是台湾人，请问您觉得自己是台湾人，还是中国人？[④]

---

① 施正锋：《台湾人的民族认同》，台北：前卫出版社，2000年版，第236页。

② 张茂桂、萧新煌：《大学生的“中国结”与“台湾结”——自我认定与通婚观念的分析》，《中国论坛》，第289期，第34—52页。

③ 游盈隆：《民意与台湾政治变迁：1990年代台湾民意与选举政治的解析》，台北：月旦出版社股份有限公司，1996年版，第111—112页。

④ 游盈隆：《民意与台湾政治变迁：1990年代台湾民意与选举政治的解析》，台北：月旦出版社股份有限公司，1996年版，第112页。

林佳龙的题目是：

在我们社会中，有些人认为自己是台湾人，有些人认为自己是中国人，请问你觉得自己是台湾人还是中国人。①

上述题目除了张茂桂的题目有较完整周延外，其他题目都更加暗示“台湾人”与“中国人”认同的对立。事实上，即使包括张茂桂在内，有关“台湾人/中国人”的民调本来就是一个伪命题，在台湾事实上不存在着这样一个虚构的“台湾人族群”和“中国人族群”的对立。这种民调题目拿到大陆来进行，不是讨骂就是使人不屑一顾：台湾民众既是“台湾人”又是“中国人”，这是一个不言而喻、不证自明的常识，还需要问吗？所以，这种问法就是一种政治，而将这种问法下来的结果统计并公开，更是一种舆论政治。

这一时期的“爱台湾/卖台湾”议题主要是由党派作为舆论主体推动的，它属于给政治人物、政党贴标签的做法。它的多发季节是选举，只要一选举，就有谁“爱台湾”，或谁更“爱台湾”议题；而把对手贴上“卖台集团”标签，就把对手置于一个极不利的位置，它成为这个时期舆论战中的攻击型工具。1998 年台北市长选举，陈水扁阵营指控其外省对手马英九“背后有卖台集团”，曾于国民党政争时期掀起波澜的民进党“立委”叶菊兰 10 月 7 日在“立法院”以召开记者会的方式，再度发出惊人之语，公开点名郝柏村、梁肃戎、关中、冯沪祥及林火旺夫妇等非主流人士组成所谓的“新卖台集团”，指控该集团近一个月来曾多次密谋要扳回国民党主导权，并展开三阶段的“灭扁行动”，而马英九就是这“卖台集团的卒子”。②为了不被对手贴上“不爱台湾”的标签，台湾不分党籍的候选人都比赛着谁“爱台湾”多一点，这也促使国民党文宣的转变。早在 1992 年二届“立委”选举中，国民党的竞选文宣中就首次密集地使用“台湾符号”。例如国民党集思会林钰祥的平面文宣中，就使用台湾三百年前的老地图作为系列稿的共同符号。③ 此后，在对手指责不爱台湾的频繁攻击下，尝到选举苦头的泛蓝候选人，想尽办法证明自己爱台湾：亲吻土地、台湾走透透……一系列的选举行动，都是怕了被贴上“不爱台湾”

---

① 林佳龙：《解释晚近台湾民族主义的出现与性质》，收入《百年来两岸民族主义的发展与反省》，洪泉湖、谢政谕主编，台北：东大出版社，2002 年版，第 292 页。

② 伍崇韬：《叶菊兰点名 新卖台集团图灭阿扁》，《中国时报》，1998 年 10 月 8 日报道。

③ 郑自隆：《1992 年二届“立法委员”选举竞选广告策略分析》，《中华民国广告年鉴》，台北：台北市广告代理商同业公会，1993 年第 5 辑，第 81—86 页。

的标签。

这个时期的“去中国化”与“反去中国化”议题主要是由台湾当局作为舆论主体推动的。“去中国化”议题主要是由台湾当局和执政党主导，因此，它特别成为政党轮替后“台湾意识/中国意识议题”中最占上风的议题。因为“去中国化”总是先发制人，而“中国化”则销声匿迹，持不同意见者只能以“反对者”的形式出现，只能针对“去中国化”而反对，而不能也不敢以“中国化”议题反制之或先发制于人。特别是“去中国化”总是挟行政权力，带有官方色彩，使得反对者比较弱势。

为加紧在文化领域的“去中国化”进程，近年来，台湾当局多次对教科书进行修改：例如大幅删减高中历史课本中南京大屠杀相关内容；将过去惯用的“我国”、“本国”、“大陆”等词，全改为“中国”；孙中山之前的“国父”一词以及提到“国父”、孙中山先生时，前面空一格以示尊敬，也全从新版教科书中消失；增加了以往被视为禁忌的统“独”及两岸分合议题；并将过去的禁忌话题“旧金山和约”和“中日和约”编入教科书等等。①

2004 年 5 月 24 日，新上任的台湾教育部门负责人杜正胜在中研院演讲时宣称，有必要将台湾过去以中国为中心的历史教育及研究进行调整。他拿出一幅东亚地图，将其逆时针转了 90 度，让台湾置于中央位置，大陆、菲律宾及日本围绕台湾四周，声称这么做可以让台湾民众“以不同角度看问题，台湾也可以是世界中心”。这种不顾常识的匪夷所思的“调整”，令人大跌眼镜。“立委”李庆华和李庆安批评杜正胜逆转地图 90 度的做法是“自大又自卑”，如果地图可以从竖的变成横的，那么杜正胜也应该躺着向“立委”答辩。②

2007 年 7 月上任以来风波不断的教育部门负责人杜正胜，再次引发风波，台湾教育部门最近委托深绿色彩浓厚的台湾历史学会，提出一份教科书“不当用词”检核报告，要求教科书出版商及编纂者据以参考修正。按照这份研究报告，凡是有：“不客观的历史价值判断，刻意褒扬或贬抑的非中性词汇”；或是“自我矮化为地区或主体意识不清”；“对中国的称呼未反应历史事实与政治现况”；“台湾与中国大陆分属不同政权时期的叙述，对中国的地名、历史朝代、特定人物等，未加注国

① 《孙中山是否国父，要看陈水扁是否中华民国总统!》，台湾《联合报》，2007 年 2 月 1 日社论。

② 黄以敬：《地图倒转说　教长与立委激辩》，台湾《自由时报》，2004 年 5 月 27 日报道。

名”；或是“叙述日治时期台湾的人、事、物，却用大清帝国、中华民国纪年”；或是“对于特定词汇的使用不够精确”；“叙述时间或对象泛指中国古代或是古代之人，却用‘历史上’、‘古代’、‘古人’等词汇”，都被视为“不当用词”。换言之，如果照这份报告，“国父孙中山先生”不再是国父；“海峡两岸”变成“两国”；“我国”有时候是中国，有时候是台湾，完全要看上下文的意思而定；“古人”则一律要加上“中国”。①

“去中国化”中，连公司名称也难逃此劫。“中华邮政公司”改为“台湾邮政”；“中国石油公司”改为“台湾中油”；“中国造船公司”改为“台湾国际造船”；台湾“中央银行”英文名：“CENTRAL BANK of CHINA［附 Republic of China (Taiwan)］”改成“CENTRAL BANK of the Republic of China（Taiwan）”；“台湾省自来水公司”改为“台湾自来水公司”。②“中正国际机场”也被改为“台湾桃园国际机场”。③ 从更改教科书到更改地图，从公司改名到机场改名，“去中国化”的主导权都掌握在执政者手中，而民进党的“去中国化”比李登辉的“去中国化”更加嚣张。

在“台湾意识/中国意识议题”的演变中，特别值得关注的是“台湾人/中国人”认同议题的变迁。在蒋介石时代，“台湾人/中国人”认同议题的主题是“我是中国人”。到蒋经国晚期，他一句“我是中国人，也是台湾人”宣示了在“中国意识”的前提下对“台湾意识”的认同，昭示着作为国民党“本土化”政策基础的政治文化开始改变。1987 年 7 月 27 日下午，蒋经国邀请许金德、蔡鸿文等 12 位台籍士绅在“总统府”茶叙时，历史性地表示说：“我在台湾住了将近 40 年了，已经是台湾人了。”④

到了李登辉执政前期，李登辉曾多次发表认同中国、“台湾人也是中国人”的言论。如 1995 年在一个座谈会致词时他表示：“‘台独’只会断送国家的大好前途，牺牲社会的安定繁荣，这是不可能，也不应该的。在台湾的二千一百万同胞，绝大多数是四百年来先后从大陆来到台湾的同胞，身上都流着炎黄子孙的血，同族同

---

① 《教科书“去中国化”莫非为“台独”铺路》，台湾《中央日报》，2007 年 7 月 24 日社论。

② 《正名/全台去中？蓝委：陈致中干脆改名陈致台》，台湾《今日新闻》，2007 年 2 月 9 日报道，http：//www. nownews. com/politics/200702/20070209924984. html。

③ 彭显钧、刘力仁、洪美秀：《外交部：正名不涉预算　不影响航权　朱立伦：赞成原名前加桃园》，台湾《自由时报》，2006 年 9 月 2 日报道。

④ 参见阮铭：《两个蒋经国　两个国民党》，台湾《南方快报》，2003 年 1 月 16 日报道。

源，大家都是中国人。大家都在这里同甘共苦，为台湾的生存发展，夜以继日的奋斗，无论来台先后，大家都是台湾人、新台湾人。深一层说，不放弃国家统一与民族复兴希望的，就是中国人；认同台湾、爱惜台湾，肯为台湾奉献力量的，就是台湾人。一步一脚印，大家爱台湾、大家爱中华民国，相信谁也不能否定台湾人就是中国人。”① 李登辉的一句“我是台湾人，也是中国人”，在承袭蒋经国将“台湾人”与“中国人”相统一的形式下，悄悄地把“我是台湾人”置前，这既是李登辉对国民党元老缓兵之计的安慰，也是李登辉对本土力量的交待。这句话的实质就是：“我是中国人”只不过是目前状况下不得不戴的帽子；一旦不需要借口后，“我是台湾人”才是其实际的目的与指向。果然，李登辉后期就不承认其为“中国人”了。②

到了陈水扁时期，“台湾人/中国人”认同议题就只剩下“我是台湾人”了。2000年10月陈水扁在与国民党主席连战会谈时断然否认自己是中国人。他说：“我与绝大多数人一样，我在台湾出生，祖先来自中国大陆，我是‘中华民国’国民，现在是‘中华民国’总统，相信是毋庸置疑的；我们都是‘中华民国’国民，而‘中国人’在国际社会一般是指中华人民共和国的人民，所以将‘中华民国’国民简化为‘中国人’，‘中华民国’‘总统’是否也可以简化为‘中国总统’，相信包括中国大陆也无法接受。”③ 为了解决如何解释“台湾人”与“中国人”的历史渊源，游锡堃又发明了一个“华裔台湾人”。2006年9月29日，民进党主席游锡堃在民进党党庆酒会中，向各国“驻台使节及代表”强调，认同台湾是中国一部分的人，就是中国人。“我的祖籍是中国福建，但我是华裔的台湾人。”④ 这是为否定“中国人”认同而强化“台湾人”认同的狡辩。

政党轮替后，国民党认同自己既是台湾人又是中国人的看法仍然占主流。连战指出：“台湾人不也是中国人吗！‘台湾人’是对自己出生地的情感，‘中国人’是

---

① 《李“总统”登辉先生治国理念：加强两岸交流 促进和平统一——莅临台湾省各县市妇女会妇女干部关怀社区，促进祥和社会座谈会致词》，参见台湾“总统府”网站：http：//www. president. gov. tw/1 _ roc _ intro/xpresident/lee _ idea04 _ 840809. html。

② 参见《李敖有话说》第7集，2004年3月16日。

③ 施正锋：《台湾民族主义与垦殖国家的政治民族塑造——汉人血缘、华人文化及政治中国的挑战》，收入《百年来两岸民族主义的发展与反省》，洪泉湖、谢政谕主编，台北：东大出版社，2002年版，第463页。

④ 刘荣、李欣芳、王平宇、詹士弘：《游锡堃：我是华裔台湾人》，台湾《自由时报》，2006年9月30日报道。

对自己民族与文化的情感。"[①] 马英九接过国民党主席职位，重提"我是台湾人，也是中国人"。[②] 这个句子看来和李登辉的句子一模一样，但是由不同的身份在不同的语境下，其含义与本质不同：这预示着国民党在承认"中国人认同"的大前提下，加快以"台湾意识优先"的"台湾人认同"的本土路线，历史似乎又重回到蒋经国的"本土化"路线时期。历史惊人地相似却有本质的不同：一个是执政时为巩固统治的无奈的妥协，一个是企图重新执政的以退为守、以守为攻。无论是执政的需要还是竞选的需要，"台湾人/中国人"认同的议题变迁显示出"台湾意识/中国意识议题"的演变一直朝着"本土化"的轨迹迈进，而台湾政治文化的政治认知也朝着"本土化"的方向变迁。

第二节 "台湾意识/中国意识议题"的当代特征

"台湾意识/中国意识议题"最主要的当代特征，就是其光晕感。在这种光晕效应中，"台湾意识/中国意识议题"在议题的道德感上占据了绝对高度，在议题接受度上成了台湾舆论的最大公约数。其以"认同台湾为名行分化台湾之实"的本质具有最大欺骗性，并存在"省籍议题"、"台独议题"向其靠拢并向之悄悄转换的趋势。考察"台湾意识/中国意识议题"的当代特征，应该将之放在与"省籍议题"、"统独议题"的关系框架下讨论。台湾这三大族群关系的议题，只有在对比中才能发现其各自的当代特点。

"台湾意识/中国意识议题"最直观的当代特征就是它的光晕感，它常常匿藏在一个令人难以质疑、散发着美丽光辉的光环里。有关它的各种议题最终都可以回落在一个与"自由"、"平等"一样美丽的字眼——"爱"以及这个动词无可争议的对象——"台湾"之上，"爱"与"台湾"这两个词的组合构成了当今台湾舆论价值的最高点，成为舆论议题无可辩驳的大前提。"爱台湾"还能有争议吗？谁能不"爱台湾"？谁敢不"爱台湾"？议题的推动者从此将自己置身于一个永远正确、永放光辉的舆论制高点，俯身而下，笑对一切舆论议题，所有的舆论战引到这里，对手就哑口无言，不敢置喙。而所有的议题也可以用这个标准进行测试，议题的推动

① 陆铿：《别闹了，登辉先生》，台湾：天下文化出版公司，2001 年版，第 47 页。

② 《马英九接受时代专访：我是台湾人　也是中国人》，中国台湾网，2006 年 7 月 11 日报道，http：//2006. chinataiwan. org/web/webportal/W5269847/Uyyping/A293716. html。

者变成了标准的拥有者和裁判者。而更重要的是，各种议题都可以置换成这样的问题：“爱不爱台湾”，这样就可以轻易把对手推到一个不仁不义的地步，一个背弃主流价值的下场。

“爱台湾”是民进党占据的第四座舆论高峰（前三座是“民主”、“自由”、“进步”）。民进党党名全称就是民主进步党，其《党纲》就宣称其基本主张是：“建立主权独立自主的台湾共和国；民主自由的法政秩序；成长均衡的经济财政；公平开放的福利社会；创新进步的教育文化。”① 其“台独”理念令人恐惧也遭人唾弃，但“民主”、“自由”、“进步”却都是些最美丽的字眼，人们可以不同意甚至反对民进党的观点，但谁能反对“民主”、“自由”、“进步”和“爱台湾”呢？国民党败退台湾后由于敌视共产党又害怕民主力量，为维护其威权体制，投鼠忌器，不敢提“人民”、“解放”、“民主”、“自由”、“爱台湾”，于是这些美丽的字眼就拱手相让。此后又由于贪腐黑金被民进党抓到把柄②，“清廉”这第五座舆论高峰也被民进党占住。这也就是为什么在2005年前，国民党在与民进党的舆论战中总是处于舆论下风的原因，这也是为什么2000年的“大选”，在党权、政权、军权、司法权、立法权、财权甚至媒体的主要控制权都在国民党手中时，民进党不费一枪一弹，仅凭舆论战的优势就能把国民党打得一败涂地。

2008年以前，在台湾有关国民党与民进党的“总统候选人”的民调中，往往会加上一句“你认为谁更会看护台湾的‘主体性’”。③ 这是“爱台湾”的另一个翻版，在这项选项中，国民党总是占据下风。而最令人不可思议的是，国民党自己也在这场符号之争中承认对方的符号划分。比如马英九在一次电视采访中，针对一些民间团体刊登广告质疑国亲推出罢免陈水扁案是分化台湾团结，一开口便是“陈水扁动员本土社团……”，④ 自觉不自觉地把“本土”的符号拱手相让给对方。殊不知，这一相让就把自己陷于不义的境地，人家是本土的，那你自然就是“外来的”，

① 参见民进党中央党部秘书处编印：《党章·党纲》，1995年1月1日。

② 田世昊：《民心思变 国民党安定牌失效》，《自由时报》，2000年3月19日第2版。另据台湾《天下》杂志2000年第一期的调查显示，几乎每四个台湾人中就有一位认为，黑金政治让他们住在台湾不光荣，有高达近六成的民众指出，扫黑改善治安是当务之急。以上资料参见台湾《天下》杂志，2000年第1期。

③ 2004年“大选”，TVBS出口民调中在投票原因的问题设计中，还有“爱台湾”的选项，以上资料参见TVBS2004年“大选”出口民调，http：//www.tvbs.com.tw/news/poll_center/default.asp。

④ 参见2006年6月9日台湾各大电视新闻，另参见《马英九再劝陈“总统”主动辞职下台》，台湾“中央社”，2006年6月9日报道。

人家是爱乡爱土“爱台湾”，你就自然是不“爱台湾”或者不怎么“爱台湾”，至少是不如别人“爱台湾”。国民党经营台湾这么久，党员结构中也有这么多“本省人”，即使是“外省人”，他不在台湾生，也在台湾长；为这块土地哭，为这块土地笑，将自己的生命与情感与这块土地紧密联系在一起，可是仍然被操纵成不“爱台湾”的人。除了民进党太善于进行舆论的操弄之外，也实在是因为国民党太不懂舆论的规律了。

事实上，“台湾意识/中国意识议题”的各种表述并非毫无争议。台湾教育部门2004年11月9日公布的2006年度新版高中历史课程纲要草案，将“台湾史”与“中国史”分开，除将孙中山创建中华民国的历史放入“中国史”外，同时将“台独”分子奉为“台湾地位未定论”法理基础的“旧金山和约”等正式列入新的历史课程中。按照这样的逻辑，孙中山便成了“外国人”。① 紧接着，11月11日，“考试委员”林玉体又把矛头直接对准孙中山，建议“废掉国父”。“考试院长”姚嘉文也站出来呼应，称“孙中山是外国人，称他国父只是尊敬他”。此言论一出，舆论大哗。② 2002年8月，在各方意见尚未统一下，台“行政院”强行核备“中文译音使用原则”，确定将实行教育部门建议的“通用拼音方案”。这实际上是文化“台独”的又一表征，企图用“通用拼音”，与祖国大陆的汉语拼音相对抗。③ 这样一些或极端、或粗俗到令人匪夷所思的议题，极易引起广泛的争议，但就是这样荒腔走板议题最后却总能找到一个光芒四射的护身符，那就是“爱台湾”。在“爱台湾”的加持下，更难堪和更荒诞的议题都有了“正当性”，至少是可以原谅的，因为一些人会相信这些议题的出发点总是好的，是“爱台湾”的，自己的舆论底线就可以屡屡突破，而对手的舆论制高点则被绑架，在“爱不爱台湾”议题中难以翻身。

“台湾意识/中国意识议题”的光晕效应，使得它在三大族群议题中最没有禁忌也最不敏感。在“威权时代”，当“省籍议题”还不敢声张而“台独议题”更是严厉禁止时，“台湾意识”是最早进入主流社会的议题。1970年代出现的“乡土文学运动”就以“爱乡爱土”为旗帜。④ 在这“爱乡爱土”的旗帜下，“台湾意识”中

---

① 《“翻修”历史　意欲何为》，《人民日报》，2004年11月24日报道

② 《突然间，他们成外国人》，台湾《联合晚报》，2004年11月11日社论。

③ 《拼音文字选择　马英九：汉语拼音和国际接轨　李应元：通用拼音利母语教学》，台湾《中国时报》，2002年11月11日报道。

④ 朱双一、张羽：《海峡两岸新文学思潮的渊源和比较》，厦门：厦门大学出版社，2006年版，第481—491页。

的“爱台湾”议题抬头，并夹杂着一些“省籍议题”与“统独议题”的成分，特别是以后“乡土文学”分裂成“台湾意识”与“中国意识”的对立，乃至“台独意识”与“中国意识”的对立，“省籍议题”与“统独议题”开始蠢蠢欲动。但无论如何，“统独议题”、“省籍议题”最初还是不敢明目张胆地公开化，更多的是包藏在“台湾意识/中国意识议题”中借壳上市。直到后来，“省籍议题”虽然能够不被惩罚而敢堂而皇之地出现在主流舆论中，但这种肆无禁忌并不表明它就获得了至高无上的正义性。“堂而皇之”还不等于“冠冕堂皇”，一个是敢于公开，另一个则是披上神圣的外衣。从受众的观感看，操纵“省籍议题”容易引起中间选民的反感和厌恶。“族群动员制造了对立与紧张，将原本已淡化的省籍差异刻意凸显，引起社会不安与怀疑，也使反对党自绝于某些票源（如眷村票），给人为达目的的不择手段的‘不道德’印象。”① “爱台湾”则往往能够争得中间选民的理解和同情。而“台独议题”不仅在威权时代被当作禁忌，直到今天“台独议题”仍十分敏感，它虽然公开化，却还是不敢嚣张和肆无忌惮，在“国土”、“国号”的改变以及宣布“台湾独立”等议题上还是禁区，至少对于一部分特定人群（比如最高政治人物）是禁区，而且在主流舆论中是禁区。相反，“台湾意识/中国意识”的议题则几乎是畅通无阻的，这完全得益于它有一个神圣的光环。

在“台湾意识/中国意识议题”神圣光环的加持下，台湾的三大族群议题有逐渐向“台湾意识/中国意识议题”靠拢的趋势。无论是“省籍议题”，还是“统独议题”，都呈现向“台湾意识/中国意识议题”转换的现象。“省籍议题”和“统独议题”经过转换，最后都变成“爱不爱台湾”的议题，因为统“独”有争议、“省籍”有分歧，而“爱台湾”则是不言而喻、不证自明的东西。

“爱台湾”本来是一个很好的口号。当人们在为省籍问题、统“独”问题等这类把历史的陈芝麻烂谷子和未来的不确定因素，拿来争个无止无休的时候，“爱台湾”本来是止纷息争的好良方，它是台湾民众的最大公约数。无论省籍，不管统“独”，谁都应该接受甚至高举“爱台湾”这个大旗。因此，“爱台湾”本来是最好的解决族群的议题，所有的“台湾人”都应该“爱台湾”，这是最没有争议与分歧的所在，大家都可以在这个共同的认同下消解族群矛盾，促进族群的和谐。但是问题是“爱台湾”本身又被操纵成分裂族群的议题。这个议题的逻辑顺序是：“所有

---

① 张麟征：《歧路上的台湾》，台北：海峡学术出版社，2000 年版，第 330 页。

的台湾人都应该爱台湾”（这没有争议），“但并非所有的台湾人都爱台湾”（这好像没错，但已埋下伏笔），“台湾最重要的不是省籍之别，统独之分，而是爱不爱台湾的差别”（这容易得到绝大多数人的认同），“但是，外省人或者支持统一的人更可能不爱台湾，至少没有本省人和支持‘台独’的人爱台湾”（这是关键的转折），“国民党、亲民党、新党是外省人的政党、支持统一的政党，民进党、台联党不是”（贴上标签），“所以，要支持民进党、台联党这些提倡本土与‘台独’的政党，因为它们是爱台湾的政党”（完成结论）——由此，一个在台湾族群拥有最大公约数的舆论口号，却又变成新的分化台湾族群的舆论议题。

“爱不爱台湾”，再一次把台湾撕裂成不同的阵营，但是却比“省籍议题”与“统独议题”更具有欺骗性。它表面上最无争议、最无分歧，实质上却是一个以分化和动员族群为目的的舆论工具。

“台湾与中国意识议题”这种披着神圣光环的欺骗性，使之成为2008“大选”前最有效的舆论工具。2000年政党轮替后，“省籍议题”渐趋减弱，“统独议题”不敢滥用，因此，在族群分化与动员的诸多议题中，“台湾意识/中国意识议题”成为时下曝光率最多的议题。2004年“3·19”枪击案发生后一个多小时内，民进党即全面散发“1号选台湾，2号选中国”的传单。[①] 当晚，台湾南部的地下电台几乎全部出动，彻夜声嘶力竭地高喊“阿扁是在帮台湾挡子弹”等。[②] 2006年9月16日民进党主席游锡堃在一次挺扁大会上，情绪激昂地诬蔑倒扁人士是“中国人糟蹋台湾人”。[③] 诸如“中国猪滚回去”、公营事业改名、“台湾正名运动”、中国史变外国史、台湾地图由竖变横、“九年一贯课程”教改之母语教程、“台语”作为官方语言、“台湾人是华裔台湾人”……这一系列“污名化中国”、“去中国化”及强化台湾本土性与主体性的议题不断抛出，成为2008年“大选”前台湾主流舆论中的中心议题，其比例高过了“统独议题”与“省籍议题”。但是“台湾意识/中国意识议题”有着“省籍族群议题”的背景和“统独议题”的实质，因此，这个时期台湾族群议题的舆论战场，实际上形成了以“台湾意识/中国意识议题”为主打，

① 参见《连战质疑“3·19枪击案”有预谋　批扁推拖避真相》，中国新闻网，2004年4月16日报道，http://www.chinanews.com.cn/n/2004-04-16/426122.html。

② 参见陈键兴：《台湾地下电台：政治与“春药”一起卖》，《环球》，2007年第12期。

③ 参见郭羿婕：《挺扁/四大天王唯一出席　游锡堃高喊“台湾国加油”》，台湾《今日新闻》，2006年9月16日报道，http://www.nownews.com.cn/n/2006/09/16/301-1991973.html。

以“省籍议题”和“统独议题”为侧翼的议题结构群。

直到今天，国民党对民进党“爱台湾”的舆论制高点还是不敢质疑，甚至下意识地承认民进党的“爱台湾”的符号，这完全是民进党在舆论中长期操作的结果，使人们将民进党与“爱台湾”画上等号。这一点，如果是民进党的刻意为之，还情有可原；问题是国民党有时候自己都潜移默化地自认为自己不如民进党爱台湾。2008年后，国民党重新执政，但只要国民党和大陆谈判，民进党一定会投怀疑票，质疑国民党在谈判过程中出卖台湾的利益。可是，2012年“大选”期间，当蔡英文宣示：如果当选后，将成立跨党派的“两岸对话工作小组”，为两岸正式协商铺路，更不排除政治协商的可能性。泛蓝阵营只是一再质疑蔡英文是否接受“一中各表”，却几乎没有一个人反其道而制之，质疑民进党搞所谓的跨党派小组会不会出卖台湾。难道天下有这样的逻辑，国民党的谈判就一定出卖台湾，而民进党的谈判就不会？但国民党就是傻乎乎地钻进民进党的舆论圈套，将爱台湾的舆论制高点拱手相让。①

第三节 “台湾意识/中国意识议题”的冲突实质

如前所述，“台湾意识/中国意识议题”常常伴随着“省籍议题”与“统独议题”，研究“台湾意识/中国意识议题”的冲突及实质，必须联系“省籍议题”与“统独议题”，并在三者的关系框架中进行讨论。

有关族群（ethnic group）的定义，一般有狭义与广义两种分类：狭义的主要强调其共同的血缘、语言、文化、宗教与祖先，因此将民族（nation）、民族之下的亚族、次族（sub-nation）、种族（race）或限定其一或笼统称之为族群；广义的则认为只要具有某种共同的文化特征、历史经验乃至共同利害关系就可以称之为族群。②严格地说，族群狭义的定义较为贴切，广义的族群定义类似“非社团性的利益集团”的“社群”（Community）。美国哈佛大学教授迈克·桑德尔（Michael J. Sandel）认为：“所谓社群，就是那些具有共同的自我认知的参与者组成的，并且通过制度形式得以具体体现的某种安排，主要特征就是参与者拥有一种共同的认同，如

① 参见邹振东：《2012年台湾大选复盘》，广州《南方周末》，2012年2月2日。

② 邵宗海、杨逢泰、洪泉湖：《族群问题与族群关系》，台北：幼狮文化事业公司，1995年版。

家庭、阶级、民族等。”①

由于台湾普遍将“族群”与“社群”混用，约定俗成，本书也在不同的语境采用族群的狭义或广义用法。例如：台湾将“省籍议题”看作族群议题是采“族群”的狭义，而将“统独议题”、“台湾意识/中国意识议题”也看作族群议题，则是采用族群概念的广义。为论述方便，本书对此也不特别界定，而用上下文语境予以区别。

“台湾意识/中国意识议题”属于族群关系的议题。冲突产生舆论，舆论也往往来源于冲突，在台湾的族群冲突中，至少可以排列以下几类冲突：“外省人”族群与“本省人”族群的冲突，主张“台独”的族群与主张统一的族群的冲突，认为自己是“台湾人”的族群和认为自己是“中国人”的冲突。前两者分别产生“省籍议题”与“统独议题”，后者则产生“台湾意识/中国意识议题”。

可见“台湾意识/中国意识议题”与“省籍议题”和“统独议题”一样是有关族群认同（ethnic group identity）的议题。认同产生于冲突，关于族群认同所提出的理论解释，以往的政治学者、社会学者及人类学者的观点主要分三大类：“本质论”（essentialism）认为：一个群体的集体认同主要是建立在他们的文化或生物学的特征之上；“建构论”（constructuralism）认为：集体认同是人们刻意建构出来的；“结构论”则主张：集体认同之所以产生，主要是因为某些群体对他们在政治权力、经济财富或社会地位等方面的分配感到不满而激荡生成的。② 台湾学者黄光国与施正锋都认为台湾的族群认同是“本质论”（原生论）、“结构论”及“建构论”三个场域交织冲积而成。③

上述学者的研究是将“省籍认同”、“统独认同”与“台湾人/中国人”认同三种不同类型的认同混合起来讨论台湾的族群认同，所以得出以上结论。但是“省籍认同”、“统独认同”与“台湾人/中国人认同”其冲突的生成各有其特点，如果我们分别将之用“本质论”、“结构论”与“建构论”予以检验，会比笼统用台湾族

---

① 转引自俞可平：《从权利政治学到公益政治学——新自由主义之后的社群主义》，《公共论丛》，1997 年第 1 期。

② 见 Smith，A. D. （1991）. National Identity. Reno：University of Nevada Press. Calhoun，Craig.（1994）. Social theory and the politics of identity. In Craig Calhoun，ed. Social Theory and the Politics of Identity，pp. 9 – 36. Oxford：Blackwell。

③ 洪泉湖、谢政谕主编：《百年来两岸民族主义的发展与反省》，台北：东大出版社，2002 年版，第 157—186、451—476 页。

群认同来检验发现更多的东西。

就“本质论”而言，只有省籍认同具有文化与生物学上的特征，属于狭义的族群认同。“台湾人”（台湾少数民族，外籍新娘除外）与“中国人”（少数民族除外）在文化与生物学的特征没有多少区别，而统“独”族群仅只有主张的不同，并没有文化与生物学特征的不同，二者属于广义的族群认同（社群认同）。而即使是省籍认同，“本省人”与“外省人”在文化与生物学的特征很难作明显的区分，即使有“异”，也是同大于异。①

就“结构论”而言，省籍认同的确曾经存在着“本省人”与“外省人”在政治权力、经济财富或社会地位等方面分配的不同，但在台湾内部并不存在着一个所谓的“中国人族群”或“台湾人族群”（狭义的族群），最多不过是存在着“认同中国人”或“认同台湾人”的族群（广义的族群，社群）。因此，在台湾内部不存在着一个“中国人”族群与“台湾人”族群在结构上有分配不公的问题，即便把台湾的族群关系放大到置于整个中国的族群关系框架下，也不存在着所谓“中国人”与“台湾人”的分配问题；而统“独”的族群只是理念不同，地位高与地位低的人都可能主张统一或主张“台独”，没有任何证据证明因统“独”理念不同而分成的族群在权力、财富和地位上有不同。

就“建构论”而言，前一章节我们已经讨论过“省籍议题”所表现出来的省籍冲突远远大于实际的“省籍情结”，特别是当“省籍情结”所产生的现实性基础逐渐减弱消失时，“省籍议题”的冲突反而增强，这证明了省籍认同具有强大的“建构”成分；而无论是“台湾人/中国人”的认同还是统“独”的认同，由于它并没有“本质论”和“结构论”意义上的不同，其主要是刻意“建构”出来的，我们从族群认同民调问卷的题目：如“你认为你是中国人还是台湾人”、“你支持统一还是‘台独’”，就可以看出其建构实质。“认为”和“支持”两个词语表明上述两种族群认同的冲突，主要来源于主观的认知而不是客观的属性。

无论是“省籍认同”、“统独认同”、还是“台湾人/中国人”的认同，其冲突都主要是刻意“建构”的产物，这一结论得到了民调数据的支持。在本书前后引用的相关民调数据表明，台湾民众无论是“省籍认同”，“统独认同”还是“台湾人/中国人”的认同都发生了相当大的变化。在民调调查的期间内，台湾民众的族群关

① 张麟征著，《歧路上的台湾》，台北：海峡学术出版社，2000年出版，第327—330页。

系的客观条件，无论在“本质”上或“结构”上都没有发生大的变化，其民调结果的变化，只能证明在“本质”和“结构”常量大致不变的情况下，“建构”是与“认同结果”数据变化唯一相关的变量。

接下来的问题是，为什么会出现这种刻意的“建构”？是谁主导这种刻意的“建构”？在这种刻意建构下的族群认同变化到底对谁有利？或者直言之，刻意“建构”的“意”到底“意”指何方？这些“建构”的刻意正是“省籍议题”、“统独议题”以及“台湾意识/中国意识议题”冲突生成的原因，族群认同的变化正是这些推动者争夺舆论的目的。

不排除上述议题的推动者中确有一小部分纯属为理念而理念的信念坚持者，但称他们为这个活动的推动者不如称他们为舆论的表达者更为准确。一般而言，信念的坚持者坚守与表达的是自己的信念，他没有利益驱动去改变别人的信念，推动族群认同变化的真正推手是利益集团的力量，只有组织起来的舆论才能在全社会的规模中改变社会的认同。

族群政治是族群冲突舆论产生的温床，而民主政治又是族群政治产生的温床。① 专制政治一般不希望族群冲突用舆论来进行表现，恰恰是民主政治把民主还给个人，才让政治的黑手伸向了个人。因为选举的产生，法案的通过，种种政治利益必须通过个人手中的一张张选票才能得以实现，不同的利益集团在争夺个人的选票时，就会有意识地把一个个“个人”组成的集合体分成不同的族群，扩大自己支持者的族群版图，而减少自己反对者的族群版图。例如，陈水扁 1998 年为了寻求台北市长连任，将马英九与自己的竞选说成是“中国新党对台湾民进党之战”等，从而把一个台北市长选举，操作成“台湾意识/中国意识议题”。② 2002 年底又一次台北市长选举，陈水扁在给本党李应元助选时，再次给马英九扣上“香港脚”、“台湾特首”、“卖台集团”等大帽子，说：“马英九香港脚走香港路，将来会做台湾特首。”③ 不仅仅要分化，还必须动员，分化之后的族群还必须将之动员去投票，才能最终实现政治利益。族群的冲突舆论议题就起着这种分化和动员的作用，族群冲突议题在分化中动员，在动员中分化，互为因果，从而改变族群认同的版图。这就是

---

① ［美］哈罗德·伊萨克（Harold R. Isaaca）：《族群》，邓伯宸译，台北：立绪出版社，2004 年版，第 19—22 页。

② 朱卫东、刘佳雁、张黎宏：《台湾 1998 年“三合一”选举述评》，《台湾研究》，1999 年第 1 期。

③ 颜敏雄：《阿扁莫非想抢当台湾特首?》，台湾《自由时报》，2003 年 1 月 27 日民意版。

族群冲突议题为什么要刻意建构的真正的政治经济学原因，这也就是“省籍认同”、“统独认同”以及“台湾意识/中国意识”认同冲突议题生成的原因。

需要进一步解释的是，既然族群冲突议题可以分化族群，并达到动员族群的政治目的，那么“省籍议题”就可以完成这个使命，为什么议题的推动者还要增加其他的族群冲突议题，比如“统独议题”以及“台湾意识/中国意识议题”的呢？前面讨论过这三大议题，只有省籍认同才有“本质”上生物与文化特征的差异，以及“结构”上分配不公的历史，尽管其“本质”上的差异并不明显，而其“结构”上的不公也已时过境迁，但好歹可以仅从出身、血脉、文化、语言等客观因素就可以不费吹灰之力地将族群分化，而“统独认同”和“台湾人/中国人”的认同都是建立在没有生物学等客观要素基础上，通过这种认同建构的族群属于纯意识形态上的心理族群，即它不是通过出身决定论或其他外在客观差异形成的族群，而是因为意识形态的主观差异而形成的族群。为什么不对一个好歹有现实与客观基础的“省籍议题”穷追不舍，还要花大气力去建构“统独议题”与“台湾人/中国人”的议题这两个没有任何客观基础的空中楼阁呢？抛出更多的议题不会模糊焦点吗？

要回答“统独议题”以及“台湾意识/中国意识议题”有没有建构的必要性这个问题，首先必须回答的一个问题就是“省籍议题”有没有局限性。“省籍议题”的缺陷是明显的：它有“没有用”的时候，前引的民调证明台湾民众并不是以省籍取向来选择政党倾向，比如并不是所有的“本省人”都支持民进党或泛绿政党；它有“不便用”的时候，比如要争取部分“外省人”支持时（特别是在台湾北部的选举）“省籍议题”可能会起副作用；它有“不顶用”的时候，“省籍议题”的悲情诉求随着时间的推移，其情绪的感染力逐渐减弱，当它需要强刺激的时候，不如“统独议题”更具震撼力；它有“不好用”的时候，“省籍议题”尽管可以肆无忌惮，但是缺乏正当性与崇高感，其指向是历史的恩怨，没有理想的建构，不如“统独议题”知不可为而为之的悲壮感，也没有“希望相随，有梦最美”① 的想象空间；它有“不够用”的时候，“省籍议题”永远只对纯粹的“本省人”和纯粹的“外省人”家庭有用，而对混合型家庭则不够用，对历史议题有用，而对现实议题

---

① 2000 年竞选台湾“总统”时，陈水扁提出了“有梦最美，希望相随”的口号，作为“台独议题”的诉求，同时也迎合了人们“换一个人做看看”的政党轮替的心理追求。在 1998 年台北市长选举中陈水扁也曾用过。以上资料参见《民进党历年文宣主轴》，民进党网站：http：//www. dpp. org. tw/elect/pub/LIT _ 1. asp。

则不够用，对买“省籍情结”账的人有用，而对不买“省籍情结”账的人则不够用。显然，上述“省籍议题”的一系列缺陷，使得舆论议题的推导者必须另觅战场，开辟其他的舆论冲突议题以实现分化和动员族群的功效。

三大舆论议题到底是什么样的关系？是相互对立、相互抵消，还是相互补充、相互促进？我们从民调数据可以看到它们的实际功效。

首先，看下表：

表1：民族认同、统“独”偏好与对建立民族国家的态度之变化（民众与菁英之比较）

	一般民众				政治菁英	
	1989年	1992年	1993年	1996年	1999年	1995～1996年
民族认同：						
台湾人	16%	27%	36%	33%	59%	
中国人	52	33	21	12	11	
台湾人与中国人	26	34	41	52	30	
统独偏好：						
独立	6	8%	13	18	23	35
统一	55	40	39	23	17	17
维持现状		18	11	41	44	49
对民族国家的态度：						
台湾民族主义			7	12	14	35
独立民族主义者			6	6	8	0
现实主义者			11	41	43	49
统一主义者			17	13	12	11
中国民族主义者			22	10	5	6
消极主义者			37	18	18	0

注释：由于有些受访者拒答或提供的答案不全然属于问卷所列选项，故各题答案加起来之和未必为100%。

资料来源：本表中1992、1993、1996与1999等年度的资料数据是由台湾大学政治系选举研究小组所提供，这些面访计划分别完成于1991年“国大”选举与1992、1995与1998等年度的“立委”选举之后，其有效样本数分别为1384、1398、1376与1356个。1989年的数据是得自《联合报》所执行的电访资料（见《世界日报》，1997年7月4日）。菁英部分的数据则是该表格制作者林佳龙于1995年1月至1996年4月间面访66位立委所获得的资料。转引自林佳龙：《解释晚近台湾民族主义的出现及特色》，收入《百年来两岸民族主义的发展与反省》，洪泉湖、谢政谕主编，台北：东大出版社，2002年版，第293页。

从上表可以看出，民族认同与统“独”偏好的族群并不完全等同，也不相互覆盖，可见“统独议题”与“台湾意识/中国意识议题”所分化和动员的族群并非完全一样。如果同时用统“独”偏好与“台湾人/中国人”认同两个标准（同时）来划分，台湾的族群可以进一步细分为六种类型。其中，“民族主义者”可分成以下两类：他们分别是自我认定为“台湾人”且支持“台独”的“台湾民族主义者”以及自我认定为“中国人”且支持统一的“中国民族主义者”；那些相当程度自我认定是“中国人”但支持“台独”者为“独立主义者”，而那些相当程度自我认定是“台湾人”但支持统一者则为“统一主义者”；那些不考虑民族认同且主张维持现状者为“现实主义者”，“消极主义者”指的是无特定国家认同或不论是统、是“独”或维持现状皆能接受的那些人。①

表 2：区分民族主义者与非民族主义者的类型

<table>
<tr><th>统“独”偏好
民族认同</th><th>支持“台湾独立”</th><th>主张维持现状</th><th>支持中国统一</th><th>无意见</th></tr>
<tr><td>台湾人</td><td rowspan="2">台湾“民族主义者”</td><td rowspan="3">现实主义者</td><td rowspan="2">统一主义者</td><td rowspan="3">消极主义者</td></tr>
<tr><td>既是台湾人也是中国人</td></tr>
<tr><td>中国人</td><td>独立主义者</td><td>中国民族主义者</td></tr>
</table>

原注解：此类型是根据两个民调题目交叉设计而成。针对民族认同而设计的题目为：“在我们社会中，有些人认为自己是台湾人，有些人认为自己是中国人，请问您觉得自己是台湾人还是中国人？”针对统“独”偏好设计的题目为“在我们社会上，有人主张台湾应该成为一个独立国家，也有人主张台湾应该与中国大陆统一，请问您支持台湾独立还是统一？”

资料来源：同上表。

如果把统“独”偏好、民族认同再与省籍差别结合起来，族群的分化将分得更细。

从上述表格看，由“省籍”、统“独”以及“台湾意识/中国意识”的认同分别分化出三组不同的族群，这三组不同的族群划分并不完全等同，这就意味着“省籍议题”、“统独议题”以及“台湾意识/中国意识议题”将分别和动员不同的族群，显然。这三种族群认同的冲突议题并不是同质化的重复，各有其成立的理由。

另外，更为关键的是，这三种舆论冲突议题各自分化动员的三组不同的族群，

① 林佳龙：《解释晚近台湾民族主义的出现及特色》，收入洪泉湖、谢政谕主编《百年来两岸民族主义的发展与反省》，台北：东大出版社，2002 年版，第 292 页。

表 3："本省人"与"外省人"对建立民族国家的态度及其变化

	本省人						外省人		
	闽南人			客家人					
	1993 年	1996 年	1999 年	1993 年	1996 年	1999 年	1993 年	1996 年	1999 年
台湾民族主义者	9%	16%	17%	5%	5%	9%	0%	2%	2%
独立主义者	7	7	9	7	3	10	3	3	4
现实主义者	12	40	43	11	52	43	5	40	52
统一主义者	18	11	11	17	15	13	14	22	17
中国民族主义者	15	7	3	21	9	6	60	23	15
消极主义者	39	20	17	40	17	18	19	11	10

资料来源：同上表。

虽然不完全等同，并也不是绝然对立，更不是毫无关联的；相反，其核心部分是大致重叠的，其辐射取向也是大体一致的。上述表格显示，个人的族群背景与其民族认同及统"独"立场具有高度的相关。也就是说，与"外省人"相比，"本省人"有较清楚的台湾认同，并更可能支持"台独"；而与"本省人"相比，"外省人"认为自己是"中国人"的比例要高，并且较易接受统一的立场。

相互差异、高度重叠、相互关联，这是"省籍议题"、"统独议题"以及"台湾意识/中国意识"族群冲突议题所分化与动员的三组族群的关系特点，也是上述三种族群冲突议题在舆论场域的结构特点。可见，上述三种议题，不仅不可相互替代，反而可以相互补充，既相互配合，又相互促进，形成一个具有舆论生态学意义上的议题共生现象。

这也导致了上述三种议题往往同时出现，有时甚至常常分不清某一个舆论议题到底属于"省籍认同"、"统独认同"，还是"台湾意识/中国意识"的认同。同样，这也就是为什么台湾学者往往把上述议题当作同一类族群议题，一锅煮地进行研究的原因。

但是我们不能因为这三种议题具有强烈的关联和类似的效果，就将它们混为一谈。前面说过，这三种议题和其对应的三组不同的族群关系，在性质上具有本质的不同，在具体的舆论操作中也具有不同的特点。前文我们讨论了"省籍议题"的特点，下文我们还将分别讨论"统独议题"以及"台湾意识/中国意识议题"的不同特点，将这些问题引向深入，我们就不会被舆论的表面现象所迷惑，从而深刻地把握舆论的实质。

从这三种不同议题冲突的生成过程，我们可以清楚地看出“台湾意识/中国意识议题”冲突的实质。“台湾意识/中国意识”的舆论议题冲突表面上是面向台湾与祖国的关系，但实际上，舆论的推动者最要害的目的并不是要分化台湾与祖国的关系，而是借分化台湾与祖国的关系来分化台湾内部的族群关系。台湾以外的“中国人”不会在台湾投票，分化台湾以外的“中国人”，议题的操纵者得不到现实利益；其现实的利益还在于将台湾内部分化出不同的族群，以寻找和壮大更多的支持者，并动员他们为自己投票。所以舆论的操纵者想方设法要在台湾内部制造一组根本不存在的所谓“台湾人”与“中国人”的不同的族群。台湾内部有“本省人”与“外省人”之分，却绝无“台湾人”与“中国人”之别。“台湾人”作为一个整体，即使在纯理论意义上划分，也应该说是要么全部是“台湾人”，要么全部是“中国人”，或者全部既是“台湾人”与“中国人”，而不可能一部分是“台湾人”，一部分是“中国人”，所有这样的划分都怀有不可告人的目的，都是借着议题以分化族群来获取政治的利益。1996年“大选”，已经是“台湾人”的全民“总统”的李登辉，为取得连任，有意制造台湾内部存在一个“台湾人”与“中国人”的不同族群，他以“勇敢的台湾人”诉求“台湾人”族群，打出“选台湾人自己的总统”的旗号，以打击对手林洋港、郝柏村，并抢夺彭谢配的本土族群选票。①

当“省籍议题”因其现实性基础的逐渐丧失而逐渐减弱时，在一个事实上不再存在“外省人”欺负“本省人”现实情景下，“省籍议题”就像台风，一旦登陆就无法在陆地上持续寻找水汽以补充能量。它只好停留在历史的悲情中消费舆论的能量。因此，开辟新的舆论战场就成了族群政治推动者的不二选择，它不仅要寻找新的悲情事件以增强舆论的当量等级，而且要寻找新的敌人来制造仇恨并提供怒火发泄的目标。

这个新的舆论战场就是“台湾意识/中国意识议题”，由于现实中两岸关系的非正常化，将两岸关系描述成“中共”对台湾的打压就成了绝佳的选择。1994年3月31日，台湾长风旅行社旅游团一行24人乘“海瑞号”游轮在浙皖交界处千岛湖游览时，遭三名歹徒登船抢劫并纵火焚船，致使该船24名台湾居民以及8名大陆居民全部遇难，从而酿成一起特大抢劫纵火杀人案，即“千岛湖事件”。事发后，中共中央、国务院高度重视，责成公安部、浙江省委、省政府迅速破案，妥善处理。海

① 彭怀恩：《台湾政治发展》，台北：风云论坛出版社，2003年版，第336页。

协会依照《两会联系与会谈制度协议》有关紧急联系的规定，及时快速地向台湾海基会通报情况，协调有关部门为遇难者家属来浙江处理善后提供方便。经过各方面努力，公安机关仅用了17天即侦破此案。千岛湖事件，本系一起谋财害命之刑事案件，然而事件发生后，台湾方面一些人借题发挥，纷纷以所谓“草菅人命”、“土匪”等词语发表措辞强烈的指责，将千岛湖事件变为政治事件，对当时的两岸关系造成相当大的冲击。1994年4月14日李登辉在谈到“千岛湖事件”时有意将一个刑事案件置换成“台湾意识/中国意识议题”，制造对大陆的仇恨，他说：

> 千岛湖事件在台湾激起的民愤可以说是全面性和“朝野”一致性的，这一点恐怕中共还未认识到其事态的严重。今后两岸的交流已经蒙上很深浓的阴影。同胞们愤怒的是，在一个文明的社会绝不容许这样的事发生。更严重的是，一个现代化的政府决不会像中共当局如此不负责任，如此反应迟钝，连连以不当的措施来处理攸关人命的重要大事。任何政权都应深切体认“主权在民”的精义，否则将为觉醒的人民所唾弃。我说如此重的话，是因为大陆尚不是文明国家，台湾是个文明国家。我们早上在家起床，报纸、牛奶都会定时送到门，一切都已上轨道、程序化；大陆不是这样子，对外来的人不能这样搞，民众被杀死也不知道，这个问题，对大陆的主权要强调，主权应在老百姓，这是最基本的问题。中共说台湾是中华人民共和国的一省，这是乱说话，没缴过一毛钱的税，没有统治过台湾一天，也不是人民选出来，主权在哪里？①

根据《联合报》1994年4月中旬的民调显示，千岛湖事件发生以后，台湾赞成与非常赞成“台湾独立”的民众大幅上升至42%，较之前上升了一成，支持统一的人数则是减少了近两成。② 此一民调结果显示千岛湖事件之后，由于一些人对舆论的操弄，台湾民众对大陆的疑惑与不满增加，双方的交流一时之间也有冷却的现象。千岛湖事件是影响“台湾意识/中国意识议题”转变的重要转折点。

在这种族群议题需要制造新的敌人的驱动下，大陆导弹试射、“断交复交”、“台湾申请加入联合国”，全部解读为“中国人”欺负“台湾人”的证据，甚至不惜造谣煽动。在台湾地下电台和民进党的舆论中，台湾的任何问题和事件都可以和

---

① 《奉献与奋斗》，台北：“行政院新闻局”，1995年版，第397—398页。

② 薛化元：《三三一千岛湖事件纪要》，《交流》，台北市：财团法人海峡交流基金会，1994年第14期，第76—77页。

中共的“搞破坏”挂上钩。比如2004年“3·19枪击案”发生后，就有地下电台散布不实之流言认为是“国亲结合共产党枪杀了陈水扁”，“目前福建军区操兵，和连宋在那边暗盘，暗通款曲”等等。① 2005年台湾TVBS电视台《全民开讲》连日追击民进党高捷弊案，绿营对此展开全面反制：多名民进党“立委”在“立法院”指控TVBS是100%中资公司，企图颠覆台湾；“新闻局长”姚文智随后也表示，根据“国安局”报告，TVBS确是100%港资，且“新闻局”对该台股权异动未申报，裁罚款20万新台币，并扬言撤销牌照。不过，学者和民众普遍认为，绿营此举是无理打压TVBS。② 2006年4月14日，台湾《中央日报》发表社论说：“2006年两岸经贸论坛不但是国共两党继续开展政党交流的重要活动，同时也是针对2005年‘连胡会’有关‘促进经济全面交流，建立经济合作机制’共识的进一步的落实。然而，民进党政府对此非但不积极配合，反而还极尽抵制杯葛之能事。例如，中国大陆愿意跟我们发展更紧密的经贸关系，民进党批评是‘存心矮化台湾’；直航则被抹黑为‘木马屠城记’；资金流出将会造成‘钱进大陆，债留台湾’；开放大陆人民来台观光则‘会被大陆人渗透颠覆’，造成安全上严重漏洞。”③ 在民进党的舆论议题里，“中国（中共、大陆）”成了他们进行舆论动员的最好的“假想敌”。

在上述舆论中，说“中国”是最好的“假想敌”而不是真正的敌人，不仅是要指出上述解读中存在着片面、歪曲和捏造的成分，更是要说明“台湾意识/中国意识议题”中的“中国人”并不是议题推动者的真正敌人，上述舆论中的“中国人”无论做了什么事，都没有威胁到舆论推动者的真正的现实利益，因为这些“中国人”并不会来台湾投票，而一切为了选举的政党，只有票源是最大的利益来源所在，它真正的“敌人”是不投它票的人。但是这些不投票的人既不能随意将之塑造成万恶不赦的罪人，也不能莫名其妙地以他们为导火线来燃烧仇恨的怒火和制造巨大的舆论能量以分化和动员族群，而这时的“中国”（“中共”、“中国人”）符号就被顺理成章地拿来当替罪羊和假想敌。④ 选举需要敌人，需要敌人来分化阵营和鼓舞士气，需要敌人来污蔑对手和美化自我，“中国意识”议题就这样一次次被舆论

① 参见陈键兴：《台湾地下电台：政治与“春药”一起卖》，《环球》，2007年第12期。

② 参见《立委：TVBS百分之百中资》，台湾《自由时报》，2005年10月29日报道；另参见邹振东：《2005年台湾舆论年度报告》，收入《2005年台湾问题研究报告》，邹振东主编，北京：华艺出版社，2006年12月版，第50—51页。

③ 《与人民同心、与时代同步》，台湾《中央日报》，2006年4月14日社论。

④ 参见黄光国，《“台湾结”与“中国结”：对抗与出路》，《中国论坛》，第289期，第1—19页。

操作者当作选票机，一按就灵，屡试不爽。

除了选举，“中国意识”议题作为假想敌还有一个功用就是转移议题和转换议题。转移议题是指一旦发现一个不利于自己的议题时，就转移到另一个议题，这从陈水扁常常喜欢在海外放话就可以看出。每到舆论的困境，陈水扁就常常在境外放话，而这些放话往往就是“台湾意识/中国意识议题”，因此舆论的焦点自然就转到“台湾意识/中国意识议题”上面。2006 年 9 月初，为了避开民众“倒扁”运动的锋芒，陈水扁率团出访南太平洋“友邦”帕劳和瑙鲁。期间，陈水扁表示将立即催生一部台湾“新宪法”，并推动以“台湾名义申请参加联合国”;① 在出访帕劳接受日本媒体专访时更声称，他期待与日能够缔结“准军事同盟”，成功地将反贪腐议题转化为“台湾意识/中国意识议题”及“统独议题”。② 而转换议题指的是一旦发现对己不利的舆论困境，舆论的操纵者就试图将这一舆论事件解读为“台湾意识/中国意识议题”，比如 2006 年陈水扁妻子等人因“公务机要费”被起诉，担任此案公诉检察官的张熙怀由于到过大陆讲学及学术交流，成了民进党的攻击目标。一些绿营“立委”给他大扣“红帽子”，说他的政治倾向“有问题”、执行职务“有偏颇”，有泄密之嫌。从而将对陈水扁贪腐的司法审判解读为“中国人”在欺负“台湾人”,③ 从而把反腐的议题焦点转换为“台湾意识与中国意识”的议题焦点。

将大陆塑造成假想敌的议题，帮助民进党获得一次次选举的胜利，也一次次成功地帮民进党解除困境，所以泛蓝阵营有人长叹：谁最“爱”中国，当然是陈水扁和民进党，如果没有“中国”与“中共”这个假想敌，陈水扁把台湾搞得这么烂，怎么可能当选和连任，除了在“中国”这个议题上捞分，陈水扁和民进党治台无方，选举有术，还能在其他什么议题上争到选票?④ 这种看法“话糙理不糙”，一语道出了舆论推动者在舆论上把“中国”当作假想敌的目的和实质。

民进党执政期间，因为国民党“在野”已经不方便再将其炒作为“压迫者”，现实中的“中国”替代了历史中的“国民党”和“外省人”，成为舆论的操纵者制

---

① 《陈总统：未来 20 个月做 40 个月的事　全速催生台湾新宪法》，台湾《今日新闻》，2006 年 9 月 5 日报道，http：//www. nownews. com/2006/09/05/301 – 1987027. htm。

② 日本富士电视台东京第八频道对陈水扁的专访，2006 年 9 月 11 日。

③ 黄忠荣、林俊宏：《每年访中设奖学金　绿委质疑张熙怀政治立场》，台湾《自由时报》，2006 年 12 月 20 日报道。

④ 2005 年高捷弊案时，台湾 TVBS 电视台“新闻夜总会”节目中嘉宾语。

造的敌人，紧接着再将“中国”（“中共”）与国民党等竞争对手“外省人”挂上钩来，因此，竞争对手就成了“中共的同路人”和“卖台集团”。这样，“省籍议题”的悲情牌就被“台湾意识/中国意识议题”的悲情牌所替代，而且台湾与祖国的关系历史就被重新建构为一直是“中国人”欺负“台湾人”的历史，是“台湾人”争取出头天的历史。

而要把“中国”塑造成假想敌，有一个最重要的功课必须做，那就是在舆论上对“中国”污名化，所有不好的字眼都和“中国”挂上钩：专制、落后、野蛮、贫穷、保守、封闭、封建、压迫者、不自由、不文明、水深火热、贪腐横行、文攻武吓，这些不好的词成了“中国”的代名词，甚至成了“中国”的符号。谢长廷在其《谢长廷新文化教室》里就这样丑化中国：“台湾的政治文化为何如此恶质？因为统治者是由中国来的。……中国的政治文化差不多都是坏的，因为在中国的政治世界，要生存必须尔虞我诈、勾心斗角。”① 2003 年 10 月 6 日，陈水扁接受美国《华盛顿邮报》的采访，他说：“三年以来，中国对于国亲合作抵制政府施政是乐观其成，甚至暗中给予协助。”② 陈水扁将国亲操作为“中共”的同路人，就是为了针对国亲联合的 2004 年台湾“总统”候选人连宋的选情进行舆论攻击。

对“中国”的污名化过程，实际上是一连串的概念偷换过程，即便是在“两蒋”时期，“中国”都是一个美好的字眼，所以不仅当时的执政党中国国民党保留其“中国”的符号，在当时台湾的各种公营事业，也大都冠以“中国”的字号。台北市的各种街道，大量地用中国的城市命名，国民党虽然对“中共”又怕又恨，但还是把“中共”、“大陆”、“大陆人”、“中国人”、“中国”区分得很清楚。在国民党当局的舆论里：“中共”是他们的敌人，“大陆”是他们反攻的目标，“大陆人”是生活在水深火热中等待他们拯救的对象，而“中国”则是他们统一的目的。而到了李登辉上台和民进党执政，在一些人舆论里，概念开始来回置换，变成“中共”等于“大陆”，“大陆”等于“中国”。这种概念的偷换一方面是要制造“一中一台”的概念区隔，另一方面就是要把“中国”污名化。

因此，对“中国”的污名化，实际上是从对中共的妖魔化开始，对此，国民党

---

① 谢长廷：《谢长廷新文化教室》，台北：月旦出版公司，1995 年版，第 17 页。

② 《总统府：国亲与中国　一直眉来眼去》，台湾《自由时报》，2003 年 10 月 13 日报道。另见《吴钊燮：国亲与中共眉来眼去　陈其迈促国亲交代两岸政策是否仍坚持一中》，台湾《中国时报》，2003 年 10 月 13 日报道。

难辞其咎。起初，“中共”是作为真正的“敌人”出现在国民党的舆论中，因为正是“中共”将他们赶到台湾，使之在大陆失去了政权。“共匪”、“共产暴政”、“叛乱团体”、“俄共鹰犬”、“匪伪政权”，对中共无所不用其极的丑化，既是他们出于泄愤的心理需要，也是他们必欲灭之而后快的现实目标。1950 年 3 月 1 日，败退台湾的蒋介石就复任“总统”发表文告鼓吹“反共抗俄”，“反攻大陆”，建三民主义国家；1952 年 10 月国民党第七次代表大会，通过蒋介石制定的《反共抗俄基本论》，把“反共抗俄”定为国民党今后思想言行的遵循准则。[①] 但随着时间推移，“中共”从“真正的敌人”慢慢转化为“假想敌”，“中共”更多地成为转移台湾内部矛盾、凝聚士气的借口素材。对于国民党的这种转变，学者李哲夫指出：“‘反攻大陆’的政策虽在五十年代后期已不得不实质地放弃，但是一直到六十、七十年代，‘反攻大陆’这个口号却是绝对不能放弃的。”[②] 1980 年 6 月 9 日蒋经国发表《国家的基本立场和精神》讲话，首次明确提出“以三民主义统一中国”，[③] 并在 1981 年的国民党的十二次代表大会确认为国民党的口号。当“反攻大陆”已无望的时候，时刻制造“中共”要武力犯台的舆论就有助于巩固自己在台湾的统治基础。妖魔化“中共”既是强化自身合法性的依据，也是争取民众认同的源泉。1980 年 3 月，在蒋经国的策划下，台湾当局组织拍摄了《我们为什么不与“中共”和平谈判?》等 7 部系列宣传片，极力渲染大陆的“不稳定”，给台湾民众造成严重的恐共心理。[④] 但是到了李登辉上台和民进党执政，对“中共”的妖魔化就扩展到了对“大陆”和“中国”的妖魔化，并且笼统以“中国”称之。这个时期，台湾既不以“反攻大陆”为目标，而“中共”也早已不把“解放台湾”为口号，这时妖魔化的“中国（中共、大陆)”变成了台湾真正的假想敌。这个假想敌存在的唯一理由，就是可以转移焦点、分化族群、争取选票和巩固统治。为了让这种妖魔化更真实，更具有历史基础，舆论开始把“中国”的妖魔化从“中共”向前溯及明郑时期，从而把台湾从荷据、明郑、清朝、日据、国民党执政直到今天，四百年历史建构成一个台湾始终被包括国民党在内的外来政权所欺负的历史，建构成一个“台湾人”

---

① 李祖基：《战后台湾四十年》，北京：光明日报出版社，1990 年版，第 28、47 页。

② 《台湾社会发展与省籍问题——与李哲夫对谈于华府》，见戴国煇：《台湾史研究》，台北：远流出版公司，1985 年版，第 195 页。

③ 刘红：《蒋经国全传 · 下卷》，北京：中国言实出版社，1996 年版，第 690 页。

④ 张春英：《海峡两岸关系史》，福州：福建人民出版社，2004 年版，第 940 页。

一直在争取“出头天”的历史①。

我们发现妖魔化中国的项庄舞剑最后还是指向沛公（竞争对手），它的真实意图就是将竞争对手贴上“中国”的标签，从而颠覆竞争对手的合法性，并确定本土化执政的合法性基础。有关“中国”的议题就这样返回到台湾内部，这是议题真正的指向所在。污名化的“中国”不是议题真正的敌人，而是“假想敌”，这个“假想敌”的作用就是在台湾内部分化和动员族群。在这样的族群分化下，今天的台湾被可悲地分化出认同与不认同“中国”的两个族群。即使在表面上都可以看出这种分化：比如，那些称海峡对岸为“大陆”、“中共”、“共产中国”甚至是“共匪”的人，往往是认同“一个中国”或自认为“中国人”的人，而那些有意将海峡对岸直呼为“中国”的人，往往是不认同“一个中国”的人。

因此，“台湾人不是中国人”这样的伪命题，以及台湾内部存在着的一个“台湾人”族群和一个“中国人”族群这样的伪命题在台湾得以大行其道。而为了把这现实中不可能存在的族群划分变成更像是真的，除了在“台湾人”与“中国人”的归属上加上“你认为”这种主观色彩，还不惜运用“统独议题”对民族的认同加上注释与背书。因此，表面上是“台湾意识/中国意识”的冲突议题，理念上却有着“统独议题”的背景，骨子里则暗藏着与“省籍议题”相同的目的——分化和动员族群，这就是“台湾意识/中国意识议题”冲突的实质。

第四节 “台湾意识/中国意识议题”对台湾政治认知的影响

“台湾意识/中国意识议题”的效果可以从台湾政治认知的变化得到实证。最明显的是台湾民众对“台湾人/中国人”的认同发生了显著的变化。“台湾意识/中国意识”是台湾政治文化最核心的政治认识，而“台湾人/中国人”的认同又是“台湾意识/中国意识”最核心的内容，从“台湾人/中国人”认同演变，可以看到作台湾政治认知代表性符号的“台湾意识/中国意识议题”对台湾政治文化的影响。台湾政治大学选举研究中心自1992年开始进行“台湾人/中国人认同”的民调，主要

① 1994年李登辉在接受司马辽太郎访谈时提到了自己“身为台湾人的悲哀”，他认为拥有四百年以上历史的台湾人，都是被外来政权统治的，“国民党也是外来政权”。李登辉还说他要做带领犹太人出埃及的摩西。李登辉：《生为台湾人的悲哀》，日本《朝日周刊》，1994年4月24日；台湾《自立晚报》1994年4月30日—5月2日以同名文章连续转载。

问题是“你认为自己是中国人还是台湾人或者两者都是”，并依性别、年龄、教育程度、省籍、职业、地区进行长期变化的分析比较，我们可以从中看到“台湾意识/中国意识议题”对台湾整体以及不同人群的影响力变化。先看表4：

表4：台湾全体民众对“台湾人/中国人”认同趋势表

年度	台湾人	都是	中国人	无意见
1993年	27.1%	33.8%	33%	5.7%
1996年	35.7%	40.5%	20.8%	3%
1999年	32.9%	51.9%	11.8%	3.4%
2002年	38%	50.6%	7.9%	3.5%

资料来源：台湾政大选举研究中心自1992—2003所做的电话访问调查，见刘义周《民众的“台湾人/中国人认同”发展趋势》，2003年台湾政治学会年会暨《变动中的台湾政治》学术研讨会会议文集，台北：台湾政治学会，2003年版。

从表4我们可以看到，从1993年到2002年不到10年间，台湾全体民众对“台湾人/中国人”认同发生了巨大变化，认同“中国人”的比例大幅下降了25个百分点，认同“台湾人”的则增加了11个百分点，加上双重认同所增加的17个百分点，对“台湾人”的总体认同增加了28个百分点，显示出“台湾意识/中国意识议题”对台湾政治认知的影响力。族群认同中“台湾人”认同的大幅度增加与“中国人”认同的大幅度减少，和这一段时间“台湾意识/中国意识议题”强化对“台湾人”的认同正相关。

我们再分别分析“台湾意识/中国意识议题”对不同人群的影响。见表5：

表5：台湾民众“性别”对“台湾人/中国人”认同趋势分布表

	男性				女性			
年度	台湾人	都是	中国人	样本数	台湾人	都是	中国人	样本数
1992	15.2%	49.5%	35.3%	1504	24.6%	52.5%	22.9%	1270
1993	21.9%	46.8%	31.4%	566	21.8%	53.2%	25%	547
1995	25.7%	49.4%	24.9%	8970	27.5%	53.3%	19.2%	8659
1996	25.2%	48%	26.8%	1295	28.5%	55.3%	16.2%	996
1998	35.3%	45.3%	19.2%	1683	37.6%	48.1%	14.4%	1554
2000	31.1%	55.5%	13.4%	476	32.6%	59.8%	7.6%	540
2002	36.8%	50.6%	12.7%	3115	41.6%	50.7%	7.9%	3172
2003	41.1%	46.3%	12.6%	1572	46.1%	45.8%	8.1%	1574

资料来源同上。

从性别差异看，男性和女性在双重认同上变化都不大，基本上维持在50%上下，但是对“台湾人”认同普遍上升，对“中国人”的认同则普遍下降，显示在总体趋势上，男性与女性的认同变化没有差异。但是从变化幅度上，男性无论是对“台湾人”认同的上升还是在对“中国人”的认同的下降，都较女性要大，显示出男性比女性族群更易受“台湾意识/中国意识议题”的影响，男性作为更政治化的人群，更易受政治晴雨表与政治舆论的影响。

表6：台湾民众“年龄”对“台湾人/中国人”认同趋势分析表

年龄	年度	1992	1993	1996	1998	2000	2002	2003
20—29	台湾人	16.1%	15.5%	22.9%	33%	34.1%	42.2%	43.8%
	都是	60%	56.2%	61.1%	52.7%	56.8%	52.1%	50.8%
	中国人	23.9%	28.3%	16.1%	14.2%	9.1%	5.7%	5.4%
30—39	台湾人	18.4%	20.4%	24.9%	31.6%	31.9%	32.4%	34.6%
	都是	56.2%	56.7%	53.3%	53.2%	57.1%	57.2%	56.3%
	中国人	25.4%	23%	21.8%	15.2%	11.1%	10.5%	9.2%
40—49	台湾人	19.5%	28%	32%	41.8%	37.1%	10.5%	49.2%
	都是	55.8%	40.5%	45.6%	41.9%	49.3%	51.2%	46.2%
	中国人	30.0%	31.5%	22.4%	16.3%	13.6%	9.8%	8.9%
50—59	台湾人	23.1%	25.8%	31.6%	46.6%	42.2%	42.7%	45.5%
	都是	46.2%	44.3%	45.6%	30.4%	39.1%	43.1%	43.1%
	中国人	30.8%	29.9%	22.8%	23.1%	18.7%	14.2%	11.3%
60以上	台湾人	28.6%	19.2%	25.7%	37.4%	41.5%	48.5%	51%
	都是	45.5%	38.4%	35.1%	32.9%	31.8%	34.6%	28.6%
	中国人	25.9%	42.4%	39.2%	29.7%	26.7%	16.8%	20.5%

资料来源同上。

从年龄看，60岁以下的人在双重认同上变化不大，但在对“台湾人”的认同与对“中国人”的认同都出现成倍地上升与成倍地下降。反观60岁以上的人，虽然对“台湾人”认同增加了两倍，但对“中国人”认同却没有变化，不过双重认同却减少了近20个百分点，显示“台湾意识/中国意识议题”对60岁以下人口较有效；而对于60岁以上人口，则主要是双重认同的分化较大，近一半的人放弃双重认同转而认同台湾，但对“中国人”的认同则变化不大。可见对于60岁以上的人口，“台湾意识/中国意识”的议题在对“中国人”的认同上影响不大，这些人可能是年长的“外省人”，出生地的记忆与中国文化的积淀使其政治认知对“台湾意识/中国意识议题”较有免疫力。

再看表7：

表7：台湾民众“教育程度”对“台湾人/中国人”认同趋势分布表

	年度	1992	1993	1996	1998	2000	2002	2003
小学以下	台湾人	31.8%	33.7%	35.6%	48.6%	51.7%	58.4%	56%
	都是	46.4%	41.8%	47.5%	34.6%	33%	30.5%	29.8%
	中国人	21.7%	24.5%	16.9%	16.8%	15.4%	11.1%	14.2%
中学、高职	台湾人	17.8%	19.9%	23.7%	37.5%	34.7%	40.8%	41.4%
	都是	52%	51.4%	29.3%	44.7%	52.7%	48.9%	49.2%
	中国人	30.2%	28.7%	16.9%	17.8%	12.6%	10.3%	9.4%
大专以上	台湾人	8.8%	14.7%	18%	28.5%	30.5%	31.1%	34.7%
	都是	53.3%	53.8%	62%	52%	55.3%	58.0%	57.3%
	中国人	37.9%	31.5%	19.9%	19.6%	14.2%	10.0%	8.0%

资料来源同上。

从教育程度看，高职以上文化程度的比小学以下的认同变化较大，特别是大专以上的，无论是对“台湾人”认同的上升，还是对中国人认同的下降，其幅度都超过了大专以下文化程度，均接近30个百分点，显示受教育程度越高，其政治认知越易受“台湾意识/中国意识议题”的影响。而小学以下文化程度，对“中国人”的认同变化幅度不大，与小学以上文化程度在双重认同基本不变的情况相反，其双重认同的比例下降，主要是原来双重认同的人放弃“中国人”认同转而只认同“台湾人”。这与前表的年龄情况有相似，可能是这部分小学以下的人群主要是60岁以上的人群，在这个人群中，“外省人”受“台湾意识/中国意识议题”的影响不大，而其他人群则较易受“台湾意识/中国意识议题”影响，有近一半放弃双重认同转而只认同“台湾人”。

表8：台湾民众“职业”对“台湾人/中国人”认同趋势分布表

	年度	1992	1993	1996	1998	2000	2002	2003
军公教人员	台湾人	10.1%	13.9%	15.9%	28.2%	27.8%	28.5%	27.8%
	都是	43.8%	47.8%	58.1%	49.7%	50.2%	57.1%	45.8%
	中国人	46.2%	40.3%	26.1%	22.2%	22.1%	13.7%	19.4%

续表

	年度	1992	1993	1996	1998	2000	2002	2003
私部门管理人	台湾人	19.4%	22.4%	27.9%	35.6%	34.9%	36.4%	34.6%
	都是	48.2%	46.7%	55.3%	47.2%	51.1%	51.2%	46.3%
	中国人	32.4%	31.3%	16.7%	16.2%	14.1%	11.5%	10.2%
私部门职员	台湾人	13.5%	19.2%	21.9%	34.8%	33.1%	38.9%	33.8%
	都是	55%	52.5%	59.6%	50.9%	55.5%	51.2%	55.2%
	中国人	31%	28.5%	19.4%	15.3%	10.6%	9.3%	8.2%
劳工	台湾人	22.1%	22.8%	26.6%	37.6%	41.2%	40.7%	41.5%
	都是	52.2%	50.3%	58.6%	42.4%	45.4%	47.1%	45.1%
	中国人	25.8%	27.9%	15.8%	20.1%	13.7%	11.2%	9.3%
农林渔牧	台湾人	22.6%	30.2%	32.7%	45.4%	54.5%	57.5%	54.1%
	都是	55.5%	47.4%	49.1%	36.9%	26.8%	33.6%	26.6%
	中国人	22.9%	21.4%	18.2%	18.7%	19.7%	9.8%	10.5%
学生	台湾人	12.8%	17.6%	22.5%	36.2%	38.2%	40.5%	38.2%
	都是	60.6%	47.1%	64.3%	51%	53.2%	53.9%	53.2%
	中国人	26.6%	35.3%	13.2%	12.8%	8.5%	5.6%	4.1%
家管	台湾人	28.8%	25.8%	26.7%	42.3%	38.1%	43.1%	38.1%
	都是	53.2%	50.1%	59.7%	45.4%	52.5%	49.7%	41.6%
	中国人	18%	22%	13.5%	12.4%	9.4%	7.2%	9.1%

资料来源同上。

从职业上看，尽管1992年军公教人员对“中国人”的认同最高，可是经过十余年的政治变迁，他们和其他群体一样在“中国人”认同上下降了一半以上，而“台湾人”认同也上升了一倍以上，显示“台湾意识/中国意识议题”对各种职业都有较大影响。其中，学生受到的影响可能最大，对“中国人”认同下降了八成以上，2003年的比例仅有1992年的六分之一。而这些年“台湾意识/中国意识议题”在教育上动作最大，从教科书、课程设置到考试，教育受到的“去中国化”冲击最大，显然，“台湾意识/中国意识议题”在学生的族群认同上收到了最显著的效果。军公教政治认知的变化，动摇了国民党的传统基本盘，而学生即将成为选举人，对政治认知的变化将深远影响台湾的政治文化。

表9：台湾民众“地区”对“台湾人/中国人”认同趋势分布表

	年度	1992	1995	1996	1998	2000	2002	2003
大台北都会区	台湾人	15.1%	23.5%	21.9%	32.5%	32.6%	33.2%	38.8%
	都是	51.1%	52.2%	53.1%	50.7%	51.8%	56%	49.8%
	中国人	33.9%	24.3%	24.1%	17.2%	16.1%	10.7%	12%
北县基隆	台湾人	18.4%	23.4%	24.9%	29.6%	33%	38.45%	35.6%
	都是	49.2%	53.7%	56.3%	47.2%	52.1%	52.2%	51.3%
	中国人	32%	23%	17.8%	24.2%	14.1%	9.5%	12.7%
桃竹苗	台湾人	16.5%	20.1%	17%	32.8%	31.1%	28%	36.5%
	都是	53%	52.5%	57.6%	50.9%	54.3%	55.2%	53.2%
	中国人	30.3%	27.5%	25.4%	17.3%	14.6%	16.8%	10.9%
中彰投	台湾人	20.1%	27.8%	25.6%	35.6%	36.2%	42.7%	44.5%
	都是	50.2%	51.3%	52.6%	48.4%	50.1%	48.1%	45.1%
	中国人	28.8%	20.9%	22.8%	16.1%	13%	9.2%	11%
云嘉南	台湾人	24.6%	33.2%	33.7%	43.4%	41.5%	49.5%	55%
	都是	49.5%	48.4%	49.1%	43.9%	47.7%	42.6%	38.6%
	中国人	25.9%	17.4%	17.2%	13.7%	10.7%	8.8%	6.5%
高屏澎	台湾人	21.9%	29.7%	32.3%	41.7%	39.1%	44.4%	49.3%
	都是	51.6%	51.4%	47%	43.1%	49.2%	48.2%	41.9%
	中国人	26.6%	19%	20.7%	15.2%	11.7%	7.4%	8.8%
宜花东	台湾人	17.1%	24.9%	30.8%	37.2%	33.2%	33.5%	44.2%
	都是	46.8%	49.9%	36.2%	41.9%	47.9%	56.5%	42.2%
	中国人	36%	35.4%	33.1%	20.9%	18.9%	11.1%	13.6%

资料来源同上。

从地区的认同变化来看，各地区的下降和上升趋势基本相同，增幅、降幅差别不大，显示在1992年各地区原本就有的认同差异，随着十年变迁，在大致相同的增降趋势与幅度比例下，继续保持原有的差异。可见，“台湾意识/中国意识议题”对各地区民众在政治认知的影响是大致相似的。

从下表看，认同变化最大的发生在本省闽南人对“中国人”认同的比例大幅下降，2003年仅是1993年的近四分之一，以及大陆人（“外省人”）对“台湾人”认同比例的大幅提高，2003年是1993年的近7倍，显示“台湾意识/中国意识议题”对本省闽南人的“中国人”认同和“外省人”的“台湾人”认同影响最大。从上表看，少数民族的“台湾人”认同也大幅攀升，增幅达七倍，但少数民族的人数偏低，比率并不稳定。

表10：台湾民众“省籍”对“台湾人/中国人”认同趋势分布表

	年度	1993	1995	1996	1998	2000	2002	2003
本省客家人	台湾人	12. 1%	21. 5%	18. 9%	37. 9%	25. 1%	30. 2%	37. 8%
	都是	54. 8%	51. 2%	57. 1%	44. 7%	65. 8%	54. 1%	51. 8%
	中国人	32. 9%	28. 3%	24. 1%	17. 2%	9. 1%	15. 7%	10. 4%
本省闽南人	台湾人	26. 4%	31. 4%	32. 9%	41. 6%	37. 9%	45. 4%	19. 6%
	都是	49. 2%	52. 7%	50. 3%	45. 2%	55. 1%	47. 2%	43. 3%
	中国人	23. 4%	20. 1%	17. 8%	13. 2%	7. 1%	6. 5%	6. 8%
大陆人	台湾人	2. 5%	8. 6%	6. 5%	23. 8%	8. 1%	13. 4%	17%
	都是	47. 8%	47. 5%	47. 6%	256. 9%	64. 3%	63. 2%	55. 2%
	中国人	50. 0%	43. 5%	45. 4%	30. 3%	27. 5%	23%	27. 8%
原住民	台湾人	7. 1%	21. 8%	16. 6%	32. 6%	62. 2%	40. 7%	58. 5%
	都是	53. 2%	53. 3%	56. 6%	44. 4%	37. 1%	45. 1%	28. 1%
	中国人	38. 8%	23. 9%	27. 8%	23. 1%	0%	14. 2%	13. 3%

资料来源同上。

从上述调查结果显示，台湾的族群认同整体上呈现出一种“弃‘中’就‘台’”的趋势，而且这个趋势如此普遍，不仅跨年龄、跨性别，而且跨职业、跨教育程度，甚至跨地区、跨族群背景，即便是北部的“外省人”，也不约而同出现对“中国人”认同的减少与对“台湾人”认同的增加，而且变化的比例往往在一倍以上；显示出族群认同变化，尽管有年龄、性别、职业、教育程度、地区及族群背景的细微差异，但是整体上却是往对“中国人”认同越来越少、对“台湾人”认同越来越多的方向发展。

需要指出的是，上述调查结果并没有关于族群认同变化与“台湾意识/中国意识议题”相关性的数据，而受研究的限制，笔者也无法在台湾做与之相关的调查，从笔者接触的资料看，还没发现有这方面的研究成果。因此，对族群变化与“台湾意识/中国意识议题”的相关性，没有实验和调查数据，只是合理的推测。因为，从族群认同的生成理论看，从1992年至2003年间，其在“本质论”上没有发生变化，在“结构论”上“外省人”占“本省人”上风的现象日趋减弱，甚至在2000年发生根本逆转，为什么还会在族群认同上出现这么大的变化？特别是为什么会在台湾出现本来就不存在的所谓“台湾人族群”与“中国人族群”？所谓的“台湾人/中国人”认同只是主观上的政治认知，因此，这样的族群变化主要是甚至完全是建构的产物。台湾学者张麟征指出：“台湾的‘族群问题’是塑造的而不是原生的，台湾的‘族群’分布是斑豹式的，不是地区性的。”① 在这种建构的过程中，除了政治、社会的变迁，族群议题是族群认同建构的最直接的主导力量。因此，台湾这十来年的政治认知变化是和“台湾意识/中国意识议题”脱不了干系的。

但是为什么“台湾意识/中国意识议题”就会导致“弃‘中’就‘台’”的趋势呢？为什么不会出现“亦‘中’亦‘台’”、或者“有时‘中’有时‘台’”、“有的地方‘中’有的地方‘台’”的现象呢？从理论上，一个议题的产生，如果有争议，就应该出现互相对峙或者互有胜负的现象，为什么“台湾意识/中国意识议题”一出，就会出现往一边倒的现象呢？

“台湾意识/中国意识议题”出现墙往一边倒的现象，除了可以从台湾这十来年的政治社会变迁中找出原因，② 也可以从议题本身的特性上做出解释。“台湾意识/中国意识议题”关系到“台湾人”的两个面向：一个是利益关切，一个是文化认同。利益关切与文化认同有一个共同的规律就是“舍远求近”原则。如果以当事人作为圆心，画一个同心圆，就会发现无论是利益关切还是文化认同，其半径越小，重叠部分就越多；离当事人的心理距离就越近，在当事人的心目中的重要性就越大。在利益半径上，越是眼前利益、局部利益、直接利益，人们的反应越敏感、越集中、越强烈；相反，越是长远利益、全局利益、间接利益，人们的反应越模糊、越分散、越冷淡。比如气象节目，对于某个城市的大多数人来说，全球变暖比不上明天自己城市会不会下雨更牵动人心。同样，就交通信息来说，国家新修某条铁路，当然比一个城市新开通某个公交线路更重要，可是对于这条铁路不经过的某个城市的民众而言，当然对后者更为关注。在文化半径上，也是如此，人们在文化一般采取“亲亲原则”，离自己血脉和地域越近（亲）的人越容易得到其认同，人们首先认同其一代血亲，再向二代、三代血亲延伸，再由远亲到近邻，再到同村、同乡、同县、同省，依次由近而远向外延伸。当“近”和“远”不可得兼时则“舍远求近”。比如，有同村老乡在的情况下，人们一般不会去认同县老乡，有同县老

---

① 张麟征：《歧路上的台湾》，台北：海峡学术出版社，2000 年版，第 329 页。

② 刘义周、何思因：《台湾民众的台湾人/中国人认同及变动》，收入《政治大学选举研究中心“两岸关系学术研讨会”论文集》，1999 年 5 月 15 日，第 15 页。

乡在的时候，人们一般不会去认同省老乡。依此类推，到了国外，见到“中国人”就很亲，到了太空站，见到人类都格外亲。①

由上述分析我们可以看出，“台湾意识/中国意识议题”的提出根本就是不平等、不对称的竞争，人们只有在理性的情况下，才能站得高看得远，才能从眼前利益、局部利益、直接利益跳出来，选择可能更为重要的长远利益、全局利益和间接利益。同样，人们也只有在理性的情况下，才会认识到自己不能仅仅归属于某一个小群体，还要认同更大的群体。但是“台湾意识/中国意识议题”在舆论的操纵者的推动下，本来就是非理性操作，充满着各种情绪化的语言，而且议题的本身就是挑拨性的。假如在大陆，一个民意调查机构如果问一个北京人或厦门人，“你是不是中国人”，人们的反应不是骂调查者神经就会向其吐口水。“我是中国人”，一个不证自明的常识，居然开始怀疑；“我是中国人”，一个不言而喻的真理，居然出现争议。在台湾，历史已经走到一个最荒腔走板的年代，许多年过后，人们还是会追问今天的台湾：台湾怎么了？

也许所有的追问，可以从“台湾意识/中国意识议题”开始。当这个议题一抛出来，就注定要撕裂台湾社会，就注定会出现“弃‘中’就‘台’”的趋势，就注定会出现捏造、扭曲、挑拨等无所不用其极的荒腔走板。在这样的议题中，台湾民众几乎束手就擒，毫无还手能力，甚至根本就像温水煮青蛙一样，根本就想不到还要还手，还可以还手。

只有智者才能看破这个议题所玩的把戏和暗藏的用心。2007 年 1 月，笔者在台湾“立法院”与李敖交谈。当笔者问李敖：“你是中国人吗?”智者李敖没有回答“是”，也没有回答“不是”，他知道一回答“是”和“不是”就中了这个问题的圈套，他不想玩这个议题的游戏，他笑着对同样向他笑着提问的笔者说：“你这是什么话呀?”②

① 邹振东：《不对称与反不对称》，《中国广播电视学刊》，2004 年第 9 期，第 37—39 页。
② 《李敖“歪”评台湾民主——邹振东访谈李敖》，《南方周末》，2007 年 3 月 22 日。

第三章

“统独议题”——台湾政治文化的政治评价符号

“统独议题”指的是有关两岸统一或“台湾独立”的舆论议题，是台湾人的统“独”倾向在台湾舆论的反映。台湾人的统“独”倾向是台湾政治文化中最重要的政治评价，以统“独”倾向为指向的“统独议题”是台湾政治评价的代表性符号。本章论及“统独议题”的历史背景、发展变迁、当代特征、发酵过程及其对台湾政治认知的影响。

“统独议题”属于两岸关系的舆论议题谱系。在这个舆论议题谱系中，“统独议题”是其中最重要的议题。两岸关系议题有经济议题（台商投资）、民生议题（两岸三通）、文化议题（简繁体字）、旅游议题（开放观光）、体育议题（奥运火炬）、生活议题（熊猫来台），但上述议题往往都和政治议题相关。两岸几乎所有的议题都可以被解读或操作成政治议题，因为两岸的政治议题是压倒一切议题的，而在两岸政治议题中，“统独议题”又独领风骚，高居舆论议题的巅峰，其地位和作用无出其右。尽管在两岸政治议题中还有政党交流等议题，但这些议题都不如“统独议题”影响力大。

“统独议题”不只是两岸关系议题中的头号议题，还是其核心议题。说到底两岸关系的所有议题都与之相关，甚至就是它的直接延伸。因此，就像第一章以“省籍议题”作为台湾内部族群关系的代表议题进行研究一样，本章将“统独议题”作为两岸关系议题的代表进行讨论。

需要说明的是，“统独议题”既包括“统一议题”，也包括“台独”议题。理论上说，在“统一议题”中，应包括“主张统一”的议题和“反对统一”的议题；在“台独”议题中，也应包括“主张‘台独’”的议题和“反对‘台独’”的议题；此外，还有既不主张统一也不主张“独立”的议题。但在现实运用中，人们一般把主张两岸统一的议题叫做“统一议题”，将主张“台湾独立”的议题叫做“台独”议题，而在特殊语境下，“统独议题”常常特指“台独”议题。因为就现状而言，挑起“统独议题”的往往是“台独”分子或借“台独”以达到政治目的的人。在台湾，人们也将“统独议题”的泛指与特指混杂在一起用。为叙述方便，本章在一般情况下，对“统独议题”的概念采泛指含义，即“统独议题”包括“统一议题”和“台独议题”；但在特殊语境下，对“统独议题”的概念有时也采用特指含义，即“统独议题”就是“台独议题”。（比如本书说到“×××挑起‘统独议题’时”，这里的“统独议题”就是“台独议题”。）

第一节 “统独议题”的缘起与变迁

“统独议题”缘起于1949年台湾与祖国大陆的分离，它是两岸关系与国际因素两个框架相互作用的产物。其历史演变经过三个阶段：一是上世纪50年代至80年代中期，台湾只有“统一议题”没有“台独议题”，“台独议题”被严厉禁止；二是从上世纪80年代中期台湾“政治革新”到上个世纪末，“台独议题”松动，并出现“统独议题”的逆转；三是从1999年李登辉抛出“两国论”至今，“统独议题”出现“台独议题”代替“统一议题”成为最高上位性议题。

“统独议题”的现实基础是台湾与大陆的事实分离。没有这种分离，也就没有统一或“独立”的议题存在。因此1949年后，才有可能出现“统独议题”。尽管1895至1945年，清廷被迫割让台湾，台湾长达50年被日本殖民统治，但这时台湾与祖国的关系，是因不平等条约被割让的殖民地与其祖国的关系，而不是两岸之间的关系，由此产生的议题是台湾回归祖国的议题，而不是两岸统一或“独立”的议题。

尽管1949年两岸事实上分离之后，才有可能出现“统独议题”，但“统独议题”的历史背景或争议标的却有可能由此上溯。一些“台独”人士甚至把台湾的四百年历史建构成追求台湾“独立”的历史，[①] 将“统独议题”争论的范围由此扩大。因此，对“统独议题”的历史背景不可不察。

① 史明：《台湾人四百年史》，台北：篷岛文化公司，1980年版汉文，第746页。对该书的明显史实错误的纠正参见邓孔昭：《郑成功与明郑台湾史研究》，北京：台海出版社，2002年2月。

下列历史事件常在“统独议题”中提起：汉人早期的台湾移民，17世纪荷兰、西班牙的入侵，1662年郑成功收复台湾，1683年康熙统一台湾，1684年清政府设置台湾府，1874年中日签订《北京专条》，1885年中法签订《中法新约》，1894年爆发甲午战争及战后签订《马关条约》，1941年中国政府发出《中国对日宣战布告》，1943年中、英、美三国《开罗宣言》，1945年中、英、美三国共同签署、后来又有苏联参加的《波茨坦公告》，1945年台湾光复，台湾正式重入中国版图，1949年中华人民共和国成立及《共同纲领》，1950年朝鲜战争爆发，杜鲁门正式提出“台湾地位未定论”，1954年美国与台湾当局签订“共同防御条约”，1971年联合国恢复中华人民共和国合法席位，1977年中美在上海签署联合公报（即“上海公报”），1977年中日签署联合声明，承认中华人民共和国为中国唯一合法政府并正式宣布废除“日台条约”，1978年中美发表建交公报，1979年中美建交，1979年美国参众两院先后通过《与台湾关系法》，1982年中美发表《中美联合公报》（“八一七”公报）……上述事件都涉及中国对台湾的主权认定，成为“统独议题”中重要的焦点。①

“统独议题”虽然是国共内战遗留下的产物，但是它的缘起却有着更长的历史背景。更重要的是“统独议题”不像“省籍议题”及“台湾意识/中国意识议题”是台湾内部的族群议题与认知议题，后二者即便引起大陆或国际上的关注，但大陆一般不会对这些舆论议题做出反应，而“统独议题”不仅属于两岸舆论，而且涉及国际舆论，几乎台湾任何有关“统独议题”都会刺激大陆做出反应，并且受到国际舆论的关注与制约。从上述回顾看，“统独议题”的缘起是在两岸关系与国际关系两个框架中的产物。两岸关系与国际因素是影响“统独议题”的重要杠杆。

一、“统一议题”一统阶段：1950年代至1980年代初

“统独议题”是1949年后台湾与大陆事实分离的产物，较之于“省籍议题”（1945年光复即开始酝酿，“2.28事件”大爆发）和“台湾意识/中国意识议题”（日据时期就已出现），“统独议题”以及其他两岸关系议题是最晚出现的。尽管在1945年台湾光复后，在日本帝国主义的策动下，日本帝国主义分子和汉奸分子在台

① 笔者根据以下资料整理：连横：《台湾通史》，北京：商务印书馆，1983年版；邓孔昭：《台湾通史辩误》，南昌：江西人民出版社，1990年版；陈孔立：《台湾历史纲要》，北京：九洲图书出版社，1997年版。

湾建立“台独”组织，但这些“台独”主张并不成气候，因为这时的中国已经统一，其不属于包括“统一议题”在内的“统独议题”。1949年后至1980年代初，台湾主流舆论只有“统一议题”没有“台独议题”。事实上，从国民党退台的第一天起，“统一”的议题就成为台湾舆论的主导，从“反攻大陆”到“复兴基地”，国民党当局一直维持着一个所谓“代表中国”的“反共”政治架构，“三民主义统一中国”成了“统独议题”的主导议题。

尽管站在“反共”立场，但国民党当局推动的“坚持一个中国，反对一中一台、两个中国、台湾独立”的观念，已成为绝大多数台湾民众的共识。由于复杂的社会历史原因，特别是美国、日本反华势力的支持，“台独”思潮开始在台湾滋生和蔓延，但是“台独”议题被严厉禁止，其“严厉性”远较当时的“省籍议题”的禁忌为甚。“省籍议题”只是被国民党当局控制的舆论机器所排斥，而“台独”议题则和刑事犯罪相牵连，鼓吹“台独”议题将面临坐牢的危险。如1950年5月的“麻豆事件”：台南县麻豆镇“镇长”谢瑞仁等33人被国民党当局以“共同意图颠覆政府”罪逮捕，3人被处死刑，9人被判无期徒刑。1950年6月“桃园事件”：台北市“电信局”桃园收报台林清良等7名职员，被当局以“意图颠覆政府”罪名逮捕，3人判处死刑，1人无期徒刑。1951年5月“台中事件”：台湾当局以“意图颠覆政府”罪，将台中县参加”台湾民主自由同盟”的63人逮捕，其中张伯哲等7人被判死刑，12人被判无期徒刑。1959年11月“台湾共和党案”：高雄县叶呈祥等4人因“台独”活动被捕，均被处重刑。1961年9月“苏东启事件”：云林县议员苏东启等以“企图颠覆政府”罪名被逮捕，苏以下300余人，均被处重刑。1962年7月“高雄军校学生台独运动案”：高雄炮兵学校候补军官第十三期学生施明德、陈三兴等，秘密组织“台湾独立联盟”，台湾“警备司令总部”以“叛乱罪”逮捕施明德等骨干成员30余人。施明德、陈三兴被判无期徒刑。①

1964年9月，彭明敏与其学生谢聪敏、魏廷朝起草《台湾人民自救运动宣言》，提出八项主张、三个目标和八点原则。鼓吹“‘一个中国，一个台湾’早已是铁一般的事实”，宣称“事实上台湾已经是一个独立的国家了”，要求“世界必须承认一个中国和一个台湾”，号召台湾人要进行“自救运动”，“摧毁蒋介石的非法政权，建设民主自由，合理繁荣的社会”，要“推翻国民党政权，建立一个新的国家

---

① 黄徙：《台独的社会真实与新闻真实》，台北：稻香出版社，1992年版，第70—71页。

和新的政权；制定新宪法，实现真正的民主；以新会员国身份加入联合国”等等。①10月23日，台湾警备总司令以“叛乱罪”罪名逮捕彭明敏等三人。1965年4月，台湾军事法庭开庭审判，彭明敏和魏廷朝各被判处8年有期徒刑，谢聪敏被判处10年有期徒刑。

客观地说，当时鼓吹“台独议题”的人，有一些是持不同政见者，因为“台独议题”无法给推动者个人带来任何实际的好处，反而有坐牢之虞。这和后来的“台独议题”的鼓吹者性质大不相同。即使如此，当时持不同政见者是否真的将“台独”作为“信仰”仍值得怀疑。按李敖的说法，台湾没有“台独”分子，他的观点是，真正的“台独”分子是应该以“台独”为信仰，为之“抛头颅，洒热血”的。曾被国民党关进大牢的李敖在2004凤凰卫视《李敖有话说》栏目中曾这样说：“台湾有一批所谓‘台湾独立运动’的分子，‘所谓’，为什么我用‘所谓’呢？我告诉各位，没有这种真正的人。什么原因呢？因为你搞信仰，就要抛头颅、洒热血，坐穿牢底，横尸法场。可是我告诉各位，台湾从蒋介石白色恐怖到现在，他们政府承认的案子一共是29407件。我告诉各位，只有一个‘台独’分子被枪毙了，并且那个人还是精神病。换句话说呢，那些横尸法场的，坐穿牢底的，抛头颅的，洒热血的人，都不是‘台独’的，都是共产党。所以我们可以看到，今天所谓‘台独’分子，我们以为他们会怎么怎么样，事实上是一个骗局。”②

由于蒋介石在台湾采取镇压“台独”措施，“台独”分子只能在海外活动。1951年，廖文毅在日本右翼势力的暗中支持下在东京筹组所谓“台湾民主独立党”，公开树起“台独”旗帜，开始了分裂中国的阴谋活动，后被国民党招降。③ 1956年，留美学生陈以德、李天福、林荣勋在费城成立“台湾人的自由台湾”（简称三F），它是美国最早的海外“台独”运动团体。④ 1960年代日本是“台独”势力的大本营，1972年中日建交后，“台独”活动的重心从日本转到美国。⑤ 从上世纪50年代到70年代初期，“台独”议题主要从“海外”发出，在台湾则处于地下状态。

一个有意思的现象是，这个时期在台面上利用“台独”议题的恰恰是国民党当

---

① 彭明敏：《自由的滋味——彭明敏回忆录》，台北：文艺出版社，1987年版，第129页。
② 《李敖有话说》，凤凰卫视，2004年3月8日。
③ 黄徙：《台独的社会真实与新闻真实》，台北：稻香出版社，1992年版，第54页。
④ 李松林：《晚年蒋介石》，北京：九州出版社，2006年版，第89页。
⑤ 张春英主编：《海峡两岸关系史》，福州：福建人民出版社，2004年版，第三卷，第875页。

局，“台独”在舆论上被描述为颠覆政府、分裂国家的卖国行径，是刑事罪行。对于那些反抗蒋家王朝的自由人士和民主人士，国民党当局无法以对方“主张民主”和“主张自由”的名义来镇压，而如果以对方“主张台独”，则可以依据“刑法”和“惩治叛乱条例”，以“叛乱罪嫌”、“破坏国体，窃据国土”以及“颠覆政府”等罪名治罪。作为铲除异己分子实行特务统治的借口。以“美丽岛事件”为例，国民党当局正是以“台独”事件的性质进行大审判。吊诡的是“美丽岛事件”当事人在大审判时竟无人承认其为“台独建国运动者”,① 这与事后民进党对“美丽岛”议题大做“台独”文章大相径庭。目前民进党当局，主要是“美丽岛系世代”的人掌权，陈水扁、吕秀莲、谢长庭、苏贞昌，都是“美丽岛事件”起家的。值得玩味的是，“美丽岛事件”的受害人，在此后的政治道路却坎坷不顺，倒是那些“美丽岛事件”的辩护律师却在后来的政界风生水起、青云直上，这一切说明“台独”议题对于当时的国民党当局曾经是排斥异己的假议题，对于后来的民进党当局更是选举政治的假议题，不过是政治斗争的舆论工具。

由于国民党当局把“台独”议题作为“有罪”的定义，当时的党外人士往往并不承认其具有“台独”色彩，“台独”议题一方面触犯当时的法律，另一方面也无法得到民众广泛的认同，因此，党外人士更多的是高举“民主化”、“自由化”的旗帜，“台独”议题只是埋伏在其他议题下蠢蠢欲动而已。

二、“统独议题”逆转阶段：1980 年代中期至 1999 年

20 世纪 80 年代中期，蒋经国开始推行“政治革新”，在蒋经国的默许下，1986 年 9 月民进党在未经“法定”程序的情况下强行成立。此时的民进党由各种反国民党的势力组成，但领导权基本上被主张“台独”的人士把持，该党“一大”通过的“党纲”即主张台湾前途由台湾全体住民决定。1986 年民进党成立时的“党纲”规定，“台湾前途由全体住民，以自由、自主而平等的方式决定”，“任何政府或政府的联合，都没有决定台湾政治归属的权利”，“反对国共双方基于违背人民自决原则的谈判解决问题”。② 即使在这时，民进党仍然没有明确提出“台独”议题，而

① 《台湾政治主题，是“民主工程”，不是民族革命》，《联合报》，2001 年 3 月 18 日社论，收入《联合报五十年》，台湾联合报编辑部编，台北：联经出版事业公司，2001 年版，第 38—39 页。

② 《民进党党章・党纲》，见民进党网站：http://www.dpp.org.tw/history/pub/LIT_6.asp?ctyp=LITERATURE&catid=1742。

是把一个较为和缓、可以多重解读的“台湾前途”替代了“台湾独立”。

随着政治形势的宽松，民进党此后又通过一系列决议，宣称“台湾人民有主张台湾独立的自由”、“台湾国际主权独立”，这时“台独议题”才慢慢显山露水，公然亮相。1988 年后，海外的“台独”组织陆续回台，美国最大的“台独”组织——“台独联盟”迁回台湾并集体加入民进党。1991 年 10 月民进党“五大”公然将“建立主权独立自由的台湾共和国暨制定新宪法，应交由台湾人以公民投票方式选择决定”列入“党纲”，这就是著名的“台独党纲”。“党纲”第一条便宣布民进党的基本主张是“通过以住民自决的方式，建立主权独立自主的台湾共和国，制订台湾新宪法并由全民公决通过，实现主权独立，重返国际社会，重新界定台湾主权、领土范围”。这是民进党首次将“台独”的主张提升到党的主要目标，标志着民进党正式成为主张“台独”的本土政党。① 尽管其“台独公投议题”在台湾引起广泛争议，但随着“党禁”的放开，民进党已是“合法”的政党，其“台独党纲”标志着“台独”议题公开化。但这时的“台独”议题还有两个形式上的紧箍咒，即刑法第 100 条和“国安法”。1987 年 7 月 15 日，台湾解除“戒严”，同时以“国安法”代替“戒严令”，以遏制“台独”活动。例如“国安法”的第二条就规定了限制结社自由三原则——“不违背宪法，不主张共产主义，以及不得分裂国土之主张”。但 1992 年 5 月，在李登辉的授意下，“立法院”修改“国安法”，放宽了对境外“台独”分子的入境限制，致使大批“台独”流亡分子将活动中心向岛内转移。② 1992 年 5 月 15 日，“立法院”三读通过“刑法”第一百条修正案，废除言论、和平内乱罪。在这之前，刑法第一百条规定：“意图破坏国体，窃据国土，或以非法之方法变更国宪，颠覆政府，而以强暴或胁迫着手实行者，处七年以上有期徒刑；首谋者，处无期徒刑。预备犯前项之罪者，处六月以上五年以下有期徒刑。”这项条文，使得若干仅是宣扬政治理念等言论层次的“台独”论者或被抓被关、或被剥夺参政权，这项条款还被当时的“立委”陈水扁称为“政治谋杀条款”。③ 而随着 1992 年 5 月，台湾“立法院”修改“刑法”，废除“刑法”第一百条和“国安法”，“台独议题”扫清了法律的障碍而正式“合法化”。

这个时期的“台独议题”主要包括以下内容：

---

① 郭正亮：《民进党转型之痛》，台北：天下远见，1998 年版，第 121 页。

② 苏进强：《全球化下的台海安全》，台北：扬智文化，2003 年版，第 86 页。

③ 蔡玲、马若孟：《中国第一个民主体系》，台北：三民书局，1998 年版，第 6 章。

一是历史否定论，其论调主要是认为“台湾从来就不是中国的一部分”。像李筱峰就认为：“1684年之后，台湾才并入清帝国版图，在此之前，中国的任何一个政权，未曾在台湾本岛设官统治过。即使郑氏三代在台湾的政权，也是独立于北京清帝国之外，连雍正皇帝都承认：‘台湾自古不属中国’，为何北京当局和台湾‘统’派却说台湾自古为中国领土呢?”①

二是历史未定论，其论调主要是认为1945年以后“台湾法律地位未定”。像彭明敏就曾说：“从国际法的观点来说，自从1895年台湾割让给日本以后，直到现在，并没有任何条约或其他任何具有法律约束力的文件，将台湾重新划归中国”。其理由是：《开罗宣言》和《波茨坦宣言》虽宣称台湾将归还中国，但无法律约束力，“只不过是盟军战争目标的声明而已”；1945年9月2日，日本签署投降书接受上述两项宣言，“这最多也不过是日本承诺将来愿意放弃对台湾的主权而已”；1951年日本与盟军所订和约和1952年日本与国民党当局所订和约，都仅规定日本放弃对台湾主权以及其他一切权力，“但并未指明日本放弃台湾以后，谁取得台湾主权”。所以“从第二次世界大战结束后，台湾的国际地位一直未曾确定”。②

三是现实认同论，其论调主要是认为台湾人应该认同台湾是一个与大陆对等的共同体。它不在意是否承认台湾与中国在血缘、历史和文化上面的渊源关系，而是强调今天的台湾已经在形成一个所谓“台湾命运共同体”或“台湾生命共同体”。李登辉从1992年开始构建“台湾生命共同体”的概念，他提出须放弃省籍情结，强调不能再持“汉贼不两立”论调而自绝于国际社会，“我们不能孤立在台湾小岛上，我们一定要走出去，有信心，有尊严地走入国际社会，我们有‘生命共同体’的体认”。③ 1992年彭明敏返回台湾，在台大法学院发表演讲指出：“我们是坐在同一条船上，无论如何我们的命运相同，这就是我强调的‘命运共同体’。假如有这个意识的话，祖先、语言、风俗习惯并不重要。”④

四是现实存在论，其论调主要是认为“台湾是台湾，中国是中国，台湾已经是一个独立的国家”。最先公开提出“事实主权论”的是民进党。1988年4月，民进

---

① 李筱峰：《统独十四辩　反对台湾独立的十四种歪论》，台湾《台湾时报》，1995年8月13日报道。

② 彭明敏：《自由的滋味——彭明敏回忆录》，台北：文艺出版社，1987出版，第252页。

③ 见《执政党李“主席”：我们要体认生命共同体》，台湾《中国时报》，1992年12月5日报道。

④ 樊嘉杰：《以“台湾如何迈入廿一世纪”为题　彭明敏发表返台首场演说》，台湾《中国时报》，1992年11月3日报道。

党召开二大临时全代会，其通过的“417决议文”称：“台湾国际主权独立，不属于以北京为首都之中华人民共和国。”① 1990年10月7日民进党召开四届二次全代会又通过“事实主权案”，即“1007决议文”进一步说：“‘我国’（台湾）主权事实不及于中国大陆及外蒙古”，② 所以施明德在1995年才会说，“台湾已经是主权独立的国家，所以如果民进党执政，不会也不必宣布台独”。③ 李登辉也于1993年“创造性”地提出“中华民国在台湾”的概念：“目前的中国属于分裂，是一项不容否认的事实；‘中华民国在台湾’，‘中共’在大陆，应属平等的政治实体。”④

五是未来决定论，其论调主要是认为“台湾前途由台湾住民自决”。最突出的例子就是1999年5月9日民进党全代会通过的“台湾前途决议文”。决议文规定：“任何有关独立现状的变动，都必须由台湾全体住民以公民投票的方式决定。”⑤

“台独公投论”是“台独”议题最活跃的一个子议题。它比“历史否定论”、“历史未定论”少了一些历史的纠葛和条约的争议。对于许多老百姓来说，他们连法律条文都看不懂，更遑论对历史争议的证据解读，所以，“历史否定论”、“历史未定论”主要集中在专家学者的争论，在民众的市场不大；而“现实认同论”和“现实存在论”，能得到一些人的默认与容忍，但不温不火，都不如“未来决定论”的“台湾公投论”那样有广大的市场和强大的煽动力。由于“台湾公投论”把台湾的前途赋予每一个台湾民众，这样就极大地刺激了台湾民众“当家做主”的“主人翁感觉”；而且“台湾公投论”必须诉诸法律程序，它又能极大地刺激民众参与政治的“民主情绪”，因此，“公投论”是“台独议题”中最有市场的子议题。

这样“台独”议题就和“民主议题”挂上了钩，这使民进党“台独人士”披挂上了“民主斗士”的外衣，从而把“公投入宪”这样一个“民主议题”就变成了为“台独”议题鸣锣开道的前奏。“民主议题”总比“台独”议题更具有正当性，也较易为全体台湾民众所接受，这样，“民主议题”在先，“台独”议题在后，

---

① 台湾《新新闻》，1988年4月24日，另见《民进党党章·党纲》，见民进党网站：http：//www. dpp. org. tw/history/pub/LIT _ 6. asp？ctyp = LITERATURE&catid = 1742。

② 《民进党第四届全体党员代表大会决议文》，高雄：台湾《民众日报》，1990年10月8日第2页。

③ 《施明德在美有关台独谈话 反应不一 民进党澄清：台湾早已是主权独立国家 只是不知国名》，台湾《中国时报》第2版，1995年9月16日报道。

④ 张慧英：《李“总统”：两岸应属平等政治实体 接见澳大利亚贸易部长 表示我重视也极力维护两岸和平》，台湾《中国时报》，1993年11月5日报道。

⑤ 《民进党党章·党纲》，见民进党网站：http：//www. dpp. org. tw/history/pub/LIT _ 6. asp？ctyp = LITERATURE&catid = 1742。

在“台独”舆论的操纵下，“民主议题”就不断为“台独”议题中最危险的“法理台独”扫清法律障碍，国民党也就从“统独议题”与“民主议题”上一步步败下阵来，直到出现2004年“公投绑大选”的结果。2004年大选，在民进党的强势主导下，台湾地区领导人选举投票被绑上了以“强化国防”、“对等谈判”为题的所谓“和平公投”。尽管因蓝营抵制，后两项公投都没有通过二分之一门槛，不过绿营则普遍认为公投绑大选有催票的效果。①

“台独”议题逐渐公开化、合法化的过程，也就是“统一议题”逐渐衰微的过程。伴随着“台独”声浪的逐渐抬头，“统一”的声音慢慢变小，这时轮到“台独”分子将“统一议题”“抹红”的时候了：例如《联合报》对“台独”舆论有不同的看法，就被扣上“统派报纸”及“中共同路人”的帽子。当《联合报》期望李登辉“总统”爱惜民主“宪政”时，竟被威吓要将《联合报》“大报变小报”；当《联合报》建议民进党从“台独”路线上回头时，竟被指为“中共的同路人”。②风水轮流转，以前“两蒋”时代动不动就给政敌扣上“台独”的帽子，没想到，如今李登辉、民进党也动不动将对手贴上“统派”的帽子。“统一议题”一旦给“抹红”，就被污名化。

“台独”舆论随着台湾的“解严”而公开化，这种公开化，不仅源于“报禁”的解除为“台独”的言论自由提供了保障，而且源于“党禁”的开放为“台独”舆论提供了政党支持。伴随着民进党的“合法化”及其对台湾政治的积极参与，“台独”舆论不仅公开化、“合法化”而且一步步进入台湾的主流舆论，但当时民进党毕竟还是在野党，尽管其局部地掌握了一部分的地方资源，但是面对在台湾统治三四十年的国民党，其力量与声音都是有限的，所以民进党抛出的“台独”议题还是没有掌握台湾主流舆论的中心话语权，它还处在主流舆论的边缘地带。“台独”议题必须由执政党来背书，特别是出自执政党的最高领袖之口，才能真正从主流舆论的边缘进入其核心地带。

就从1988到1995年，国民党在“统独议题”上开始左右摇摆。1988年初，蒋经国去世，李登辉继任台湾当局领导人，并担任中国国民党主席。他在刚继任后的第一次记者会上说：“中华民国的国策就是一个中国的政策，而没有两个中国的政

① 《游锡堃：当年公投绑大选确利于选情》，台湾“中央广播电台”，2007年7月18日报道。

② 黄年主编：《漂流的台湾　联合报社论一百篇》，台北：联合报社，2001年版，第48页。

策。”① 1990 年 5 月 20 日，李登辉就职时发表“开创中华民族的新时代”演讲，其中有关大陆政策部分为：“如果中国能够推行民主政治及自由经济制度，放弃在台湾海峡使用武力，不阻挠我们在一个中国的前提下开展对外关系，则我们愿以对等地位，建立双方沟通管道，全面开放学术、文化、经贸与科技的交流，以奠定彼此间相互尊重、和平共荣的基础，期于客观条件成熟时，依据海峡两岸中国人的公意，研讨国家统一事宜。”② 1990 年 10 月，李登辉又表示：“中国只有一个，应当统一，也必须以‘以三民主义统一中国’，任何一个中国人都不能自外于‘以三民主义统一中国’的责任，也不应自外于‘以三民主义统一中国’的努力。”③ 1991 年，李登辉主持下的“国家统一委员会”通过了“国家统一纲领”④（“国统会”、“国统纲领”已于 2006 年 2 月经陈水扁操作终止运作、终止适用），在“国统纲领”中，明确写有“台湾固为中国一部分，大陆也是中国的一部分”。1995 年的“中华民国国庆”，他这样表示：“四十多年来我们之所以奋斗不懈，就是要为将来‘以三民主义统一中国’立下可供遵循的典范。”⑤

从上述资料看，不管李登辉基于什么动因，从 1988 年至 1995 年，“统一议题”仍然是李登辉及国民党的一个选项，特别是在李登辉主持下成立“国家统一委员会”及通过“国家统一纲领”，尽管塞进了一些李登辉的“私货”，⑥ 却仍然显示出国民党对“统一议题”有所坚持与继承。但是就在这个时期，“台独”议题也不断从李登辉与国民党当局放出。1991 年 9 月李登辉声称：“台湾早已是一个主权独立的国家，国名就叫中华民国。”1993 年 2 月，李登辉说：“我主张中华民国在台湾，始终没有讲过一个中国。”1993 年 11 月 21 日，台湾当局的“经济部长”在参加亚太经合组织西雅图会议期间，依据台“外交部”的文件，毫不隐讳地声称“中华民

---

① 台湾《联合报》，1988 年 2 月 24 日头版。

② “行政院大陆委员会”编著：《大陆工作参考资料（合订本）》第 1 册，台北：台湾“陆委会”，1998 年版，第 17—18 页。

③ 《李登辉历次两岸关系言论一瞥》，香港《文汇报》，2007 年 2 月 1 日报道。

④ “行政院大陆委员会”编著：《大陆工作参考资料（合订本）》，第 1 册，台北：台湾“陆委会”，1998 年版，第 14—15 页。

⑤ 《确认三民主义的时代与现实价值——双十国庆献辞》，台湾《中国时报》，1995 年 10 月 1 日报道。

⑥ 如在“国家统一纲领”提出制造“两个中国”的“互不否认对方为政治实体”概念。参见《大陆工作参考资料（合订本）》，第 1 册，“行政院大陆委员会”编著，台北：台湾“陆委会”，1998 年版，第 19 页。

国和中华人民共和国是两个互不隶属的主权国家，台北是以‘一个中国’为指向的阶段性两个中国政策”；[①] 1993 年 5 月 20 日，李登辉在就职三周年记者会上，提出“生命共同体”这一具社群主义色彩的名词，以及“中华民国在台湾”的主权论述。[②] 1994 年 4 月 14 日，李登辉接受《自由时报》专访时表示，现阶段是“中华民国在台湾”与“中华人民共和国在大陆”并存。[③] 1997 年李登辉接受《亚洲华尔街日报》访问时仍表示：“两岸主权分享、治权分立，中华民国自 1912 年就是主权独立的国家。”[④] 1997 年接受《华盛顿邮报》与《泰晤士报》访问时，李登辉强调“台湾早就独立，是主权独立国家”、“台湾就是台湾，不是中华人民共和国的一省。”[⑤]

1988 年至 1995 年，国民党在“统独议题”上是左右摇摆和相互矛盾的。一方面要“统一”，另一方面又刻意制造“两个中国”。解决这一自相矛盾的说法在于其提出了所谓的“政治实体”的概念，这个由“台独”势力早就主张的“两个政治实体论”被国民党于 1991 年搬进“国家统一纲领”。1991 年 2 月，台湾“国统会”通过“国统纲领”，声称：统一应该以对等为原则，在互惠中不否定对方为政治实体，在国际间互不排斥。后又进而刻意将政治实体界定为“互不隶属的”、“对等的”；正式提出“互不否认对方为政治实体”。[⑥] 1992 年 8 月 1 日，“国统会”就一个中国涵义问题发表声明，提出“中国处于暂时分裂状态，由两个政治实体，分治海峡两岸”。[⑦] 1994 年，李登辉说：“现在基本的现状是两岸两个政治实体在其有效控制的范围内行使主权。”7 月，台湾当局发表“台海两岸关系说明书”，有关陈述互相矛盾、漏洞百出，说来说去，就是要证明“1949 年以后已不存在一个中国”，两岸关系的政治性质是“两个对等且互不隶属的政治实体”，“在国际上互为两个平

---

① 中共中央台湾工作办公室、国务院台湾事务办公室编：《中国台湾问题（干部读本）》，北京：九洲图书出版社，1998 年版，第 108 页。

② 《“李总统”记者会特别报导》，台湾《联合报》，1993 年 5 月 21 日第 4 版报道。

③ 台湾《自由时报》，1994 年 4 月 14 日报道。

④ 何振忠：《李登辉：台湾希望香港成功》，台湾《联合报》第 4 版，1997 年 6 月 27 日报道。

⑤ 张宗智：《“台湾是独立国家”两度获总统确认》，台湾《联合报》第 2 版，1997 年 11 月 11 日报道。

⑥ 以上资料参见“行政院大陆委员会”编著：《大陆工作参考资料（合订本）》，第 1 册，台北：台湾“陆委会”，1998 年版，第 19 页。

⑦ 以上资料参见“行政院大陆委员会”编著：《大陆工作参考资料（合订本）》，第 1 册，台北：台湾“陆委会”，1998 年版，第 135—138 页。

行的国际法人”。[①] 1996年1月2日，台北举行“国家发展会议”，就如何推动两岸关系，达成36项共识，其中有关“两个对等政治实体”的宣示，明确界定两岸的定位。[②]“政治实体”概念的提出表面上是为“统一议题”解了围，也为“台独”议题解了套，但后来的事实证明，“政治实体”概念只不过是李登辉“台独”议题的一个幌子和一步棋子。因此，这个时期的李登辉与国民党在“统独议题”上看似左右摇摆相互矛盾，实质上是李登辉绑架了国民党，以“统一议题”为表，兜售的却是渐进式的“台独”议题。

这样从1988年至1995年，台湾的“统独议题”就在民进党赤裸的显性“台独”议题以及李登辉皮里阳秋的隐性“台独”议题的统“独”摇摆中显现出极为复杂的现象。“台独”的声音一浪高过一浪，统一的声音则逐渐式微。但是我们仍然要客观地看到：“统一议题”虽然受到挑战却仍然居于执政党的最高舆论地位，这得益于几十年国民党的宣导。“统一倾向”一直是作为台湾政治评价的最高价值取向予以推动，最典型的就是即便事后被证明是“假统一”真“台独”的“台独”分子李登辉，这个时期仍然要不时打着“统一”的旗号。1995年4月8日，李登辉在“国统会”第十次全体委员会议讲话，继续抛出“统一”的烟雾弹：“不容讳言，两岸分离对峙四十余年，累积的敌意与误解自难立即消弭。然而，面对新的情势，两岸都必须以新的体认，采取务实的作为，促成真正的和谐，才能塑造中国再统一的有利气候与形势。”[③] 随后李登辉却采取各种手段，企图访美。6月8日李登辉公然再三强调“中华民国在台湾”或“在台湾的中华民国”，将台湾当局在国际上制造“两个中国”的活动推到了高峰，引发“台海危机”。大陆方面从7月24日开始，《人民日报》、新华社连续发表评论员文章，批判李登辉“台独”观点，揭露其“台独”嘴脸。但1996年5月20日，李登辉在就职第九任“总统”演说中，仍然打着“统一”的旗号：“海峡两岸，都应该正视处理结束敌对状态这项重大问

---

① 说明书全文参见邵宗海：《两岸关系：两岸共识与两岸歧见》，台北：五南图书出版公司，1998年版，附录第501—522页。

② 以上资料参见“行政院大陆委员会”编著：《大陆工作参考资料（合订本）》，第1册，台北：台湾“陆委会”，1998年版，第673页。

③ “行政院大陆委员会”编著：《大陆工作参考资料（合订本）》，第1册，台北：台湾“陆委会”，1998年版，第424页。

题，以便为追求国家统一的历史大业，做出关键性的贡献。”①

舆论学与政治学观察社会有着不同的视角，政治学在判断真假后，对假的东西会批得体无完肤，并抛个一干二净，其兴奋点在于剥下“外衣”后的那个东西，但舆论学在判断真假后，对假的东西却不能简单地一批了之和一抛了之，它还要对剥下的“外衣”做进一步地分析和评估。在舆论学看来，“统一议题”即使是假的，仍然有其价值，当反对的人还要高举它，说明当时社会的主流舆论的最高导向还是“统一”。“台独”的声音在那时可能比统一的声音更大更多，但是只要统一仍然还偶尔挂在李登辉的嘴边，就说明“统一议题”仍处于舆论等级的最高地位。一个最明显的例子，1996 年台湾第一次“总统”直选，林洋港、郝柏村这组候选人就用“统独议题”攻击对手：林洋港、郝伯村提出“和平、民主、反台独”的议题诉求，把另二组李连配（李登辉、连战）及彭谢配（彭敏敏、谢长廷）两组本省候选人指为“战争、独裁、台独”，认为李连配的“本土化”倾向是隐性“台独”，民进党彭谢配是显性“台独”，并在大陆导弹试射军事演习中，喊出“李登辉下台，共产党不来”等口号②。显然“台独”对于这时的李登辉仍然是其急于撇清的议题，等到李登辉连“统一”的幌子也不再打，等到后来“统一议题”成为舆论的禁忌，“统独议题”的发展轨迹才彻底逆转。

与“省籍议题”、“台湾意识/中国意识议题”的根本逆转发生在 1994 年不同，“统独议题”的根本逆转发生在 1999 年，这比“省籍议题”、“台湾意识/中国意识议题”的根本逆转晚了五年。早在 1994 年，李登辉接受日本作家司马辽太郎采访，发表《身为台湾人的悲哀》，根本逆转了“省籍议题”与“台湾意识/中国意识议题”。而到了 1999 年李登辉抛出“两国论”，再次逆转了“统独议题”。1999 年李登辉接受“德国之声”录影专访时宣称海峡两岸关系是“特殊的国与国关系”，这就是引起轩然大波的“两国论”。他说：“有别于‘国统纲领’以及‘以三民主义统一中国’等一厢情愿式的国民党政策宣示，实际上的历史的事实是，1949 年中华人民共和国共产党政权成立以后，从未统治过中华民国所辖的台、澎、金、马。我国并在 1991 年的修宪，增修条文第十条（现在为第十一条）将宪法的地域效力限缩在台湾，并承认中华人民共和国在大陆统治权的合法性；增修条文第一、四条明

① “行政院大陆委员会”编著：《大陆工作参考资料（合订本）》，第 1 册，台北：台湾“陆委会”，1998 年版，第 564 页。

② 杨莲福：《人口问题与台湾政治变迁》，台北：博扬文化，2005 年版，第 339 页。

定立法院与国民大会民意机关成员仅从台湾人民中选出……使所建构出来的国家机关只代表台湾人民，国家权力统治的正当性也只来自中华民国人民的授权，与中华人民共和国人民完全无关。1991年修宪以来，已将两岸关系定位在国家与国家，至少是特殊的国与国的关系，而非一合法政府，一叛乱团体，或一中央政府，一地方政府的'一个中国'的内部关系。所以，中华人民共和国政府将中华民国视为'叛离的一省'，这完全昧于历史与法律上的事实。"① 随后，按照李登辉的意图，台湾"陆委会"主委苏起宣布放弃"一个中国、两个对等政治实体"主张，李登辉从此正式丢弃"一个中国"的原则并彻底抛弃"统一议题"。②

"省籍议题"、"台湾意识/中国意识议题"与"统独议题"的先后逆转，都完成于李登辉之手，证明李登辉的确是改变台湾舆论走向的最重要的推手。两次放话选择的时机、方式颇值得玩味：一是完成了政治洗牌、巩固了权力的1994年，一是即将离任而且无法连任没有了后顾之忧的1999年，显示出李登辉对权力的贪恋与对议题的慎重。两次放话都采取接受海外采访的议题，③ 采取出口转内销方式，显示出其对国际舆论的借助与对岛内舆论的谨慎的策划动机，说明其对议题的严重性有充分的认识，对议题后果有充分的准备，对议题发布的卡位更是处心积虑。特别值得关注的是为什么"统独议题"的逆转比"省籍议题"、"台湾意识/中国意识议题"的逆转晚了五年？这说明统"独"议题比"省籍议题"、"台湾意识/中国意识议题"更具敏感性和争议性，只有经过"省籍议题"，"台湾意识/中国意识议题"的长时间铺垫和积累，统"独"议题才能够无须包装地赤裸裸地出笼。

在李登辉的精心策划与绑架下，"台独"议题一步步得到执政党国民党当局的背书，从非主流舆论进入主流舆论，再从主流舆论的边缘进入主流舆论的核心地带，最后于1999年成为台湾主流舆论中的主导舆论。1999年成为一个标志，这一年不仅彻底地暴露了李登辉的"台独"嘴脸，而且使"台独"议题达到了舆论的巅峰。李登辉将"统一"这块遮羞布的最后一层面纱也撕去了。占据台湾执政党舆论议题最高层次的"统一议题"，就这样被一层层掏空，在1999年终于轰然倒下，

① 李登辉接受"德国之声"专访全文，见"行政院大陆委员会"编著：《大陆工作参考资料（合订本）》，台北：台湾"陆委会"，2000年版，第22页。

② 何明国、谢公秉、张青：《苏起：两岸将进入国对国政治谈判》，台湾《联合报》第2版，1999年7月15日报道。

③ "省籍议题"、"台湾意识/中国意识议题"的根本逆转是在1994年李登辉接受日本作家专访，而"统独议题"的根本逆转是在1999年李登辉接受德国媒体专访。

再也没有人用“统一”做幌子，也没人惧怕“统一”民意的反弹，“统一”回归到民间的真正信仰，成为一部分台湾民众真正内心的信念，但是在台湾这时的大环境中这种信仰却不敢大声说出来，成为沉默的舆论议题。即使有人敢于以“统一”作为政见进行选举，其政治动员的作用也很有限。2004 年李敖以“一国两制”作为唯一的政见参加“大选”，其得票数为 16782 票，得票率 0.13% ①，低于台湾民众实际支持统一的人数。2004 年 4 月 23 日至 25 日，台湾“陆委会”特委托台湾政治大学选举研究中心所做的民调显示，主张“永远维持现状”者占 18%，倾向“独立”的比率 19.9%，（含“尽快宣布独立”3.3% 及“维持现状，以后走向独立”16.6%）超过倾向统一的比率 11.8%，（含“尽快统一”2% 及“维持现状，以后走向统一”9.8%）②。有意思的是李敖的得票率 0.13%，仍然远低于倾向统一的 11.8% 的民众比例，显然即使是对于这些倾向统一的民众，“统一议题”的影响力也效果甚微，其他选举因素比“统一议题”更能影响选民的投票取向。

可见即使对于那些暗地支持“统一”却不敢声张的民众，“统一议题”在政治选举的效果都有限，更何况其他群体。有实力的政治人物纷纷避“统一议题”唯恐不及，此后如果在台湾再听到议题中有“统一”二字，那绝大多数都不是高喊“统一”，而往往是别有用心的人借“统一”的议题在对竞争对手攻击了。

1999 年的“两国论”的抛出，使“台独议题”达到了舆论的最高峰，也完成了“台独议题”的主流论述，至此，“台独议题”的主流内容可以表述如下：“一、‘中华民国’早已是主权独立的国家。二、‘中华民国’在台湾，中华人民共和国在大陆。三、‘中华民国’与中华人民共和国是两个对等且互不隶属的国家。四、台湾无须宣布独立，台湾已经独立，因为‘中华民国在台湾’，台湾就是‘中华民国’”。

上述“台独议题”的主流表述，得到了上至台湾当局领导人的推行与背书，下至相当一部分台湾民众的容忍或认可，由于其涉及了“中华民国”的概念，岛内的“统派”对此不会强烈反弹，有的还半推半就，甚至默认，而其“主张台湾早已独立”的论述，又迎合了“独派”大多数人的心理。此外，它虽然招致大陆的强烈反对，但尚未让大陆因此采取非常措施，所以它是“台独议题”中目前最能被台湾民

---

① 数据参见台湾“中选会”网站：http：//www.cec.gov.tw。

② 数据参见台湾“陆委会”网站：http：//www.mac.gov.tw。

众所容忍或接受的“台独”论述。其实，在台湾还有其他形形色色的“台独”论述，要么和上述论述八九不离十，换汤不换药，要么更加激进，只为少数人主张，特别是台湾当局领导人不敢苦心经营轻易言之，只能属于非主流的“台独”论述。

李登辉从一开始就一直苦心经营着“台独议题”的发展。上述四句话中，最关键最敏感的那句话就是“中华民国与中华人民共和国是对等而互不隶属的国家”。为了让两岸关系定位为“国家”与“国家”的关系，至少是特殊的“国”与“国”的关系，李登辉至少花了八年时间，才从“两岸是对等的政治实体”发展到“两岸是对等的两个国家”的论述。而其余三句话，李登辉早就投石问路地先后抛出了。1999 年，李登辉在他离任前，最终将“台独议题”的主流论述画上了经典的句号。此后，不仅民进党和陈水扁接受并继承了（其实有些论述是民进党先发明的）李登辉圈定的“台独”主流论述，而且在“台独”的主流论述上并没有超出李登辉多远，所以李登辉理所当然成为了“台独教主”。

正当李登辉惨淡经营“台独议题”主流论述时，几乎与此同时，民进党也开始调整其“台独议题”。民进党原先的主张一直是朝着建立“主权独立自主的台湾共和国”方向发展的。1987 年 11 月，民进党中央通过“人民有主张台独的言论自由”的决议文。① 1988 年 4 月，民进党“二大临时全代会”通过决议案，提出“台湾国际主权独立，不属于以北京为首都之中华人民共和国”，“如果国共片面和谈，如果国民党‘出卖’台湾人民的利益，如果‘中共’统一台湾，如果国民党不实施真正的民主宪政，则本党主张台湾应该独立”。② 1990 年 10 月，民进党四届二次全代会通过“台湾主权决议案”，明确“我国（台湾）主权事实上不及于中国大陆与外蒙古”，“我国（台湾）未来宪政体制及内政、外交政策，应建立在事实领土范围之上”。③ 1991 年 8 月，民进党召开“人民制宪会议”，通过“台湾宪法草案”，主张废止“中华民国国号”，定台湾为“台湾共和国”。④ 同年 10 月，民进党“五大”通过“基于国民主权原理，建立主权独立的台湾共和国暨制订新宪法，应交由台湾人民以公民投票方式选择决定”的“台独党纲”。⑤ 到了 1995 年“立委”选举

---

① 《民进党第二届全体党员代表大会决议文》，台湾《民众日报》，1987 年 11 月 9 日。
② 《民进党第二届第一次临时大会决议文》，台湾《民众日报》，1988 年 4 月 17 日。
③ 《民进党第四届全体党员代表大会决议文》，台湾《中国时报》，1990 年 10 月 8 日。
④ 《“人民制宪会议”通过“台湾宪法草案”》，台湾《联合报》，1991 年 8 月 25 日。
⑤ 《“建立主权独立自主的台湾共和国”基本纲领》，台湾《自立晚报》，1991 年 10 月 12 日。

前，当时的民进党主席施明德于访美之际公开表示："台湾已经独立了50年，民进党不会也不必在执政之后再宣布台湾独立。"① 于1996年代表民进党竞选"总统"的老牌"台独"分子彭明敏表示："台湾已经独立数十年了，维持现状就是支持独立，是统一才会破坏独立的现状。"② 1997年末，民进党在"地方"县市长选举中赢得了前所未有的胜利后，当时的主席许信良甚至表示："'台独'党纲只是一份民进党的历史文件，并不是一个要急于实现的政策。"③ 1998年6月30日，美国前总统克林顿在上海宣示："不支持'两个中国'与'一中一台'，不支持'台湾独立'，不支持台北参加以国家为参加单位的国际组织"。④；第二天，民进党中常会立即发表声明："台湾为一已独立的主权国家……任何改变台湾独立现状的要求，都必须经由台湾全体住民以公民投票的方式加以认可。"⑤ 由此，民进党已将挑衅性的"台独公投"转变为防御性的"统一公投"，在"公投"论述上发生了重大转变。1999年，民进党为了争取中间选民支持而赢得2000年"大选"，于5月8日在该党八届二全大会上通过的一个决议案，主张"台湾是一个主权独立国家，任何有关独立现状的更动，必须经由台湾全体住民以公民投票的方式决定"。决议文首次阶段性地间接承认了所谓"中华民国"的"国号"，不再坚持该党1991年通过的"台独党纲"中所主张的建立"台湾共和国"的急进"台独"诉求。⑥

我们发现，民进党的各种论述已经和李登辉的"台独"论述惊人地相似了。民进党为了夺取政权，选择了在体制中的选举道路，无论是出于参与选举的合法性还是争取选民的认同，都必须承认体制的合法性。因此，承认"中华民国"，主张"台湾早已独立"，提出"两岸是不同的国家"，就不仅是选举的需要，而且是将来问鼎执政的基础。"统独议题"在民进党与李登辉的里应外合、显隐互补与相互调

---

① 《施明德：民进党若执政　将不必也不会宣布"台独"》，台湾《中国时报》，1995年月9月15日报道。

② 王铭义：《两岸关系最新发展趋势系列之二　关切施明德与彭明敏言论》，台湾《中国时报》，1995年10月13日报道。

③ 《许信良访美吹起的"台独修正主义风"》，台湾《中国时报》，1997年月12月12日报道。

④ 《柯林顿公开申明对台三不》，台湾《中国时报》，1998年7月1日报道。

⑤ 《民进党：全方位与北京展开对话——声明强调任何改变台湾现状要求　皆须经台湾全体住民以公投认可　但不会随意公投》，台湾《中国时报》，1998年月7月2日报道。

⑥ 但决议文所提出的七项主张，仍极其鲜明地反映了民进党的"台独"立场。2003年初，再经前任党主席谢长廷等人提案，将其位阶拉抬到等同于党纲：参见1999年民进党：《台湾前途决议文》，见民进党网站：http：//www. dpp. org. tw/。

整下，李登辉铤而走险向前大跨一步，民进党偷梁换柱向后退一小步，这样“在野”的民进党和李登辉绑架的国民党就在“统独议题”上走在了一起。

三、“台独议题”横行阶段（1999 年—2008 年）

李登辉的“两国论”为“台独议题”的横行打开了最后一道闸口，但吊诡的是，“台独议题”没有立即猖獗起来，甚至表现出台风来临前的平静，这完全是因为激进“台独”的民进党为问鼎 2000 年大选，以及政党轮替后初期为“坐稳江山”而不得不在“台独议题”上收敛。

李登辉在“统独议题”上一步步“冒险”，直至让国民党葬送了政权，而民进党则在一次次选举的胜负中，总结经验和吸取教训，调整着“统独议题”，一步步走近夺取大位的目标。1999 年，李登辉在“台独议题”上的“大胆”与民进党候选人陈水扁在“台独议题”上更趋保守形成鲜明的对比。2000 年“大选”，陈水扁刻意打扮自己“正面”、“温柔”、“深爱台湾”的“台湾之子”形象。他大打“省籍议题”、“台湾意识/中国意识议题”牌，却对“统独议题”避之唯恐不及，并努力破解民众对陈水扁“台独”主张的恐惧，同时又称自己是台湾尼克松，没有“出卖”台湾的嫌疑，并将对手宋楚瑜称之为“卖台集团”，如“中共最爱是宋楚瑜”。① 一个是既无“坐不稳江山之虞”也无连任后顾之忧的李登辉急于谋求历史定位而肆无忌惮，一个是觊觎大位已久的陈水扁眼看着梦寐以求的目标已经触手可及而更加小心翼翼。到了 2000 年，民进党终于执政，可是陈水扁和民进党并不如有的人想象的那样一掌权就宣布“台独”，或者至少也要大念“台独”之经，相反，陈水扁更加谨慎，在其就职演说中，宣布“四不一没有”的“承诺”，他说：“只要‘中共’无意对台动武，本人保证在任期之内，不会宣布独立，不会更改‘国号’，不会推动‘两国论’入‘宪’，不会推动改变现状的‘统独公投’，也没有废除‘国统纲领’与‘国统会’的问题。”②

当时岛内一部分舆论针对陈水扁从选前刻意以化解“台独”角色为主要诉求的议题转型，到选后对“中华民国”予以认同的“四不一没有”承诺而对其寄予厚望，认为陈水扁从“台独万万岁”的坐标上移动至“中华民国永续存在”的论述，

① 黄嘉树、程瑞：《台湾政治与选举文化》，台北：博扬文化，2001 年版，第 131—137 页。

② 《陈“总统”就职演说的重要启示——开创两岸和平协商的新局》，台湾《中国时报》，2000 年 5 月 21 日报道。

这是移动了很大的一步。① 特别是其“四不一没有”显示“两国论不入宪”，等于给“台独教主”李登辉一记耳光，彻底证实了李登辉的惨败。但我们要看到，“四不一没有”的确有不宣布“独立”的承诺，但如果将之解读为陈水扁开始放弃“台独”议题，那只是一厢情愿。与其说“四不一没有”是陈水扁放弃“台独议题”，不如说这是陈水扁对“台独议题”掩人耳目地暂时设限，陈水扁充其量只是对“台独议题”最敏感的部分设置了一个底线。后来的事实一再证明，以陈水扁的到哪个山头唱什么歌的性格，这种承诺不过是一种“骗骗骗”的把戏。尽管此后陈水扁在“统一议题”上还有“大胆”的论述，比如2000年年底的跨世纪谈话，陈水扁借“统合论”宣示了“宪法”的“一中架构”，并口是心非地大谈“两岸原是一家人”，呼吁两岸从经贸与文化统合开始着手，进而共同寻求“政治统合的新架构”。② 但同样是像李登辉一样，江山一旦坐稳以后，陈水扁的“台独”尾巴就露出来了。2002年8月3日，陈水扁在“总统府”向在东京召开的“世台会”29届年会发表开幕致词，首次明确宣称，台湾是“主权独立国家”，“台湾与对岸中国，一边一国，要分清楚”；他还第一次叫嚣，只有2300万人民才能决定台湾前途，如果有需要，台湾现状的改变要公民投票，“大家应认真思考公民投票立法的重要性与急迫性”。此语一出便招来海内外舆论的一致谴责。③ 从2002年的“一边一国”，到2004年的“公投绑大选”，④ 再到2006年的“废统”⑤，陈水扁一步步向“听其言观其行”的人们显示，“台独”才是他一心想玩火的议题。

究其内容而言，2002年陈水扁提出的“一边一国”了无新意，无非是李登辉“两国论”的翻版，但从承诺“不推动两国论入宪”到自己跳出来说“一边一国”，

---

① 《“中华民国”是陈水扁与北京当局之间的底线》，台湾《联合报》社论，2000年5月2日。

② 陈水扁：《“总统”发表跨世纪谈话》，收入“行政院大陆委员会”编著，《政府大陆政策重要文件》，台北：“行政院大陆委员会”，2002年版，第22—24页。

③ 陈水扁：《“总统”以视讯直播方式于世界台湾同乡联合会第二十九届年会中致词》，“总统府”新闻稿，2002年8月3日。

④ “公投绑大选”原本就是民进党的“总统”选举策略，在2004年的首次实践获得成功后，民进党决定再推2008年的“公投绑大选”，并拟将“以台湾名义加入联合国”作为公投题目。以上资料参见《“总统”宣布大选加入联合国公投》，台湾TVBS电视台2007年6月18日报道。http：//www. gclub. com. tw/news/news _ list. asp。

⑤ 无视国际社会与岛内外各界的强烈反对，2006年2月27日下午，台湾当局领导人陈水扁正式宣布终止“国家统一委员会”运作，终止“国家统一纲领”的适用，向“法理台独”的道路迈出了危险的一步。《“废统”变“终统”美吁扁勿改变现状》，台湾TVBS电视台，2006年2月27日新闻报道，见台湾TVBS网站：www. tvbs. com. tw/news/news _ list. asp？ no = alisa20060228084128。

陈水扁和民进党已从刚刚当选时害怕政局不稳、政权旁落而不得不在“台独议题”上有所保留的态度，发展到政权已经巩固可以更加大胆地公开“台独议题”以呼应深绿民众了。

无论是“两国论”，还是“一边一国”，其“台独议题”的要害就在于保留了“中华民国”。“中华民国”，这个不被大陆与国际社会承认的名号，这个被深蓝奉为精神寄托的象征，这个被民进党用来在体制内夺取政权的东西，居然成为彼此对立的台湾内部维持现状的最大公约数。当2000年陈水扁登上大位，《联合报》这样评论：“对于台湾来说，这次‘总统’大选，最重大的政治价值与政治成就，就是使陈水扁及民进党接受了‘中华民国’的法统，虽然不少人认为其中有程度的问题，及真伪表里的问题，但无人否认至少在表象上已是如此。”① 可是，就在泛蓝对民进党陈水扁“借壳上市”表示谨慎的欢迎后，羽翼丰满的民进党却还要再一次借“中华民国”来推销其“台独议题”。

就这样，台湾出现了一种令人叹为观止的“台独议题”，它以“台独”为主要诉求，又以承认“中华民国”为前提，而“中华民国”无论其“国号、”“国土”以及“宪法”又都包含了一个中国和中华民族统一的内容。无论是“两国论”，还是“一边一国论”，都属于这种令人称奇的“打着中华民国”旗号的“台独议题”，这构成了这一时期“台独议题”的主流论述。前文我们之所以说陈水扁民进党的主流“台独议题”没有超过李登辉的“两国论”的“台独议题”多远，一个标志就是“台独议题”到底没有最终将“中华民国”抛弃。

显然，对于深绿的“极独”分子，这种夹生饭的“台独议题”是不解他们渴的，所以，他们必定要发展其纯粹的“台独议题”，但这种纯粹的“台独议题”并不是“台独议题”的主流论述，而是次主流，因为此“独”太毒，容易玩火自焚。但是执政的民进党还是呼应了这种议题，这就是陈水扁民进党比李登辉“两国论”更进一步的地方，它的主要表现是“去中国化”与“台湾正名”。

“去中国化”与“台湾正名”是一个硬币的两面，其目的都是要将主流论述的“台独议题”中被迫残余的“中华民国”以及一切“中国”符号去除，软性的表现为“文化台独”，硬性的表现为法理“台独”。由于法理“台独”过于敏感，只能偶尔用之，而“文化台独”则作为长远的、基础性的工作被“台独”舆论所更为

---

① 《中华民国是陈水扁与北京当局的底线》，台湾《联合报》社论，2000年5月2日。

倚重。文化“台独”是要在文化的基因上去除有关中国的一切要素，在文化上“去中国化”并为台湾正名，由文化认同进而到国族认同，塑造一个以认同台湾为一个所谓国族的“国家”。而法理“台独”则是要把“台独”人士宣称的所谓事实上已经独立的台湾，用法律的形式确定下来，在法律上“去中国化”并为台湾正名，将口头上所谓的“台湾独立”变成法律的现实。

2000 年至 2008 年，“台独议题”形成以“打着中华民国旗号的台独”为主体，以文化“台独”和法律“台独”为两翼的特殊结构，“打着中华民国旗号的台独”是其主流论述，它不仅给“独”派阵营一个定心丸——“我在搞台独”；也给统派阵营一个安慰剂——“我还保留了中华民国”。它成为在“台独议题”中最易被岛内所容忍或接受的议题。而文化“台独”和“法理台独”，作为其两翼，其目的却是针对主体的“台独”论述所残留的一切中国符号，必欲除之而后快，这样“打着中华民国族号的台独”是陈水扁当局被迫的妥协，而文化“台独”和“法理台独”才是其用心所在。“台独”议题的“主体”是为“两翼”遮人耳目的，而两翼又是以否定主体为目标的，这种有分有合的矛盾统一体构成了这一时期“台独议题”的奇特景观。

一个有意思的现象是作为主流论述的“打着中华民国旗号的台独”却不是 2000 年至 2008 年台湾舆论中最活跃的议题，相反，非主流、次主流的“文化台独”和“法理台独”反而是舆论中的热点话题。这一时期台湾的“统独议题”主要不是靠其作为主体的“打着中华民国旗号的台独”进行舆论煽动，而是靠其两翼（“文化台独”和“法理台独”）引爆舆论话题。打着“中华民国旗号的台独”，过了李登辉的热点，在岛内已觉不新鲜了，倒是“文化台独”和“法理台独”则不断兴风作浪，其抛出的一个个议题吸引着媒体的眼球。事实上，几乎所有的主流论述，一般而言都不是舆论最活跃的焦点，而恰恰是非主流、次主流的论述才是舆论最关注的议题。正如“狗咬人”不是新闻，“人咬狗”才是新闻，主流论述往往是常态的、重复的，不易引起人们的兴奋，而非主流、次主流论述是异常的、反常的、超常的，它最容易刺激人们的注意。舆论现象的观察一定不能被表面所迷惑，那些在表面上热热闹闹的舆论，未必是主流舆论，也许恰恰是其异于主流，才一石激起千层浪，成为社会的焦点。

但 2000 年至 2008 年的“台独议题”还是具有阶段性的特点。如果说 2004 年陈水扁竞选连任前，民进党的舆论主轴主要是从给“台独”划底线的“四不一没有”

议题，转为“打着中华民国旗号的台独”议题，后者以“一边一国”为标志；2004年后，民进党的舆论主轴，则从“打着中华民国旗号的台独”转为文化“台独”和“法理台独”，这以“公投绑大选”和“废统”为标志。“公投”已经触及“四不一没有”的底线，而“废统”则是公然违背“四不一没有”。“统独议题”是选举的灵丹妙药，“台独议题”的某些议题用多了就会变得不刺激了，而为了寻找更大更新的刺激，就必须一步步往底线走，各种“台独议题”就切香肠一样，一圈圈切下去，最后总要切到尽头，切到手指头，“废统”就是这样提前碰到了“台独”的底线。2006年初，陈水扁一抛出废除“国统会”和“国统纲领”的议题，就遭到了大陆方面和国际社会的强烈反对。为了降低该议题可能引发的烈度及震荡程度，陈水扁最终选择放弃敏感的词语“废除”，而改用较为软性的词语“终止”，并一再地向外界解释，“终止”不是“废除”，所谓“终统”的行为，没有改变台海现状，也没有违背其承诺的“四不一没有”。然而，这不过是玩弄文字游戏，其“谋独”之心早已昭然若揭。① “废统”议题让国际社会和岛内舆论彻底认清了陈水扁是麻烦的制造者和信用的破产者。特别是“以台湾护航者自居”的美国，其价值观没有比背信弃义更让人难以容忍的，但陈水扁还是做到了，它再次用律师的手法钻舆论的空子，他把“废统”改成了“终统”。

应该说“四不一没有”还是有拘束力的，它没有法律的拘束力，却有舆论的拘束力。正是这种舆论的拘束力，使陈水扁在舆论上还是有所顾忌，也使包括美国在内的国际社会彻底看清了陈水扁的嘴脸并提醒陈水扁记住自己的承诺，迫使陈水扁不得不一再表态其实他并没有违反自己的承诺；同样，也使舆论有了一个标尺，来检验陈水扁的言行，特别是检验他是不是一个背信弃义的人。正是因为这一点，有些深绿人士埋怨陈水扁当初不应该夸下海口许下这么多承诺。但是大多数“泛绿人士”还是“理解”陈水扁不得不“虚晃一枪”的良苦用心，毕竟能够顺利执政是当时陈水扁、民进党要考虑的第一要务，放一些烟雾弹并不影响其以后的“台独”行动。但无论如何，过高评价“四不一没有”的舆论拘束力并不切合实际。的确，截至2007年7月，陈水扁仍然不敢明目张胆地反对“四不一没有”，虽然他在后期不再提“四不一没有”，而且不断变着花样想合理“冲撞”“四不一没有”的底线，

---

① 参见《陈水扁宣布终止“国统会”运作》，新华网北京2月27日电，http：//www.xinhuanet.com/newscenter/。

但是他还是不敢做悍然宣布独立、更改“国号”这样的从根本挑衅底线的事。2005年3月1日晚上，陈水扁在台北一个国际视讯谈话中突然表示：“对于大家比较担心的事情，所谓是不是会走向台湾‘独立’这样一个重大议题，绝对是不可能的！这一点大家可以放心……李登辉前‘总统’在他12年任期内，也没有做到啊，纵使今天‘总统’给他做，他也做不到。不要自欺欺人，不能骗别人了。做不到，就是做不到！”① 但是绝不要以为陈水扁的“做不到”是因为他信守“四不一没有”的承诺。从一系列证据看，承诺对于陈水扁是不太值钱的东西，陈水扁真正害怕的不是自己的承诺，而是两岸民意和国际舆论的反弹与压力，以及由此引发的一系列政治后果。由此，他不得不在“台独议题”上玩进三步退两步的招数，比如，从“统独公投”到“防御性公投”再到“和平公投”的转变，再如从“废统”到“终统”的转变。

2000年至2008年，陈水扁就这样一直用进三步退两步的方法，在“台独议题”上一路切着香肠，一步步逼近着所设的“四不一没有”的底线。陈水扁偶尔试探性地触到了底线又被迫缩了回去，无论如何，“以中华民国为旗号的台独”仍是民进党“台独议题”的主流论述。陈水扁在台湾当政期间，不时还要唱一唱“中华民国”的“国歌”，挥一挥“中华民国”的“国旗”，庆祝一下“中华民国”的“双十国庆”进行政治作秀。② 政党轮替，并没有使“台独议题”发生实质性的根本转变，但“文化台独”和“法理台独”的软硬兼施，却是民进党执政以来花样翻新的焦点，也是“台独议题”最危险的走向。民进党和陈水扁陷入越来越“独”，越来越“毒”的“台独”泥潭而无法自拔。“台独议题”成为民进党的威力强大的舆论工具，民进党获利颇多，也为其所累。民进党用“台独议题”绑架台湾，“台独议题”也绑架着民进党，民进党内部的少数清醒之士已经发现“台独议题”将把民进党与台湾引向深渊。2003年底，陈水扁为赢得2004年“大选”，利用“公投法”中的“防御性公投”条款，提出要对所谓的“大陆导弹威胁”进行“公投”，想进一步在台湾民众中煽动敌视大陆的情绪，但这种操纵统“独”议题的做法，即使在“泛绿”内部，也有不同意见。被捧为“台独理论大师”的民进党政策会前执行长

---

① 杨立宪：《〈反分裂国家法〉通过后的两岸关系》，见中国网，http://www.lianghui.org.cn/chinese/chinese community/1153306.html。

② 参见陈水扁，2004：《中华民国各界庆祝九十三年国庆大会致词》，“总统府”新闻稿，2004年10月10日，资料来源：http://www.president.gov.tw/php-bin/prez/shownews.php4。

林浊水认为，“‘防御性公投’一事千万得慎重”。民进党最大派系“新潮流系”的李文忠、段宜康等3名中常委批评“防御性公投”“缺乏正当性与紧迫性”。就连“台独”报纸《自由时报》也发表社论，认为“不能乱用‘防御性公投’这把尚方宝剑”。① 但在陈水扁与民进党的操弄下，“台独议题”已经异化为神主牌，高居执政党议题中的最高等级，“台独议题”作为最高议题，越来越使民进党成为非理性化的政治动物。

1999年，李登辉“两国论”彻底终结了“统一议题”在台湾舆论议题的最高等级，此后，“台独”的声音甚嚣尘上，而统一的声音逐渐沉默。事实上，在台湾的民调中，赞成统一的数字虽然逐渐减少，但还有相当比例，可是反映在媒体舆论的比例却比实际的比例少很多，最典型的就是台湾舆论针对2004年《反分裂国家法》草案首次提请全国人大常委会审议进入立法程序的反应。厦门大学的研究者对台湾发行量最大的《联合报》、《中国时报》和《自由时报》的新闻和评论版面进行抽样调查，将2004年12月17日至2005年1月7日三大报关于《反分裂国家法》的报道与新闻评论进行统计分析，发现三大报在对台湾走向的看法上，其主张统一的文章比例都很小。

见表：

表1：对台湾走向的看法

	倾向统一	维持现状	倾向独立	均值
《中国时报》	7.7%	88.5%	3.8%	2.04
《联合报》	2.6%	89.5%	7.9%	2.03
《自由时报》	0%	35.7%	64.3%	2.64
总计	3.7%	70.7%	25.6%	2.22

说明：(1) 涉及该问题的样本量为82。

(2)“倾向统一”赋值为1，“维持现状”为2，“倾向独立”赋值为3。

资料来源：许清茂、黄碧梅以台湾发行量最大的《联合报》、《中国时报》和《自由时报》的新闻和评论版面为抽样母本，对2004年12月17日至2005年1月7日关于《反分裂国家法》的报道和新闻评论进行分析。见许清茂、黄碧梅《台湾政党与传媒资源之互动——以台湾三大报对〈反分裂国家法〉报道为例》，收入许清茂主编《海峡两岸文化与传播研究》，厦门大学出版社，2005年3月出版，第137页。

从上表看，舆论上倾向统一的数值仅3.7%，这远低于同期民调中民众倾向统

① 张依瑶：《不惜点燃台海战火 陈水扁的“赌徒心态”在作怪》，《环球时报》，2003年12月12日。

一的比例。见下表。

表2：台湾年代电视台民调中心2005年4月27—28日所做民调：

<table>
<tr><td rowspan="2"></td><td colspan="7">请问，在我们的社会里，有人说台湾应该尽快独立，也有人说台湾和大陆应该尽快统一，也有人主张应该保持现状，请问，您自己比较赞成哪一种说法？</td><td rowspan="2">Total</td></tr>
<tr><td>台湾应该尽快独立</td><td>先维持现状，以后再走向独立</td><td>先维持现状，以后再看情形</td><td>永远维持现状</td><td>先维持现状，以后再和大陆统一</td><td>台湾应该尽快和大陆统一</td><td>不知道/未回答</td></tr>
<tr><td>合计</td><td>16.0%</td><td>7.4%</td><td>41.2%</td><td>9.7%</td><td>7.8%</td><td>6.1%</td><td>11.9%</td><td>974</td></tr>
<tr><td rowspan="2"></td><td colspan="7">在我们社会里，有人说自己是台湾人，也有人说自己是中国人，请问，就您自己的感觉来讲，您对哪一种称呼比较有感情？</td><td rowspan="2">Total</td></tr>
<tr><td colspan="2">台湾人</td><td colspan="2">中国人</td><td colspan="2">都有</td><td>不知道</td></tr>
<tr><td>合计</td><td colspan="2">63.0%</td><td colspan="2">18.1%</td><td colspan="2">7.4%</td><td>11.5%</td><td>974</td></tr>
</table>

资料来源：台湾年代电视台民调中心：http：//survey. eracom. com. tw。

从上两张表可看出，同期倾向统一的人数比例是7.8%＋6.1%＝13.9%，这个数据是同期倾向统一的声音比例的4倍，这说明有四分之三以上倾向统一的民意没有在舆论上得到相应的反映。反观实际的倾向独立的人数比例是16%＋7.4%＝23.4%，低于同期的倾向独立的声音比例25.6%。可见一面是统一声音的大幅缩水，一面是“台独”声音的放大，这一大一小，使二者的反差更大。

可见，舆论对“统一议题”已形成“寒蝉效应”，倾向统一的民众不敢声张，而媒体又比民众更保守。统“独”舆论与统“独”民意的变形和扭曲显示舆论操纵者已成功地将“统一”污名化，使得“统一议题”变成“沉默的螺旋”。

2000年，民进党执政，陈水扁等人又将“台独议题”推上了台湾舆论议题的最高端，执政党的候选人及在位的政治人物没人敢对“台独议题”说不，即使民进党内部有些人内心中持不同意见，却也不敢大声说出来。2000年后的民进党高举“台独”大旗，就像此前的国民党高举统一的大旗一样，民进党对“台独议题”神主牌如此敬畏，以至民进党内有些人即使发现“台独议题”不利于选举也不敢表示反对，最多只能选择沉默，而少数内心未必真的赞同“台独”的民进党人士也只能随声附和，而民进党内更多的人明明知道“台独”“做不到就是做不到”，却还是要把“台独”作为幌子。所以，李敖批评台湾没有真正的“台独”分子，他的理由与依据就是民进党现在有权、有枪、有人，为什么不有种就站出来宣布“台独”？2005年9月26日，在大陆展开“神州文化之旅”的李敖在复旦大学进行演讲时说：

“台独分子嚷嚷半天，你是‘总统’，为什么不独？你是‘执政党’为什么不‘台独’？你有‘国会’的半数为什么不‘台独’？因为你是孬种，你是玩假的，他是一个假货。”① 目前，民进党的现实情况就是那些不怎么打“台独议题”牌的，下场就很难看。2007 年泛绿“十一寇”在民进党“立委”提名的惨败，就是证明。② 2007 年 5 月，台湾第七届“立法委员”选举民进党党内初选结果出炉，包括民进党大佬沈富雄、洪奇昌，还有打形象牌的罗文嘉等这些被民进党深绿选民列为“十一寇”的成员，不管是不分区还是区域“立委”初选，都几乎是全军覆没！只剩李文忠“一寇”在台北县第十选区胜出。这显示绿色选民选择的标准仍在于是否能维护民进党的所谓基本价值。③ “台独议题”越来越成为民进党的一种幌子，成为对内排除异己对外政治动员的工具。2007 年民进党“总统”候选人初选前，各候选人卯足了劲操作“台独议题”以争取深绿民众。直到谢长廷初选胜出后，才敢对“台独议题”持异议。民进党“正常国家决议文”起草小组 2007 年 5 月 30 日召开首次会议，召集人民进党中常委蔡同荣提出订定“台独”适当时机，以及全面“去国父化”、“去中正化”的版本，遭谢长廷反对。谢长廷表示，太刻意地凸显冲突性将对选举有不利影响。④ 这是民进党高层人士十分罕见地对“台独议题”说不，这是偶然现象，还是标志着又一次逆转？这值得关注。

与此同时，2000 年后，沦为“在野党”的国民党却在“统独议题”上处于尴尬的境地。“统一议题”不敢碰，“台独议题”不敢反，在“统独议题”上一路挨打。2005 年 12 月 19 日，身兼国民党主席的台北市长马英九接受美国《新闻周刊》国际版专访时回应有关两岸统一时间表的问题。他表示，国民党终极的目标是统一，但目前时机尚未成熟。马英九提出“终极统一”说，立即招来泛绿舆论的围剿，马英九不敢应战，连忙收兵了事。⑤ 2006 年 2 月 14 日，国民党在台湾亲绿媒体

---

① 《李敖上海复旦演讲全文》，见 2005 年 9 月 26 日台湾联合新闻网新闻：http：//www. udn. com/2005/9/26/NEWS/WORLD/WORS4/2919292. shtml。

② “十一寇”指的是 2006 年底，因为主张党务改革和开放两岸经贸政策，而被台湾南部地下电台“台湾人俱乐部”发动群众联署抵制的十一位民进党籍“立法委员”，多为原新潮流系成员，包括李文忠、林浊水、洪奇昌、段宜康、沈发惠、蔡其昌、林树山、郭正亮、郑运鹏、罗文嘉和沈富雄等 11 人。以上资料参见《立委初选“十一寇”全军覆没》，香港《文汇报》，2007 年 5 月 18 日报道。

③ 《“民进党初选”李文忠胜尤清　黄伟哲赢侯水盛》，台湾《自由时报》，2007 年 5 月 25 日报道。

④ 黄瑞弘：《蔡同荣版正常化决议文　谢长廷直言不利选举》，台湾“中央社”，2007 年 6 月 7 日报道。

⑤ 《马英九：统一的时机尚未成熟》，台湾《自由时报》，2005 年 12 月 20 日报道。

《自由时报》头版以《台湾的务实道路》为题刊登半版广告，广告中强调，“台湾未来有很多可能的选项，不论是统一、独立或维持现状，都必须由人民决定”，这被外界解读为是国民党第一次公开宣示将“台独”列入未来选项，引发强烈争议。为此，马英九15日在爱尔兰紧急召开临时记者会，澄清“台独”只是少部分台湾人民的选项，但从来都不是国民党的选项。[①] 马英九被提名为国民党2008年“总统”候选人后，在其主导下，国民党于2007年5月22日通过党章修正草案，将“以台湾为主，对人民有利”的理念明文载入第一章《总纲》，更在党员目标条次中删除“统一”字眼，改以“和平发展”代替。这次党章的重大修改被外界解读为是国民党迈向“本土化”的重要里程碑。[②] 在两岸关系上，马英九主张对等谈判，在台湾外部空间上强调台湾尊严。从接任国民党主席开始，马英九渐次系统地论述他的两岸关系主张。从一开始的“终极统一论”到后来的“台独选项论”，再到现在的“维持现状”提法，其“新中间主义”路线渐趋清晰。马英九的“新中间主义”包含几个要点：首先，其出发点在于认同“台湾意识”，坚持“台湾优先”。其次，其着力点在于稳定政局，全力以赴发展经济。第三，其要义是建构两岸和平新机制，台湾不做麻烦制造者，大陆能放弃敌对心态。特别是马英九“新中间主义”[③] 隐藏着人民决定论的影子，其主张的“台湾未来应该由人民决定”，与民进党1999年的“台湾前途决议文”中相关论述，似乎意义相近；2007年7月，国民党提出“台湾以适当的名义加入联合国”，[④] 与民进党的推动“以台湾名义加入联合国”议题拿香跟拜。反观民进党候选人谢长廷在两岸议题上也采取务实开放态度，主张和解共生，特别是他敢于对蔡同荣版的“正常国家决议文”说“不”，其一句不利于“选举”，将民进党从“统独议题”的绑架下退了下来。至此，国民党、民进党两党的2008候选人，至少在表面上看，他们在两岸议题特别是“统独议题”的某些表述已经相差无几，同中有异，异中有同，选举因素再次在“统独议题”上发酵，“统独议题”在台湾又面临新的变数。

---

① 《马重申　台独非国民党选项》，台湾《自由时报》，2006年2月20日报道。

② 《党章大翻修迈向本土化　国民党去统加台湾》，台湾《中国时报》，2007年7月25日报道。

③ 马惊涛、李永枝：《如何应对马英九“新中间主义”路线?》，《南风窗》，2007年5月8日报道。

④ 国民党：《“推动我国以务实、有弹性的策略重返联合国及加入其他国际组织公投案”》，参见国民党网站：http：//www. kmt. org. tw/event/960711/doc/a01. doc。

四、“统独议题”搁置阶段（2008年至今）

2008年3月22日，马英九在“大选”胜出，标志着台湾二次政党轮替①。4月12日在海南博鳌论坛举行的“胡萧会”上，国民党籍的准“副总统”萧万长以两岸共同市场基金会董事长名义出席会议，并对两岸关系提出十六字期许：“正视现实，开创未来，搁置争议，追求双赢。”4月29日，中共中央总书记胡锦涛与中国国民党荣誉主席连战会面时，针对两岸关系提出“建立互信、搁置争议、求同存异、共创双赢”十六字方针。5月1日，台湾候任领导人马英九接受凤凰卫视主持人赵少康专访，对此高度肯定，认为这是开启两岸关系新页极为重要的方针：“胡总书记在跟连战荣誉主席会面时所提出的十六字方针，基本上是非常值得肯定的。有了这样一种定调，与萧万长先生在博鳌论坛提出来的正视现实，共创未来，搁置争议，追求双赢其实是一致的。这代表双方领导人都开始有一些共享的价值。”②

两岸领导人共同对两岸关系的争议议题进行了定调，那就是“搁置”，而当前两岸关系最具有争议性的议题就是“统独议题”，搁置“统独议题”成为两岸主流舆论的共识。

但要在两岸搁置“统独议题”，马英九首先就必须在岛内凝聚共识，马英九祭出的法宝，就是“中华民国宪法”。2010年10月17日身兼国民党主席的马英九出席“五都”选举“国民大会代表后援总会”成立茶会，作为曾经的“国民大会”代表，马英九特别回顾“国代”对于“修宪”的贡献。他指出，第1次“修宪”时，就定位把自由地区与大陆地区人民间权利义务关系及其他法律事务得以法律为特别之规定，没有这个，就没有办法订出“台湾地区与大陆地区人民关系条例”，两岸关系就没有办法处理。台湾安全之所以今天得到保障，是因第1次“修宪”就定位两岸关系，在“中华民国”底下有台湾地区与大陆地区，这是台湾生存发展重要的设计，也证明禁得起考验。马英九特别强调，“中华民国”里有台湾和大陆，这个定位，到现在为止都没有改变。从李登辉、陈水扁到他，都没有任何改变。③

2011年6月16日，马英九在出席《郝柏村解读蒋公日记1945—1949》新书发表会上表示，蒋介石“最大的贡献是制定并实施‘中华民国宪法’”，因为这部

---

① 参见邹振东：《2008台湾改变》，广州《南方周末》，2008年3月26日。

② 参见 http：//www. sina. com. cn 台海网，2008年05月03日。

③ 参见台海网，2010年10月18日。

“宪法”是一部“涵盖全中国人的‘宪法’”，更是现在“处理两岸关系的重要依据”。①

从以上新闻我们可以看到，对于敏感的统独议题，马英九将他的两岸论述紧紧围绕在所谓的“中华民国”的“宪法”框架中，学法出身的马英九一切唯法律的马首是瞻，在舆论场化解了不少困局，在岛内也凝聚相当共识。虽然具体的表达有异，但马英九“统独议题”的标准阐述却可以表达如下：

马英九认同“一个中国，各自表述”的“九二共识”，但他的“一个中国”就是“中华民国”，他明确两岸关系不是国际关系，因为“中华民国宪法”就规定“中华民国”底下有两个地区，一个是台澎金马地区，一个是大陆地区。

2008年之后，执政的马英九对两岸议题采取“先易后难、先急后缓、先经后政”的“三先三后”策略。尽管在此期间，马英九在“统独议题”上产生一些风波，但是基本上稳定在上述的法律框架内。他曾经试图在两岸议题试水更大的空间，但往往进一步，就退回一步，甚至一步半。他不时抛出“统一议题”，却每每提出让大陆无法答应的附加条件。2012年，马英九在“大选”关键时刻，将签署“两岸和平协议”写入“黄金十年”远景规划之中，在岛内引起极大震撼。尽管马英九提出的签署“两岸和平协议”，就其实质而言，还不算是“统独议题”，但是因为涉及变更两岸现状，仍然接近“统独议题”的舆论当量，引发民进党强烈反弹，在民进党的攻击与压力之下，马英九又迅速做出妥协，提出“公投决定论”等一系列条件，为未来两岸签署“和平协议”设置了高难度的“防火墙”。②

但无论如何，变化已经开始。“统一议题”，这是陈水扁不敢碰也不愿碰的议题。尽管目前马英九的“统一议题”仍然是一个伪议题，但是，敢于把“统一”挂在嘴里，也需要相当的勇气，这总比把“台独”挂在嘴里要好得多。虽然都是现状不变，但是舆论学观察的视角却与政治学不一样。在政治学看来，嘴巴上讲“统一”与嘴巴上讲“台独”，只要实际上没有改变现状，就是大致相同的时代。但是，在舆论学看来，尽管实际现状都没有改变，嘴巴上讲统一与嘴巴上讲“台独”，却是两个时代。因为前者是“统一”还没有退出主流或者正在迈进主流甚至已经成为主流舆论的时代，后者是“台独”正在迈进主流甚至已经成为主流的时代。

---

① 参见环球网，2011年6月17日。

② 参见邹振东：《2012年台湾大选复盘》，广州《南方周末》，2012年2月2日。

不过，真正的变化还是来自民意。2012 年“大选”最引人注目的就是“九二共识”成为台湾舆论的主流论述。马英九执政后，一直坚持“九二共识”，但是，由于民进党的长期操弄，国民党最初在“九二共识”的宣传上，仍然患得患失，不敢理直气壮。直到“九二共识”的好处日益彰显，特别是蔡英文提出“台湾共识”，迫使马团队必须用“九二共识”与之正面交战。蔡英文之所以敢用“台湾共识”挑战“九二共识”，就是看到了国民党最初对于“九二共识”能否得到大多数人的认同自己都有点心虚，而随着郭台铭、王雪红等企业家一个又一个站出来力挺“九二共识”，“九二共识”终于上升成为舆论高峰。①

如果说 2012 年台湾“大选”，“统独议题”尚没有发生根本性转变，那么两岸议题却发生了根本性的逆转。2008 年前，两岸议题特别是大陆议题，既是民进党攻击国民党几乎无往而不胜的舆论利器，也是国民党避之唯恐不及的舆论死穴。国民党之所以敢做却不太敢说，就是怕被“抹红”，而之所以怕被“抹红”，完全是一旦被抹红，就会丢失选票，长期被妖魔化大陆的舆论洗脑。台湾民众对大陆心存芥蒂、对两岸交流心存疑虑，但随着 2008 年开始，两岸交流互动频繁，在两岸媒体的共同努力下，两岸信息逐渐对称，特别是台湾民众尝到了两岸交流实实在在的好处。2012 年台湾的民意发生了重大的变化，表现在舆论上，以前国民党一直在两岸议题上被民进党打得几无还手之力，只能在贪腐、经济、民生议题上打主动仗，现在，马英九开始主动打两岸牌，而一旦蔡英文随马英九在两岸议题上起舞，以前在大陆议题长袖善舞的民进党却捉襟见肘、处处被动。两岸议题不再是民进党的票仓，而是国民党制胜的法宝。

第二节 “统独议题”的历史特点与当代特征

“统独议题”的历史特点主要有二：一是在舆论地位上，其 60 年来始终居于台湾舆论层级的最上位。其高上位性发展到今天具有如下当代特征：一是高指标性，台湾的政治派别主要以“统独议题”作为划分其政治光谱的最重要标尺；二是其高传染性，几乎所有的两岸关系议题都可以被其染色，转化为“统独议题”；三是其高能量性，它是当今台湾所有议题中能量最大的议题；四是其高危险性，“统独议

① 参见邹振东：《2012 年台湾大选复盘》，广州《南方周末》，2012 年 2 月 2 日。

题”中的“台独议题”是台湾舆论中最危险的议题；五是其高敏感性，“统独议题”是目前台湾最敏感的议题。其次，在舆论主体上，其舆论的主体并不限于台湾内部，大陆与台湾以及国际社会都是“统独议题”的舆论主体。这与“省籍议题”与“台湾意识/中国意识议题”其舆论议题的主体限于台湾内部完全不同。

“统独议题”的历史特点首先表现在其舆论地位60年来始终居于台湾舆论层级金字塔的最高端，从蒋介石、蒋经国、李登辉、陈水扁一直持续到今天。在国民党执政时期，“统独议题”高居执政党舆论议题的顶端，统一是国民党执政的最高目标，也是其政治评价的最高指向。

中国国民党原党章第一章第二条规定：“本党结合全国及海外信仰三民主义之同胞为党员，恪遵总理、总裁与蒋故主席经国先生之遗教，融合族群，团结全民，复兴中华文化，实行民主宪政，反对共产主义，反对分裂国土，共同为中华民族之整体利益而奋斗。”第二章第七条规定：“凡信仰三民主义，愿遵行本党党章及党员守则者，得依规定申请入党，经本党核可后为本党党员，党员入党办法另定之。大陆地区反对共产制度，认同三民主义，志愿与本党共同致力国家统一者，均视为本党精神党员。”① 即便到李登辉时代，他一直想逆转国民党的传统舆论议题，也只能先从“省籍议题”开刀，再到“台湾意识/中国意识议题”，直到1999年才最后用“两国论”搬动“统一议题”的巨石，将“统一议题”从其上位性拉下马。而在“威权时代”，“台独议题”则被视为舆论的高压线。在三大议题中，“台独议题”是最为严厉禁止的。“省籍议题”、“台湾意识/中国意识议题”虽然也同为禁忌，但议题的提出与推动并不触及刑律，而“台独议题”可以进入法律程序通过司法审判予以定罪。国民党退台之初，蒋介石政权对“台独”分子均以“叛乱罪”或“涉嫌台独”等罪名严厉打击。例如严惩“内乱”罪条款中规定：“意图破坏团体、窃据国土、或以非法之方法变更国宪、颠覆政府，而着手实行者，处7年以上有期徒刑。首谋者处无期徒刑。”在1949年6月21日颁布的《惩治叛乱条例》中也规定：“预备或阴谋犯叛乱罪者处10年有期徒刑。”至60年代末，岛内因“台独”而获刑的人多达数千。其要者为：“台湾再解放联盟台湾支部案”的黄纪南，高雄“台湾共和党”案的黄阳辉，廖启川事件，苏东启事件，“台湾独立联盟”事件的施明德，“同心社”事件的陈智雄，彭明敏事件，林水泉、颜尹谟事件，“台湾独立

---

① 参见国民党网站：www. kmt. org. tw。

革命军”温连章和“台湾独立党”事件的郑评等。[①] 政党轮替后，“统独议题”的高上位性没有改变，改变的只是“台独议题”成为台湾执政党的最高旗帜。“台独”是民进党致力奋斗的最高目标，“台独党纲”也是其政治评价的最高取向。“统一议题”逐渐式微、慢慢沉默，并程度不同地开始成为新的舆论禁忌。

“统独议题”的高上位性发展到当代，特别是政党轮替后，其第一个特征就是其高指标性。“统独议题”成为了划分台湾政治派别的最重要的标尺。尽管台湾的各个政党有时会贴上“省籍议题”的标签，比如“外省党”、“本省党”，有时也会贴上“台湾意识/中国意识议题”的标签，比如“卖台集团”、“中共同路人”等，但是真正划分其政治派别的还是“统独议题”。

泛蓝联盟，也称泛蓝阵营、泛蓝军，是对台湾一群具有共同利益或政治主张接近的政治集团的通称，不是一个正式的组织，主要包括中国国民党、亲民党和新党及其支持者。1994 年赵少康、郁慕明等为首的新国民党连线次团脱离国民党成立新党；2000 年国民党“总统”选举失败以后，宋楚瑜脱离国民党成立亲民党。由于亲民党、新党皆源自中国国民党，而所源出的国民党党旗颜色为蓝色，故此三党共同组成之政党联盟称之“泛蓝”。其政治主张为信仰三民主义、复兴中华民族文化、反“台独”。而所谓泛绿联盟，也称泛绿阵营、泛绿军，主要包括民主进步党、台湾团结联盟、新国家连线与建国党及其支持者。因为民进党的党旗是绿色，所以他们以“绿”命名，主张台湾“本土化”、“主权意识”。

所谓泛蓝、泛绿，并不完全是以省籍划分，如果按省籍划分，百分之七八十的人属于“本省人”。台湾没有闽南人的政党、客家人的政党或少数民族的政党，实际上泛蓝、泛绿都有“本省人”及“外省人”，政治派别的真正划分，还是在统“独”立场的区隔。所谓台湾的蓝绿划分，实际只是按统“独”光谱来区隔的。一般而言“偏统”的是泛蓝、“挺独”的是泛绿，尽管其间“急独”、“急统”、“缓独”、“缓统”、“维持现状再看”及“永远维持现状”等各有区别，由此分别出“深蓝”、“浅蓝”，“深绿”、“浅绿”，“正蓝”、“正绿”，“中间偏蓝”、“中间偏绿”等不同类型，但基本上是以统“独”立场作为一个基本的依据。蓝绿两大阵营的核心层次一定是在“统独议题”上水火不容的群体。正是“统独议题”这一标尺，区分了台湾的不同政治派别，人们甚至用统“独”的光谱区分不同的团体、不

① 李松林：《晚年蒋介石》，北京：九州出版社，2006 年版，第 68—77 页。

同媒体、不同企事业机构的政治色彩。台湾社会“统独意识”泛滥，甚至连民间社团也有所谓的统“独”之分。统派团体主要包括：中国统一联盟、中华爱国同心会、夏潮联合会等。独派团体则包括：“台湾教授协会、台湾李登辉之友会总会、台湾社、台湾基督教长老教会、水当当妇女后援会、北中南三社及澄社”等。因此，“统独议题”是分化台湾族群最森严的壁垒，是解构台湾社会最敏感的神经。特别是团体和机构的划分，无法用省籍来划分，不好说《中国时报》是对“外省人”的报纸，也不好说“农会”是“本省人”的团体，但统派和“独”派则可以作为划分团体和机构的依据。

尽管蓝绿的光谱还有更复杂的因素，但总体来说，它还是以统“独”立场的分野来作为彼此区隔的最重要的依据。2007 年 3 月 4 日，陈水扁在出席台湾人公共事务会（FAPA）二十五周年庆祝晚宴时，不仅公然提出“四要一没有”，即“台湾要‘独立’、台湾要‘正名’、台湾要‘新宪’、台湾要发展”；还再次以“统独议题”撕裂台湾族群，他声称“台湾没有左右路线、只有‘统独’问题”。[①] 陈水扁说台湾没有左右路线、只有统“独”问题，这句话对了一半。的确，由于“统独议题”的高指标性，使“统独议题”成为区分台湾内部路线的最重要指标。事实上，台湾有许多其他议题，政治路线也种类繁多，但多元化的社会为什么会变成蓝绿两极、统“独”对决？就是因为陈水扁等人一再操弄“统独议题”的结果。陈水扁的这种讲话，就是操纵“统独议题”分化台湾的又一个明证。

“统独议题”的高上位性，在当代的第二个特征是其议题的高传染性。“统独议题”的“台独议题”作为传染源，可以侵入其他大部分议题，将其传染，并把之转化为“统独议题”。它不仅可以把两岸关系的所有议题染色为“统独议题”，比如两岸的民生议题、大熊猫入台议题、开放大陆客来台议题，都可以转化为大陆统战、吞并台湾等“统独议题”，而且可以把许多非两岸议题也转化为“统独议题”，比如说“省籍议题”的“2・28 事件”、“台湾意识/中国意识议题”的“卖台集团”议题，文化议题的汉语拼音方案、民主议题的“宪改”与公投议题，军事与民生议题的军购议题都可以转化为统“独”对决的议题。

“统独议题”的高上位性在当代的第三个特征是其议题的高能量性。几乎是“统独议题”一出，谁与争锋？再大的议题，只要“统独议题”一出，就能够转移

---

① 《“四要一没有”宛如当年“两国论”》，台湾《联合报》，2007 年 3 月 5 日报道。

焦点。一个最典型的例子就是2005年的三合一选举后，陈水扁身陷“高捷弊案”及“跛脚鸭”之苦。他在舆论中心的话语权也几乎旁落，他甚至要靠屈身与马英九对话，才能拉抬自己掉到最低谷的支持率，才能引起媒体的兴趣。① 这一切迫使陈水扁在2005年底高调入场，宣称要在2006年元旦发表一个令人震惊的元旦讲话，其重要性甚至超过前两次就职演说。2006年1月1日，陈水扁发表题为“民主台湾，声声不息”的元旦讲话，发表新年“五大愿景”。他特别指出明年可进行“新宪公投”，并于2008年催生一部所谓“合时、合身、合用的台湾新宪法”。② 随后陈水扁就抛出“废统”议题，一扫往日的阴霾，“统独议题”使之从弊案和跛脚中摆脱出来，所有的议题如揭弊、经济、民生，在“统独议题”的巨大能量下黯淡下来，媒体的聚光灯又集中在陈水扁脸上，通过“统独议题”他又重新夺回了舆论的主导权。只有“统独议题”具有这种横扫千军、扭转乾坤的作用。“统独议题”是舆论议题的核武器，其能量的当量级，没有任何议题可以匹敌。

“统独议题”的高上位性发展到当代的第四个特征是其高危险性。“统独议题”中的“台独议题”是台湾舆论中最危险的议题。台湾舆论中所有议题口水再怎么大，也不过是掀起一场舆论的风暴，这种风暴对现实的影响仍然有限，最多对股市有冲击，对政治有震荡；而“台独议题”的某些说法，特别是法理“台独”一旦逾越底线，就有可能导致战争，陷台湾于水火。因此“台独议题”中的“法理台独”议题是台湾舆论中最危险的动作，没有任何一个舆论议题会带来比之更严重更可怕的后果。即便是最刺激的“省籍议题”、最挑衅的“台湾意识/中国意识议题”都不像“台独议题”中的“法理台独”，会导致如此灾难性的后果。台湾舆论普遍认为，玩“台独议题”就是在玩火，玩得好，是一种魔术、一场游戏，玩得不好，就是火灾，甚至是战火。“台独议题”的高危险性成为台湾议题中最让台湾民众担心和恐惧的议题。它成两极发展，一方面它所具有的危险的刺激使之成为毒品，是“台独”分子最过瘾的议题。另一方面它所带来的危险的后果使之成为毒药，成为对于那些求稳定求和平求发展的人所最担心最反感的议题。

---

① 2006年4月3日，陈水扁与马英九会面。此次对谈使原本已跌入最低谷的陈水扁的满意率止跌回升，重新回到舆论的中心。据台湾《联合报》民调显示，“扁马会”后，陈水扁的满意度仍在两成的最低点徘徊，但不满意度减少了六个百分点。数据参见《会后声望马降扁不动》，台湾《联合报》，2006年4月4日报道。

② 《陈水扁2006元旦文告全文》，台湾“总统府”网站，http：//www. president. gov. tw/。

“统独议题”的高上位性在当代的第五个特征是其议题的高敏感性。至今在台湾舆论中，它仍然是禁忌最多后果最严重的议题。其他舆论议题比如说“台湾意识/中国意识议题”可能偶尔也有一些禁忌，但这个禁忌更多的是心理上的，没有现实力的约束，但“统独议题”则兼具两者。比如说“统独议题”上的“统一议题”于今成为禁忌，主要是心理上的害怕孤立，害怕被别人辱骂，所以“统一”的声音在今天的台湾不敢发声，即便发声也不敢太大；而“统独议题”中的“台独议题”，其某些议题则是有现实拘束力的，这种拘束力特别是针对台湾当局领导人的言行以及一切在法律形式上谋求“台湾独立”的言行，它不仅会造成台湾舆论的震荡，引起国际舆论的关切，而且会直接带来两岸关系的紧张，甚至灾难性的后果。

“统独议题”的历史特点还表现在其舆论主体上。“统独议题”不同于“省籍议题”、“台湾意识/中国意识议题”之处还在于：前者不仅是台湾内部的议题，而且是两岸间议题与国际舆论的议题，而后者一般只是台湾内部的议题。所以，“省籍议题”、“台湾意识/中国意识议题”即使再火暴，一般也就是刺激岛内舆论的神经。比如“台湾意识/中国意识议题”的“孙中山是外国人”议题，大陆官方一般不做直接反应；即便是“3·19 枪击案”，绿营造谣这是“中共来刺杀阿扁”，“中共”莫须有地被冤枉成当事人，大陆方面尽管相当不爽，还是不会对此做出反应，因为这毕竟是台湾内部的话题，尽管台湾内部在拿大陆说事。但是“统独议题”则不同，它的舆论主体不再限于台湾，也包括大陆。事实上“统独议题”是两岸共同的舆论议题，一旦台湾的“统独议题”偏离出轨道，大陆一定会就这些议题做出反应。

“统独议题”还不限于两岸间的舆论议题，它还是国际舆论的一个议题。中华人民共和国的所有建交国都要对“统独议题”做出回应，是承认一个中国，还是“两个中国”，或者“一中一台”。在遇到重大事件时，一些主要的相关国比如美国、日本等，还要针对“统独议题”进行回应，对于一些主权国家参与的国际组织，也必须在“统独议题”予以明确的表态。2007 年 8 月 6 日，联合国秘书长潘基文的发言人表示，基于联大二七五八号决议，以及联合国遵循的一个中国政策，对陈水扁推动以“台湾”名义加入联合国的第二次致函，潘基文拒绝处理，并依前例已于 8 月 3 日经由法律事务厅退回。[①] 不能把“台湾问题国际化”和“国际舆论关

① 《扁第二次入联函　潘基文再退件》，台湾《联合报》，2007 年 8 月 7 日报道。

注‘统独议题’”混为一谈，这是两个不同性质的问题。国际事务与国内事务在国际法与国际政治习惯中有明确的区分，但是并不影响国际舆论对某一国的某些内部事务予以关注，而国际舆论特别是主权国家的表态的具体内容，才是区分是否干涉别国内部事务的依据。

第三节 “台独议题”的发酵过程

前述“台独议题”具有高危险性及高敏感性，不仅让许多台湾民众害怕与恐惧，甚至招致反感，为什么议题的操纵者还要乐此不疲？难道他们不担心流失选票吗？一个以选举为己业的政党，一个把选举看作高于一切的政党，为什么不顾选票而出此“下策”？原因就在于“台独议题”其他当代特征可以为其所用。

“统独议题”的当代五大特征，除了高危险性和高敏感性使民进党对“统独议题”投鼠忌器、有所顾忌，但其他三个特征都是民进党难以割舍的对象。“统独议题”的高指标性，使“统独议题”可以像“省籍议题”、“台湾意识/中国意识议题”一样，以统“独”倾向划分族群。只有分化族群才可以动员力量，实现自己的政治利益。“统独议题”的高污染性，可以使民进党将绝大多数议题转化为“统独议题”，将对手贴上已被其污名化的“统”派标签，使自己居于舆论战的绝对有利的位置，将一切议题统“独”化，有利于其浑水摸鱼，捞取政治资源。而“统独议题”的高能量性，使之可以压倒一切议题，比一切议题释放的能量都大，只要控制得好，玩火不致自焚，“台独议题”就能够从核武器变成核电站，成为政治人物取之不尽，用之不竭的低成本高效益的舆论能源。

问题是“台独议题”是双刃剑，它有高指标性、高污染性及高能量性的优点，也有高危险和高敏感性的风险。如何规避后两者，发挥前三者？关键有两点：一是不能踩到底线，踩上地雷就会引爆自己，所以要小心翼翼；二是要能够转换，要把“台独议题”这一“毒品”和“毒药”，包上漂亮的外衣，贴上“安全”的标签，变成“甜美”的点心，使舆论的核武器变成核电站，获取其似乎无尽的能源。

民进党之所以可以不断挑起“台独议题”，并从中大获好处，就在于它成功地找到了既将“台独议题”“消毒”，又能让“台独议题”发热的诀窍。这个诀窍就是运用舆论规律，通过舆论的发酵过程，实现舆论层级的叠加，达到效应最大化。

舆论是一个过程，舆论的利弊不能仅从横切面的一个点来判断，而应该从整个舆论的过程来判断。一个议题的抛出，具有一个酝酿、发酵的过程，这个过程处理好，就可以把一个个孤立起来看似不利的因素，最后整合成一个最优化的舆论系统。

“台独议题”的发生常常是伴随着民主议题的。在上世纪60年代与70年代，台湾政治处于反对运动的胎孕期，政治反对势力一方面主张“民主化”，另一方面则包裹着“台独”运动因素及诉诸族群冲突的手法。当时一些敏锐的报人发现了台湾民主运动中的“台独”异化成分：以《联合报》为例，当时其一方面大力鼓吹民主，另一方面也十分警惕伴随其间的“台独”因素。

> 在上世纪六十年代，“党外运动”初吐春苗之际，我们即一再提醒，台湾的民主运动主题，是一场“回归民主宪政的工程”，而不是一场“民族建国的革命”。当初，“党外人士”并不承认其“台独”内涵，甚至在美丽岛事件大审时，亦无人承认其为“台独”建国运动者；对于新闻界提醒切勿轻蹈“台独”路线的叮咛，更一概指舆论是在“反民主”。我们当时呼吁党外运动不要轻蹈“台独”路线，是预见其不是可大可久的国家生存战略，党外运动一旦误陷其中，恐怕难图久远；这类呼吁及叮咛，在“解严”前经常见诸报端。及至“解严”后，民进党成立，公布“台独”党纲，公开倡议建立台湾共和国；舆论对此若提出相对的观点，立刻就被扣上“统派报纸”及“中共同路人”的帽子。然而，在民进党发布“台独”党纲之时，我们即曾预言，“台独”是“中华民国”反对党之专利；若无中华民国，“台独”即无所寄生；且一旦民进党成为执政党，亦必定会放弃台独路线。去年五月，陈水扁就任“总统”，宣示“四不一没有”，高呼“中华民国万岁”；至此，台湾的民主运动主题，终于从“民族建国的革命”，回归至“民主宪政的工程”。①

今天看《联合报》这一社论，既感佩其曾经有的预见与预警的先见之明，也感慨其过于忠厚的迂腐之见。事后的事实证明，民主既不是民进党的首要目标，“台独”也未必是它的最高价值。② 民主与“台独”都是民进党的政治工具。而“台独”的主张总是以民主的议题为先导，“台独议题”始终有“人民决定论”的影

---

① 《台湾政治主题，是“民主工程”，不是民族革命》，《联合报》2001年3月18日社论，收入《联合报五十年》，台湾联合报编辑部编，台北：联经出版事业公司，2001年版，第38—39页。

② 李敖曾以其证据指出：台湾没有真台独，只有假台独。见《李敖有话说》，凤凰卫视，2004年3月8日。

子，因此，民进党主导的一切“民主化”似乎都在为“台独”的“公开化”、“合法化”与“正义化”开道，而一切“台独”似乎都在呼唤台湾的民主改革向前更进一步。这样“台独”与民主就在舆论的操纵者那里操作成了两个相互关联的符号，要“台独”，就是要民主；要民主，就要搞“台独”；反“台独”，就是反民主；搞“台独”，就是搞民主。“台独议题”就是这样在“民主化”的外表包装下，具有了反映民意、尊重民意的内涵。至今，民进党对“宪改”一直乐此不疲，这和它对“台独”的乐此不疲，互为印证。“公投入宪”也好，“正常国家决议文”也好，都是将“台独议题”和民主绑在一起，而“台独议题”和民主的捆绑性销售最主要的目的又是要和选举捆绑在一起。2004 年“公投捆绑大选”，2008 年又提“公投绑大选”①，这就说明民主、“台独议题”和“大选”，已经被民进党操纵成为一环扣一环的政治工具。离了“大选”，“台独议题”没有利益，离了民主，“台独议题”没有正义，“台独”就这样作为粘合剂，将“台独”的毒药用民主的激情包装成超级吸票机。

但是为什么“公投绑大选”，就可以把“台独”变成超级吸票机呢？这里面就有一个舆论的发生发酵过程。以 2004 年“公投绑大选”为例，民进党和陈水扁先是扬言要进行“统独公投”。“台独议题”一经抛出，就像核武器试验一样，深深地震撼了台湾社会和国际舆论，引发各方的普遍关注，极大地刺激了深绿民众的激情。“台独”议题释放的能量无与伦比，但它也引起大陆的强烈反弹，令台湾民众深感不安，两岸关系陡然紧张。“台独议题”对和平的威胁让许多台湾民众恐惧，在大陆与美国等各方面的压力与台湾主流民意的牵制下，2003 年 11 月 28 日，台湾“立法院”三读通过了以国亲版本为主题的“公民投票法”，未明确纳入含有“国旗、国歌、国号、领土变更”等“台独公投”的内容，以及有关“制定公投”的条款，使得“统独公投”于法无据，陈水扁在公投上直接操纵“台独议题”的阴谋难以得逞。但是“公投法”第 17 条规定“当国家遭受外力威胁，致国家主权有改变之虞，‘总统’得经‘行政院’院会之决议，就攸关国家安全事项，交付公民

---

① “公投绑大选”原本就是民进党的“总统”选举策略，在 2004 年的首次实践获得成功后，民进党决定再推 2008 年的“公投绑大选”，并拟将“以台湾名义加入联合国”作为公投题目。以上资料参见《总统宣布大选加入联合国公投》，台湾 TVBS 电视台 2007 年 6 月 18 日报道，www. tvbs. com. tw/news/news _ list. asp。

投票”。[①] 陈水扁利用此条款，提出将“统独公投”改为“防御性公投”，以大陆武力相威胁为由，提出保卫台湾安全的公投。[②]

所谓的“防御性公投”，本质上仍是具有“台独”色彩的挑衅行为。不过由于公投议题没有直接采用“台独议题”，它比纯粹直接的“台独议题”的毒性较小，解除了一部分台湾民众的担心，也得到了一部分中间民众的理解。但是“防御性公投”仍然以挑衅大陆为己任，可以将大陆塑造为威胁台湾安全的敌人，同样遭到大陆的强烈反对以及引起国际舆论的关切。在各方面的压力下，陈水扁再次将“防御性公投”改为“和平公投”，公投的两大议题，一是：“台湾人民坚持台海问题应该和平解决，如果‘中共’不撤除瞄准台湾的飞弹，不放弃对台湾使用武力，您是否赞成政府增加购置反飞弹装备，以强化台湾的自我防卫能力”；二是：“您是否同意政府与‘中共’展开协商，推动两岸和平稳定的互动框架，以谋求两岸的共识与人民的福祉”[③]。这两大议题的文字字斟句酌，煞费苦心，其实质背后仍然是以大陆为假想敌，暗示大陆是台湾和平的威胁者，但是其议题在字面上已经大为和缓。特别值得注意的是，其对“中共”的称呼，一改民进党人士惯用的将“大陆”称呼为“中国”的说法，避免引起“一中一台”的议题效应，同时议题中大量增加了美丽的字眼：“和平解决”、“强化台湾”、“协商”、“和平稳定”，“两岸共识”、“人民福祉”，这些美丽的字眼不仅打消了人们的疑虑，得到了人们的理解，并赢得了更多人的认同。

但这种所谓的“和平公投”被台湾舆论讥讽为脱下裤子放屁，因为上述议题从表面上和字面上看，在台湾的主流民意中并没有引起太大的争议。其中以大陆为假想敌的说法，一方面一部分民众很难识破其污名化大陆的用心，另一方面由于台湾长期对大陆的污名化，也让一部分民众对此不会置疑。但是对于没有多少争议的内容，陈水扁还信誓旦旦要公投，说自己当不当选无所谓，最重要的是公投要过关，

---

① 《公民投票法　立院三读通过条文》，台湾《中国时报》，2003年月11月28日报道。

② 2003年11月29日陈水扁表示，根据“公投法”第17条“防御性公投”，“总统”得因“国家”面对紧急状况发动公投，而“防御性公投”目的就是要事先“防御”，因此他准备在明年“320总统大选”时，一并举办公投。见《陈水扁筹划下次“统独公投”》，台湾《中国时报》，2003年11月29日报道。

③ 陈水扁2004年1月16日公布的当年“320和平公投”的两道题目，见《公投题目定案》，台湾《东森电子报》，2004年1月17日报道，http：//www.nownews.com/2004/01/17/11093－1574474.htm。

否则，台湾人在全世界都没有面子，台湾第一次公投，全世界都在看[①]。从“统独公投”到“防御性公投”再到“和平公投”，陈水扁成功地将自己从与“台独”画等号，变成了与“和平”“稳定”“幸福”及“爱台湾”画上了等号。随着“公投”的一次次转型，认同“公投”的民众逐渐增加，因此认同陈水扁的人数也水涨船高。最后公投结果显示，第一案“强化国防”以45.7%的领票率，被否决。第二案“对等谈判”以45.7%的领票率，也被否决。[②] 由于公投成案的门槛较高，领票率必须过半才有效，但是分别为45.7%和45.7%的公投领票率已经远远高过陈水扁的得票率39.3%。[③] 公投没有迈过门槛，但公投带来的选举效应，已足够让陈水扁涉险过关。在选前，陈水扁一再表示“个人的输赢不重要，公投不过半，台湾人在全世界都会被看不起”，可是在选后对此只字不提，“公投不过半”也没让他有半点沮丧，不到三万票的选举胜利让他和他的支持者沉浸在权力再握的巨大喜悦之中，再一次证明“公投”不过是选举的工具而已。[④]

“公投绑大选”出现了一个政治界和舆论界都堪称一绝的现象：在政治上，从“统独公投”到“防御性公投”，再到“和平公投”，陈水扁一步步退步，一步步被动；可是在舆论上，从深得“深绿”民众欢心到获得“浅蓝”、“浅绿”理解，最后到赢得更多中间选民的认同，陈水扁却一步步进步，一步步主动。公投的每一步挫败，都让陈水扁在选举上加分，政治上的每一次失利，都在舆论中获得补偿，在选票上得以套现。“公投绑大选”使得公投与大选之间通过舆论的中介，将公投的效应全部代偿到选举上来，使得以公投为虚以选举为实的民进党和陈水扁成为这次“公投绑大选”的最大获利者，倒是国民党及泛蓝民众，到此才发现，他们以公投为主战场恰恰是被民进党牵着鼻子在走，民进党的真正主战场是选举，在公投上输掉的，他们全部在选举上捡了回来。当爱好和平的人们在庆幸再一次挫败了民进党的“台独”图谋时，陈水扁和民进党早已把“台独”与公投（民主）丢在一边，在庆祝又一轮执政的胜利，开始又一轮收获选举利益的四年。

将公投的失利转化为“大选”的选票，其关键在于舆论是其转换中介。所以，

---

① 《阿扁“总统”电子报》，2004年3月18日，http://www.president.gov.tw/1_epaper/93/930318.html。

② 《领票数未过门槛　公投两题皆遭否决》，台湾TVBS电视台，2004年3月20日报道，www.tvbs.com.tw/news/news_list.asp。

③ 台湾“中选会”网站：www.cec.gov.tw。

④ 《公投成选战工具　选后没人提》，台湾《联合晚报》，2004年3月21日报道。

解释这一奇特现象必须从舆论的机制中找答案。从 2004 年“公投绑大选”，笔者发现了一个舆论的层级效应现象。以台湾为例，台湾的选民基本上分为三大阵营，分别为泛蓝阵营、泛绿阵营与中间阵营。由于社会的分裂与选举的操弄，台湾呈现出蓝绿对峙的模式。特别是到近期，选举出现了“关键少数”现象，即在一些重要的选举中双方的选票差距不过十几万票之差，甚至几千票之差，因此，尽可能地动员基本盘出来投票和争取更多的中间选票，成为选举制胜的关键。但是上述三个阵营的舆论诉求却各不一样，“台独议题”以及“省籍议题”、“台湾意识议题”对泛绿阵营特别有效，而“统一”议题、“中国意识议题”较能得到泛蓝阵营的支持，而有关和平、稳定、民生的经济议题最易赢得中间选民的认同。但是有关和平稳定、民生经济的议题虽然得到广泛认同却不够刺激，其舆论的能量无法将之凝聚成一个独立而完整的政治实体，更无法刺激泛蓝、泛绿的政治冲动。“统一议题”和“台独议题”最对深蓝、深绿的口味，但是却易引起浅绿、浅蓝的猜忌，以及引发中间选民的担忧。针对这三种不同的阵营，台湾各政党的舆论策略一般是采取分别用不同的舆论主轴，对这三种阵营各个击破。在台湾就会出现一个政党会拥有各种不同的舆论版本，其目的不过是尽最大可能地争取更多的选民。各政党也会根据选举的进程，单独采用其中一种舆论主轴，重点攻防单一阵营，因为在具体的某一时段（比如选前最后一周），某一个阵营的得失会被评估为最重要的争夺对象。

但是每一个舆论议题在争取其特定群体时却有其自身的局限性，舆论议题在它的生成过程中，会出现舆论的层级效应。所谓舆论的层级效应指的是：舆论在生成与扩散的过程中所出现的舆论效应的层层变化。就单一参照系而言，这种舆论的层级效应往往表现为舆论效力的层层衰减。某一舆论议题往往在其特定的受众群体的核心层次达到最高峰值，随着舆论的传播离核心渐行渐远，舆论的效应就呈现出一种抛物线轨迹，离核心越远的层次，其峰值越低，出现边际效益应的递减率。比如“台独议题”是深绿的最爱，到了浅绿效应就会趋缓，到了中间人士效应就会持续衰减，到了浅蓝效应就会趋零，而到了深蓝，效应甚至会反弹至负数。舆论议题常常是一把钥匙开一把锁，一种舆论议题往往只是对某一特殊群体有特效，要想争取不同的群体，就要采取不同的舆论议题。但是舆论议题太多又会出现相互抵消，甚至相互冲撞，这时，如果能找到一个能够将多个群体通吃的议题，就可以发挥舆论议题的最大效应。

“公投绑大选”就出现了这样一种可以对多个群体通吃的舆论议题。在“公投”这个舆论议题的生成发酵过程中，舆论的层级效应没有出现层层递减，反而出现层层叠加。最早的“统独公投”属于“台独议题”，它像一团野火，燃烧着深绿人士的激情，但它灼热的能量也可能烧伤别人的皮肤。随着“统独公投”转为“防御公投”和“和平公投”，“台独议题”就在生成与扩散的过程中被一遍遍重新定义和解释，从而涂上一层层不同的色彩，在语词的层层形容和转述过程中，“台独议题”居然与“和平稳定”“两岸共识”“人民福祉”等一系列美丽字眼联系起来，使“台独议题”披上了“爱台湾”的外表。这时“台独议题”燃烧的能量逐渐温和，特别是变成“爱台湾”的符号以后，甚至令人觉得有些温暖，使得中间人士至少不排斥它，甚至对之产生某种认同。这样，在“台独议题”的生成过程中，同一个舆论主轴不仅从深绿吃到浅绿，从浅绿吃到中间人士，甚至从中间人士吃到浅蓝，舆论的层级效应出现了叠加的效应。①

“台独议题”所呈现的舆论层级的叠加效应是通过“台独议题”的生成发酵过程而得来的，在这个发酵过程中，通过议题的转述与转换，使得毒水酿成了美酒。在抛出“统独公投”时，舆论的议题直接就是“台独议题”，但随着“防御性公投”与“和平公投”的转换，议题也从直接的“台独议题”变为“台湾意识/中国意识议题”，从要不要统“独”，变成“爱不爱台湾”。如前所述，“爱台湾”是蓝绿通吃、永远正确的议题，其正当性无人敢予置疑，且对中间选民具有最大欺骗性，也使对手对其前提无力反击也无法反击。统“独”有争议，“爱台湾”则无分歧，但“爱台湾”是由陈水扁民进党提出的，议题的逻辑就变成谁反对陈水扁、民进党，谁就是“不爱台湾”。议题转化到最后，谁反对公投，谁就是让世界看不起台湾，就是不“爱台湾”，从而把对手彻底置于不利的地位。在议题的发酵过程中，议题操纵者在不断地争取中间选民的同时，还不忘再拉深绿选民一把，使用的招数就是把自己打扮成被“中共打压”的哀兵形象，其逻辑是：“你看我本来要搞‘统独公投’的，就是因为‘中共’的打压和泛蓝的搞鬼和不团结，只好‘被迫’退一步搞‘防御性公投’与‘和平公投’，而且我们退步了，‘中共’与泛蓝还不放过，连我们搞‘和平公投’这样卑微的愿望都不容忍，还要打压，台湾人连和平的民主声音都不让表达，是可忍孰不可忍……”。在这样的逻辑操作下，深绿民众根本没有因为“统独公投”被改成“和平公投”而感到缺乏刺激，反而更激起巨大

① 邹振东：《台湾舆论发展变化的历史拐点及趋势》，《台湾研究》，2006年3期，第8页。

的悲情与燃烧的激情。一石多鸟，舆论的层级迭加效应就这样在议题的转换下最大化了。

"台独议题"实现舆论层级的迭加效应，有几个条件：第一，议题必须转换，如前所述。第二，必须有足够的让议题转换的时间。没有过程，议题就不会发酵。有时"统独议题"变成哑炮或毒药，就在于没有足够的时间发酵，直接就从"台独议题"抛出，到"台独议题"结束，没有转化为"爱台湾"议题，效应无法最大化。第三，"台独议题"必须和选举捆绑在一起，这样才能将"台独议题"的效应转化到选举上去。"公投绑大选"就是最佳的案例。第四，必须制造"中共"这个假想敌。越是塑造被"中共"打压的形象，效果越好。因为"台独议题"越被挫，它在选举中的代偿效应就越明显。第五，必须有泛蓝的反对。泛蓝越反对，越能够在议题中区分敌我，最后把泛蓝扣上"中共的同路人"，"不爱台湾"的帽子，用议题区隔选民、丑化对手的效应就更明显。

防止"台独议题"出现舆论的层级叠加效应，有以下几种途径，第一，切断"台独议题"与选举的关系，比如"公投"如果无法绑"大选"，"台独议题"的挫败就无法在选举中得到代偿。第二，大陆以更灵活的策略和更柔软的身段，应对"台独议题"，对"台独议题"，不可能不表态，不可能不施压，否则就会放纵"台独议题"触碰与挑衅底线。"台独议题"之所以具有高危险性和敏感性，主要原因就是两岸民意不会对"台独议题"不闻不问，"台独意味着战争"这条底线绝不会放弃，但是大陆不能被"台独"分子所利用，不能让"台独"分子肆意打扮成十恶不赦的假想敌。有的东西只做不说，有的话让别人说自己不说，如果必须自己发话，也要柔中有刚，而不是刚中有刚。要让台湾民众了解到祖国大陆对台湾人民的善意，对一般的"台独"口水则不予理睬，既要给"台独议题"硬钉子，也要给它软钉子，让"台独议题"打出来像碰到棉花，使"台独"分子无法借力使力。第三，泛蓝不能老随着"台独议题"随风起舞，他们说什么，就跟着说什么，他们坚持什么，就跟着反对什么，这样看似处处反对，其实恰恰将自己的算盘珠子让对方拨弄。泛蓝要积极开拓舆论的新战场，比如与"台独议题"不同的反贪腐议题与民生议题。即使在"公投议题"上，也要见招拆招，不要授人以反民主与不"爱台湾"之名，积极在"公投议题"上做自己的文章，强化自己的本土论述与对台湾的关爱，与对手在焦点议题上模糊界限，使之无法区隔敌我，没有可乘之机。第四，在时间上针锋相对，或者阻止"台独议题"发酵，或者缩短"台独议题"的发酵时间，或者打时间差，使“台独议题”无法有足够的时间准备并在恰当的时机完成对选举的能量配送。

“台独议题”发酵是十分重要的舆论现象，从中发现并总结的舆论层级效应理论，将在其他舆论现象中得到运用。

第四节 “统独议题”对台湾政治评价的影响

统“独”倾向是台湾政治文化中最重要的政治评价。正是根据统“独”倾向的不同政治评价，在台湾社会用统“独”光谱划分各种政治组织、社会团体、传媒机构等群体与个人的政治色彩。而其中民众的统“独”倾向的变化，不仅直接决定着各政党支持群众的增加与减少，也是台湾政治文化变迁的最重要的指针。本节以台湾民众统“独”倾向的变化，讨论“统独议题”对台湾政治评价的历史影响。

在笔者掌握的资料中，没有台湾“统独议题”与统“独”倾向变化关系的直接实证研究，受各方面条件限制，笔者也无法在台湾做相关的实验或调查。但是作为观念性的统“独”倾向受观念性的舆论影响是显而易见的。从民族（族群）认同的三大理论“本质论”、“结构论”与“建构论”来看，统“独”倾向作为族群划分的依据，既无本质上的差异（文化或生物学特征），也无结构上的对立（台湾并不存在着因为“赞成统一”或“赞成独立”所产生的不同的群体会在政治权力、经济财富成社会地位等方面的分配感到不满），因此，统“独”的认同完全是建构的产物。正如大陆学者刘国深所说：“个人的政治文化中有些是原生性的，如血缘认同、出生地认同等，但大多数是成长过程中学习的。因此，扮演政治社会化机构角色的学校、正式组织、大众传媒，尤其是政党和政治领袖的作用是非常重要的。进入李登辉时代以后，台湾当局、政治社团、大众传媒等政治社会化机构，对于台湾政治文化变迁也起了重要的推动作用。”① 台湾学者彭怀恩指出：“政治精英在争取‘后权威主义’时代的权力真空，乃诉诸不同的政治符号以‘合理化’其政治行动，台湾政治文化出现纷杂的状态。”② 统“独”倾向的变化自然有其深刻的社

---

① 刘国深：《台湾政治概论》，北京：九州出版社，2006 年版，第 35—36 页。

② 彭怀恩：《中国政治文化的转型——台湾政治心理倾向》，台北：风云论坛出版社，1992 年版，第 169 页。

会历史成因，但“统独议题”的操纵是统“独”倾向变化的直接成因，① 这些已成为两岸学者的共识。

台湾全体民众对统“独”的态度分布趋势，见表3。

从表3可看出，总体来说，统“独”倾向的变化没有像“台湾人/中国人”认同的变化幅度大。后者往往都是10个以上百分点的变化，前者则局限于个位数的百分点的变化，显示“统独议题”对台湾民众立场和认同的改变，不如“台湾意识/中国意识议题”那么明显。“统独议题”尽管是能量大的高上位性议题，但由于高危险性与高敏感性，不如“台湾意识/中国意识议题”便于运用，作为核武器的“统独议题”反而不如常规武器的“台湾意识/中国意识议题”好用，特别是“统独议题”的分歧争议大，安全系数又小，不如“台湾意识/中国意识议题”欺骗性大，覆盖面广，所以“统独议题”在台湾舆论中不如“台湾意识/中国意识议题”应用那么频繁和广泛，影响也不如后者明显，这也可以解释为什么“台独议题”最后总要想方设法转换为“台湾意识/中国意识议题”。

表3：台湾民众对待统“独”倾向分布表（1994—2002年）②

年度	1994	1995	1996	1998	2000	2001	2002
尽快独立	3.1%	3.9%	5.9%	62%	3.8%	5.5%	4.8%
维持现状再独立	8.1%	9.0%	9.9%	12.2%	6.7%	11.7%	13.6%
维持现状再决定	39.0%	31.7%	32.2%	32.1%	30.8%	36.2%	36.2%
永远维持现状	9.7%	14.3%	13.1%	16.2%	16.1%	13.7%	14.0%
维持现状再统一	16.4%	22.4%	22.2%	16.6%	18.9%	16.8%	16.3%
尽快统一	4.4%	1.9%	3.3%	2.2%	2.9%	3.1%	1.9%
无反应	19.2%	17.7%	13.6%	14.3%	20.6%	13.1%	13.7%

资料来源：台湾政治大学选举研究中心。陈义彦、陈陆辉：《摸棱两可的态度还是不确定的未来：台湾民众统独观的解析》，台湾《中国大陆研究》，第46卷5期，2003年9月10日出版，第1—9页。

从表3可以看出，“尽快独立”和“尽快统一”的比例都很小，两者合起来，十来年均未超过10个百分点。而无论是维持现状再独立、再统一、再决定，还是永远维持现状的人，总体上这些倾向维持现状的人占据了70%强，而且这个总体数

① 陈陆辉，周应龙：《台湾民众统独立场的持续与变迁》，台湾《东亚研究》，35卷2期，2004年版，第145页。

② 陈义彦、陈陆辉：《摸棱两可的态度还是不确定的未来：台湾民众统独观的解析》，台湾《中国大陆研究》，46卷5期，2003年9月10日出版，第1—9页。

据还在呈上升趋势，说明台湾无论统“独”，其民众主体倾向还是趋同维持现状。这可说明国民党为什么逐渐抛弃急统向“本土化”论述，也可解释民进党也从急“独”转向“打着中华民国旗号的台独”，“中华民国”成了统“独”两派的最大公约数。维持现状的总体民意既可说明台湾的主流言论是维持现状，也可佐证维持现状的主流言论对民意结构的影响。

不过，总体上说，“尽快独立”的比例在逐渐增加，而“尽快统一”的比例在减少，虽然两者的幅度都不是很大，而且其人数比例本来就很小，但还是能看出，通过一段时间“统独议题”的操弄，认同独立的人数在呈逐渐增加的趋势，而认同统一的人数在呈逐渐减少的趋势；显示“台独议题”的抬头与横行最终压过“统一议题”。

从上表看，最富于变化的是在维持现状的大盘子中的内部流动。总体上看，维持现状再独立的呈上升的趋势，永远维持现状的比例也是呈上升趋势，而维持现状再统一的比例虽有小幅波动，但基本维持在16%上下，而维持现状再决定的人则是呈下降趋势。这说明在维持现状的总群体中，“台独议题”影响仍然盖过“统一议题”，倾向“台独”的人数在增加，而这增加的人数不是来自维持现状再统一的群体，而是来自维持现状再决定的群体。可见“台独议题”对原来持统一立场的人没有多大效果，但对原来持观望态度的人却有较大作用。

综上所述，“统独议题”对急“独”、急统的人影响不大，虽然急“独”在上升，急统在减少，但其基数和增降幅都不太大，没有指标意义，“统独议题”主要还是针对维持现状的群体在做文章。在维持现状的内部流向看，维持现状再统一的变化不大，而维持现状再独立、再决定以及永远维持现状的比例有调整，总体上是往“独立”方向流动。这证实了台湾舆论“统独议题”的总体态势是以维持现状的舆论为主流，但倾向“台独”的议题占上风。

接下来具体分析统“独”倾向在不同的群体中的表现，先看性别，见表4：

表4：台湾民众“性别”对统“独”倾向分布表（1994—2003年）

	年度	1994	1995	1996	1998	2000	2001	2003
男性	倾向统一	22.1%	26.9%	32.9%	21.2%	27.8%	23.5%	18.8%
	维持现状	48.1%	38.1%	43.0%	42.7%	43.3%	47.7%	49.6%
	倾向独立	14.0%	14.7%	15.8%	22.1%	12.8%	18.2%	21.2%
	无反应	15.7%	20.3%	9.1%	13.2%	16.1%	9.7%	10.2%

续表

	年度	1994	1995	1996	1998	2000	2001	2003
女性	倾向统一	17.1%	17.9%	17.9%	13.2%	14.8%	17.5%	13.8%
	维持现状	47.1%	42.0%	49.9%	50.2%	50.7%	54.7%	58.6%
	倾向独立	8.4%	8.3%	14.2%	15.1%	8.8%	12.2%	16.2%
	无反应	26.2%	32.3%	18.1%	20%	26.1%	15.7%	12.3%

资料来源同上。

从上表看，女性的波动幅度比男性大，从1994年到2003年，男性维持现状的基本不变，而女性则增加了10个百分点，男性中倾向独立的增幅为7个百分点，而女性中倾向独立的则增加了一倍，特别是无反应群体中，男性仅减少了5个百分点，女性则减少了14个百分点，减幅达一半以上。显示女性更容易受“统独议题”的影响。但不管男性女性，认同统一的人数都在减少，倾向独立的都在增加。不过男性无论是“倾向统一”还是“倾向独立”的人都比女性要多，这个趋势一直从1994年维持到2003年，而维持现状的女性人数却呈上升趋势，显示男性在“统独议题”上更趋极端，而女性在“统独议题”上更趋保守。另外，从上表看，1998年是转折点，原来无论男性女性，“倾向统一”的人数都高过“倾向独立”的人数，但在1998年，“倾向独立”的人数反超“倾向统一”的人数。

年龄方面，见表5。

表5：台湾民众“年龄”对统“独”倾向分布表（1994—2003年）

年龄	年度	1994	1995	1996	1998	2000	2001	2003
20—29	尽快统一	27.1%	29.9%	28.9%	23.2%	25.8%	22.7%	18.8%
	维持现状	59.0%	50.6%	51.9%	54.2%	57.7%	58.7%	57.6%
	倾向独立	11.9%	11.7%	16.7%	19.4%	12.0%	15.8%	22.8%
	无反应	1.7%	7.9%	3.1%	1.8%	4.5%	2.7%	1.8%
30—39	尽快统一	19.1%	21.9%	30.9%	18.2%	28.8%	25.5%	21.8%
	维持现状	61.1%	47.2%	50.9%	56.6%	55.7%	56.7%	59.6%
	倾向独立	11.4%	13.7%	14.2%	18.9%	6.0%	15.2%	16.2%
	无反应	8.1%	17.3%	4.4%	6.2%	10.1%	2.7%	2.8%
40—49	尽快统一	16.1%	19.1%	20.5%	14.7%	23.8%	23.5%	13.9%
	维持现状	50.7%	41.8%	51.2%	50.9%	50.2%	55.2%	58.6%
	倾向独立	10.6%	14.4%	16.2%	22.2%	9.3%	14.2%	17.2%
	无反应	22.7%	24.3%	11.4%	12.2%	17.0%	7.0%	10.1%

续表

年龄	年度	1994	1995	1996	1998	2000	2001	2003
50—59	尽快统一	12.1%	16.3%	19.1%	15.1%	15.0%	16.7%	13.2%
	维持现状	41.8%	31.4%	40.4%	38.9%	46.7%	47.7%	51.6%
	倾向独立	12.1%	11.7%	15.9%	18.6%	6.7%	15.9%	19.2%
	无反应	34.0%	40.3%	24.1%	27.2%	31.6%	19.7%	16.2%
60岁以上	尽快统一	24.1%	20.9%	26.9%	13.8%	12.8%	14.5%	11.6%
	维持现状	21.5%	20.4%	29.9%	25.2%	26.7%	34.7%	38.6%
	倾向独立	12.8%	7.0%	11.2%	15.1%	16.8%	17.2%	18.2%
	无反应	41.0%	51.3%	32.1%	45.2%	44.1%	34.7%	31.5%

资料来源同上。

从1994到2003年，从年龄结构看，倾向“尽快统一”的变化幅度最大的出现在年龄的两头，一是20—29岁，从27.1%降到18.8%，下降近10个百分点；二是60岁以上，从24.1%降到11.6%，超过10个百分点；而其他年龄层的变化都不到5个百分点，显示“统独议题”对年轻与年老的群体特别敏感。但仔细分析，20—29岁在倾向独立的变化也很大，上升10个百分点，而60岁以上倾向独立的变化则不到6个百分点，反而是维持现状的大幅上升，增加17个百分点。显示，“统独议题”对30岁以下群体的主要作用是使之从倾向统一的人大量转为倾向独立，而对60岁以上群体的作用则是使之从赞成统一转为维持现状。从无反应群体看，20—29岁的无反应比例一直很小，一直维持在2%上下。而随着年龄的增加，无反应比例也逐渐增加，到60岁以上群体则高达40%—30%以上，可见越年轻对“统独议题”敏感性越强。年轻族群是“统独议题”争夺的最重要的群体。

在统“独”倾向上最值得关注的是30—39岁群体，其“尽快统一”的人数不降反升，尽快倾向“独立”的人数也是上升趋势，但“尽快统一”的人数始终超过“独立”的人数，成为各年龄层的一个另类。其他各年龄层几乎都从赞成统一的人数超过倾向“独立”的人数，逆转为倾向“独立”的人数反超赞成统一的人数。

而在维持现状的群体看，60岁以下群体都在50%以上，且变化不大，而60岁以上群体则低于40%。主要是其无反应的群体过大，维持在此30%—40%之间。

从省籍的情况看，见表6。

表6：台湾民众“省籍”统“独”立场分布表

	年度	1994	1995	1996	1998	2000	2002	2003
客家人	尽快统一	20.1%	25.4%	29.0%	19.2%	27.8%	21.7%	17.4%
	维持现状	48.1%	40.6%	47.1%	51.9%	47.6%	52.7%	54.4%
	倾向独立	12.9%	9.7%	13.9%	17.7%	11.8%	14.4%	15.2%
	无反应	18.0%	24.3%	10.1%	11.2%	13.1%	11.4%	12.5%
闽南人	尽快统一	16.1%	17.3%	20.6%	14.7%	18.1%	15.1%	16.4%
	维持现状	50.1%	40.5%	46.6%	46.2%	47.7%	51.7%	49.3%
	倾向独立	12.5%	13.7%	17.2%	21.1%	11.0%	20.2%	20.5%
	无反应	20.7%	28.3%	15.5%	18.0%	23.3%	12.7%	13.7%
外省人	尽快统一	43.7%	45.1%	49.4%	31.9%	35.8%	32.5%	31.5%
	维持现状	47.7%	39.0%	40.5%	47.9%	45.7%	50.7%	53.5%
	倾向独立	4.0%	4.6%	6.2%	9.6%	2.2%	9.2%	8%
	无反应	4.7%	11.3%	3.1%	10.2%	17.1%	7.7%	7%
少数民族	尽快统一	6.1%	23.9%	20.0%	18.2%	11.8%	14.6%	28.3%
	维持现状	53.1%	34.7%	55.6%	46.8%	55.2%	57.3%	32.6%
	倾向独立	13.3%	7%	4.2%	18.2%	11.8%	13.4%	23.9%
	无反应	26.7%	35%	20.1%	16.9%	22.1%	14.7%	15.0%

资料来源同上。

从上表看，1994年到2003年，统“独”倾向变化较大的是闽南人、“外省人”和少数民族。闽南人在“尽快统一”上没有多大变化，维持在16%上下，但倾向“独立”的人则从12.5%增加了7个百分点；“外省人”则在“尽快统一”的人数上，下降了12个百分点，而在倾向“独立”的人数上仅增加了4个百分点，主要流向到维持现状群体上了。从幅度看，少数民族的变化最大，无论是“尽快统一”、维持现状、倾向“独立”，还是无反应。其变化幅度都超过10个百分点以上，特别是其“尽快统一”的人数大量增加，成为所有族群中的一个异数，这可能是因为少数民族原来受“本省人”欺负，而“两蒋”时代国民党为少数民族改善了不少生活条件，所以他们对“大闽南沙文主义”有疑惧心理。但其人口比例过小，对台湾的政局没多大影响，除少数民族外，闽南人、“外省人”受“统独议题”的影响最为明显，但表现不同。闽南人赞成统一的人数没多大变化，反而是“外省人”赞成统一的大幅下降，闽南人倾向“独立”的增幅除少数民族外最大，但比例也不过7%。显示“统独议题”对“外省人”的冲击最大，使得其“尽快统一”的人数锐减，小部分转到倾向“独立”上，大部分转到维持现状上去。可见“统独议题”较之“省籍议题”又开拓了另一个族群分化的战场。“省籍议题”的作用点主要针对闽南族群，分化更多的闽南人反对“外省人”，但其也招致“外省人”的抵制与反感；但“统独议题”则在“外省人”的族群反应最敏感，并使“外省人”赞成统一的人大幅下降（反观闽南人则维持不变），“统独议题”对“外省人”的杀伤力值得关注。

台湾民众“教育程度”的统“独”倾向见表7。

表7：台湾民众“教育程度”统“独”立场分布表

	年度	1994	1995	1996	1998	2000	2002	2003
小学	尽快统一	13.1%	10.5%	16.9%	10.2%	10.8%	10.1%	11.3%
	维持现状	33.2%	25.3%	39.9%	34.1%	35.7%	41.6%	40.4%
	倾向独立	45.4%	56.7%	32.2%	40.1%	41.3%	31.8%	31.2%
	无反应	8.2%	7.3%	11.1%	15.2%	12.6%	16.7%	17.0%
中学	尽快统一	22.1%	24.2%	28.9%	18.6%	24.3%	17.9%	15.2%
	维持现状	59.1%	48.9%	49.9%	56.2%	57.7%	58.7%	61.6%
	倾向独立	11.9%	12.7%	16.8%	20.1%	7.8%	18.2%	18.8%
	无反应	6.7%	13.9%	4.8%	5.2%	10.1%	4.7%	4.5%
大专	尽快统一	29.1%	34.6%	32.4%	27.2%	35.8%	27.5%	22.6%
	维持现状	52.1%	44.6%	47.9%	49.2%	50.4%	52.0%	55.6%
	倾向独立	14.9%	15.7%	17.8%	21.9%	10.8%	18.2%	20.6%
	无反应	3.7%	4.8%	2.1%	1.8%	3.1%	2.1%	1.6%

资料来源同上。

从上表可以看出，从1994年到2003年，大专程度的群体尽管“尽快统一”的比例小幅上扬后整体仍呈下降趋势，而且倾向“独立”的比例，也呈逐渐上升的趋势，但其总体上仍然是支持“尽快统一”比例最高的群体，而且始终是支持统一的人数高于支持“独立”的人数。显示“台独议题”由于其非理性化更多作用于受教育程度偏底的人群，而统一的问题则偏于理性化，对受教育程度高的人才比较能够接受。一般而言，人在情绪上更易倾向“独立”，只有在理性上才会认识到统一的好处，而且在大专程度群体中，无反应的比例也是最小的。

另外，值得注意的是小学程度的群体其“尽快统一”的比例变化不大，这个比例可能是第一代“外省人”贡献的。他们的文化程度不高，对统一的立场难以改变，但是其倾向“独立”的比例居然也呈逐渐减少的趋势，这也可能是文化程度低的人对“台独”带来战争的恐惧更直接。其减少的比例主要流入到维持现状的群体中去，显示出“台独议题”对小学程度的群体不仅没有呈正相关关系，反而呈负相关关系，但是小学程度群体总体上支持“台独”比例最高。

职业特点对统“独”立场的影响见表8。

表8：台湾民众“职业”统“独”立场分布表

	年度	1994	1995	1996	1998	2000	2002	2003
军公教	尽快统一	30.7%	42.0%	39.9%	32.2%	32.5%	29.5%	21.2%
	维持现状	50.4%	39.7%	44.1%	46.2%	46.7%	51.7%	57.6%
	倾向独立	13.9%	9.9%	11.2%	16.1%	13.8%	15.2%	15.7%
	无反应	5.1%	8.3%	4.9%	4.8%	7.1%	4.7%	5.2%
专业人员	尽快统一	21%	22.2%	26.9%	19.6%	20.8%	24.4%	17.2%
	维持现状	48.8%	43.2%	42.9%	49.2%	54%	48.7%	54.6%
	倾向独立	17.9%	19.7%	26.2%	25.1%	19.8%	22.2%	23.2%
	无反应	12.7%	15.3%	3.6%	5.7%	5.2%	4.7%	4.9%
职员	尽快统一	28.1%	26.0%	27.5%	21.2%	20.0%	19.5%	18.8%
	维持现状	54.7%	47.9%	53.9%	50.1%	55.7%	59.6%	56.6%
	倾向独立	11.6%	13%	14.8%	19.4%	18.1%	16.2%	19.2%
	无反应	5.7%	13.3%	3.1%	9.1%	6.1%	4.7%	5.3%
劳工	尽快统一	20.1%	18.9%	19.5%	14.2%	17.7%	12.5%	12.9%
	维持现状	43.1%	36.9%	41.2%	47.2%	45.7%	50.7%	50.6%
	倾向独立	7.2%	10.7%	15.2%	16.7%	13.8%	18.2%	22.2%
	无反应	29.7%	33.3%	24.1%	21.6%	23.6%	17.7%	14.5%
农林渔牧	尽快统一	7.1%	11.2%	11.9%	7.2%	9.8%	8.5%	5.2%
	维持现状	36.1%	26.7%	51.7%	31.2%	33.6%	35.8%	44.0%
	倾向独立	9.0%	9.7%	11.2%	18.1%	12.4%	21.2%	19.2%
	无反应	47.1%	52.3%	25.1%	43.2%	44.8%	34.7%	31.3%
学生	尽快统一	28.6%	34.9%	28.9%	25.2%	22.8%	20.5%	18.7%
	维持现状	60.0%	45.0%	53.9%	42.2%	52.7%	55.7%	55.0%
	倾向独立	11.0%	18.7%	17.2%	28.1%	22.8%	22.2%	24.2%
	无反应	0%	0%	0%	3.2%	2.1%	1.7%	1.4%

续表

	年度	1994	1995	1996	1998	2000	2002	2003
家管	尽快统一	13. 1%	13. 9%	15. 0%	11. 2%	12. 8%	12. 5%	14. 9%
	维持现状	51. 1%	41. 7%	48. 9%	51. 2%	49. 7%	54. 7%	55. 8%
	倾向独立	9. 0%	6. 7%	12. 2%	14. 1%	11. 8%	14. 2%	12. 2%
	无反应	25. 7%	38. 3%	24. 1%	22. 2%	27. 1%	19. 7%	16. 8%

资料来源同上。

从上表看，从1994年到2003年，军公教人员支持“尽快统一”的比例最高，主要是因为上述人员大部分是外省籍，但这个群体仍然受到“统独议题”的影响，支持“尽快统一”的比例仍然呈逐渐减少的趋势，不过减少的人数并未转向支持独立，而是流向维持现状的群体，其支持独立的比例十来年没多大变化，其对“台独议题”还是有免疫力的。不仅军公教人员，其他所有群体其“尽快统一”的比例都呈下降趋势，只有家管人员在“尽快统一”的比例没有多大变化，而且其倾向“独立”的比例增幅也不大，可见除了家管人员，其他所有群体对“统独议题”都较敏感。不过其中职员、劳工、农林牧渔、学生在倾向“独立”的增幅几乎都在10个百分点以上，独有专业人员的无论统“独”，其变化的幅度都不大，显示专业人员的理性程度更高，较不易受“统独议题”的影响。而在无反应的群体中，学生的比例最低，几乎趋近于零，可见学生对“统独议题”的反应最为积极。另外，军公教、专业人员、职员的无反应比例也较低，而劳工、农林牧渔与家管无反应的比例较大，说明这些群体对“统独议题”较为迟钝。

台湾各地区统“独”倾向的分布见表9。

表9：台湾民众“地区”统“独”立场分布表

	年度	1994	1995	1996	1998	2000	2002	2003
大台北	尽快统一	20. 8%	24. 3%	22. 3%	20. 3%	22. 1%	22. 3%	19. 9%
	维持现状	48. 8%	48. 1%	52. 3%	50. 0%	50. 6%	52%	56. 9%
	倾向独立	12. 0%	16. 7%	18. 2%	21. 1%	19. 8%	18. 2%	16. 2%
	无反应	18. 07	11. 3%	7. 1%	8. 2%	7. 6%	7. 7%	6. 5%
北县基	尽快统一	23. 9%	21%	20. 9%	21. 2%	18. 2%	19. 5%	21. 4%
	维持现状	51. 1%	50. 9%	48. 4%	55. 1%	55. 1%	53. 1%	53. 3%
	倾向独立	5. 7%	11. 7%	15. 2%	14. 7%	15. 3%	18. 2%	18. 2%
	无反应	19. 7%	17. 3%	15. 1%	8. 2%	11. 1%	9. 7%	7. 0%

续表

	年度	1994	1995	1996	1998	2000	2002	2003
桃竹苗	尽快统一	26. 1%	23. 9%	28. 9%	18. 2%	21. 8%	21. 5%	19. 3%
	维持现状	40. 5%	50. 8%	46. 2%	51. 8%	52. 7%	54. 7%	55. 1%
	倾向独立	10. 0%	10. 7%	13. 2%	16. 1%	11. 8%	13. 6%	14. 8%
	无反应	23. 7%	16. 3%	12. 1%	13. 2%	14. 1%	10. 7%	10. 8%
中彰投	尽快统一	16. 1%	19. 9%	19. 3%	17. 2%	19. 8%	17. 5%	14. 4%
	维持现状	44. 1%	47. 0%	48. 0%	45. 2%	48. 7%	53. 7%	56. 7%
	倾向独立	12. 0%	10. 7%	14. 2%	16. 1%	13. 8%	16. 2%	18. 9%
	无反应	27. 7%	22. 3%	18. 1%	18. 2%	18. 1%	11. 7%	9. 9%
云嘉南	尽快统一	13. 1%	17. 0%	16. 9%	13. 2%	14. 8%	12. 5%	7. 8%
	维持现状	40. 8%	41. 9%	50. 0%	38. 2%	46. 7%	50. 7%	56%
	倾向独立	11. 0%	14. 7%	16. 3%	17. 1%	15. 8%	19. 3%	22. 9%
	无反应	35. 7%	26. 3%	17. 1%	19. 2%	23. 1%	17. 7%	13. 3%
高屏澎	尽快统一	15. 1%	18. 3%	17. 9%	15. 2%	16. 8%	14. 5%	16. 2%
	维持现状	50. 1%	44. 8%	45. 1%	50. 5%	50. 2%	52. 7%	47. 2%
	倾向独立	8. 3%	15. 7%	24. 2%	20. 1%	15. 8%	22. 2%	28. 6%
	无反应	25. 7%	21. 3%	13. 1%	13. 6%	17. 6%	13. 7%	8%
宜花东	尽快统一	19. 1%	19. 9%	23. 9%	20. 6%	24. 8%	18. 0%	8. 7%
	维持现状	40. 1%	44. 9%	46. 9%	37. 1%	39. 2%	41. 8%	56. 3%
	倾向独立	5. 3%	9. 7%	16. 7%	18. 9%	14. 8%	14. 1%	12. 6%
	无反应	35. 1%	26. 3%	13. 1%	23. 2%	21. 1%	26. 7%	22. 3%

资料来源同上。

从上表看，从1994年到2003年，北部地区及中部地区其“尽快统一”比例变化都不大，南部与东部地区其“尽快统一”的比例呈大幅下降趋势，例外的是高屏澎地区，尽管倾向“独立”的人大幅度增加，但“尽快统一”的人则变化不大。在倾向“独立”的方面，北、中、南、东地区呈全面上扬趋势，只有大台北及桃竹苗地区增幅较小，其他都有较大增幅，特别是云嘉南及高屏澎地区增幅最大。尽管北部地区倾向“独立”的人数增加，但总体看，大台北、北县基、桃竹苗，其支持统一的人数都多于支持“独立”的人数，其他地区则刚好相反。显示浊水溪的确是区分统“独”及划分蓝绿的标志线。“统一议题”在北部更有市场，而“台独议题”在南部更有作用。

综上所述，“统独议题”对台湾的政治评价的影响，不如“省籍议题”和“台湾意识/中国意识议题”分别对台湾的政治情感和政治认知的影响那么显著。表现在台湾民众统“独”倾向的变化，其百分比没有超过两位数的变化，这和省籍的政党认同和“台湾人/中国人”认同的两位数变化不一样。这佐证了每次台湾选举后，一些分析家们都会给出台湾蓝绿阵营的基本盘没有变的结论。但是，蓝绿版图细微的变化对台湾政坛的影响力不可不察。近来，台湾的选举屡屡出现“关键少数”的现象。2004 年 3 月 20 日晚，台湾地区领导人选举结果出炉。依据台湾当局“中选会”公布的数据，民进党候选人陈水扁、吕秀莲得票数为 6471970 票，得票率为 50. 11%；国亲两党候选人连战、宋楚瑜得票数为 6442452 票，得票率为 49. 89%。民进党陈吕配以不到三万票的微小差距，击败国亲联盟的连宋配，获得继续执政的机会。[①] 2006 年 12 月 9 日，台湾第四届高雄市长选举结果揭晓，高雄市地方选委会宣布，民进党籍候选人陈菊得票数为 379417 票，得票率 49. 41%，以 1120 票些微的差距，赢了国民党籍候选人黄俊英所开出的 378297 得票数，经高雄市选委会宣布当选为第四届高雄市长。[②] 台湾有 2300 万人口，有选举权的人口只要有 1% 的变动，其数量仍有十几万之巨，足以改变台湾任何一次重要选举。所以“统独议题”对台湾选举的影响不可轻视。

虽然“统独议题”没有改变台湾政治评价的总体版图，但“统独议题”对台湾统“独”版图的内部结构产生了冲击。台湾统“独”版图好比一个巨大的体育场看台，蓝绿两边各自叫阵，在舆论的操纵者指挥下，“台独议题”掀起一阵阵人浪，人浪过后，好像看台的蓝绿比例并没有多大的变化。但是，在关键的进球时间（选举期间），“台独议题”的人浪已经掀起好几回了，其声势足以影响“球队士气”和选举结果。特别是“统独议题”对“统独倾向”的人口结构虽然没有造成大换血式的变化，但是出现了笔者比喻为“依次换座位”的变化。从本节的调查数据看，台湾民众的“统独倾向”没有发生从“急统”到“急独”的对调式的大换班，而是向依次换座位一样出现这样的情况：“急统”的转变成“维持现状再统”，“维持现状再统”的转变成“维持现状再说”，“维持现状再说”的转变成“维持现状再独”，而“维持现状再独”的转变成“急独”。这种往“独立”方向依次变化

① 数据见台湾“中选会”网站：http：//www. cec. gov. tw。
② 数据见台湾“中选会”网站：http：//www. cec. gov. tw。

的势头十余年来一直缓慢而稳定地进行着，方向始终不改。它就像地球的板块，虽然板块的大小和结构都未变，但板块在某种力量影响下漂移，尽管其每年移动的尺寸不大，但足以造成火山、地震和海啸。

由此，我们可以得出下述结论：在一个可以预见的相当长的时期内，“统独议题”对台湾民众的统“独”倾向造成重大逆转的可能性不大，寄望用毕其功于一役的方法使台湾民众立即全面拥护统一不切实际，但“台独议题”瞬间让台湾民众转向“独立”的倾向也不太可能。除非政治人物铤而走险、误判形势或擦枪走火，“台独议题”造成毁灭性的“台独”事件的可能性微乎其微，但是“台独议题”对台湾选举的影响与冲击则不可小觑，这里民意的牵制和民意的波动分别在不同层面上起着重要的作用。

所以在短时期内，“台独议题”对台湾选举的影响仍然显著。因此，“统独议题”对台湾民众政治评价影响的研究值得深入和细化。不同性别、年龄、省籍、职业、教育程度、地区的台湾民众对“统独议题”的敏感性将改变台湾舆论战的策略和结果。特别是 18 岁年龄以下人口对“统独议题”的敏感性值得考察，这些即将成为有选举权的后备选举人口不仅会影响台湾的选举版图，而且会改变台湾舆论和台湾政治文化的走向，最重要的是他们代表着台湾的未来。

第四章

台湾的舆论议题与政治文化

本章讨论的是台湾的舆论议题与台湾政治文化的关系，首先从台湾的舆论议题的变化探索台湾政治文化的转型，反过来，从台湾政治文化的转型，分析其对台湾舆论议题的影响，并以媒体政治为契入点，讨论台湾舆论与台湾政治文化的互动媒介。

第一节　从台湾舆论议题的变化看台湾政治文化的转型

光复以来台湾的舆论议题发生了巨大的变化，台湾的政治文化也出现了历史性的转变。从台湾舆论议题的演变透视台湾政治文化的转型，本研究发现：60 年来，台湾的舆论议题由禁忌到开放再到放纵，其结构由一元到多元再到二元对决；而台湾的政治文化也从"威权主义"的政治文化经由"民主化"、"自由化"发展到"民粹主义"的政治文化，从"民族主义"的政治文化经由"本土化"发展到"族群主义"的政治文化。转型后的台湾政治文化是"民粹主义"加"族群主义"的复合型政治文化，笔者将其命名为"群粹主义"的政治文化。

政治文化的类型理论最早由美国学者阿尔蒙德与维巴在比较政治学领域提出①。两位学者将政治文化划分为三种类型：区域型（parochial）的政治文化、服从型（subject）的政治文化与参与型（participant）的政治文化。所谓区域型（parochial）

---

① 阿尔蒙德、维巴在其《公民文化》一书中考察了西方五国公民文化的特征，发现意大利是疏远型的政治文化，墨西哥是不平衡和不协调的文化，德国是政治超然和臣民能力的结合的文化，美国是参与型的公民文化，英国是驯顺型的公民文化。以上材料参见［美］阿尔蒙德、维巴著：《公民文化》，马殿军译，杭州：浙江人民出版社，1989 年版。

的政治文化是指该地区本身还没有发育成熟的政治共同体，缺少专门的政治角色的分化，社会成员没有独立于他们地域性的宗教和社会取向的政治取向，对于政治体系的整体以及体系内的权威、制度和规范等，社会成员没有或缺乏明确的认知、情感和价值取向，更谈不上对体系内的决策及决策的实施施加影响。所谓服从型（subject）的政治文化是指政治体系的成员对政治体系中的角色、结构、权威、规范以及自己在政治体系输出方面的责任等有较明确的认知、情感和价值取向，而对于政治体系输入方面的取向以及社会成员作为政治参与者的自我取向却非常低，政治体系的成员与体系的关系实质上是一种被动的服从关系，这种类型的政治文化一般存在于中央集权型的政治体系中。所谓参与型（participant）的政治文化是指公民对政治投予关注、并且认为大众参与可期待且有效用的政治文化，社会成员对政治体系作为整体以及体系的输入方面和输出方面都有强烈而明确的认知、情感和价值取向，并对自己作为政治体系成员的权利、能力、责任及政治行为的效能具有积极的认识和较高的评价。这种类型的政治文化一般与现代民主政治相适应，使公民抱有不过分的参与热情，对合法的权威亦有充分的尊重。但是，任何社会都不会只有单一类型的政治文化，而是表现为诸种政治文化的结合。阿尔蒙德和维巴对政治文化的分类并不具有普适性。事实上不同的政治体系、同一政治体系的不同组成部分以及同一政治体系的不同阶段，其政治文化都有不同的特点。①

本节将借鉴政治文化的分类理论，从60年来台湾舆论议题的变化，透视台湾政治文化的不同变量在不同时期的演变，总结台湾政治文化历史变迁的特点。

一、从台湾舆论议题内容的演变看台湾政治文化的转型

从台湾舆论议题的内容演变来看，60年来台湾的舆论议题走过了由禁忌到开放再到放纵的三个阶段。

舆论议题的禁忌年代，主要是指光复以来到1986年台湾的“政治革新”前这一时期。这一时期，舆论议题在内容上最大的特点就是禁忌。禁是禁止，忌是忌讳。从前述台湾舆论的三大议题来看，“省籍议题”是这一时期的舆论忌讳，虽未有官方的明令禁止，但是在各种压力和媒体的自觉遵守下，“省籍议题”无法出现在公开和主流的舆论中。以“2·28事件”为例，尽管这一时期民间已经有“2·

---

① 参见［美］阿尔蒙德、维巴著：《公民文化》，马殿军译，杭州：浙江人民出版社，1989年版。

28事件”的省籍情结版本，但长期以来“2·28事件”对台湾人来说是讳莫如深的议题。以《中国时报》为例，在1990年的《中国时报四十年》纪念文集里，没有收录任何对“2·28事件”的相关文章，甚至对“2·28事件”只字不提，从另一个侧面反映出40年来“2·28事件”在媒体的禁忌。① 而在2000年的《中国时报五十年》纪念文集里，则同时收录有关“2·28事件”的四篇社论。② 很长一段时间，“统独议题”中只有“统一议题”，“台独议题”被严厉禁止，并有相关法律约束，“台独议题”会招来牢狱之灾。③ 三大议题中，只有“台湾意识/中国意识议题”最先松动。但在20世纪70年代以前，“中国意识议题”占据了绝对的主导地位，“台湾意识议题”还是不敢声张；20世纪70年代后，“台湾意识议题”从文学领域发端，借“乡土文学论战”进入公开化时期。④ 但这一时期“台湾意识议题”还包裹在乡土文化议题中，只有在文学议题和传统与现代化议题的双重掩护下，“本土化”的“台湾意识议题”才得以公开走进台湾人的视野。但即使是公开化的“台湾意识议题”，其主流仍然限定在“台湾是中国的一部分”的关系框架下讨论。此时的“台湾意识/中国意识议题”主要表现为：在与美国“断交”和退出联合国席位后，台湾社会出现了到底应该以不切实际的反攻大陆的“中国意识”优先，还是以脚踏实地地经营与呵护台湾这块土地的“台湾意识”优先的争论。

从这个时期台湾舆论议题的内容特点看，当时的政治文化的类型十分类似阿尔蒙德归纳的服从型政治文化。“台独议题”的禁止，表明政治体系的成员（民众）对自己在政治体系的输出方面的责任有明确的认知，并更是把政治体系输出的“统一议题”作为自己的政治评价取向；而“省籍议题”的忌讳，表明政治体系的成员（民众）对于政治体系的输入方面的自我取向非常低。“台湾意识”议题的压抑和

---

① 《中国时报四十年》编辑委员会：《中国时报四十年》，台北：中国时报社，1990年版。

② 《中国时报五十年》编辑委员会：《我们的信念与主张——中国时报五十年社论选辑》，台北：中国时报社，2000年版。

③ 比如2006年“倒扁”运动的发起人施明德就曾因主张“台独”而两度入狱，被监禁25年。颜一：《传奇“台湾曼德拉”施明德》，《青年参考》，2006年6月16日。

④ 1977年，叶石涛发表了《台湾乡土文学史导论》，虽然在戒严时期还有一些伪装，但却第一次提出了台湾文学的“台湾立场”和“台湾意识”，第一次提出了台湾在日据下“现代化”历程中产生了“台湾意识”的主张。此主张随即引发了一场持续了20年的论战。此番论战实际上是一场以文学为名的意识形态前哨战。以上资料参见古远清：《台湾文坛“双陈大战”》，台湾《台声》杂志，2001年4期。另参见朱双一、张羽：《海峡两岸新文学思潮的渊源和比较》，厦门：厦门大学出版社，2006年版，第491—506页。

“中国意识”议题的强势，都表明政治体系的成员与体系的关系处在一个被动的服从关系中。一般而言，服从型的政治文化存在于中央集权型的政治体系中，这一点也得到台湾当时的政治体制的验证。台湾“政治革新”前，处在党禁、报禁与戒严时期，舆论议题的禁忌正是这种政治文化的反映。我们仅从当时政府制定的各种有关新闻舆论、法律条文就可以看出这个时期政治文化的输入特点。详见国民党当局“解严”前对舆论管制的法令条文表：

表1：国民党当局对报业的法令管制条文①

颁布时间	法令名称	法条内容	管制特色
1942. 5. 5	“国家总动员法”	“第二十二条：本法实施后，政府于必要时，得对报馆及通讯社之设立、报纸通讯稿及其他印刷物之记载，加以限制停止或命其为一定之记载。” “第二十三条：本法实施后，政府于必要时，得对人民之言论、出版、著作、通讯，集会，结社，加以限制。”	对新闻事业设立与言论内容之规范
1949. 5. 19	“戒严法”	“第十一条：最高司令官有权取缔言论、讲学、新闻、杂志、图画、告白、标语暨其他出版物之认为与军事有妨害者。”	对新闻言论内容之规范与管制
1949. 6. 21	“惩治叛乱条例”	“第四条：将军事政治上之秘密文书、图表、消息或物品，泄漏或交付叛徒者，处死刑，无期徒刑或十年以上有期徒刑。 第六条：散布谣言、或传播不实之消息，足以妨害治安或动摇人心者，处无期徒刑或七年以上有期徒刑。 第七条：以文字、图书、演说为利于叛徒之宣传者，处七年以上有期徒刑。”	对新闻言论内容之规范与管制
1950. 3. 1	“台湾省戒严期间新闻纸杂志图书管制办法”	“第二条：凡诋毁政府首长，记载违背‘三民主义’挑拨政府与人民感情，散布失败投机之言论及失实之报导，意图淆乱人民视听，妨害戡乱军事进行或诲淫诲盗之记载，影响人民秩序者均查禁之。 第三条：有下列情形之一者查禁： 1. 内政部及本省新闻处明令查禁者。 2. 未经内政部及本省新闻处明令而其产质与第二条所列之情节相同亦在查禁之列，其名称由本部随时公布之。 3. 泄漏未经军事新闻发布机关正式公布之军事机密者”	对新闻言论内容之规范与管制
1950. 11	“三九教字第六五一六号训令”	“以国际风云日益险恶，制纸木浆改作军用，纸张减产，纸价高涨，而台纸公司报纸产量不敷新闻业之用，为使台湾宣传文化事业不致因纸荒而陷入停顿起见，势不能不就减少消费，增加储备方面，做通盘之筹画。 第一项：各报应自本年十二月一日起，一律减缩篇幅，至多不得超过一大张半，惟特定纪念日得出增刊，仍不得超过一张，此外不得以任何名义增加篇幅。”	“限张”规定

① 王天滨：《台湾报业史》，台北：亚太图书出版社，2003年版，第154—157页。

续表

颁布时间	法令名称	法条内容	管制特色
1951. 5. 6	“妨害军机治罪条例”	“第一条：本条例称军机者，指军事上应保密之消息、文书、图画或物品。 第四条：因偶然得知或偶然持有之军机、泄漏、交付或公示于他人者，处三年以上、十年以下徒刑。因偶然得知或偶然持有之军机，泄漏、交付或公示于外国或其派遣之人者，处七年以上有期徒刑。”	对新闻言论内容之规范与管制
1951. 6. 10	“台四十教字第三一四八号训令”	“由行政院发布，第七点：台湾省全省报纸、杂志已达饱和点。为节约用纸起见，今后新申请登记之报社杂志通讯社，应从严限制登记。”	“限证”规定
1952. 4. 9	“出版法”	“第二十七条：出版品所需纸张及其他印刷原料，主管官署得视实际需要情形，计划供应之。”	“限纸”规定
1952. 4. 9	“出版法”	“第九条：新闻纸或杂志之发行，应由发行人于首次发行前，填具登记声请书呈经该管直辖市政府或该管县（市）政府，转呈省政府，核与规定相符者，准予发行，并转请行政院新闻局发给登记证。声请书要载明七项事项，其中第六项要注明发行所及印刷所之名称及所在地。”	与出版法加行细则第六条互相酝合，成为“限印”规定
1952. 11. 29	“出版法施行细则”	“第六条：同一新闻纸或杂志另在他地出版发行者，或出版业另在他地设立分支机构者，均应依出版法第九条及第十六条之规定，先行申请核准登记。”	与出版法第九条互相搭配运用，成为“限印”规定
1952. 11. 29	“出版法施行细则”	“第二十五条：战时各省政府及直辖市政府，为计画供应出版品所需之纸张及其他印刷原料，应基于节约原则及中央政府之命令，调整辖区内新闻，杂志之数量。”	政府答复各界质疑“韩禁”与“限张”最常引用的法律依据
1953. 10. 1 1954. 11. 5 1955. 4. 21 1958. 6. 28	“台湾地区戒严时期出版物管制办法”	“第三条：出版物不得有以下各款情形之一： 1. 泄漏有关国防、政治、外交之机密者。 2. 泄漏未经军事新闻发布机关公布属于军机种类范围令所列之各项军事消息者。 3. 为共匪宣传者。 4. 诋讥国家元首者。 5. 违背反共国策者。6. 淆乱视听，足以影响民心士气或危害社会治安者。 7. 挑拨政府与人民情感者。 8. 内容猥亵有悖公序良俗或煽动他人犯罪者。 第四条：地区遇有变乱或战事发生时，台湾警备总司令部对出版物得事先检查：第五条规定，出版物在印就发行时，应检具样本一份，送该单位备查。”	对新闻言论内容之规范与管制

资料来源：王天滨：《台湾报业史》，台北：亚太图书出版社，2003 年版，第 154—157 页。

从以上法律条文看，管理之细、惩罚之重令人叹为观止：细到限制纪念日的增刊张数，重到因言论可判处死刑，台湾当局对当时的舆论控制可见一斑。此时的台湾政治文化已不能用简单的“中央集权”来描述。由于当局宣布台湾戒严，台湾实际上处于军警的控制下，有些新闻甚至要送交军方审查。前引“台湾地区戒严时期出版物管制办法”第四条明文规定：“地区遇有变乱或战事发生时，台湾警备总司令部对出版物得事先检查。”① 1949 年 5 月 19 日，《戒严法》第一条规定：“最高司令官有权取缔言论、讲学、新闻、杂志、图画、告白、标语暨其他出版物之认为与军事有妨害者。”② 人们普遍称这个时代为“威权时代”。因此，用“威权主义”来定义台湾这个阶段的政治文化比服从型概念更为妥切。

1986 年台湾“政治革新”前后，台湾舆论议题在内容上逐渐走向开放。此前 1983 年的“台湾意识”与“中国意识”论战，③ 已预示舆论议题内容开始松动。1988 年李登辉重新解读“2・28 事件”，“省籍议题”开始如脱缰之野马在台湾舆论纵横驰骋。④“2・28 事件”不再是禁忌，反而不断成为舆论的焦点。以《中国时报》为例，几乎每一年都要对“2・28 事件”发表社论，如 1995 年的《从深思反省中导引族群的包容与凝聚——2・28 纪念碑落成的前瞻意义》、⑤ 1996 年的《以负责和宽恕的态度纪念 2・28 事件》、⑥ 1997 年的《在大历史之前的沉思——从 2・28 纪念碑文谈起》、⑦ 显示“2・28 事件”所带来的省籍议题反复成为舆论的中心。1986 年民进党未经“法定”程序成立，却未被当局惩处，“台独议题”开始公开化。解严解禁后，伴随着李登辉逐渐露出“台独”嘴脸与民进党的做强做大，“台独议题”在主流“台独”与非主流“台独”的里应外合下，一步步从公开化走向台湾的主流舆论，并进入主流舆论的核心地带。而“台湾意识/中国意识议题”也花样百出，“台湾人/中国人”认同议题、“去中国化”议题、“爱台湾”议题出尽舆论风头。至此，台湾三大舆论议题的禁忌全部开放，此外，其他各种议题

---

① 王天滨：《台湾报业史》，台北：亚太图书出版社，2003 年版，第 155 页。

② 王天滨：《台湾报业史》，台北：亚太图书出版社，2003 年版，第 154 页。

③ 施明辉：《台湾意识论战选集》，台北：前卫出版社，1989 年版。

④ 陈俐甫：《禁忌、原罪、悲剧，新生代看二二八》，台北：稻乡出版社，1990 年版，第 3 页。

⑤ 《从深思反省中导引族群的包容与凝聚——2・28 纪念碑落成的前瞻意义》，台湾《中国时报》社论，1995 年 2 月 27 日。

⑥ 《以负责和宽恕的态度纪念 2・28 事件》，台湾《中国时报》社论，1996 年 2 月 28 日。

⑦ 《在大历史之前的沉思——从 2・28 纪念碑文谈起》，台湾《中国时报》社论，1997 年 1 月 29 日。

包括“民主议题”、“自由议题”也都禁忌不再，台湾舆论议题走进一个开放的年代。

从台湾舆论议题内容的开放程度，显示出这一时期的台湾政治文化进入了一个“民主化”、“自由化”的时代。这个时代有些类似阿尔蒙德的参与型的政治文化。民众对政治普遍关注，对政治体系输入的议题，比如李登辉输入的“省籍议题”，表现出强烈而明确的热情。无论是投票选举还是话题讨论，民众对自己的政治参与有积极的评价，比如对“台湾人/中国人认同的议题”，民众不断参与讨论。1987年一场有关“国语”与方言的“评议论争”，就引起广泛争议。① 而“统独议题”的抛出也使得政党与政治人物发现民众的参与可以期待并可利用。② 李登辉最善于利用民众的声音进行政治动员和权力巩固，他曾说：“食客添第三碗饭时是要悄悄地盛饭。”③ 台湾的政治文化从“威权主义”的政治文化演变成一个民主参与、自由参与型的政治文化。

但台湾舆论议题的开放很快就走向了舆论议题的放纵：“省籍议题”肆无忌惮地挑起族群冲突，特别是占据人口多数的本省族群、占据高位政治人物以及取得执政权的执政党，都毫无顾忌地挑起“族群议题”，制造族群对立，这在全世界法治社会是极为罕见的，即便是专制社会，也不多见。④ “省籍议题”的放纵还表现在其丧失现实性基础之后的放大和扭曲。在“台湾意识/中国意识议题”上，舆论议题的放纵表现在不惜以否定台湾人也是中国人的基本事实，制造一个所谓“华裔台湾人”的概念，⑤ 在历史教科书与台湾地图上以“意识形态”对抗历史真实与基本常识，甚至用侮辱的字眼“中国猪”进行谩骂。而在“统独议题”上，舆论议题的放纵更是不惜陷台湾人民于水火，“台独议题”屡屡触及两岸民意的底线，将台湾人民一步步引向战争的边缘。2006 年 2 月 27 日下午，台湾当局领导人陈水扁无视国际社会与岛内外各界的强烈反对，正式宣布终止“国家统一委员会”运作，终

---

① 相关讨论见丁邦新、何怀硕、陈师孟、洪惟仁等：《一些中国人的想法》，台北：久大文化股份有限公司，1987 年版。

② 李筱峰：《统独十四辩——如何与人辩论台独问题》。台北：玉山社，1995 年版，第 71—85 页。

③ 黄光国：《民粹亡台论》，北京：中国友谊出版公司，1997 年版，第 33 页。

④ 就以台湾为例，在威权时代，台湾也是刻意回避族群议题，而是用强人政治解决族群关系。参见彭怀恩：《中国政治文化的转型》，台北：风云论坛出版社，1992 年版，第 6—9 页。

⑤ 2006 年 9 月 29 日，民进党主席游锡堃在民进党党庆酒会中，向各国驻台使节及代表强调，认同台湾是中国一部分的人，就是中国人。他说：“我的祖籍是中国福建，但我是华裔的台湾人。”《民进党主席游锡堃宣称是华裔台湾人》，台湾“中央社”，2006 年 9 月 29 日报道。

止“国家统一纲领”适用，向“法理台独”的道路迈出了危险的一步。[①] 台湾舆论议题的放纵不仅制造群体冲突，否定历史事实，挑战政治底线，而且冲击人类伦理。一个典型的事实是，在2005年“三合一”选举中，泛绿阵营故伎重演，操纵11名医生公布胡志强的病历。据台湾《联合晚报》报道，国民党籍候选人、竞选连任的现任台中市长胡志强，连日遭陈水扁总统调侃健康不佳。医生出身、在高雄市开办私家医院的林进兴，就率领11名医生开记者会，指控国民党主席马英九为赢得2008年选举，强迫胡志强竞选连任。他出示一份声称由台中荣总医院流出、属于胡志强的病历，呼吁马英九“放胡市长一马”。[②] 这堪称2005年台湾舆论最大的丑行。之所以说它是丑行而不是丑闻，是因为它不是曝光一个丑行，而是这个曝光本身就是丑行，而这个丑行居然得到了陈水扁咒人随时可能死的“舆论背书”。另一件事是，2005年11月21日，针对内容为“诋毁政治人物的非常光盘今天可能发行问世”的消息，台湾检警单位表明只要“非常光盘”公开发行，一定依法查缉。不过台湾“新闻局长”姚文智却表示，尊重司法调查，但“非常光盘”有发行的权利，理由是配合“出版法”废止，“广播电视法施行细则”已表列十五项出版品无须送审，而“非常光盘”的出版，属于第十四项公共论述类，因此无须送审。至于记者问到，会不会期待看到这片光盘？姚文智说：“大家都这么好奇，大家都想看一看。”[③] 这些丑行，不仅挑衅职业伦理，而且挑战整个社会的道德底线。[④] 台湾舆论议题的放纵，显示出台湾的政治文化已演变为民粹主义的政治文化。

民粹主义，英文是populism。牛津英文字典对“民粹主义”的解释是：“声称代表民众利益的一种政治。”2000年版的柯林斯（Collins）英文字典的解释则是：“一种基于精心预谋的诉诸民众利益或偏见的政治策略。”台湾早期的“民粹主义”作为对“威权政治”的反动，与台湾的“民主化”、“自由化”遥相呼应，具有一定的正义性。但是到了李登辉和陈水扁时代，这种“民粹主义”已经“被政客半路骑劫，成了操弄民众情绪的工具”，[⑤] 变成了真正一种基于精心预谋的诉诸民众利益

---

① 《“废统”变“终统”美吁扁勿改变现状》，台湾TVBS2006年2月28日报道，见台湾TVBS电视台网站：http：//www. gclub. com. tw/news/news _ list. asp？ no = alisa20060228084128，。

② 《无耻！12医师公开胡病历》，台湾《苹果日报》，2004年11月30日报道。

③ 《吕秀莲、姚文智“包容”非常光盘的代价》，台湾《联合晚报》社论，2005年11月22日。

④ 邹振东：《台湾舆论发展变化的历史拐点及趋势》，《台湾研究》，2006年3期，第8页。

⑤ 吴俊刚：《台湾民粹主义的伪化》，来源：联合早报网，http：//www. zaobao. com。

或偏见的政治策略，成为东方文化传统与西方民主政治相结合产生的一种怪胎。① 在台湾，舆论议题之所以要放纵，就是要诉诸民众利益或偏见，通过操弄民众情绪，以实现自己的政治目的。“民粹运动者惯于把敌人‘妖魔化’（demonized），一方面这可以强化自身的正当性，另一方面可以增加自己的内部凝聚力”，② 于是，我们在台湾的三大议题中，看到对“外来政权”、“中国猪”、“卖台集团”、“统派”的种种妖魔化。在台湾，民粹主义以一种“草根民主”的形式出现，在舆论上处处强调所谓的“人民决定论”、“住民自决”等议题。台湾民粹主义的主要推动者民进党一诞生，就高举“台湾前途决定论”的民粹旗帜，一再推动“统独议题”的全民公决。③ 2004 年“大选”，国民党、亲民党在台湾民粹主义政治文化的压力下放水让“公投绑大选”出笼，这种朝野共同向民粹低头与取媚的做法，标志着民粹主义已占据台湾政治文化的主流。2004 年“大选”后，5 月 4 日，以台湾中研院院士劳思光、民主运动人士陈鼓应等人为首的台湾知识界人士，发起凝聚在野力量，制衡逐渐走向民粹式极权执政当局的连署行动。他们在一篇题为《民主深化还是民粹极权》的宣言一开头就说：“我们……有感于此次大选之后，台湾政治形势的丕变，执政党的种种民粹操作，社会的严重撕裂，以及在野党力量的迅速弱化，都已将台湾带到了危险的边缘……”台湾在民主的实践过程中，由于缺乏公民意识，社会几乎不存在任何理性沟通机制，民粹政治应运而生。尤其在涉及政权争夺的选战中，政治人物只要能煽起人民情绪，便可以掌握夺取权力的筹码。而在一次次的民粹动员下，谎言被合理化、欺诈被正义化、操弄被允许、言论被钳制，一切可资运用的资源，无论其合法不合法、道德不道德，都成为选战工具。④

---

① 黄光国：《民粹亡台论》，北京：中国友谊出版公司，1997 年版，第 11 页。

② 邓志松：《民主社会中的民粹运动：一个理论的检讨》，2000 年台湾政治学会第七届年会暨“跨越 2000 年的政治学研究：两岸学者论坛”研讨会论文，2000 年 12 月 9—10 日。

③ 所谓《台湾前途决议文》，是民进党为因应 2000 年岛内“大选”，为减轻台湾民众对民进党执政的疑虑，淡化“台独”色彩，骗取中间选票，于 1999 年 5 月 8 日在该党八届二全大会上通过的一个决议案。2003 年初，再经前任党主席谢长廷等人提案，将其位阶拉抬到等同于党纲。该决议文虽然迫于当时岛内外的政治现实，首次阶段性地间接承认了所谓“中华民国”的“国号”，不再坚持该党 1991 年通过的“台独”党纲中，主张建立“台湾共和国”的急进“台独”诉求，但它所提出的七项主张，仍极其鲜明地反映了民进党的“台独”立场，是一份货真价实的“台独”纲领。《民进党党章·党纲》，见民进党网站：http：//www. dpp. org. tw/history/pub/LIT _ 6. asp? ctyp = LITERATURE&catid = 1742

④ 台湾《台湾立报》，2004 年 4 月 29 日报道，http：//www. lihpao. com/argu. asp。

二、从台湾舆论议题的结构变化看台湾政治文化的转型

从台湾舆论议题的结构来看，六十年来台湾舆论议题走过了从一元到多元再到二元对立的三个阶段。

从光复到1986年台湾“政治革新”前后，台湾舆论议题的结构特点就是“一元”，这一时期台湾的主流舆论在“族群关系议题”上，没有“省籍议题”和其他“族群冲突议题”；在“台湾意识/中国意识议题”上，前期没有“台湾意识议题”，只有“中国意识议题”，后期虽然“台湾意识议题”松动，“中国意识议题”仍占据主导；在“统独议题”上，只有“统一议题”，没有“台独议题”。这种舆论议题结构的一元化是以“民族主义”的议题为主导，比如“中国意识议题”，“统一议题”占据绝对统治地位，显示这一时期的台湾政治文化，具有明显的“民族主义”特征。

什么是民族主义？Ernest Gellner 的定义是：“民族主义主要是一种政治原理，它主张政治与民族单位应一致。民族主义作为一种情操，或作为一种运动最能以此原则加以界定。民族主义情操就是违背此原理时所激发的憎恨感，也是一种遵循此原理时所产生的满足感；民族主义运动就是一种被民族感情所激发的运动。……总之，民族主义是一种政治合法性理论，它要求民族的疆域不应当穿越政治的疆域。”[①] 台湾学者姜新立认为：民族主义（Nationalism）是一种政治理念，它要求人民对自己的民族或国家赋予忠诚，并促使人民对自己的民族或国家谋求独立、自由或解放[②]。台湾学者余英时指出：“民族主义关系着民族的集体认同与集体尊严，这是近代和现代史上一股最强大的力量。”[③] “合法性”、“认同”、“尊严”、“忠诚”是它常见的关键词。总体来看，“民族主义”具有如下特征：在民族认同上，强调认同，反对分化；在民族内部，强调团结，反对分裂；在民族符号上，强调尊严，不许亵渎；在民族关系上，强调独立，一致排他；在民族与政治的关系上，强调统一，反对分离；在民族情感上，强调忠诚，反对背叛。在总体的价值取向上，“民

---

① 姜新立：《民族主义与马克思主义——矛盾对立或辩证统一?》，收入《百年来两岸民族主义的发展与反省》，洪泉湖、谢政谕主编，台北：东海大学图书股份有限公司，2002年版，第30页。

② 姜新立：《民族主义与马克思主义——矛盾对立或辩证统一?》，收入《百年来两岸民族主义的发展与反省》，洪泉湖、谢政谕主编，台北：东海大学图书股份有限公司，2002年版，第29页。

③ 余英时：《略说现代中国民族主义与民主的关系——一个历史的体察》，收入《百年来两岸民族主义的发展与反省》，洪泉湖、谢政谕主编，台北：东海大学图书股份有限公司，2002年版。

族主义”是“舍小取大”，“舍外取内”，“舍分取合”。

一元化的台湾舆论议题十分符合“民族主义”的特征与价值取向。其强化中华民族认同，反对中华民族分化；强调族群团结，禁忌“族群议题”；突出“大中国意识”，舍弃“台湾意识”；鼓吹“三民主义统一中国”，妖魔化大陆；突出对民族领袖与党国的忠诚，对“诋毁国家元首”、“挑拨政府与人民情感者”严厉禁止并绳之以法。这种一元化议题结构构成这种特殊的逻辑，认同中华民族，就必须认同“中华民国”，就必须尊重领袖，就必须“反攻大陆”，就必须“三民主义统一中国”，就必须反对“台独”，就必须反对地方意识（“台湾意识”），就必须反对“本土化”，就必须集权，就不能民主，就不能个人主义和主张人权。这种一元化的议题逻辑，正是“民族主义”价值取向的舍小取大、舍分取合、舍外取内在当时台湾舆论议题上的投射。“民族主义”政治文化与“威权主义”政治文化结合在一起，构成了这一时期台湾政治文化的特殊形态。“大中国意识”与强人政治的结合就这样通过意识形态与政治体制的互动，建立起一个可以动员力量、巩固统治、稳定社会的“民族主义”加“威权主义”的政治文化体系。

所以，台湾的反对运动，也正是针对“威权主义”与“民族主义”两个方面对两蒋时代予以反对。“民主化”、“自由化”与“本土化”的浪潮相结合，使台湾的舆论议题从一元向多元结构发展。“台湾政治革新”后，随着解严解禁，各种被禁忌的舆论议题被开放出来，舆论议题的多元化成为主流。仅以“族群议题”为例，既有“外省人”与“本省人”的“省籍议题”，也有反映客家人情结的“客家人议题”与反映台湾少数民族情结的“原住民议题”；在“台湾意识/中国意识议题”中，既有认同“台湾人议题”，也有认同“中国人议题”，还有“台湾人/中国人双重认同议题”；在“统独议题”上，也有急“独”、急统和维持现状的区别。即使要维持现状，还有维持现状再统、维持现状再“独”、维持现状再决定和永远维持现状的细分。台湾的舆论议题显现出眼花缭乱的多元化格局。

这种舆论议题的多元化格局伴随着“本土化”的倾向，即议题中的“本土化”抬头，并向“本土化”趋势逆转，无论“省籍议题”、“台湾意识/中国意识议题”还是“统独议题”，看似百花齐放，但其发展的潮流却是趋向“本土化”：“省籍议题”的崛起让“外省人”失语，“台湾意识/中国意识议题”出现“大台湾意识”，“统独议题”中“台独议题”代替“统一议题”占据上位，这一切正是对此前的“民族主义”政治文化的一种反动，兆示着台湾的政治文化一直朝着“本土化”的方向转型。

台湾舆论议题的多元化逐渐往多元并存的两极化方向发展，看似舆论议题多元，但是舆论议题越来越趋向于两极对立，极端的声音占据主流，中间阵营几乎没有声音。“省籍议题”一直在制造“本省人”与“外省人”的对立，“族群和解议题”从来不是主流声音，往往只是选胜一方在选后的作秀。“台湾意识/中国意识议题”充斥着二者的冲突。中国人认同与台湾人认同，二者必居其一的单项选择，双重认同处于失语的状态，舆论中充斥着“爱台湾”的自诩与对政敌“卖台湾”的指责以及“去中国化”与“反去中国化”的对抗。而“统独议题”更是针尖对麦芒，即使在“维持现状”的群体里也还是要进一步划分是“维持现状后再统”还是“维持现状后再独”的界限。

议题的二元对立在台湾的电视谈话节目得以最直观的展现。台湾电视谈话节目的二元对立随处可见，大到栏目的定位，小到座位的安排，都呈现对立的两极。那些“一边倒型”和“枪手打手型”栏目，其“色彩”的取舍，与持不同意见的观众，构成“不在场”的对立，这种对立由于对手的不在现场，更能放肆地运用话语的暴力挑衅对手，其对立的情绪可能更张扬。而像《2100 全民开讲》[①] 这样主张不同声音开放的栏目，是以中立的态度接纳多元，不同的声音在同一个现场，虽然可能不像“不在场”的对立那么肆无忌惮，但短兵相接，剑拔弩张，对立的情绪可能更直接，冲突的概率更大。《2100 全民开讲》其形式的对立虽然隐蔽，但也比比皆是，其议题的设定，总是在类似“谁在卖台湾”、“谁在撒谎”这样简单的二分法中，进行“谁对谁错”、“谁是谁非”的非此即彼的对立选择。[②] 嘉宾的选择也是对立的，一般是蓝的选两个，绿的选两个，中间的选两个，刻意平衡的背后，其实还是对立的两极。节目中就连座位的安排，一般也是对立双方交叉而坐，现场如有观众，为了制造现场效果，则会将二者分开，形成分庭抗礼的两个群体。此外，它的剪辑方式也是对立的，比如说当他播一个人讲话的时候，一定是剪对立面的人的反应。Call in 也是，当 Call in 的人是蓝的观众，就一定是把镜头切换到绿的嘉宾，当 Call in 是绿的观众，镜头切的一定是蓝的嘉宾，或者用特技将两者画面并列，很少把意见同一的嘉宾并列，一定是将对立冲突的嘉宾与观众并列。

---

① 《2100 全民开讲》是台湾 TVBS 电视台制播的谈话性政论节目，在晚上 21：00 开始而得名。

② 杨意菁：《民意与公共性：批判解读台湾电视谈话节目》，台湾《新闻学研究》，第 79 期。

二元对立的台湾舆论议题，显示出台湾的政治文化向“族群主义”政治文化发展。西方学者 Timothy M. Frye 曾提出“从威权政体到民主的转型过程会创造出族群政治的环境条件”的观点①。在台湾从威权政体到“民主化”、“自由化”的转型过程中，族群政治应运而生。大多数国家和地区都有族群的存在，也有群族的问题，但有族群并不一定有族群政治。以台湾为例，威权时代就存在着省籍的冲突，但那时的政治形态并不是族群政治。“只有当有团体自觉的族群因为对各种社会价值/资源分配的不满而被组织动员起来（政治化）、并以自己所属的族群作为基本的政治参与单位时，这个政治体内才称得上存在‘族群政治’现象。”②

“族群主义”政治文化与“民族主义”政治文化存在以下不同：“民族主义”希望民族团结，“族群主义”希望族群对立；“民族主义”主张统一，“族群主义”主张分裂；“民族主义”强调民族与政治单位一致，“族群主义”则把各个族群看成不同的政治单位。“族群主义”与“民族主义”在价值取向上有诸多不同，“族群主义”是“舍大取小”，“舍合取分”，与“民族主义”刚好相反。但是二者在“舍外取内”却是一致的，意味着“民族主义”与“族群主义”在一定程度上可以相互转换，比如“台独”分子作为族群政治的推动者，也主张以“台湾民族主义”建构“台湾共和国”。但总体来说，“族群主义”与“民族主义”政治文化最主要的区别还是：“民族主义”主张以一个民族作为政治单位，所以它强调团结、统一、尊严、忠诚以及可能引伸出去的一系列东西，比如集权、专制、反民主、反个人、反地方主义等等；而“族群主义”主张以一个个族群作为政治单位，所以它推动分化、冲突、对立，以及可能引申出去的一系列东西，比如：要求民主，反对权威，对抗集权，主张“本土化”等等。

台湾舆论议题从多元化往多元并存的两极化方向发展，正是台湾政治文化向“族群主义”政治文化的转型在舆论中的反映。今天的台湾政治势力只有用族群政治来分化族群才能区分敌我，才能由此动员力量，正如此前，台湾政治势力只有用“民族主义”对外设置假想敌，对内才能动员力量一样。它们分别通过对民族的自我认同与族群的自我认同确定自己的政治合法性。

---

① Timothy M. Frye. Ethnicity, Sovereignty and Transitions from Nom - Democratic Rule Journal of International Affairs Winter 1992 Vo. l45, No2, P607 - 609。

② 王国璋：《马来西亚的族群政党政治（1955—1995）》，台北：唐山出版社，1997 年版，第 10—11 页。

多元主义的舆论议题不利于族群政治的展开，族群政治分化族群仅仅是手段，其目的是为了获得政治利益。如果将族群分化为多个则不利于其最大范围地动员力量，所以族群政治需要有多元化的形式和借口，但它最希望还是二元对立的实质。因此，族群政治不希望多元并存，它只需要区分敌我，制造永远的二元对立。只有在这种对立中，它才能确定自我的合法性，并唤起族群的力量，所以多元化的舆论议题最终被改造成二元对立的舆论议题。政治学者白鲁恂（Lucian Pye）在哈罗德·伊萨克（Harold R. Isaacs）所著的《族群》（*Idols of the Tribe*）一书撰序，文中提到“族群意识可以建立一个国家，也可以撕裂一个国家”、“在政治上，由于权力关系的无常，在谁上谁下的斗争中，动员支持者最有效的基本法门仍然有赖族群认同这块基石”。①“族群主义”的政治文化正在撕裂台湾这个社会。

综上所述，60 年来，台湾舆论议题经过从一元禁忌到多元开放再到二元对立的放纵三个发展阶段，台湾的政治文化也从“民族主义”加“威权主义”的政治文化，经由“民主化”、“自由化”和“本土化”的转型，最后发展到民粹主义加“族群主义”的政治文化。台湾本省籍学者许介麟指出：“台湾的‘民粹式民主’使人民沉醉于执政者所构筑的假民主之中，并渐渐迷失于统治者所建构的‘台湾民族主义’之中。”② 笔者将民粹主义加“族群主义”的政治文化命名为“群粹主义”政治文化，它与“民粹主义”不同，“民粹主义”是以极端民主的方式把一切政治诉求诉诸于“民”，而“群粹主义”指的是一种以极端民主的形式。实行族群分化的政治文化，表面上是“民”在起主导，实际上是“群”在起作用。这里的“群”不是“群众”的“群”，而是“人以群分、物以类聚”的“群”。这种“群粹主义”的政治文化给台湾人带来了灾难性的后果，它使台湾人民没有分享多少“民主化”、“自由化”的果实，却吞下了社会转型带来的“撕裂的台湾”这一苦果。2007 年，在台湾纪念“解严”20 周年的日子里，国民党，这个 20 年前在各种力量和历史潮流推动下亲手打开台湾社会转型闸门的当时的执政党，其 2008 年的“总统”候选人马英九在总结台湾“解严”20 年的历史时认为，以转型正义为目标的台湾“解严”，经过 20 年，已完成了转型，却没有实现正义。他说：“我们认为，台湾民主的困境，是从未真正落实宪政主义（constitutionalism）的精神。宪政主义

① ［美］哈罗德·伊萨克：《族群》，邓伯宸译，台北：立绪出版社，2004 年版，第 19—22 页。
② 许介麟：《李登辉与台湾政治》，北京：社会科学文献出版社，2002 年版，第 176 页。

强调分权制衡，主张法治与捍卫基本人权，并严格限制政府不得滥用权力，这是优质民主必要的基础。然而民主在台湾的实践，却偏重于选举，对于民主的实质内涵——宪政主义的理念，未能给予足够重视，以至于政治人物违法滥权不断，而各界除了扼腕之外，竟不能有所作为，这也使得台湾的政治只有‘转型’，却无‘正义’。”①

没有正义的转型。这是政治的讽刺？是历史的教训？还是台湾的悲哀？

第二节 台湾政治文化的转型对台湾舆论议题的影响

本节讨论台湾政治文化的转型对台湾舆论议题的影响。台湾政治文化的转型使台湾舆论议题在以下几个方面发生了变化：议题的内容、议题的结构和议题的主体。

有关台湾舆论议题的内容、结构与台湾政治文化的关系，我们在第一节做了详细讨论，尽管第一节论述的角度是从台湾舆论议题内容与结构的变化，看台湾舆论议题的转型，但我们可以反过来理解，正是台湾政治文化的转型，使台湾舆论议题的内容与结构发生了变化。台湾政治文化从“民族主义”加“威权主义”的政治文化经由“民主化”、“自由化”和“本土化”的转型发展到“民粹主义”加“族群主义”的“群粹主义”政治文化，使得台湾舆论议题的内容从禁忌到开放再到放纵，台湾舆论议题的结构从一元到多元再到二元对立。为避免重复与节约篇幅起见，本节不再对台湾政治文化对台湾舆论议题的内容与结构的影响展开讨论，而是重点研究台湾政治文化的转型对台湾舆论议题的主体带来什么变化。

如前所述，60 年来台湾政治文化从“民族主义”加“威权主义”的政治文化经由“民主化”、“自由化”与“本土化”的转型发展到“民粹主义”加“族群主义”的“群粹主义”政治文化，它给台湾舆论议题的主体带来的最主要的变化就是舆论议题的主体从单极到多极再向两极分化发展，具体表现为舆论议题的主体从一党独尊到多党争雄，从行政主导到议会主导，从政治官僚唱主角到意见领袖抢风头，从精英阶层垄断向普通民众开放。

舆论议题的主体，即舆论的主体，指的是舆论议题的设置者、争夺者、参与

---

① 马英九：《民主再造工程——台湾民主第二阶段改革宣言》，台湾《联合报》，2007 年 7 月16 日。

者、引导者、推动者、整合者、传播者，总之是指对舆论议题的产生、发展、转变、推广起作用的个人或组织。在本研究导言第三节相关概念与理论中，笔者针对“舆论”定义的分歧，厘清了对舆论主体的界定，认为传统上把舆论主体限定为“公众”是不科学的。事实上，各种组织与个人，包括政府、政党、传媒、利益集团、意见领袖在内，都有可能成为舆论（议题）的主体。正是对舆论主体持开放的观念，笔者发现了在台湾60年来的政治文化转型中，舆论议题的主体发生了从单极到多极的变化。

在1986年“台湾政治革新”以前，台湾舆论议题的主体是单极的，这主要是因为当时台湾的政治文化属于“民族主义”加“威权主义”类型，社会成员对政治体系的输出方面有较明确的认知、情感和价值取向，但对于政治体系的输入方面的自我取向很低，这不仅表现在社会成员对政治的参与十分被动，对舆论议题的输入也无所作为。社会成员与政治体系的关系是一种被动的顺从关系，与舆论的关系也是一种被动的单向接受关系。舆论议题的主导者只有单极，那就是国民党当局当时党国一体的政治体系。

在这种政治文化的影响下，当时的舆论议题主体的主要特征就是单极。这种单极不是指舆论议题的主体只有一个，而是说当时舆论议题的主体及其来源的方向是单极的，使得舆论出现“一个声音”的状态。这“一个声音”并不是单个主体完成的，而是“一个声音，多个声部”。舆论议题的主体看似有多种，但在党即是“国”、“国”即是党的“党国”一体制下，政党、政府、议会、传媒之间，组织与组织之间，组织内部之间以及组织与个人之间，尽管音调有所不同，就算不是一个鼻孔出气，至少也是属于同一个合唱团的不同分部。如果有个别主体走音或不同调，在“指挥”的指令下或“合唱团员”的自我调整下，仍然会完成这一大合唱，少数特别不服从指挥的，则用行政手段甚至法律措施予以解决。

这个单极的“一个声音，多个声部”的舆论主体状况，随着台湾政治文化的转型而向多极方向发展。从“民族主义”加“威权主义”的政治文化经由“民主化”、“自由化”、“本土化”的转型向“民粹主义”加“族群主义”的“群粹主义”政治文化发展，其对舆论议题主体的最大影响，在于打破了传统的单极而显现多极的状况。转型后的台湾政治文化，社会成员对政治体系的输出方面与输入方面都有强烈而明确的认知、情感和价值取向，而政治体系的结构也不再是铁板一块。这样各种不同身份的主体，不仅对政治体系的输入方面积极参与，而且对舆论议题

（公共领域）的输入方面也积极介入，使“政治革新”后的台湾舆论议题的主体显现多极化的结构。这个时候，台湾的舆论不再是“一个声音，多个声部”的合唱团，而是出现独唱、二重唱、小组唱、大合唱，在各个团体与团体之间，团体内部之间，团体与个人之间，形成或互不隶属、或各自组合、或相互合作、或相互对抗的一个“大闹场”。舆论主体，群雄并起，进入了一个“合纵连横”的“战国时代”。

在台湾政治文化的转型影响下，舆论议题主体从单极向多极方向发展的过程中，发生了一些具体的变化。主要表现在：

1. 舆论议题的主体从一党独尊向多党争雄转变。

开放党禁之前，台湾是一党专政的威权体制。尽管有作为“花瓶党”的民社党、青年党作为陪衬，并把这种体制美化成“既能包容反对党，又能尊重民意的一类优势体制”①，但丝毫不改国民党一党独大的专制体制实质。国民党凭借其庞大的党员人数，严密的组织和高度的集权，建立了“以党领政”、“以党领军”和“以党领社”的执政党体制。② 一党独尊的国民党控制着台湾社会的各个方面，台湾的舆论议题也不例外。国民党对舆论议题的介入有两种极端的形式，③ 一种是“不得刊登”，当时主管宣传业务的国民党“中央党部第四组”④ 时常会对新闻是否刊登进行指示。如1966年6月，对于“监察院”对“内政部”取缔不良刊物的纠正书，“中央四组”下指示各报“不予刊登”。另一种是“务必刊登”，1961年到1964年担任《中央日报》董事长的董显光，在任内经常遇到“要人”希望全文刊登演讲稿、宣传稿的情形，否则就将受到责难。他不以为然地说：“假定报纸满足了要人们的要求，每篇都原文照登，新闻又将编到哪里去呢？倘然我们不照办，我们就会因不谅而遭谴责。”⑤ 连国民党总裁蒋介石也直接介入新闻内容的操控，曾经亲自指示《中央日报》应注重“匪情”批判；“副总统”陈诚也对时任《中央日报》社长的阮毅成说：“应多载‘匪情’消息，即使香港报纸已登载过的，也不妨再登。”

---

① 黄炎东：《“我国”现阶段政党制度的取向》，台湾《中央月刊》，1985年版。

② 姜南扬：《台湾政治转型与两岸关系》，湖北：武汉出版社，1999年版，第19—20页。

③ 王天滨：《台湾报业史》，台北：亚太图书出版社，2003年版，第200页。

④ 前身为成立于1920年11月的国民党“中央宣传部”，为中国国民党文宣专责单位之滥觞；1950年8月，中国国民党召开全国第一次代表大会，成立中央改造委员会，将之改名“中央第四组”；1972年三月，第十届三中全会修正通过“中央委员会组织条例”，更名为“中央文化工作会”。参见王天滨：《台湾报业史》，台北：亚太图书出版社，2003年，第200页。

⑤ 曾虚白：《董显光先生与新闻事业》，台湾《报学》，第四卷第十期，1973年6月。

《中央日报》只好在1965年7月开始，与“中央党部”联合举办“匪情座谈会”，事后再把座谈会记录发表在报纸上。[①] 除了这两种极端的形式外，国民党还不断将自己的活动与意识形态作为新闻内容输送到媒体，成为日常新闻报道的对象。

台湾政治文化转型后，舆论议题的主体从一党独尊向多党争雄发展。开放党禁后，台湾新政党的诞生一发不可收拾。截至2005年底，台湾共有登记在册的政党116个。[②] 2000年政党轮替后，台湾较有影响的政党主要有6个，分别是：国民党、民进党、亲民党、“台联党”、新党、“建国党”。新的政党一成立，就把选举作为首要目标，试图通过选举来争取政治资源。社会转型后，老牌政党——国民党也开始将自己从权力组织改选成选举机器。台湾走进政党政治的同时，各个政党就成为舆论议题的主要争夺者。各党领袖、秘书长、新闻发言人是媒体的焦点人物，是“出新闻”的源头，而台湾每一个重要的政治议题，媒体都会追问各政党的表态。除了政党领袖不断挑起和应对舆论议题以外，各政党还通过类似组建“call-in 部队”[③]，公布民调制造所谓“精确新闻”[④]，以及购买时段、版面等方面设置舆论议题，将选民的关注引向对自己有利的地方。[⑤] 仅从2000年“大选”台湾政治广告的投放来看，为了吸引选民的关注，各政党都不惜巨资：在广告的花销上，国民党投放最多，被媒体评为最有钱的“连萧阵营”，超过其他两组领先候选人的总和，花费超过3亿元（新台币）。仅电视广告，到2000年3月12日为止，“连萧阵营”有100多万秒，占所有广告量的一半；扁阵营有65万秒；宋阵营则为49万8千多秒。[⑥]

---

① 阮毅成：《我在中央日报工作的回忆》，台湾《报学》，第六卷第五期，1980年12月。

② 台湾“民政部内政司”网站：http：//www. moi. gov. tw/dca/franchise06. asp。

③ 所谓“call-in 部队”，指的是各政党为了影响广播电视谈话节目的观众来电的结构，组织群众在广播电视直播时打电话，这些以打电话诉求政党声音的群众，是舆论战的特殊部队。以上资料参见《媒介所有权左右选情》，台湾《自立晚报》，2000年2月11日报道。

④ 各政党内部均有发布民调的常设机构，如国民党有“政策会”，民进党有“民调中心”。此外，各政党也常常依托于拥有相同政治色彩的媒体或社团来发布有利民调。例如：TVBS、年代电视台民调被认为倾向泛蓝；三立、民视民调被视为泛绿；民间的山水调查公司是民进党的“白手套”；“国家发展研究院”、台湾政治大学国关中心是国民党的智库；“台湾智库”则是陈水扁的重要智囊团。以上资料参见吴秀光《北高市长选举结果与民意调查间的吊诡》，《台湾民主季刊》第三卷第四期，2006年12月；及张勇：《乱花渐欲迷人眼　台湾民调乱了调》，《国际先驱导报》，2004年2月18日报道。

⑤ 施飞：《台湾政党与大众传媒关系研究》，厦门大学台湾研究院硕士学位论文，2003年，第53—55页。

⑥ 邱家宜：《五亿元电视广告大作战》，台湾《新新闻》，680A期，www. new7. com/weekly/old680a－076htm。

2. 舆论议题的主体从行政主导向议会主导转变。

自国民党败退台湾以来，台湾一直沿用“五院体制”。在“五院”当中，“行政院”与“立法院”与社会打交道最多，是舆论议题的主要来源。1948 年，国民党政权举办了所谓“行宪”后的第一次“立委选举”，产生 757 名“立委”，此后至 1992 年第二届“立委”全面改选，败退台湾的国民党当局一直没有进行全国性的改选，只从 1969 年以来举办了七次“立委”增补选。第一届“立委”行使权力（象征性权力）长达 44 年，成为备受诟病的“万年国会”。形同虚设的“立法院”在以党领政的解严前，且不说代表民意，连反映民意的功能都无法正常行使，① 这使得“行政院”凸显成为舆论来源的主要发生地之一。台湾的舆论议题主体在“五院体制”内形成以“行政部门”为主导的结构。再加上各地方政府、行政部门出台的政策、采取的措施都直接关系到民众生活的方方面面，例如：物价、交通、教育、住房、医疗、食品卫生、环保等，行政部门在这些领域拥有绝对的权力，使得它的一举一动，都事关民众利益，成为舆论焦点。由于当时较少受议会机构牵制，“行政部门”成为这一时期舆论议题的主导主体之一。

台湾“解严”后，“立法院”的权力逐渐增大，其议事的权力覆盖并超越“行政部门”的所有领域（还包括司法、考试、监察等其他领域）。但凡教育、交通、医疗、食品卫生、物价、环保等各个方面，都可以成为“立法院”的议事对象。由于在做事方面的行政部门权力小而在议事方面的“立法部门”权力大，行政部门作为行政执行者，其舆论议题的设置功能逐渐减弱，“立法院”除了投票权以外，最重要的功能就是“议事”。其议事的议题往往是社会的焦点、热点，而“立法委员”作为民意代表的身份，其发言被看作代表一部分民意的声音，因此备受社会关注。而又由于选举需要，“立委”也往往把“立法院”作为曝光的秀场，再加上拥有言论豁免权，“立委”的发言往往语不惊人死不休，打架、扔鞋、锁门，“立法院”成了台湾最容易上国际新闻头版头条的消息来源。2007 年 1 月 19 日是台湾“立法院”该届会期的最后一天，蓝绿“立委”为了讨论案第一案“中央选举委员会组织法”草案是否该交付二读的问题，爆发肢体冲突，甚至用机车锁反锁主席台后方大门，阻止“立法院长”王金平入场主持议事。民进党女“立委”还数度向王金平丢鞋。打架画面也再度登上国际媒体。美国有线电视新闻网 CNN 播出“立

① 刘国深等：《台湾政治概论》，北京：九州出版社，2006 年版，第 94—95 页。

委”丢鞋打架画面时，主播甚至说：“这不是台湾‘立法院’第一次发生暴力冲突，恐怕也不会是最后一次。”①

由于“立法院”的新闻多，各大媒体都有专门的记者常驻在“立法院”，一有新闻可以第一时间刊播。笔者在“立法院”亲眼看到其新闻发布会现场专辟有一个场所供媒体使用，各大电视台的转播设施一应俱全，而且管线全部接好，并互不干扰，一有新闻，SNG车一来，接上线头就可以直播，既可以看出“立法院”对新闻媒体的重视，也可以看出新闻媒体对“立法院”的青睐。

“立法部门”对舆论议题的主导还表现在“立委”在“立法院”以外，以“立法委员”的身份参与舆论议题的设置。以台湾电视谈话节目为例，“立法委员”是各台最受欢迎的言论嘉宾。台湾学者杨意菁对《2100全民开讲》85集的来宾做了统计，请看下表：

表2：经常参加《2100全民开讲》来宾次数统计表

参加次数	来宾姓名	代表党派	当时职称	制表时职称
14次	林重谟	民进党	“立法委员”	“立法委员”
13次	蔡正元	国民党	文传会主委	“立法委员”
	李庆安	亲民党	“立法委员”	“立法委员”
12次	郭正亮	民进党	大学教授	“立法委员”
	赖士葆	新党	“立法委员”	大学教授
10次	陈文茜	无党	劲报发行人	“立法委员”
	林郁方	亲民党	大学教授	“立法委员”
9次	沈富雄	民进党	“立法委员”	“立法委员”
	李永萍	亲民党	亲民党办公室主任	“立法委员”
	朱立伦	国民党	“立法委员”	桃园县长
	洪秀柱	国民党	“立法委员”	“立法委员”

注：本表只列出参加九次以上的来宾，也就是说，这些来宾在所有85集节目样本中出现的几率较高。

资料来源：杨意菁：《民意与公共性：批判解读台湾电视谈话节目》，台湾《新闻学研究》，第79期。

从上表看，“立法委员”在来宾结构中占据了绝对的优势，显示出“立法委

① 《立院全武行　登上CNN》，台湾TVBS电视台，2007年1月20日报道，http：//www.tvbs.com.tw/news/news_Day_Hot.asp?opendate=2007/1/20

员”通过媒体将“立法部门”对台湾舆论议题的主导向外延伸，成为超越时空、永不闭会的议事机构。“立法委员”也成为在台湾除政党领袖外，制造议题最活跃的群体，从蓝营的邱毅，到绿营的“十一寇”，再到中间阵营的李敖、陈文茜，这些媒体的热闹人物无不具有“立法委员（议员）”的背景或经历。

3. 舆论议题的主体从政治人物唱主角向意见领袖抢风头转变。

什么是“意见领袖”？刘建明的定义是：“在公众中活动、耸立在公众之上、提出指导性见解、具有广泛社会影响的人，叫意见领袖，又称作舆论领袖。”①

意见领袖具有广义与狭义之分：广义将政治人物包括在意见领袖之内，狭义则把政治人物排除在意见领袖之外。意见领袖特指不具有政治职权的民间社会人士。为论述方便，本章采用狭义。

如前所述，“台湾政治革新”前，“民族主义”加“威权主义”的政治文化使社会成员在政治体系的输入方面难以作为，在舆论上也是如此：舆论议题的设置主要来自体系中的政治人物，无职无权的人，要想在媒体上发声本不容易，而试图造成广泛的社会影响更是难上加难。这个时期，上至“总统”，下至县市首长，大大小小的官僚是媒体报道的主要人物，他们的意见因其权力背景而被社会关注。这一时期，舆论议题的主体是政治人物唱主角，其他没有政治职权的人物，即使在一时一地有一定的影响，但是在总体上仍然属于配角。

“台湾政治革新”后，伴随着“民主化”、“自由化”的浪潮，转型期的台湾政治文化使其社会成员对政治体系的输入方面积极介入。在政治的参与过程中，一些来自民众的精英人物开始崛起，他们虽然没有政治职权，但是他们通过权力体系外的其他手段，特别是大众传媒，积极参与舆论议题的设置，成为具有广泛社会影响的意见领袖。他们不甘于沦为政治人物的配角，而是在舆论议题上与政治人物抢夺设置权，他们的最大优势是“意见”而不是“权力”，所以他们是“意见领袖”，而不是“权力领袖”。由于他们在“意见”上引领风潮，他们成为舆论中耀眼的明星，他们的光芒盖过了一般的政治人物，甚至有时盖过了“权力领袖”。

一个典型的例子是2004年竞选“立委”前，李敖为熟悉“立法院”运作情况，在好朋友陈文茜的帮助下，以其助手的身份进入“立法院”，结果这位没有任何职

① 韩运荣、喻国明：《舆论学——原理、方法与应用》，北京：中国传媒大学出版社，2005年版，第72页。

权的“助理”，抢尽了所有“立法委员”的风头。2004 年 11 月 2 日，台湾“立法院”处理军购条例时，无党籍“立委”参选人李敖以“立委”陈文茜的助理身份，破天荒出现在“程序委员会”，引来会场聚焦。距离开会还有半小时，会场竟罕见地大爆满，各方关注的焦点不在军购，而是来了一个“超级大助理”！李敖一出现，不但媒体关注，朝野“立委”也向他致意。台湾媒体报道说，李敖虽不懂议事规则，却很能抓得住媒体：一身招牌红外套，左批“立法院”是马戏团，右称“立委”幼稚，只有 59 分，立即攫取会场焦点，让不少绿军“立委”大感不满。李敖尽管低调旁听，但他发放的“2300 万，别再做笨蛋”军购声明，却还是引起现场一阵骚动。对于媒体问到，若有“立委”在“程委会”中砸他便当（盒饭），他会选择如何应变，李敖则是笑着表示：“他敢泼我便当、我就喷他瓦斯枪。”这更是被台湾各大媒体作为标题来源。[①] 这不仅是一次“意见领袖”与“政治人物”比拼人气的案例，也是一次“意见领袖”与“政治人物”竞争舆论议题主导者的小试牛刀。

另一个“意见领袖”与“政治人物”抢舆论风头的例子发生在 2005 年连战的“和平之旅”、宋楚瑜的“搭桥之旅”、郁慕明的“民族之旅”和李敖的“神州行”。从政治角度，李敖的重要性远无法与连宋相匹敌；从历史角度，李敖的大陆行也不可能像连宋的大陆行那样载入史册；但从舆论的角度来看，李敖大陆行的影响力却不能小觑。一个明证就是《联合报》评选的 2005 年十大新闻中，将李敖与连宋的大陆行相提并论——“连战、宋楚瑜、李敖接力大陆行”名列十大新闻第三名。[②] 从台湾媒体的报道规模看，李敖的大陆行不亚于连宋的大陆行，甚至在泛绿和一些中性媒体上，李敖的报道分量还比连宋更重。

在议题设置上，舆论明星有时比意见领袖更有市场。李敖的神州行，正是充分地发挥了议题设置功能。对连宋的大陆行，泛绿媒体刻意淡化，语带讥讽，《自由时报》甚至用“连爷爷回来了，爆笑两岸”为题入选其年度新闻；[③] 而李敖的大陆行则蓝绿媒体通吃。李敖是制造舆论热点的高手，他到哪里舆论热点就到哪里。这次大陆行，是李敖一生中最成功的媒体策划，也达到其舆论影响力的最高点，同时

---

① 《李敖“立法院”抢锋头笑称“敢泼便当就喷瓦斯”》，台湾《中国时报》，2004 年 11 月 3 日报道。

② 《联合报 2005 年台湾十大新闻》，台湾《联合报》，2005 年 12 月 25 日报道。

③ 《自由时报 2005 年台湾十大新闻》，台湾《自由时报》，2005 年 12 月 31 日报道。

他也把2005年的大陆热提升到一个高点。由于李敖没有意识形态色彩，这使得媒体在报道上以及民众在接受心理上较少戒备和设防，又由于李敖是迎合媒体、讨巧受众的高手，有关他的大陆报道往往趣味性强、可看性高，无数的台湾民众通过他了解到过去较少传播的大陆信息。①

意见领袖在舆论议题上争抢风头，对台湾社会的政治影响不可低估。2005年李涛对高捷弊案穷追不舍，笔者在2005年台湾舆论事件评选中将其列为年底舆论推手。笔者的评选理由是：他是台湾“电视Call in节目”之父，台湾第一个“电视Call in节目”就是出自其手；他是不倒的常青树，创下了台湾电视谈话类节目持续时间最长、收视第一、影响力最大的纪录，以“客观中立”的诉求塑造了“一个严肃的倾听者形象”；2005年在他主持的《2100全民开讲》中，抖出高捷弊案的关键证据，掀起了一个挟着雷电的舆论风暴，改变了台湾“三合一选举”的格局，影响了事件发展的态势，产生了巨大的舆论效果。② 三立电视台《大话新闻》主持人郑弘仪强力支持谢长廷，使谢在民进党内“总统候选人”初选时力克苏贞昌、游锡堃与吕秀莲，苏贞昌挟陈水扁与南部7位民进党籍县市长的加持仍不敌谢长廷，意见领袖郑弘仪的影响力可见一斑。

转型后的台湾政治文化，造就了一批批可以和政治人物在舆论议题主导权上一争风头的意见领袖。下面是目前几位重量级的意见领袖的简单描述。

李敖：有“大师”之誉，多次因言招祸而下狱，性格狂傲，特立独行，好打官司，善用逆向思维，不怕与权贵作对，不惜与众人相左，在节目中好用证据说话，是许多政治人物不敢惹、不愿惹的“刺儿头”。曾参选台湾地区领导人，现为“立法委员”。2005年大陆行，卷起李敖旋风，拥护“一国两制”，一身红衣打扮。

陈文茜：出身绿营，曾任民进党主席特别助理、文宣部主任，是著名的舆论操盘手，为民进党执政立下汗马功劳，对民进党派系互动与议题操纵了如指掌。后反戈一击，更能击中民进党痛处，对民进党排斥异己、治“国”无能、治家无方、勾连财团等均能提出事实证据，使陈水扁穷于应付。说话锐利深刻、条理分明，被称为台湾电视评论界的“一姐”。

胡忠信：曾是绿营的舆论操盘手，一本《台湾之子》使陈水扁“竖子成名”，

---

① 邹振东：《台湾舆论发展变化的历史拐点及趁势》，《台湾研究》，2006年第3期，第7页。

② 邹振东：《2005年台湾舆论全纪录》，《厦门日报》，2006年1月16日。

也见证了他的舆论影响力。后来与陈水扁渐行渐远，成为民进党和陈水扁的批判者。他擅长趋势预测，号称“趋势专家”。好引经据典，擅创造流行语汇。

张友骅：军事评论家，以揭内幕著称。在谈话节目中扮演“神秘的来客”角色。经常在谈话节目中爆料，增强其戏剧性，使谈话节目成为新闻事件，充满悬念。经常讲的话是“我告诉你，这件事只有N个人知道，一个是某某某、一个是某某某，还有一个我不能讲……”。他在军方及情治单位似乎都有朋友（线人），介入陈由豪等爆料事件。

沈富雄：绿营中特立独行的人物，能够反思并批判民进党的一些行为，并能倾听蓝营的声音，在谈话节目中扮演双面人角色，是泛蓝观众中较能接受的绿营人物。每次上“新闻骇客”、“中间选民”、“新闻夜总会”等节目，就会引起“绿营”派“选民”的抗议，但他仍乐此不疲，常在节目中讲反话捧“蓝军”的场，但其绿偏中的形象并未给他带来选票，在“立法院”选举时意外失利。他在陈由豪爆料事件的危机处理上堪称一绝，声名鹊起。

丁庭宇：台湾资深民意调查专家，对数字非常敏感，是台湾盖洛普民意调查中心的创办者，也是台湾“名嘴”，专门喜欢跟沈富雄唱反调，明明支持“蓝军”，偏偏要向“绿营”献策，还说吕秀莲是他的偶像。他和沈富雄都是颇受岛内观众喜欢的“反派”角色。

赵少康：与著名作家李敖、名嘴陈文茜并称台湾“反扁三大将”。是台湾颇具影响力的政治评论节目主持人。他曾被誉为国民党的“政治金童”，历任台北市议员、“立法委员”、“环保署长”。赵少康当年在岛内各级选举中具有其强大的魅力与号召力，是马英九之前台湾泛蓝阵营最有人气的政治明星，但在1994年参选台北市长失利后，逐渐淡出政坛。现为台湾飞碟电台董事长，资深媒体人，经常在电视与广播中主持政治评论节目，以犀利稳健著称，每每以激烈言词批判陈水扁当局。

周玉蔻：辣得够味，嗲得到位，犀利起来咄咄逼人，放起电来也能让人顿起鸡皮疙瘩。长期的记者训练，懂得精准地把握采对方心理，更娴熟话题的议程设置，善于让采访对象不设防地缴枪，特别的说话调调，给人以强烈的声音识别。周玉蔻早年写作《蒋经国与章亚若》、《李登辉的1000天》等书，以新闻报道写作的方式评议政治人物，受到注目。近年来，周玉蔻又先后写作《唐飞——在关键的年代里》、《权力游戏荒谬剧——陈水扁混乱的180天》，翻搅出台湾政坛新旧“政府”

交替的内幕，成为政坛焦点。2004 年“大选”后，周玉蔻的政治立场明显由蓝转绿，成为不折不扣的绿色媒体人。

汪笨湖：2002 年底，汪笨湖开始主持“台湾心声”，标榜“100% 本土原味政论节目，抓妖、呛声、说真话，检验所有政治人物，走透台湾基层，跟人民借胆，向‘总统府’发声”。他是作家出身的主持人，懂得讲故事；担任过电视台电视剧监制，善于在谈话节目中表现戏剧张力；坐过牢，有着层出不穷的俚语俗言；极具煽动性的草根表达，对准了台湾中南部常常被主流忽略的口味；强调“从南台湾出发”，堪称台湾政论节目的“南霸天”。

杨宪宏：台湾传媒业中的绿色分子。与绿营高层皆有私交，不时爆料高层内幕，加上语不惊人死不休，是典型的打手型绿色名嘴。由于他能掌握到第一手的讯息，是其他打手型的绿色名嘴无法企及的。其后期观点，有逐渐向中间靠拢的趋势，语调也开始渐趋温和。

郑弘仪：集节目名嘴、作家、投资专家多重角色于一身，批蓝、反“中”、挺“独”，立场无比鲜明，下手毫不手软，出口敢于爆粗，最具有杀伤力的绿营名嘴，最有能量的“独”派主持人，别的名嘴，即便语言可能比他更恶毒，但往往逞口舌之快，但郑弘仪却可以转化成选票，即便是民进党党内初选，谁要得罪了他，也会吃不了兜着走，破坏力极强。而他要力挺谁，谁也会如虎添翼。2008 年台湾“大选”，民进党初选时苏贞昌就吃了他的亏。

4. 舆论议题从菁英阶层垄断向普通大众开放

如前所述，转型前的台湾政治文化，普通民众对政治体系的输入方面既无认知，在舆论议题的主导上也很难作为。且不说新闻头版与社论评论，就连读者投书都远未被重视①。以《中国时报》为例，李瞻于 1975 年抽取该报 1 月至 4 月共 24 天的样本进行研究，发现全部仅刊登六篇读者投书，平均每 4 天一篇。② 三年之后，张锦华于 1978 年抽取该报 3 月和 4 月共 61 天的样本研究，结果刊登的数量更少，全部只有 4 篇，平均约每 15 天一篇。③ 党营的《中央时报》略为重视，从 1971 年后，几乎每日刊登读者投书一至三篇，更在 1974 年 3 月 4 日起首开《读者之声》

① 王天滨：《台湾报业史》，台北：亚太图书出版社，2003 年版，第 215—217 页。

② 李瞻：《我国中央、联合与中国时报三大日报内容之统计分析》，台北：“国科会”专题报告，1975 年 7 月，第 18 页。

③ 张锦华：《我国报纸读者投书内容研究》，台湾《报学》，第六卷第一期，1978 年 12 月。

专栏先河,[①] 但1977年11月1日又停刊，改以零星方式刊登读者来书。

读者投书未被重视，报业同仁普遍将之归咎于当时报禁的“限张”政策，新闻、广告都缺版面，何况读者投书。曾任《中央日报》社社长阮毅成认为，报纸篇幅不足，是最大原因。例如，早年吴国桢案发生时，该报收到的读者投书多达两千多封，由于报纸仅一大张半，无法容纳这些数量庞大的读者投书，不得已只好选出少数具有代表性的读者来信摘要刊登。[②]

台湾报人荆溪人对此也抱怨：“由于版面太挤，在新闻配合广告的原则下，编的人是无法用武的。但广告比新闻先到一步。白天已经排好，先入为主，新闻只能在广告所留下来的空地盘里做道场。假如新闻编者硬要弄一弄‘权’，将广告抽去一点，也未始不可，但抽广告的时候，已下了决心给广告客户骂，给营业同仁埋怨。所以，经常的情形是自己将新闻设法挤，挤得头破血流，腰斩尾断，支离破碎。与我取反对态度的同仁便会说：‘新闻都挤不下，还管什么读者投书’。在这种环境下，我只有收了读者所热烈寄望的投书，放弃我自己坚决的主张。当然，名正言顺，先容新闻。”[③]

读者投书未被重视，表面上看是报纸限张带来的篇幅紧张，其深层次原因还是当时的政治文化使舆论议题被垄断在菁英阶层，这个菁英阶层不仅包括政治人物，还包括控制着文化生产的“知识分子”。在布迪厄（Pierre Bourdieu）看来，文化生产场是另一种权力“场域”，这些作为菁英阶层的知识分子“在权力场中处于被统治地位”，“知识分子其实是统治阶级中被统治的一部分”。[④] 但菁英阶层的知识分子还是属于“统治阶级”，尽管他们是这个“统治阶级”中“被统治的一部分”，他们在文化生产场中还是能获得权力，成为布迪厄所说的“拥有权力，并且由于占有文化资本而被授予某种特权”,[⑤] 他们“在一定程度上控制着哪些议题、建议和作者能进入由大众传媒支配的公共领域”[⑥]。

---

① 李瞻：《我国中央、联合与中国时报三大日报内容之统计分析》，台北：国科会专题报告，1975年7月，第18页。

② 阮毅成：《我在中央日报工作的回忆》，台湾《报学》，第六卷第五期，1980年12月。

③ 荆溪人：《我没有编好省市版》，台湾《报学》，第一卷第六期，1953年7月。

④ 包亚明：《文化资本与社会炼金术——布迪厄访谈录》，上海：上海人民出版社，1997年版，第85页。

⑤ 包亚明：《文化资本与社会炼金术——布迪厄访谈录》，上海：上海人民出版社，1997年版，第80页。

⑥ ［德］哈贝马斯：《在事实与规范之间》，童世骏译，北京：三联书店，2003年，第464页。

客观地说，台湾“政治革新”之后，文化生产场由菁英阶层控制的性质仍然未改变，但是转型之后的台湾政治文化的确使舆论议题的主体由菁英阶层的垄断朝有条件地向普通民众开放的方向转变。

首先发生转变的是台湾各大报对读者投书由极为轻视转变为大加重视。报禁解除后，各报纷纷拿出版面，大量刊登读者投书。见表：

表3：报禁开放之初，各报读者投书版面的配置情形

报社名称	版面名称	出现版落、版次
《中国时报》	意见桥	第二、三、四落不等
《联合报》	民意论坛	第一落第十一版
《中央日报》	有话大家说	第一落第十二版
《工商时报》	工商发言台	第一落第十版
《大明报》	读者投书或回声	第四版
《中时晚报》	时论	第三版
《联合晚报》	生活资讯版	第十六版
《自立晚报》	自立讲台	第二落第十四版
《自立早报》	雷达站、新闻情	第五版
《太平洋日报》	电话信箱	
《台湾日报》	沟通广场	第二落第十六版
《台湾立报》	银发族、新两性、新士族	
《台湾时报》	读者论坛	第二十七版
《台湾新生报》	视性质而定	
《台湾新闻报》	无话不谈	第一落第六版
《自由时报》	自由广场	第一落第六版
《更生日报》	大家谈	第三版
《青年日报》	青年论坛	第四版
《民生报》	民生论坛	第一落第二版

资料来源：“中华民国”新闻评议委员会《媒体如何经营公众论坛园地》，1994年6月，第28页。

《中央时报》将读者投书与社论版放在一起，凸显对民众言论的重视，也便于读者将社论与读者言论进行对照比较；《中国时报》为读者投书开辟了许多子栏目，将读者言论进行归类、对比，使其对议题的参与更加明确。编辑过的言论还有读者与读者、读者与媒体、读者与质疑对象（机构与单位）的交流与对话，试图将读者投书建设成一个公共舆论的平台。而《联合报》则把读者投书与意见领袖的意见及民意调查结合在一起。百家争鸣的读者投书版面设计，反映出媒体对普通民众言论的重视。[①] 王洪钧对报纸对读者投书的突然重视有这样的评述："报业长期以来受到与战时相同的约束，一旦开禁，已非仅登记与张数的开禁，而是精神上和心理上的开禁。因此，在新闻与言论上自然而然地出现了自由的迸发，正像一个判了无期徒刑的监犯，突获特赦出狱常先买醉自贺。尤其因为政治的威权既由'舆论'取代，更鼓舞了报纸为民喉舌的使命感，于是报纸的舆论功能大行扩张。"[②]

将读者投书零星地刊载还是开辟出专版，表面上看反映的是媒体对普通民众是否重视，但其深层次却是台湾政治文化转型后对台湾舆论议题的潜移默化地调整。开辟专版的读者言论，使一个个单个的读者声音整合成"民众"的声音，使之具有舆论的集合性特征。在台湾报业同仁中，不约而同将刊载读者投书的版面称为"舆论版"，显然"舆论"和一般的"来函照登"，甚至"来函摘登"大不相同，一些版面还将读者投书的形式变成读者与读者之间、读者与机构之间以及读者与意见领袖之间的对话，显示出多个舆论主体对舆论议题的参与。这是政治文化转型后，台湾舆论议题主体向普通民众开放的结果。

台湾政治文化转型后，还有一个将零星的"个人"整合成舆论的"民众"的方法，那就是民调。民调此前也有，但于此为甚，主要表现在两个方面：一个方面是领域的扩大，以前的民调规模很小，领域很窄，敏感议题都不敢触及。转型后台湾几乎任何一个重大事件、重要理念和较大的活动都会有民调，突出地表现在每一项选举都有大量的民调，而有些议题则反复在进行民调，比如对"省籍认同"、"台湾人/中国人"认同与"统独认同"的民调有编年史般的数据。另一个方面是影响的扩大，以前的民调其作用往往是决策部门或学者研究使用，对社会的影响不大，有的甚至是调查之后不公布，只作为内部的参考。转型后，民调的作用凸显，对社会形成巨大的舆论力量，甚至直接改变政治的走向，比如 2007 年国民党、民进党两党在初选"总统"及"立委"候选人时都不约而同采用民调的方法。

民调的舆论主体是一种典型的隐匿主体，民调中的民众都是匿名的。这些匿名的一个个零星的个人，其意见整合起来，就具备了舆论的集合性特征，其一公布，就会发挥舆论的作用。这里要特别说明的是，只有民调的公布才能转变成舆论，民

---

① 陈蔓蒂：《浅析读者投书与民意》，台湾《报学》，第八卷第四期，1991 年版。

② 王洪钧：《报禁开放一年几个值得深思的问题》，收入《中华民国新闻年鉴八十五年版》，台湾新闻学会编，1996 年版，第 357 页。

调未公布前它只是对民意的调查，还不构成舆论。公开是舆论的最重要的特征之一，公开的民调才显示出强大的民意的舆论力量。

客观地说，民众虽然通过民调发声，但其作为舆论议题的主体是受限的，表现在其对议题的设置是被动的。真正掌握议题设置权的是民调组织者，他们设计怎样的题目和怎样的问卷才是议题设置的关键。同一个题目，不同的问法可能导致其结果大不一样，其影响也各不相同。但无论如何，民众还是以舆论议题的主体身份出现的，公布的民调只能是“百分之多少的民众认为”，而不能改为“百分之多少的民调组织者认为”，即使被“设计”、被“编辑”，民众仍然是民调议题中最主要的舆论主体。民众在匿名的代价中，以数字的方式展现为“统计的公众”，这种“数字的公众”仍然具有强大的舆论影响力。

台湾的舆论议题主体向民众开放的一个最值得重视的趋势是广播电视的现场观/听众和“call-in 观/听众”，特别是电视的现场观众和“call-in 观众”，以其强大的影响力，展现出民众作为舆论议题主体的新形象。它被誉为是政治文化转型后“电子民主”的产物，反过来它又推进了台湾政治文化向“民主化”、多元化方向发展。其标志是平民大众的声音尽管可能被扭曲变形，但仍能通过大众传媒传播出去，舆论的“向多数人”传播，不再是少数意见领袖的专利。“Call in 节目”模式的出现，使一个个民众个体有了在大众传媒表达意见的渠道，使大众传媒的“大众”不只是“受众的大众”，而且是“传播的大众”，虽然这种 Call in 仍受到种种限制，民意表达可能仍是分离的、不充分的和不完整的，但民众的声音可以密集而且大规模地出现在大众媒体上。民众参与政治的热情被电视谈话节目极大地调动起来，民众从收看电视节目的“观众”转变为关心和讨论公共事务的公众，这正是电视谈话节目收视率居高不下、被民众热捧的一大原因。民众用自己的电话机和遥控器表达了渴望“当家作主”的欲望。尽管这种民意的表达仍然可能被政客利用，使民主变味为“民粹”，但绝不能因噎废食，看不到电视谈话节目对台湾民主建设的推进。

电视谈话节目是电视传媒中最容易听到普通民众原生态声音的节目形态，也是大众传媒中除网络外对普通民众最开放的舆论形式，这正是人们认为电视谈话节目标志着电子民主时代的到来、是一种民主进步的原因。但这最具有平民色彩的舆论形式，在台湾却仍难逃“再封建化”的命运，种种迹象表明，台湾电视谈话节目并没有成为民众声音畅通无阻的管道。实际上，台湾电视谈话节目本来就是菁英人物设计和制造的产品，从其诞生之日始，它就一直被菁英人物控制和主导，并从未缺场。

首先，在议题的选择和节目的设计这些环节上，普通民众无法介入。台湾电视谈话节目制造成的所谓“公共场所”，其实仍是菁英人物的领地，民众只是被菁英人物邀请进入这“公共场所”的客人，而不是这个场所的主人。他们中的绝大部分是作为阅听人的身份在电视机前成为这“公共论坛”的“观者”，他们中的极少数人可能被选择作为代表去现场，大都是安排在场下作为倾听者。他们可以起哄，但主要的作用却是制造气氛，而不是发表意见（反映民意）。他们也许有发言的机会，但必须围绕台上菁英人物的话题，和 Call in 进来的观众一样，在主题和时间上被严格地限定，很难成为坐在舞台上的嘉宾。那些嘉宾不是政治菁英就是知识菁英，这些菁英占据着摄像机和观众的视觉中心，并且成为电视谈话节目的常客和公共论坛的主角。

普通民众的声音从来就没有在台湾电视谈话节目中独领风骚，而且根本就无法和菁英人物的声音对等和对称，它往往是作为菁英人物声音的陪衬、点缀、背景、道具甚至是装饰品。普通民众对节目的参与并没有改变其“观者”的基本定位，没有改变其在舆论传播中主要是作为被传播者的地位。菁英人物始终占据和称霸着这个被有些人欢呼或自诩为反映民意的舆论形式，而且它越是向公众开放就越加剧了菁英人物对其控制和利用，这种由菁英人物导演的“平民化”，构成对台湾电视谈话节目的最大讽刺。台湾电视谈话节目不过是代议政治的一种复制品，而不是民众直接表达民意的公共领域。民众的声音更多的是被代表的，而不是直接地表达。这种代表性和过去封建国王和贵族“代民做主”式的代表性在形式上有些类似，和当下资产阶级代议制式的代表性在实质上更是趋同，区别不过是政治场域的代表性变成了媒体再现，但民众在公共领域的发言权被剥夺、被排挤、被扭曲的状况并没有得到根本的改变。事实证明，电视谈话节目作为哈贝马斯理论意义上的理想“公共领域”，如果不是许多人的想象，就是一些人的幌子。

但无论如何，台湾舆论议题主体向普通民众开放，证实了台湾舆论议题主体进一步向多极化发展。政党、政府、议会、媒体、意见领袖、普通民众等构成舆论议题主体的多极，其内部的细分使舆论主体的多极化显现出极为复杂的结构。台湾政治文化的转型，使政治参与的主体多元化，也使舆论议题的主体多极化，在舆论议题的不同主体的博弈下，台湾舆论按照一定的轨道又充满变数地发展，为台湾社会的转型进一步推波助澜。随着台湾政治文化的进一步转型，台湾舆论议题主体在向多极化方向发展的过程中逐渐呈现出多极并存下的两极分化趋势。台湾舆论议题的主体在“民主化”、“自由化”的推动下虽然表现为多极并存，但是，随着台湾政治文化向“民粹主义”加“族群主义”的“群粹主义”的方向发展，舆论主体的多极开始再一次分化为两大阵营，无论是政党、团体还是媒体个人，都在族群政治的操弄下按照统独光谱被染上蓝绿色彩，这样，多极化的舆论主体实质上成了被泛蓝、泛绿两极主导的局面。这样，在台湾政治文化的转型影响下，六十年来台湾舆论议题的主体实现了从单极到多极转变，又朝着多极并存的两极分化方向发展。

第三节　台湾舆论与政治文化的互动媒介的演变

在现代社会里，“媒体政治”是舆论与政治文化互动关系中最重要的媒介。传媒与政治关系的演变，反映出舆论与政治文化互动框架的变迁。本节以“媒体政治”为切入点，考察光复以来台湾舆论与台湾政治文化互动媒介的变化。作为台湾传媒与台湾政治关系的反映，台湾的“媒体政治”经过了从“媒体政治化”到“政治媒体化”的转型，并向“媒体即政治”方向发展，而与此相对应的是台湾舆论议题最有代表性的形式也发生了从社论到政治广告再到电视谈话节目的转变。

舆论与政治文化的关系互动，可以通过许多中介，比如街头政治、议会政治等，但在现代社会里，大众传媒是最重要的中介，因为其他所有的中介最后都只有通过媒体的中介向全社会传播，才能发挥政治文化对舆论的最大影响，也才能最大程度地发挥舆论对政治文化的反作用。在舆论与政治文化的互动下，作为中介的媒体与政治的关系日益紧密，媒体与政治的这种结合，被叫做“媒体政治”。“媒体政治”就成为舆论与政治文化互动关系中最重要的互动媒介，因此媒体政治的变化，反映的是舆论与政治文化互动框架的变迁。

在本章的前两节，本书从台湾舆论与政治文化的关系框架中，分别考察了台湾舆论议题的内容、结构与主体的演变，本节将从“媒体政治”的角度重点研究台湾舆论议题的形式变化。因为台湾舆论议题形式的变化，代表的是台湾舆论与政治文化互动、媒介的演变以及台湾舆论与政治文化互动框架的变迁。

一、“媒体政治化”与台湾的“社论”

“台湾政治革新”前，台湾媒体政治最重要的特点是“媒体政治化”，其舆论议题最有代表性的形式是“社论”。

这个时期的政治与媒体的关系是控制与反控制的关系，其中政治的控制是绝对的主导。所谓“媒体政治化”就是媒体成为被政治所同化控制的工具。政治对媒体的控制又分为直接控制与间接控制两种。

所谓直接控制指的是政治势力运用市场准入、特许经营、股权比例及人事安排等手段将媒体直接控制成政治势力所属的工具。媒体一直是政治的工具，但媒体不一定是政治势力所属的工具，政治势力还可以通过寻租等其他手段将媒体利用为工具。但直接控制则不同，它将媒体直接地控制成自己的子弟或自己的盟友。

以报纸为例，在“报禁”政策下，从1950年到1987年，无论报纸换成什么名字，也不论其机构组织如何调整，在全台的报纸始终只有31家。

见下表：

表4：“报禁”解除前，台湾报纸名称与演变情形

报名	创刊日期	性质	地点	演变情形
《台湾新生报》	1945. 10. 25	“官报”（“政府报”）	台北市	1949年6月20日，接收《国声报》设施发行南部版；1961年6月20日，南部版改为《台湾新闻报》。
《中华日报》	1946. 2. 20	“党报”	台南市	1948年2月20日，创刊北部版，总社迁往台北，台南报纸称南部版；1980年9月1日，南部版升格为南社；1987年8月1日，总社与南社合并，总社迁往南社。
《更生日报》	1947. 9. 3	民营报	花莲市	最早名为《台湾更生报》；1951年4月7日，改名《更生报》；1971年3月29日，改名为《更生日报》。
《自立晚报》	1947. 10. 10	民营报	台北市	
《忠诚报》	1948. 2. 22	“军报”	台北县	原名为《精忠日报》，1968年1月1日，改名《忠诚报》。
《国语日报》	1948. 12. 25	民营报	台北市	
《中央日报》	1949. 3. 12	“党报”	台北市	
《台湾新闻报》	1949. 6. 20	“官报”（“政府报”）	高雄市	原为《国声报》，二二八事件后停刊；1949年6月20日，被接收为《台湾新生报》南部版；1961年6月20日，改为《台湾新闻报》。
英文《中国日报》（*CHINA NEWS*）	1949. 7. 1	民营报	台北市	台湾最早之英文刊物，原为油印通讯稿；1960年7月1日，获核发日报登记证，改为日报。
《建国日报》	1949. 11. 22	“军报”	澎湖县	由澎防部经营。
《大华晚报》	1950. 2. 1	民营报	台北市	1988年10月，由宏图集团接收，同年12月31日停刊，原址改为《大成报》。

续表

报名	创刊日期	性质	地点	演变情形
《民众日报》	1950. 9. 5	民营报	高雄市	原为基隆《民钟日报》；1952 年改名《民众日报》；1978 年 9 月 16 日，迁往高雄市
《中国时报》	1950. 10. 2	民营报	台北市	原名《徽信新闻》，1960 年 1 月 1 日，改名《徽信新闻报》；1968 年 9 月 1 日，改名《中国时报》
《民族晚报》	1950. 12. 1	民营报	台北市	原为《民族报》二次版；1987 年 7 月 27 日停刊。
《联合报》	1951. 9. 16	民营报	台北市	由《民族报》、《全民日报》、《经济时报》三报组成。最早名为《民族报、全民日报、经济时报联合版》；1953 年 9 月 16 日，改名《民族报、全民日报、经济时报联合版》；1957 年 6 月 20 日，改名《联合报》。
英文《中国邮报》(*The China Post*)	1952. 9. 3	民营报	台北市	台湾最早之英文日报。
《青年日报》	1952. 10. 10	"军报"	台北市	最早为 1950 年 6 月 1 日创刊的《军民导报》（日文）；1952 年 10 月 10 日，改名《青年战士报》；1984 年 10 月 10 日，改名《青年日报》。
《中国晚报》	1955. 12. 25	民营报	高雄市	最早为 1949 年创刊的《自强晚报》，后改名《自由日报》；1955 年 12 月 25 日，改名《中国晚报》。
《中国日报》	1956. 3. 29	民营报	台中市	原为 1951 年 7 月 6 日创刊的《新中国报》，隔年迁往丰原；1956 年 3 月 29 日，改名《中国日报》；1960 年 3 月 17 日，迁回台中。
《新闻晚报》	1956. 10. 25	"党报"	高雄市	原为嘉义《鲲声报》，1953 年 12 月 16 日，改名《联合报南部版》；1955 年 4 月 26 日停刊，改名《台湾日报》发行；1956 年 1 月 31 日停刊；同年 10 月 25 日，改名《成功报》，迁往台南；1957 年 7 月 1 日，改名《成功晚报》；1971 年迁往高雄；1986 年，改名《新闻晚报》，由《台湾新闻报》经营。
《马祖日报》	1957. 9. 3	"军报"	福建省连江县	原隶属马祖指挥部，1964 年改隶马祖战地政务委员会。
《金门日报》（与《正气中华报》合并发行）	1965. 10. 31	"军报"	福建省金门县	《金门日报》母报为《正气中华报》，最早是 1948 年在江西创刊的第十八军《无邪报》；1949 年 5 月 1 日，更名《正气中华报》，同年 10 月 2 日迁至金门，隶属金门防卫司令部；1958 年 1 月 1 日，改隶金门战地政务委员会。
《经济日报》	1967. 4. 20	民营报	台北市	前身为 1947 年 10 月 25 日创刊的《公论报》，由王惕吾收购。

续表

报名	创刊日期	性质	地点	演变情形
《台湾时报》	1971. 8. 25	民营报	高雄市	最早为1946年2月1日创刊的花莲《东台快报》，因社论被吊销发行权；3月1日，改名《东台日报》复刊；1964年3月16日，改名《中兴日报》，迁往彰化；1967年4月10日，改名《台湾晚报》；1971年8月25日，改名《台湾时报》，迁往高雄。
《民生报》	1978. 2. 18	民营报	台北市	前身是1948年11月20日创刊的《华报》，由王惕吾收购。
《台湾日报》	1978. 8. 21	“军报”	台中市	最早为1949年10月1日创刊的基隆《大声报》；1953年5月10日，改名《东方日报》；1964年10月25日，改名《台湾日报》，迁往台中县大里乡；1978年8月21日由军方接办；1980年1月1日，迁至台中市。
《工商时报》	1978. 12. 1	民营报	台北市	最早为1951年5月1日创刊的《工人报》；1964年10月21日，改名《农工日报》；1965年2月休刊；1968年5月1日，改名《大众日报》；1972年由余纪忠收购，改为《工商时报》
《自由时报》	1981. 1. 1	民营报	台中市	最早为1946年12月12日创刊的《广东导报》三日刊；1948年12月20日，改为《台东新报》日刊；1950年11月11日停刊；1952年7月12日复刊；1961年元旦停刊，同月易名《远东日报》；1965年8月5日，改名《东声日报》；1969年1月，改为《台声日报》；1971年后改名《大汉日报》；1978年改名《自强日报》，迁彰化发行；1981年1月1日，改名《自由日报》，在台中设厂；1986年迁往台北县新莊；1987年8月1日改名《自由时报》；1989年6月迁往台北市。
《台湾晚报》	1987. 7. 14	“军报”	台中市	原为1946年1月1日创刊的《台湾民声报》周刊；1947年5月6日，改名《台湾民声日报》；1986年1月1日，由《台湾日报》收购（“国防部”为背景），改名《大众报》；1987年7月14日，改名《台湾晚报》。
《现代日报》	1987. 2. 17	“党报”	嘉义市	前身为1953年8月29日创刊的嘉义《商工日报》，1982年，国民党文工会买下经营权发行；1986年5月1日停刊；1987年2月17日，改名《现代日报》复刊发行，同年7月中旬停刊。

资料来源：王天滨：《台湾报业史》，台北：亚太图书出版社，2003年版，第140—142页。

31家报纸中官方报纸15家，民营报纸16家，官方报纸仅从报纸数量上就控制了半壁江山。而另外16家民营报纸，之所以能获得特许经营，都是因为其能够听招呼听指挥，才能在当时严厉的新闻管制下生存下来。以最大的两张民营报纸为例，《联合报》的老板王惕吾与《中国时报》的老板余纪忠皆为军人出身，并都是国民党中常委。①

除了对报纸数量严格限制外，解禁前，广播电台、通讯社及无线电视的数量都分别控制在33、44、3家。只有杂志例外。

表5：台湾报刊、通讯社、电台统计表（1983—1999年）

年度	报纸	每百户/份数（报纸）	杂志	通讯社	广播电台	无线电视台	人均收入（美元）
1983	31	65.88	2543	44	32	3	2457
1984	31	67.96	2661	44	33	3	2794
1985	31	72.71	2884	44	33	3	2868
1986	31	75.54	3027	44	33	3	3993
1987	31	70.34	3422	44	33	3	5275
1988	122	67.37	3922	44	133	3	6333
1989	195	71.13	4242	160	33	3	7512
1990	211	69.49	4337	181	33	3	7413
1991	237	68.61	4282	190	33	3	8189
1992	270	66.04	4474	205	33	3	9591
1993	274	63.04	4762	233	33	3	10011
1994	300	64.53	4984	222	33	3	10816
1995	357	60.54	5247	218	39	3	11630
1996	361	56.45	5480	242	49	3	12161
1997	344	56.93	5676	251	70	3	12457
1998	360	53.56	5888	238	93	5	11333
1999	384	51.68	6463	242	121	5	12100

资料来源：《中华民国统计月报》，2000年版；"中央通讯社"：《世界年鉴》，1996—1999年版；台湾"行政院"主计处：《国民经济动向统计季报》，2000年版。

以电视为例：台湾的电视事业虽早有酝酿，但迟至20世纪60年代才拉开序幕。1962年2月14日台湾"教育部"办的"教育电视实验广播电台"正式开播。这是

① 王丽美：《报人王惕吾——联合报的故事》，台北：天下文化出版公司，1994年版，第35页；张慧英：《提笔为时代——余纪忠》，台北：时报文化出版公司，2002年版，第46页。

台湾第一家电视台，也是台湾电视有经常节目播出之始，该台不播广告，经费全部来自“教育部”预算。

1962 年 4 月 28 日，台湾电视事业股份有限公司（TTV）成立，1962 年 10 月 10 日，台视正式开播。业界普遍认为自此台湾进入了电视传播的时代。

台视的筹办是由官方操作的。先是台湾省政府通过新闻处设立“台湾电视广播事业筹委会”，正式成立时改为股份有限公司。资本额最初为 3000 万台币，从资金来源看，由台湾省政府的金融事业单位投资 49%，另由台湾水泥公司等一些所谓民营企业单位合计投资 11%，本地资本合占总资本额的 60%，共计新台币 1800 万元；日本的富士、东芝、日立、日本电气公司等四家厂商各投资 10%，合占 40%，共计新台币 1200 万元（合美金 30 万元）；从资金性质看，形式上民股（含日资）占 51%，官股占 49%。①

七年后开播的中视，一举打破了台视一家垄断的局面，但仍然沿着台视首创的官方资本与民间资本相结合的体制运作。中视资本额最初为新台币 1 亿元，由中国广播公司与国内 28 家民营广播公司各投资 50%。“中国广播公司”为“执政党”的新闻事业机构，每年接受国库大量的补助。台湾学者李瞻在其《电视》一书中先写到：“中视自称是一家纯商业性的电视公司，没有任何公股。”随后又在同一页上说明（“中视”的）资本结构：1983 年资本额为 4 亿元，1978 年为 1.5 亿元，每股 1000 元，共发行 15 万股。其中国民党投资 67%；民股占 39.73%。在民股中主要为正声、凤鸣等民营之广播公司。”② 这种矛盾的表述，直接表明中视自称没有公股的说法是自欺欺人。在“解禁”前一党专政的台湾社会里，“党即是国”，“国即是党”，没有多大区别。作为执政的国民党的党产，无论其形式如何，其实质都是官产。

“华视”于 1970 年代开播，使台湾电视形成三足鼎立的局势。它同样沿袭了官方资本与民间资本相结合的台视模式。“华视”的前身是“中华教育电视台”，最初由台湾“教育部”全额拨款，但由于经营困难，无法发挥教育电视的效果，急需增资扩建。台湾“国防部”早就觊觎电视这块肥肉，由时任台湾“国防部部长”的蒋经国一手促成：台湾“国防部”以加强军中政治教育为由，增资新台币一亿

① 李瞻：《电视》，台北：允晨文化实业股份有限公司，1984 年版，第 28 页。

② 李瞻：《电视》，台北：允晨文化实业股份有限公司，1984 年版，第 31 页。

元，与台湾“教育部”联手将教育电视台改组为“中华电视公司”，台湾“国防部”拥有股份51%，台湾“教育部”拥有股份49%，又是一个51%和49%的敏感比例。经过之后的历次股权比例调整，后来居上的台湾“国防部”股份仍然占据30%上下，即便不算类似“国军同胞储蓄会”这样的实际由军方主管的所谓民股，台湾“国防部”也始终保持实际控股的优势；而创始人台湾“教育部”的股份则一落千丈地降到10%上下。这种鸠占鹊巢、以军方为老大的奇特股权比例，表明同是官方资本，不仅亲疏不同，而且倚重有别。①

台湾电视的官方资本实际上是最大的控股方。官股不仅事实控股，而且经过改头换面后其实际的股权比例皆超过50%。各电视台的民间资本不仅比例很小，而且十分分散。如台视1978年的资本构成：台湾省政府的金融事业单位占48.94%，四家日资公司共占20%的股权，而各个“民股”的比例是：台湾水泥5%、北区合会5%、中华开发4.3%、中央日报2.26%、新竹玻璃2.5%、南港轮船1.91%、中广公司1.66%、台丰实业1.58%、士林电机0.91%，九家“民股”合计仅占总股的26.58%，其他为员工股；一支独大的台湾省政府其金融单位事实控股。而即便是所谓的“民股”中，类似中央日报、“中国广播公司”都是国民党党营的平面媒体与广播媒体，而且接受国库拨款。因此，台视的实际官股比例超过50%。而在1978年中视的资本构成中，国民党投资60.27%，民股仅占39.73%。而在1978年华视的资本构成：“国防部”投资30.78%，“教育部”投资10.38%，合计41.16%；“黎明文化公司”占25.52%，“华视文化基金会”占5.38%，“国军同胞储蓄会”占10.26%；其他民股只有中兴纺织5.13%，大同2.30%，台塑公司2.55%，声宝电器2.56%，吴辉生5.11%。其实，“黎明文化公司”、“华视文化基金会”、“国军同胞储蓄会”等所谓三大“民股”是变相的军方主管的股份。名副其实的民股只有王永庆、林挺生、陈茂榜等少数几个人，各持股不到3%。合计军方在台面上下操控的华视股权超过八成以上。②

国民党当局也许敏感地发现了电视的威力，对电视的控制比报纸、电台、通讯社还要有过之无不及。一个明显的标志是即使在“解禁”后的相当长一段时间内，即使那时候各类报纸已铺天盖地，各种电台也层出不穷，但还是将无线电视控制在

① 李瞻：《电视》，台北：允晨文化实业股份有限公司，1984年版，第32页。
② 李瞻：《电视》，台北：允晨文化实业股份有限公司，1984年版，第28—32页。

三台以内长达十年之久。

从1962年开办电视以来，长达14年，广播电视没有“立法”。“广播电视法”的难产，一方面说明广播电视“立法”的复杂性、敏感性与特殊性，另一方面表明台湾当局满足于用灵活多变的行政政策与任意操纵的行政手段来对电视进行铁腕的控制。

1976年1月8日台湾“广播电视法”终于颁布。其立法精神见总则第一条：“为管理与辅导广播电视事业，以阐扬国策，宣导政令，报道新闻，评论时事，推广社会教育，发扬中华文化，提供高尚娱乐，增进公共福利，特定本法。”

将“阐扬国策，宣导政令”作为立法目的的第一要务和广播电视的首要任务，凸现出台湾当局要用“立法”的形式，将广播电视定义为其宣传工具，置于其强权管理下。这与许多电视公营制国家和地区通过议会立法，以全民所有、中介管理（通过中立的代表委员会）的形式，将广播电视的经营独立于政府权力之外的电视制度大相径庭。

台湾“广播电视法”确立并助长了台湾当局对广播电视的控制，特别表现在：在电视的行业准入与资本构成上，不仅台湾“广播电视法”刻意回避，就是台湾“行政院新闻局”颁布的“广播电视法施行细则”也玩起空手道，让试图进入电视市场的投资者无据可查、无理可辩。准入的政策由台湾“新闻局”任意制定，准入的标准由其刻意模糊，准入的资格由其随意解释。一切皆无明文规定，一切全由人为摆布，一切都是暗箱操作。不然很难解释台湾“广播电视法”颁布后反而20余年没有一家新的无线电视台成立。台湾创造了无法可依的10年间有3家电视台诞生、而有法可依的20年却无一家电视台成立的奇迹。是投资者不敢或不愿申办电视台吗？是投资者没有去努力申请吗？是所有申请者的资格都违台湾“广播电视法”的标准吗？答案当然是否定的。等到台湾第四家无线电视台——“民间全民联合无线电视”（民视）1997年正式开播，距离第一家电视台——台视的1962年开播已有35年，距离此前最后一家电视台——“华视”的1971年开播已有26年，距离台湾“广播电视法”1976年颁布已有21年，距离台湾1987年“报禁”开禁也有10年。

由此，1987年的“报禁开放”如果将它理解为狭义的（仅对报刊和通讯社）的开放也许更为准确；至少它并没有立即在广播电视上得到类似报刊那样的响应。这再一次证明了电视（包括广播）作为传媒的特殊性与重要性。

“解严”前，台湾当局除了对传媒的直接控制外，还在新闻检查与意识形态上对传媒进行软硬兼施的间接控制。硬性的间接控制，我们在前文已对台湾当局多如牛毛的新闻检查法条做了说明，这里特别强调其软性的间接控制。1964 年的台湾记者节，英文《中国时报》社长兼主笔郑南谓曾发表文章谈及这种软性控制：

> 台湾新闻自由的威胁，实际并非来自新闻检查或记者被捕那些事件，而是来自记者们心理上，有意无意间受到必须警惕的一种压迫。这种提高警惕的心理作用经常像一把利刃般刺伤新闻自由。这是新闻记者，一方面警戒不当新闻的刊载会引起敏感官方的责难，一方面受着自己爱国心、道德观念，甚至普通常识所要求的合理判断，而形成的自我检查。
>
> 自我检查压在自由中国新闻记者心头的重量比什么都大，这一个职业的要求跟其他更重要问题的要求，构成不能解决的矛盾，煎熬着中国新闻记者的心……政府当局经常要求新闻工作者合作，支持‘国策’，大家顾念台湾面对共产主义不断渗透与宣传的威胁，确实处在一个紧急状态之中，那末，政府的这种要求不能说是过分。因为，我们享受的自由生活，一旦受极权共产主义的控制，就将变成奴隶生活，没有其他选择。至于新闻记者接受政府要求到如何程度，还是由每一个记者自己决定的……①

台湾政治对传媒影响力通过软性的间接控制，已经达到“洗脑”的地步。台湾报人荆溪人谈到政治的影响力时坦承：报纸要完完全全做民众的喉舌是不可能的，他说：“政治力的影响，在现阶段的‘中国’报纸中，是没有办法摆脱的……有些炮火不免影响政府的威信，牵制政府的施政，在‘举国’上下戮力‘反共复国’的今天，客观的事实不允许这样做，而我们编的人也不忍心这样做……”② 这种不是“报人”决定新闻、而是“要人”决定新闻的畸形现象已经潜移默化地成为报人的自觉行动。荆溪人说：“说句良心话，这种政治的影响力，很少出诸政府的指示，而往往是编者自我的觉悟。”③ 台湾最大的两家民营报，《联合报》以“反共、民主、团结、进步”为立场，④《中国时报》以“在巩固政治领导中，发扬民主生

---

① 曾虚白：《中国新闻史》，台北：三民书局，1984 年版，第 885—886 页。
② 荆溪人：《我没有编好省市版》，台湾《报学》，第一卷第六期，1953 年版，第 37 页。
③ 荆溪人：《我没有编好省市版》，台湾《报学》，第一卷第六期，1953 年版，第 37 页。
④ 方积根、唐润华、李秀萍等：《台湾新闻事业概观》，北京：新华出版社，1990 年版，第 17 页。

机”来自勉。[①] 联合报老板王惕吾说：“三十年来站在前哨上观察国家的命运，我深以为，巩固国家领导中心，为‘复国建国’大业的一切根本，因而，我无时不向联合报同仁强调，国家利益高于事业利益，新闻言论自由必须符合国家利益的道理。”[②] 这种以“巩固政治领导”为己任的媒体“宣言”，为媒体的政治化下了最好的注脚。

“媒体政治化”，使得这个时期政治文化最青睐的舆论议题形式就是社论。

社论是舆论的经典形式。一般认为，近代舆论出现的标志是近代报业的兴起，有的观点更绝对地认为舆论是大众传媒的产物，大众传媒是舆论必不可少的要素，没有大众传媒就没有舆论。比较客观的说法是，进入了大众传播时代，舆论发生了翻天覆地的变化。报纸作为大众传媒最早的一种载体，培育出现代舆论的雏形，同时报纸作为一种持续至今的传媒形式，其对舆论形态的影响持久而深远。在某个时期，报纸的言论一度就被认为是舆论的代名词，而社论作为报纸言论分量最重、层级最高的一种体裁，就成为舆论形式的一种经典。

社论成为台湾“媒体政治化”代表性的舆论形式，最主要的原因是社论的特点契合了当时的政治文化，政治文化与舆论的互动，使社论在当时风生水起。

社论具有如下特点：

1. 重要性。社论在威权时代的台湾堪称极端重要。一方面，当时最重要的传媒非报纸莫属，电视还刚刚起步，广播电台、杂志和它不是处在一个等量级。从“报禁”这个概念就可以看出，“报禁”其实指的是对当时所有媒体所有新闻的“禁”，可是独独用“报禁”来表示，足见报纸在当时所有媒体中一尊独大、鹤立鸡群的地位，而“报禁”与“党禁”、“戒严”并列，更从反面证实了当局对报纸极端重要性的认知与评估。另一方面，言论是报纸的旗帜，社论无论从篇幅还是版面，也无论是内容内涵，还是推介形式，都堪称报纸中最重要的言论武器。所以，社论当之无愧地成为当时最重要的传媒的最重要的舆论形式，也理所当然成为政治势力最想掌控的对象，也是政治文化最想诉求的舆论形式。

2. 高位性。社论的舆论是自上而下的，处在言论的最高层，和读者来信、群众声音不在一个层次，其作用就是自上而下的训导。社论总是将自己定位为社会的引

---

① 《中国时报四十年》，台北：中国时报社，1990 年 10 月 2 日报道。

② 王惕吾：《联合报三十年的发展》，台北：联合报社，1981 年版，第 302 页。

航人、群众的教育者，在众人皆醉时只有它独醒，在大家迷路时需要它领路，在谣言四起时需要它看清真相，在乱相纷扰时需要它指出实质，在多重困惑时需要它指点迷津，在多元选择时需要它指明方向。社论这种高位性，和“威权主义”政治文化自上而下的输出体系十分吻合，所以它成为当时政治势力和政治文化最青睐的舆论形式。

3. 代表性。社论与现在流行的电视谈话节目常常打出“嘉宾言论不代表本台立场”的做法恰恰相反，它就是代表本报立场的。社论、社论，就是报社之论。尽管它可能出自一个人的执笔，但从其出台的严格的程序来看，它是集体意志的代表。报纸的社论往往集体讨论，并往往由报纸的灵魂人物或菁英人物执笔，并常常由报社老总亲自把关。《联合报》老板王惕吾在回顾《联合报》30 年发展时说：“我对于联合报的言论，非常重视，我亲自参加社论会议，而且策划言论方针，商讨社论题材，与总主笔沟通观念，裁决论人论事的观点与立场。”王惕吾认为：“报纸的言论，是有使命性的，所谓舆论，主要的是指报纸言论。”为此他特别强调：“新闻言论，对于一家报纸而言，是决定报纸价值的两大因素，也是报纸为尽其‘社会公器’与大众传播功能的两大手段。比较起来，一家报纸的言论比新闻更为重要。”①有时，社论还是由最高政治领袖亲自撰写，以社论的形式来引导舆论。所以，有时候，社论不仅不是代表一个人，甚至不是代表一个报社，而是代表读者、代表社会、代表时代在发出声音，其隐含的逻辑是读者订阅了我们报纸，就表示大致上认同了我代表的声音。社论的这种代表性也最被“威权主义”的政治文化所看好。

4. 集合性。社论的集合性突出地表现在报纸社论的论述形式。社论的论述常常采用人称复数形式，即“我们认为”、“我们反对”、“我们坚持”。这种论述甚至直接体现在社论的标题中，比如：《我们对新阁人选的发展与期待》、《我们是在一条船上——为当前政治情势向朝野进一言》、《宪改体制必须完整、国土不容分裂——我们对党外人士组党一事的看法》、《我们对当前经济的诊断与建议》。② 这种论述形式形成了一个“多数人”的论述风格。它给读者一个强烈暗示，就是持这种观点的不是单个人，而是一个集体，代表了“多数人”的意志。这种论述风格不仅在心理上占据了优势，而且在现实中得到了支持。舆论就是一种“由多数人表达，或者

① 王惕吾：《联合报三十年的发展》，台北：联合报社，1981 年版，第 137—138 页。

② 参见台湾《中国时报》社论，1990 年 5 月 3 日，1986 年 6 月 12 日，1986 年 9 月 30 日，1987 年 10 月 5 日。

向多数人传播，或者在多数人中反应的对某一对象的共同关注”。社论的集合性正体现了舆论的集合性，“我们”的有力，使每一个单一存在的个体觉得：只有加入“我们”才不会被孤立，这使得“沉默的螺旋”理论在社论中特别容易实现，所以社论是主张统一意志的台湾“民族主义”的政治文化最倚重的舆论形式。

综上所述，社论所具有的特点成为当时台湾“威权主义”加“民族主义”政治文化与舆论互动的最佳舆论形式。政治文化需要这种十分契合它的舆论形式使政治文化得以广泛传播，反过来，社论这种形式在当时的这种政治文化环境中大有用武之地。以两大民营报纸为例，《联合报》在其创刊初期，一天有三篇社论，到1952年1月1日起，改为每日一篇社论，并坚持至今。① 《联合报》在其50年社庆时这样自我宣称：《联合报》是最早预言国民党李登辉政权可能倾覆的媒体；《联合报》是第一个以“民粹”来形容当年政治氛围的媒体，后来这个概念普遍被用来与“民主”作为对比；《联合报》亦首先创用“黑金政治”一词，点出了强人政治的真正凭借与社会代价；《联合报》曾以“政党外遇”来形容国民党当局与民进党的相互为用，道出政党政治的扭曲变形；《联合报》也是最早预言民进党若赢得政权将调整其“台独”路线的媒体。②

这一系列的“第一”，都反映在《联合报》的一篇篇社论中。而《中国时报》也被认为：“其社论深为朝野重视，凡有兴革建议，常为政府慎重考虑采纳，社论且常为欧美著名报纸转译刊载，有几次还列入美国国会记录。”③

总之，“媒体政治化”与社论的发达相得益彰。“媒体政治化”为社论的发达创造了条件，而社论的发达也为“媒体政治化”推波助澜，它们都是这个时期政治文化与舆论互动框架的产物，是当时的媒体政治最重要的特征，也是舆论议题的最有代表性的形式。

二、“政治媒体化”与政治广告

台湾政治文化转型后，作为台湾舆论与政治文化的互动媒介，台湾的媒体政治

---

① 王天滨：《台湾报业史》，台北：亚太图书出版社，2003年版，第244页。

② 黄年：《漂流的台湾——联合报社论一百篇（1991年至2001年）》，台北：联合报社，2001年版，第6页。

③ 任熙雍：《十年来报业的发展》，收入《中华民国新闻年鉴六十年版》，台北：台北市新闻记者公会，1971年版，第66页。

从“媒体政治化”向“政治媒体化”转变。所谓“政治媒体化”指的是政治行为媒体化，它表现为：政治斗争的领域媒体化，政治斗争的载体媒体化和政治斗争的工具媒体化，最重要的是媒体政治进入了政治活动的中心。

台湾“政治媒体化”，是台湾政治文化转型的结果。伴随着台湾“政治革新”后的“民主化”、“自由化”，其与舆论的互动，带来了媒体政治的活跃。为能清晰地看出其间的关系，其逻辑关系可以表述为如下：“政治革新”带来政治文化的转型，政治文化转型产生民主政治，民主政治形成政党政治，政党政治采取媒体政治。这样的归纳也许有些过于简单从而有些“单项决定论”的色彩，但无论如何，“政治媒体化”就是这样在政治文化与舆论的互动下，走上了台湾政治的历史舞台。

台湾“政治媒体化”最早滥觞于台湾的“反对运动”。台湾的反对运动，最初都是借助媒体的平台发声，并利用媒体的身份组织起来的。如前所述，在报禁政策下，报纸、广播、电视媒体的数量都从严控制，只有杂志的数量是一个例外，管制相对宽松的杂志成了反对运动最容易利用的媒体。最有标志性的是《自由中国》杂志。该杂志于1949年11月20日由胡适与雷震等创刊，在胡适的支持下，雷震一方面通过杂志发表《祝寿专号》、《容忍与自由》、《七论反对党》等著名文章，呼吁蒋介石放弃连任，取消以党领军，实行军队国家化，传播民主政治与政党政治的舆论；另一方面利用杂志积极筹组新党——中国民主党。① 此外，在报纸方面以《公论报》、《台湾日报》、《自立晚报》、《民众日报》为核心，在杂志方面以《文星》、《大学》、《台湾政治》、《这一代》、《八十年代》、《圣国》、《新境界》、《鼓声》、《春雷》、《努力》、《春风》等杂志为核心，聚集了一大批党外人士，包括王晓波、张俊宏、许信良、黄信介、林义雄等人。党外人士一方面利用媒体的管道传播舆论，对台湾当局施加压力；另一方面也通过媒体的组织（有机构，有场所，有经费），运用媒体天然的编者、作者、读者的联系将反对力量整合起来，这是台湾媒体政治的雏形。其中最有代表性的是《美丽岛》杂志。该杂志由黄信介创办，以社委的形式组成，在全岛各大城市都设有分支机构，从而网罗了全台各地的党外人士，已经形成实质性的政党雏形。《美丽岛》被视为党外运动的机关刊物。1979年12月10日，《美丽岛》发动数千名群众以演讲会与大游行的方式纪念“世界人权

① 雷震：《雷震回忆录》，香港：香港七十年代杂志社，1978年版，第330—332页；见李筱峰：《台湾民主运动40年》，台北：自立晚报社，1987年版，第61页。

日”，引发“美丽岛事件”，前后共有150人被捕。在美丽岛大审判中，《美丽岛》杂志社的8位成员：黄信介、施明德、张俊宏、姚嘉文、林义雄、陈菊、吕秀莲、林弘寅被判12年以上有期徒刑，美丽岛事件的受刑人及辩护律师日后成为民进党的中坚力量。① 此后的《新潮流》杂志还成为民进党最重要的派系之一——新潮流系的源头。

台湾“反对运动”推动了台湾社会的转型。“解严”后，“在野党”继续采取借助媒体、利用媒体的方式将自己的政治势力与政治影响一步步渗透到政治权力的中心，而“执政党”也在一次次选举中发现，以前惯用的行政手段与权力思维已经不适应政党政治的时代，他们也学会将政治的重心转移到舆论战与媒体战上来，“政治媒体化”的时代到来。

台湾政治文化转型后，“政治媒体化”催生了一个新的舆论议题的形式，那就是“政治广告”。不久，“政治广告”就取代“社论”成为影响台湾舆论最重要的舆论议题形式。而“政治广告”的一系列特点刚好契合了“政治媒体化”的要求，“政治广告”应运而生。政治广告是政治利益人（团体）通过购买媒体的版面、时段、空间和机会，自主定制符合其政治意愿的内容产品，并直接向公众发布，以推销自己的政见、政党和政治人物的传播行为。它是政治营销的一种手段，也是广告的一种特殊形式，更是“政治媒体化”最有代表性的舆论议题形式。它是舆论发展到近现代社会出现的、对传统舆论形式的一种反动。舆论以类似商品促销的广告形式出现，表明由于政治文化的转变使得包括政治传播在内的各种政治行为已经走向另一个极端。以社论为代表的传统的舆论，从其诞生之日起，其舆论的诉求呈现出的是强硬的、直接的和张扬的一极；而政治广告使舆论的钟摆荡向另外的一极，舆论的诉求变为柔性的、间接的和隐匿的。传统舆论作为一种命令式舆论，从一开始就具有强烈的主体色彩，它往往无视受众的选择权，而且其作用的方式恰恰是要通过舆论压力迫使对方改变其原来的主张；而政治广告则是一种请求式舆论，它是有史以来最尊重受众、最重视受众选择权的一种舆论形式。它证明：舆论作用的发挥不仅仅只有“舆论压力”这一个管道，“舆论诱惑”同样是一种法力无边的舆论力量。

---

① 李旺台：《党外杂志发展史略》，台湾《八十年代》，1984年4月3日第1期；另见杨锦麟：《台湾党外杂志概述〈1979—1985〉》，《台湾研究集刊》，1985年第2期，第22—25页。

政治广告与传统舆论形式，其最重要的区别要素在于“购买”，它用非政治的手段获得政治传播的机会，金钱解除了大众传播设定的政治门槛。在理论上，只要你有钱，你就可以不受限制、不受干涉地在你中意的媒体，按你喜欢的方式，用你满意的频率版面、时段和篇幅自主、直接地发布你不受改变与增删的原汁原味的政治信息，因为这是你发布的信息，而不是媒体发布的信息，因此你不必面对新闻守门人（把关人）这个角色，同样，金钱也豁免了媒体对政治信息发布的把关人责任。除了法律规定外，媒体无须对政治广告的立场、形式甚至信息的真伪负责。虽然在现实中，金钱并不是万能的，媒体也还是会因为其他因素影响它对政治广告的采纳与排序，但无论如何，金钱的确是打开壁垒森严的媒体大门的一把最方便的钥匙。政治广告是发布政治信息最自由的渠道，如果你看到同一个媒体有时会出现自相矛盾的两种不同的舆论，你别奇怪，那多半是政治广告给人们开的并不幽默的政治玩笑。

正是因为政治广告可以用金钱解除各种政治壁垒（媒体的准入、新闻的把关），从而，成为当时台湾“在野党”敲开媒体政治大门的敲门砖。报禁解除之后，虽然媒体可自由创办，但由于财力、人才、品牌等各方面条件所限，主流媒体大部分还是控制在“执政党”手里，特别是以影响力日益超过报纸的电视为例：长达十年，台湾无线电视台还是国民党的老三台（台视、“中视”、“华视”）的天下，而一些有品牌的民营媒体，如《联合报》、《中国时报》都是心向国民党、反对“台独”的。民进党等反对党要在这些主流媒体上挤进新闻、设置议题有诸多不宜，且不说背后的大老板，起码长期被国民党培养起来的具有“中国意识”的采编人员的关就不易通过。反对党一方面加紧成立自己的媒体，如此后的《自由时报》与“民视”，并借有线电视台和卫星电视台等电视技术更新换代的时机培植自己的媒体势力，使自己的“政治媒体化”真正拥有自己的子弟兵；另一方面则是借助“政治广告”等方式，绕过一切政治或非政治壁垒，置入对方的主流媒体而行销自己的舆论（政治理念）。因此，“置入性行销”是民进党利用媒体形式的最重要的特点，它与国民党“禁止性控制”的限制媒体的做法刚好相反。事实证明，媒体最终是不能控制的，媒体最好是能够被利用的。因此“置入性行销”作为民进党的媒体政治策略大大优于国民党的“禁止性控制”的媒体政治策略。

从控制到行销，民进党准确地把握到政治文化转型后媒体政治出现的变局，那些命令式的舆论诉求，如社论，再也不能像过去那样呼风唤雨，而请求式的舆论诉求如政治广告则大行其道。“解严”后，国民党在一次次选举的教训中发现了政治广告的厉害，但其对媒体的思维还停留在用各种手段把媒体控制在手里，而民进党用置入性行销则四两拨千斤，出现国民党所属的媒体居然在悄悄地替民进党说话。媒体政治策略的优劣预示着国民党离丧失执政的结果已经不远。

置入性行销，销售的是政治，因此，有人认为政治广告的出现是一种进步：这一方面是因为政治广告只有在民主社会里才有可能大量出现，在专制社会里，统治者的命令就是法律，政治不需要广告。当时代发展到政治必须依赖广告时，恰恰表明民众力量强大到政治必须放低身段甚至换上伪装来影响民众的选择权，它体现了政治尊重民意的进步；另一方面是因为政治广告在金钱上平等，突破了媒体被少数执政者或者少数寡头垄断的禁忌和限制，谁有钱谁就有可能获得传播，它反映了一种在金钱面前人人可能平等的社会进步。

但是批评者也认为政治广告沾染了金钱的一切诟病，比如金钱在事实上的不平等，金钱对政治的腐蚀，金钱对民主的控制，以及金钱对人性的漠视，这些都对政治广告产生了负面的效果。

政治广告是政治、经济和传播联姻的产物。它同时遵循着政治规律、经济规律和传播规律。所以它既是市场经济在政治领域扩张的象征，也是政治改头换面向市场渗透的途径，同时它还是传媒与政治、经济相互利用的范例。无论如何，政治广告的出现使得政治和民主更像消费品。它标志着政治消费时代的来临。

在政治消费时代，政治广告销售的是政治产品，而这个政治产品是在选举时用的。所以，一般来说，政治广告的出现是有季节的，这个季节主要是指选举季节。可以说，正是选举催生了政治广告这种舆论形式的兴起。这在美国是如此，① 在台湾也如此。1989 年台湾的三项公职人员选举是台湾政治发展史上的一个标志性的转折点，民进党第一次以合法政党的身份参与选举，从而走向了挑战国民党的问鼎执政之路。也就是在这一年的选举中，台湾首见报纸刊登各式不同的政治广告。② 1989 年的这次选举在台湾政治发展史上具有丰富的信息量，民进党、合法政党、政

① 1952 年，电视政治广告第一次出现在总统竞选里。1952 年这一年在研究政治广告上极具意义，因为这一年的总统竞选中，艾森豪威尔推出一系列的“艾森豪威尔回答美国”电视广告片，帮助他登上总统宝座，不仅宣告政治广告的广播时代终结，而且预示着政治广告作为一种重要的舆论力量开始崛起。以上资料参见《政治广告与选举》，彭芸编著，台北：正中书局，1992 年版，第 3 页。

② 《政治广告与选举》，彭芸编著，台北：正中书局，1992 年版，第 144 页。

党政治、选举政治、政治广告、置入性行销，这一系列关键词，标志着一个真正的媒体政治时代由民进党率先闯关走进台湾。

选举之所以需要政治广告，是因为选举实质上是一种投票行为，这种投票行为可以理解为投票人将自己拥有的投票权力进行政治支付。但投票人的意图是分散的、自发的，利益人要想改变投票人的意愿，使这零散的意图人按照利益人的目的进行支付，就必须进行政治说服，而广告则是一种推销政治产品求得更多人支付的有效便利手段。可以说，除了选举，一切跟投票有关的政治行为，都有可能带来政治广告：比如为促成或阻止某个法律、议案、政策或判决通过，相关利益人（团体）也会通过政治广告形成舆论、动员力量。但这一类的政治广告比例不是很大，而且其基本特征与选举的政治广告大同小异。

有人将政治广告比喻为“一天的销售”。[①] 这与一般的商业广告不同。一般的商业广告总是试图长期地影响消费者，而且这种影响力越长远越好，因为一般商品往往是长期销售的，但与投票有关的“政治产品”其有效期一般就是一天，即投票当天。错过了，哪怕是投票日的前一天和后一天，其影响的投票行为也无效。因此，政治广告全部目的就是为了促成在投票日当天让投票人按自己的意图进行政治支付，所以，尽管在选前政治广告可能铺天盖地、绵延不断，但其作用就是“毕其功于一天”。

所以政治广告几乎就是选举的伴生现象：选举启动，政治广告就启动，选举一结束，它就立即销声匿迹。[②] 它就像风湿性关节炎，选举气候一开始，它就发作，等选举气候一过，它就消失。这种季节性造成政治广告总是密集地出现在选举期间，快速地形成高潮，又快速地消退，人们常常用“铺天盖地”来形容政治广告的这种集中制造的轰炸性效果。政治广告的这种“密集性”带来的“瞬间爆发性”是一般商业广告所没有的。又由于选举总是有周期的，这就使得政治广告也跟着周期性地发作。

台湾的政治广告虽然起步较晚，但却有后来者居上的势头，原因是台湾大大小小的选战不断，锻炼了一批久经沙场的政治人物，也培养了一批专业的政治广告制作队伍。他们所经历的选举，其复杂与频繁远甚于其他国家和地区。美国的法制社

① Seib, Philip. (1987). Who's in charge? How the Media shape News and Politicians Win Votes? Publishing Company。

② 有些国家和地区可能会规定在选举日前的某个时间点开始禁止刊播政治广告。

会和选举规范，为政治广告设置了重重禁区，而在台湾则似乎百无禁忌。比如美国政治候选人相互攻击，主要集中在政见上，分歧再大也不会把对手说成“卖美国”，而“卖台湾”在台湾的政治指责和政治动员中司空见惯。美国不能捕风捉影地说对方有经济问题，如果攻击对方必须拿出证据，美国只有经过实实在在地调查得出的“××门”事件才能给对方制造舆论压力。而在台湾“抹红”和“抹黑”是攻击对手的家常便饭，政治的乱象（比如罕见的“议院”打架）和社会的纵容，为政治广告的过度发育制造绝佳的温床。选举如战场，各种政治的、军事的、传播的、艺术的手段得以运用在政治广告上，甚至可以尝试卑鄙的手段。在这样一个充满机遇与挑战的环境里，政治广告生逢其时，如鱼得水，甚至过度发育。笔者认识一位台湾的广告公司制作人，他说两年之内经他们公司策划包装的政治广告案例就达 162 项之多。在这样磨练和洗礼下，台湾的政治广告就算不能诞生大师，至少也会产生一堆鬼才和怪才；① 如果不能诞生传世之作，至少也会产生一些传奇之作。如同“3·19”两颗子弹将给世界选举史留下令人叹为观止的魔幻现实主义案例一样，台湾的政治广告也将给政治广告教材贡献世界上绝无仅有的经典案例。

在台湾的政治媒体化时代，作为舆论议题的代表性形式的政治广告具有如下特点：

1. 频率过高。

台湾的政治广告过于频繁，泛滥成灾，其根源在于台湾的选举太多。1998 年 12 月台湾省政府虚化，“台湾省长”和“省议员”的选举随之停止。即便如此，台湾大大小小的选举仍有十一种之多，这还不包括北、高市长的选举。这些选举层次复杂、任期不一、交叉进行，你方唱罢我登场，让人感觉选举比台风天还多，使人不得消停。虽然这几年台湾为减少选举频率作了一些改革：比如 2005 年，“国民代表大会”正式结束其历史，一些选举进行统一任期、合并举行，但台湾的选举仍然令人不堪其滥。仅 2004 年到 2005 年，席卷整个台湾地区就有“总统”大选、“立法院”选举、“任务型国代”选举和县（市）长、县市议员、乡镇（市）长议员等“三合一”选举，真是一波未平，一波又起。

选举的频繁带来了政治广告的频繁。政治广告是季节性的，选季不断出现，政治广告也频频登场，再加上台湾城市媒体较少，主流媒体一般都是覆盖全台湾的，

① 莫乃健：《阿扁的超级化妆师范可钦用广告打动五百张选票》，台湾《CHEERS》，2004 年 4 月号。

这就导致了哪怕是一个城市的选举，也会在全台湾进行推销。所以台湾的政治广告给人感觉是天天不断、反复出现。

过于密集的政治广告给人以喘不过气来的感觉。在选季，一般的商业广告几乎都被政治广告所取代。仅以2000年大选为例，电视方面根据润利公司的统计，从1999年12月到2000年3月12日为止，“总统”选举各组广告在电子媒体上出现的秒数，高达228万7千多秒，换算成小时数是635个小时以上，选民就算不吃饭不睡觉，也要连看26天半，才能把所有播出的竞选广告看得完。[①] 从3月10日到3月15日，仅仅6天之内，《联合报》刊登了39条政治广告，《中国时报》登了29条，《自由时报》登了34条。[②]

2. 花销巨大。

“民主政治是大钱政治”，这最突出地体现在政治广告的巨额投入上。台湾年年有选举，台湾民众年年都能看到政治人物投入大量金钱和时间的表演秀。

政治广告的花销，一般分为两个方面：一是广告的设计制作费用，二是广告的刊发播出费用。

1992年，“立委”选举，候选人经费低则千万元台币，高则达两三亿元台币。1996年，选举文宣费用高达20亿至30亿新台币之间。[③] 2000年，根据润利公司所提供的资料大体推估：截至3月12日为止，三组领先的候选人在平面、电子媒体上所使用的广告费用，总数已经超过五亿台币。其中最有钱的连萧阵营，花在广告上的钱将近3亿台币。根据台湾“中选会”的规定，“总统”竞选经费的上限为3亿1千多万。如果加上3月12日以后几天的密集文宣，以及数以百万计的选举旗帜，连萧阵营仅仅政治广告一项，就绝对会超过竞选经费的总额上限。[④]

3. 攻击超强。

攻击性极强是台湾政治广告最重要的特征，主要体现在：①攻击性的负面政治广告成为政治选举的主打，正面的政治广告反成为配角。②内容喜走极端，经常挑战法律和道德的底线，被舆论叫停或官司缠身的事时有发生。③手法无所不用其

---

① 邱家宜：《五亿元电视广告大作战》，台湾《新新闻》，680A期，http：//www.new7.com/weekly/old680a－076htm。

② 丘淼、陈培爱：《政治传播中的媒介权力》，北京：《现代传播》，2002年第1期，第100页。

③ 陈飞宝：《台湾大众媒体与政党权力之争》，北京：《台湾研究》，1999年第4期，第56—57页。

④ 陈飞宝：《台湾大众媒体与政党权力之争》，北京：《台湾研究》，1999年第4期，第56—57页。

极，造谣、中伤、影射、极尽“抹红”、“抹黑”之能事。④双方打成一片，攻击与反攻击，反驳与再反驳，连锁反应，使政治广告变成一场口水战。⑤非法的政治广告猖獗，地下电台随意播放不负责任的政治广告，地下出版物，如“非常光盘”，是具有台湾特色的非法政治广告。

台湾第一次出现各政党及候选人刊登的政治广告，就充满攻击性。见下表。

表6：1989 年台湾选举各候选人攻击与反驳他人之广告分布表（多重归类）

		国民党提名	国民党准参	国民党自参	新国家连线	非新国家连线	民进党自参	其他政党	无党籍人士	小计
文字	攻击	19.7	19.7	36.9	66.7	66.7	100.0	64.7	24.4	39.9
	反驳	5.7	8.3	8.3	2.1	4.3			8.4	6.0
图片	攻击	0.6		2.4	1.1	3.6	25.0		2.3	2.2
	反驳					0.4				0.1
口号	攻击	14.9	17.1	30.0	43.8	44.2	100.0	73.1	26.1	33.3
	反驳	4.3	7.3	6.8	1.8	2.2			8.0	4.2

资料来源：彭芸：《政治广告与选举》，台北：正中书局，1992 年 11 月版，第 173 页。

到了 2000 年的台湾大选上，在 29 天的广告量中，不算隐含攻击性的广告，仅明显攻击对手的广告，《中央日报》就有 33 条，《自由时报》上有 32 条，而《联合报》则高达 44 条。①

2004 年台湾“大选”，攻击性的负面政治广告俨然形成系列。如民进党抓住连战的个人家产推出的电视广告“连战财产篇”以及续篇“连战到底多有钱”。连宋竞选总部针对陈水扁的选举有术、执政无方及个人的诚信操守制作一系列广告，如“一边一国篇”、“不乐透篇”、“水扁八点档篇”、“无麦安奈篇”、“妈妈党”、“道歉篇”等，予以反击。

4. 信誉太低。

台湾的政治广告造谣者众，虚假信息多，给人没有禁忌、没有限制的感觉，好像什么都可以说。在吹嘘自己的时候，不需要核实；在攻击对手的时候，不需要证据；在许诺未来的时候，不需要兑现；更重要的是没有惩罚。按照民商法的“有约必守”和“诚实信用”的普遍原则，任何商业广告必须对它的真实性与有效性承担法律责任。虚假广告是要理赔的，比如广告夸大药品的好处，或推销一种伪劣产

① 岳森、陈培爱：《政治传播中的媒介权力——论台湾政治广告的运用》，北京：《现代传播》，2002 年第 1 期。

品，消费者有权要求广告的发布者和媒体予以赔偿，可是台湾年复一年的政治广告，包装和推销了多少名不符实的政治人物，却没有人追究政治广告发布者的责任。按照契约法的要约原则和承诺原则：广告发布的信息，视同邀约的发送，只要对方愿意接受，合同就成立，如果广告发布者不按合同的兑现，应以违约来惩罚。但台湾政治人物在政治广告上曾开出无数的政治支票，大的如要促进族群和谐，推动两岸关系发展，小的如各种优惠措施，往往都成为选后就忘的空头支票。如果政治广告可以适用商业广告的法律规定，台湾人民可以把这些政治人物一个个告上法庭。

台湾的政治广告之所以信誉度低，除了政治广告的责任豁免外，还有一个重要的原因，就是政治人物中很多都言而无信，其代表人物就是陈水扁——他的“扁扁扁，变变变，到骗骗骗”几乎是台湾人所共知的常识。如果将其不同时间的讲话罗列起来，自相矛盾的地方比比皆是。但为什么就是这样一个招摇撞骗的人能够连续两任吃定台湾人民？原因就在于对立和撕裂的台湾社会特别适宜这种左右逢源、到什么山头唱什么歌的人生存，像陈水扁、李登辉这样的政治人物是台湾政治社会的绝佳赛车手，惯于而且善于运用舆论的“飘移”技术，让整个台湾社会“飘移”，使台湾成为“漂流的台湾”。

虚假的政治广告没有风险责任，而且可以大捞好处，这样一本万利的买卖，难怪在台湾社会风行。正如商业广告的出现有其利益动机一样，政治人物投入政治广告一定是有利可图的，其获利的公式是：政治利润 = 选后在任期内获得的政治利益 - 竞选广告所投入的成本。虽然天文数字般的竞选广告费用令台湾民众瞠目结舌，但相较于政治人物获得的利益还是小巫见大巫，否则在一届届的选举中政治人物不可能前赴后继投入广告大战。近年来，台湾经济一直不景气，却与竞选广告费用成倍地增长恰成鲜明的对比。台湾经济的增长幅度和台湾政治广告的增长幅度构成的数据反差，恰恰说明台湾的选举政治是一个暴利的行业。政治人物不种一棵草，不产一粒粮，不生产任何生活消费品，不创造任何直接的社会财富，他们之所以愿意耗资巨大投入广告，一定有其投资回报的渠道。这个盈利渠道就是获得权力后，运用权力干预资源的分配以获得经济利益。劳动创造财富，但没有什么比跳过生产和销售的复杂过程，直接在分配上获利来钱更容易的了。政治人物拥有比任何商人更好的致富途径，那就是直接到人民的保险柜里取钱。他们只要掌握了权力的密码，就可以巧取豪夺、任意挥霍。那些成千上万的户外广告，那些连篇累牍的报纸广告，那些铺天盖地的电视广告，这些费用最终都要转嫁到台湾选民的头上。不止于此，“赔本生意没人干，砍头生意有人做”，政治人物投资巨大是要回报的。平衡收支绝不是他们的动机，获得高额利润才是他们的目的所在。台湾近年来为什么弊案连连？民进党执政后为什么这么快速就沉沦？这都是政治介入金钱交易的结果。民进党以反黑金起家，到自己成为黑金政治的代名词，金钱对政治的腐蚀力惊人，民众有理由质疑那些竞选人获取权力的动机。台湾政治广告的势头甚至压倒商业广告，这既是台湾社会泛政治化的一个表征，也是台湾经济低迷的一个答案。台湾政治广告的畸形发育，标志着台湾金钱与权力双向渗透发展到了金钱控制权力而权力掠夺金钱的地步，政治的腐败和道德的沦丧也在所难免。

所以，台湾政治广告的发达，使广告界多了一个谋生的饭碗，使传媒多了一个创收的渠道，使政治人物多了一个绑架民意的工具，这一切都要由喝了政治广告迷魂汤的选民买单。他们不仅要为政治广告所有的费用买单，同时还要为选出不合格的政治人物的腐败行径买单，为台湾社会失去诚信、民主和正义买单，所以台湾选民的投票行为是最昂贵的政治支付。

总之，在台湾政治文化转型后，台湾的政治广告取代了社论成为台湾舆论议题最有代表性的形式，而作为台湾舆论与政治文化的互动媒介，台湾的媒体政治也从“媒体政治化”向“政治媒体化”转变。媒体政治在打开了专制政治的枷锁后，又坠入另一个深渊。政治广告所带来的一切负面因素，就是台湾政治文化的“民主化”、“自由化”的转型所付出的代价。

三、“媒体即政治”与电视谈话节目

严格地说，从台湾“政治革新”之后至今，作为台湾舆论与政治文化的互动媒介，台湾的媒体政治仍处在“政治媒体化”时期，只是“政治媒体化”发展到一个阶段，特别是经过政党轮替后，出现了“媒体即政治”的现象，这是“政治媒体化”的一个新的方向，也是“政治媒体化”新的阶段特点。

所谓“媒体即政治”，指的是媒体成为政治本身。具体表现为媒体成为政治的主体而角力政治，媒体作为政治的反动而解构政治，媒体走向政治的前台而导演政治——最明显的标志就是媒体的版图成为政治的版图。

“媒体即政治”的第一个表现是媒体成为政治的主体而角力政治。最典型的例子就是媒体成为一系列揭弊案的主角。TVBS 有两个 call in 节目收视率很高，被人

们视其为肃贪除弊伸张公义的“现代包青天”：一个是《2100全民开讲》，播出时间是黄金时间21时，主持人李涛；另一个为《新闻夜总会》，深夜11时至12时播出，由李艳秋主持。正是这两个节目大揭与深挖民进党政府的“高捷”、“高铁”等重大弊案，牵涉到前“总统府”副秘书长陈哲男、“国策顾问”、高捷副董事长陈敏贤、时任“总统府”秘书长马永成、前“劳委会”主委陈菊、民进党中央政策会执行长柯建铭、民进党大老吴乃仁等等重量级人物，全是陈水扁的亲信。2005年10月26日，TVBS《2100全民开讲》公布了“双陈”在韩国赌场的录像，震惊全台湾，想不到以反黑金起家的民进党执政仅五年多，竟然腐烂得如此之快，构成巨大的反讽。[①] 一系列揭弊事件的当事人或目击者，优先选择在媒体上曝光，像“高雄捷弊”案深喉抖出的“陈哲男”、“陈敏贤”在韩国赌场的录像，如此重要的证据不是出自拥有强大调查手段和公权力资源的检调单位，而是出自一个电视谈话节目，这是对台湾检调单位最大的讽刺。高捷弊案引发的一系列丑闻，产生了多米诺骨牌效应，在高捷弊案的重创下，2005年台湾“三合一”选举结果12月3日揭晓：泛蓝囊括17个县市长，泛绿仅在6个县市胜出，国民党在县市议员及乡镇市长选举中，也分别获得40.21%与46.46%的得票率，远高于民进党的22.25%与23.69%。[②]

不仅政党之间的角力，媒体冲在前线，即使政党内部的斗争，媒体也是主力。民进党2008年台湾地区领导人党内初选期间，各候选人竞争激烈，纷纷透过特定的媒体发声。《自由时报》因挺苏贞昌而被称为“自由苏报”、民视挺游锡堃、三立电视台挺谢长廷。不过苏贞昌在这一波的媒体战中完全处于弱势。例如，在绿营群众中有极高收视率的三立“大话新闻”就很明显地挺谢压苏：当苏贞昌受访时主持人郑弘仪连番丢出攻击性的问题，而谢长廷在节目中却享有“特殊待遇”，可以详细阐述自己的参选理念；节目中民众的“Call-in电话”也是一边倒地支持谢长廷；甚至三立新闻所公布的民调也常是有利于谢长廷的。因此，初选败阵后，苏阵营纷纷将矛头指向三立：苏系“立委”林育生指出：“苏贞昌不是输给谢长廷，而是输给三立。”前新系大老洪奇昌则说：“全世界很难找到这么偏颇的频道！”[③] 舆

---

① 台湾TVBS电视台《2100全民开讲》节目，2005年10月26日，www.tvbs.com.tw。

② 台湾“中选会”网站：http://www.cec.gov.tw。

③ 以上资料参见《选战失利让“新系”帽子沉重“苏新”炮轰媒体不公》，台湾《中国时报》，2007年5月9日报道，http://news.chinatimes.com/Chinatimes/newslist/...+112007050900817，00.html。

论普遍认为不是谢长廷打败了苏贞昌，而是《大话新闻》打败了他。① 而《大话新闻》的政治影响力在民间被誉为赛过民进党党中央。②

第二个表现是媒体作为政治的反动而解构政治。典型例子是《全民大闷锅》，它以政治人物与政治现象为幽默的对象，却不以直接制造政治舆论为己任，而是以娱乐为目的。但除了给观众以新的乐趣外，也带给观众对政治的新的解读。尤其值得一提的是其对台湾泛政治化的反动，比如它的节目中有一个模仿地下电台主持人的板块，动不动就把任何现象甚至“天要下雨”、“高铁晚点”都说成是“中共”搞破坏，凸显地下电台造谣生事的实质及其把任何事件都塑造成“中共为敌人”的荒诞可笑。对荒诞的政治用严肃的政治对抗是悲剧，而用喜剧的方法来解构，也许更能击中要害，其解构政治的价值值得关注。

第三个表现是媒体走向政治的前台而导演政治。最典型的例子是 2006 年的“百万人倒扁行动”，由于有了像范可钦这样的媒体（广告）策划人的加入，使得一场轰轰烈烈的有百万人之众的群众自发运动，最后服服帖帖地被导演成一个充满广告形式感和艺术形式感的嘉年华会。2006 年 9 月 15 日，“百万人倒扁运动”组织者于当晚发起“荧光围城游行”。参加游行的民众身着红衣，高举红色荧光棒，绕行陈水扁办公场所及其住所外围的一些街道，并沿路高呼“阿扁下台”口号。在“荧光围城”之后，倒扁总部又发起“遍地开花”运动，即突破台北市的局限，将“倒扁”活动推进到全台各县市。“荧光围城”、“遍地开花”，“倒扁行动”每一次活动都有一个诗意的名字，好像一部电影的名字。不仅有“倒扁”歌曲，还有“倒扁”手势——由施明德最先比出的大拇指朝下的“倒扁”手势，也成为“倒扁”群众的标准手势，甚至一度成为台湾上班族 MSN 上最流行的符号。游行路线甚至考虑到摄像机从空中俯拍的效果，可以形成一个巨大的“倒扁”图腾。2006 年 9 月 9 日，在施明德领军下，近百万身着红衫的“倒扁”群众集体涌满并绕行陈水扁办公室前的几条街道，从空中鸟瞰，正好形成一个巨大的“图腾”——象征规矩的“圆规”，同时该图案也像极了一个手拿大刀的勇士，砍倒贪腐政权。③ 每一个环

---

① 林君宜：《三立挺谢引纷争　林育生：苏贞昌输给三立　不是谢长廷》，台湾《中国时报》，2007 年 5 月 9 日报道，http：//news. chinatimes. com/Chinatimes/newslist/... +112007050900817，00. html。

② 见博客网址：http：//www. blancoage. com/boardtest/afall _ nofso003/showtopic. asp？TOPIC _ ID = 44194&Forum _ id = 60&page = 1。

③ 台湾“百万人民倒扁总部”网站：http：//www. newtaiwan. org. tw/index. php。

节、每一个步骤都是精心策划的，都是具有象征意味的行为主义艺术品，甚至连静坐的座位，也是精心设计的：2300个座位，象征2300万台湾人民……

像2006年这样把大规模的群众运动变成一种艺术化的形式并左右台湾政局、震撼台湾社会，在台湾还是第一次，从而宣告台湾的舆论真正进入了一个舆论艺术化的时代。其标志性变化就是非政治的专业人士从幕后走向前台，从幕僚变成主导者。代表人物是范可钦，这位广告界的奇才，曾号称可以用广告打动500万张选票。[①] 2000年“大选”，他创意的政治广告的确为帮助陈水扁获胜立下了汗马功劳。后来他反戈一击成为“倒扁运动”实际的指挥者和策划者，把“倒扁”运动搞得有声有色，再次将广告人的作用发挥到极致。

舆论活动的广告化，它的好处是明显的：它有足够的吸引人眼球的噱头，它有足够的让媒体喋喋不休的谈资。果然，“百万人倒扁运动”省下来一大笔政治广告费。不仅岛内媒体不请自来、津津乐道，成为压倒台湾当时一切舆论议题的最大的舆论事件，而且成功地吸引了全球几乎所有的主流媒体。台湾从来没有这么有名，屡屡占据了世界主流媒体的头条和头版，只不过令人遗憾的是以这样一个负面的形象。

舆论活动的艺术化，它的缺陷也是明显的。上百万的愤怒群众包围政府，如果在其他地方，早就足以让贪腐的政权下台几次了，可是被艺术化的愤怒却没有多少杀伤力，就像舞台上常常用鼓风机吹起的红布条，虽然像极了熊熊燃烧的火焰，却烧不坏任何东西。这正是“倒扁运动”饱受争议的所在。舆论艺术化的得失可能将长时间地引发争论：舆论一旦艺术化，势必削弱甚至丧失其现实的功利性，它对当下的直接影响不可高估，肯定远远逊色于原始自发的舆论运动的杀伤力。但艺术化的舆论一旦超越现实的功利性，却也可以获得超越时空的影响力。像“倒扁运动”组织者为“倒扁”群众的服装所设计的“台湾红”颜色，却为台湾一种新兴的政治力量赋予了一个家喻户晓的符号——“红衫军”。在台湾这个以颜色区别族群的社会，一个新的政治符号将走进这个时代，长久地影响台湾的历史。

媒体对政治的导演还可以从邱毅的揭弊形式看出端倪。邱毅是一系列揭弊案的揭弊人，是台湾曝光率最高的爆料王。他定时定点的天天爆料，成为台湾媒体不可错过的舆论焦点；他把一个个贪官送上被告席，也让自己官司缠身；他是许多人追

① 莫乃健：《阿扁的超级化妆师范可钦用广告打动五百万张选票》，台湾《CHEERS》，2000年4月号。

捧的揭弊英雄，也是一些人恨之入骨的定时炸弹。他成功地运用媒体，把揭弊从司法领域引入舆论的主战场。他几乎职业化的揭弊行为，他不屈不挠、不怕报复的强硬性格，他善于制造悬念、吸引媒体眼球的作秀风格，以及他把揭弊行动变成一个像电视连续剧的政治演出，使之成为2006年最抢眼的舆论明星。邱毅的揭弊不是竹筒倒豆子，一下倒一个痛快，而是精心设计，有程序、按步骤地进行的，有时候故意说错，等待对方的反扑，让对方用更多的谎话来遮掩前面的谎话；有时候欲说还休，留下悬念，吸引大家的眼球。一段时间内邱毅每天定时定点进行爆料，人们质疑他哪里有这么多东西可以天天爆料，偏偏他每天都可以提供媒体需要的素材。当邱毅结束一天的爆料，还不忘提醒媒体和受众，他明天还将有更多的猛料要爆。邱毅像极了一个定时定点来演出的说书艺人，在台湾这个离奇的政治舞台，的确有非常多匪夷所思的政治演出。如果不是真的看到邱毅把一个个贪官送到被告席上，看到邱毅一步步把揭弊之火烧到陈水扁一家，你很难相信这样一个决定政治人物生死甚至可能改写台湾历史的惊心动魄的举措，会像一个电视连续剧一样被导演。表面上看，媒体是由邱毅来导演的，邱毅一步步设计揭弊的节奏与悬念，以吸引媒体，实质上邱毅是被媒体导演的。邱毅每天定时定点的揭弊，完全是按照媒体的栏目定时播出的规律在走，邱毅是被媒体的逻辑设计或与媒体共谋将政治的游戏导演下去。①

媒体角力政治、解构政治和导演政治，分别把政治当作了媒体制造的产品、消费品和艺术品。而“媒体即政治”的最重要的功能，就是媒体可以建构社会的公共领域。如果说“政治媒体化”使媒体政治成为政党政治的工具，而“媒体即政治”则使媒体政治在政党和政治机构之外，可以建立一个类似哈贝马斯的理想类型的公共领域。理性的公众通过大众传媒建构的公共领域，在这里对话、交流并取得共识，电视谈话节目就是这样被期许为电子民主的实践。

电视谈话节目是当下最流行的一种舆论形式。它崛起于20世纪90年代，是政治传播在社会进入到后现代形态、传媒产生了电子媒体之后出现的最活跃的舆论力量。它不仅创造了低成本、高收视率、高广告回报的传媒业奇迹，而且制造了以其无与伦比的舆论影响力来左右时局的政治传奇。它组织嘉宾并开放公众对公共议题进行讨论，扮演了类似公共论坛的角色，呈现出媒体不仅干预政治、甚至替代政治的趋势。它替代了议会的某种功能，令人感到“国家”正在把部分权力让渡给社会

① 邹振东：《舆论战场：赢者未胜输者未败》，《南方周末》，2007年1月11日“天下”版。

（媒体）；它也成了政治人物除了在议会大厅和办公场所外，最感兴趣、最爱参与并由此发表政见、展示形象的政治舞台；它创造的 call in 互动形式，不仅是电视节目形式的一场革命，而且被一些人们认为创造了类似哈贝马斯的理想类型的“公共领域”。① 一些人甚至惊呼：电视谈话类节目的出现标志着“电子民主”时代的到来。② 电视谈话节目因其在商业运作和政治运作的双重“奇迹”，而备受注目并广为争议。

在台湾政治文化与舆论的互动中，台湾的电视谈话节目代替政治广告成为当下台湾最有影响力的舆论议题形式，它也是“媒体即政治”时代最有代表性的舆论议题形式。但是转型后的台湾政治文化，在民粹主义加族群主义的“群粹主义”影响下，台湾的政治谈话节目并没有达到哈贝马斯的理想类型的“公共领域”。

台湾电视谈话节目的发端与发展几乎与美国同步。学术界一般认为 1992 年美国总统选举，是美国电视谈话节目标志性事件，谈话 Call in 类节目自此才真正确立起其地位，并广泛地出现在电视频道且备受大众注意。台湾的电视谈话节目则以 1994 年的台湾省、市长选举为契机，一个《选举大家谈》的电视谈话 Call in 节目标志着台湾电视谈话节目的兴起。台湾与美国的共同经验是：电视谈话节目的前身都是广播谈话节目，催生电视谈话节目的都是重大的选举事件。在“两蒋”威权统治时期，台湾民众的声音只能透过地下电台发声，这就形成了后来台湾电视谈话节目的雏形。

台湾电视谈话节目形成与发展和台湾选举有密切关系。1993 年，有线电视合法化，为包括电视谈话节目在内的新类型节目的诞生提供了更多的播出平台，台湾民众的发言也多了选择的管道。李涛在 1993 年的 11 月，将他过去所主持的“华视新闻广场”和“尖峰对话”的节目形式，改造到 TVBS 来，定名为“李涛广场”。基本上，这个节目就是台湾有线电视谈话性 Call in 节目之先驱，并且也是《2100 全民开讲》的前身。1994 年，为了因应台湾第一次民选省长，李涛将“李涛广场”

---

① 参见［德］哈贝马斯：《公共领域的结构转型》，曹卫东等译，上海：学林出版社，1999 年版。译者曹卫东曾在 1998 年第 6 期《读书》上撰文《从“公私分明”到“大公无私”》，介绍该书的学术背景、历史效果及其在哈贝马斯思想历程中的地位。哈贝马斯该书写作于 20 世纪 60 年代，大红大紫却在 20 世纪 80 年代末，引起一场至今未衰的“公共领域”热潮，波及几乎所有的社会科学、人文科学领域。“公共领域”成了学界解读社会的一个活跃的学术概念，电视谈话节目则经常成为这一概念分析解剖的案例。

② 杨意菁：《民意与公共性：批判解读台湾电视谈话节目》，台湾《新闻学研究》，第 79 期，第 45—46 页。

块状节目改为带状节目，这个名为《选举大家谈》的节目被视为台湾第一个电视谈话 Call in 节目。该节目不仅在台湾地区产生巨大的影响，也给 TVBS 带来高收视率与巨额收益。①

由于电视谈话节目技术门槛很低，节目成本不高，制作流程也简单易行，只要有制作小组，请一个具有知名度的主持人，再邀集若干来宾，即可录制播送。一集制作费用只需要主持人费、来宾车马费、电话设置费和简易的演播厅棚费，再于黄金时段播出，即可收入巨额广告费，本小利大。这使得各电视台纷纷抢进，电视谈话节目在台湾电视屏幕日益活跃起来，而且往往占据晚间 8 点至 12 点的黄金时段。

台湾的电视谈话节目从其一诞生起，就一直深刻地影响着台湾的政治社会，反过来，台湾的政治选举也使台湾的电视谈话节目风生水起。特别是 1996 年、2000 年、2004 年三次“总统大选”，带动了台湾电视谈话节目的政论风潮。在选前，选情的紧张激烈，使台湾电视谈话节目风卷云涌；在选后，政局的动荡，也使台湾电视谈话节目余波未平，甚至高潮再起。选举旺季变成了谈话节目的旺季。

1996 年，台湾地区领导人第一次直选，挑动了民众的选举热情。电视谈话节目与大众的双向互动，一方面使得电视媒体在议题设置和动员力量上优于单向传播的平面媒体，无论是加紧自身变革、推动“修宪”工程的国民党，还是决心在体制内以通过选举来赢得执政的转型的民进党，包括在体制变化中利益和权力面临重新分配的各个政治人物，都不敢小觑电视谈话节目在民众中的影响力；而另一方面，电视谈话节目的议题公开和向观众开放，顺应了民众参与政治的热情，电视谈话节目如同是选举的配套活动一样，在不断高涨的选举热情中升温。大选前后，各种政治力量在电视谈话节目中激烈角逐。

经过 1998 年的北高市长选举的插曲与伏笔，2000 年大选前，国民党再度濒临分裂，而民进党则执政有望，政治人物都在设置议题以动员群众，台湾政局走入了前所未有的民粹中。各组候选人选情的不相上下，加剧了票源的争夺战，这种争夺战率先在电视谈话节目上烈火燎原。

2000 年“大选”后，台湾电视谈话节目没有因“大选”结束而迅速降温。“大选”加剧的蓝绿对立，反而更加刺激了台湾电视谈话节目的发展。各电视媒体全面

---

① 1995 年 TVBS 的营业额超过十亿，其中单是李涛的节目就占广告业绩的 20%，约在 1 亿 5 千万新台币左右。以上资料参见杨军良：《出卖李涛——2100 全民开讲幕后秘辛》，台北：商智文化，1997 年版，第 43 页。

抢滩电视谈话节目这块不断膨胀的市场蛋糕，在各自立场群众的支撑下，创造出一堆“资深媒体人”把持谈话性节目的奇观：陈文茜、赵少康、周玉寇、杨宪宏等各拥一片天，谈话性节目成了蓝、绿各自的壁垒。

到了2004年台湾地区领导人选举前，谈话性节目更成为蓝、绿双方的前线战场。陈文茜转为连、宋选举阵营的操盘手。在泛绿方面，汪笨湖的《台湾心声》实为深绿的心声。参考2003年下半年的尼尔森收视率，使用普通话的节目排行依次为：“中视”《文茜小妹大》、TVBS《全民开讲》、卫视中文台《新闻骇客》、超视《新闻挖挖哇》、TVBS《新闻夜总会》、八大第一台《大家来审判》、纬来综合台《火线双娇》、东森S台《新闻谁最大》、中天资讯台《中间选民》。闽南语为主并用普通话的政论节目则有年代MUCH台《台湾心声》、三立新闻台《大话新闻》、民视《头家来开讲》、TVBS《台湾放送》、MUCH台的《台湾心希望》等等。2004年增加了超视电视台九点钟的《总统大车拼，渔夫报到》、台大教授李鸿禧在民视的《天佑台湾》以及东森S台周玉蔻的《台湾高峰会》等。其他的“块状”电视节目不胜枚举。① 各新闻台更不定期邀来宾与主播对谈政治，出现新闻节目言论化、言论节目新闻化的现象。

台湾电视谈话节目的风行，到2004年大选达到巅峰状态。据统计，2004年台湾地区领导人选举期间，每晚8时起至深夜12时止，共有10个频道、32个政论节目播出。台湾民众在黄金时段收看电视，转来转去，看到的是各个频道都在播口水战。为了解台湾特殊的政治生态与节目形态，国际性媒体如CNN、BBC、美国《时代周刊》、《新闻周刊》等，都曾专门派员来台报道整晚播出的政论节目。②

2004年台湾地区领导人选举的结束，并没有结束蓝绿的对决。3·19枪击案“两颗神奇子弹”使台湾政局更加动荡不安，也使台湾的谈话节目更有用武之地。两颗子弹的吊诡、神秘，台湾政局的扑朔迷离，使各谈话节目纷纷以此为题，探讨事件的真相，关注事态的发展，一些节目甚至不惜将枪击案现场景况搬至摄影棚，追问事件的内幕。靠操纵舆论上台的民进党当局这时最怕的就是舆论，先以调整频道为由，将有线电视频道重新排序，再以审查执照为由，关闭东森S台。这种杀鸡

① 数据参见资深媒体人简余晏、陈立宏于2004年6月于台湾政治大学新闻学系所做报告《电视闽南语政论节目的观众收视动机与行为研究——以“台湾心声”节目为例》，第2页，转引自邹振东：《类型与特点——析台湾电视谈话节目》，《中国广播电视学刊》，2006年第4期。

② 陈文杰：《台湾名嘴电视论政》，《南方人物周刊》，2005年第18期。

给猴看的做法，果然奏效，寒蝉效应下，电视谈话节目从高峰期的32个，下调至常态性播出的10个。[①] 台湾新闻部门干涉与封杀言论自由的做法，引起舆论大哗，直接催生了台湾通讯传播委员会（NCC）组织法在2005年迅速在台湾“立法院”通过。

台湾电视谈话节目并没有顺从于台湾当局的软硬兼施，在2005年台湾“三合一”选举临近时，再掀波澜。“高雄弊案”在电视谈话节目《2100全民开讲》的一再追问下，抖出关键性证据，恼羞成怒的“末代新闻局”不惜冒天下之大不韪，以股权结构为借口查处TVBS。台湾电视谈话节目又一次处在台湾舆论和台湾政治的风口浪尖。[②]

表7：台湾主要谈话类节目一览（2005年前后）

节目名称	电视台	主持人	播出时段		时长
2100全民开讲	TVBS	李涛	周一至周五	21：00—22：30	1小时30分
新闻夜总会	TVBS	李艳秋	周一至周五	23：00—00：00	1小时
大话新闻	三立	郑弘仪	周一至周五	22：00—23：00	1小时
			周六、周日	21：00—23：00	2小时
火线双娇	纬来	尹乃菁&兰萱	周一至周五	20：00—21：00	1小时
头家来开讲	民视	胡婉龄			
台湾心声	MUCH TV	汪笨湖	周一至周五	21：00—22：00	1小时
全民大闷锅	中天	郭子干	周一至周四	23：00—00：00	1小时
文茜小妹大	中视	陈文茜	周一至周四	22：30—23：30	1小时
康熙来了	中天	蔡康永&徐熙娣	周一至周五	17：00—18：00	1小时
解读年代	年代	盛治仁	周日	20：00—21：00	1小时
探索台湾	年代	盛治仁	周六	20：00—21：00	1小时
2000焦点访谈	年代	廖筱君	周一至周五	20：00	
2200观点	年代	胡忠信&盛治仁	周一至周五	20：00	
新台湾高峰会	台视	周玉蔻	周一至周四	23：00—24：00	1小时
大家来审判	八大				

资料来源：台湾各电视台网站。

---

① 陈文杰：《台湾名嘴电视论政》，《南方人物周刊》，2005年第18期。

② 邹振东：《2005年台湾舆论报告》，收入《2005年台湾问题研究报告》，邹振东主编，北京：华艺出版社，2006年版，第51页。

表 8："报禁"开放以来台湾主要报纸广告量（除佣后推估）　　单位：新台币亿元

年份	中国时报	联合报	民生报	大成报	自由时报	经济日报	中华日报	工商时报	台湾时报	民众日报	中央日报	台湾日报	联合晚报	自立晚报	台湾新生报	更生日报
1988 年	33.4	32.3	7.1	/	1.6	7.4	5.2	5.4	3.8	3	3.3	4.5	/	1.5	2.9	0.32
1989 年	45.03	43	9.9	/	1.89	10.2	6.3	6.9	5.6	3.5	4.1	5	2.68	1.5	3.5	0.39
1990 年	42.65	39.25	10.45	0.35	1.66	10.7	6.6	6.4	3.6	3	3.6	4.53	3.02	1.36	3.77	0.51
1991 年	48.73	44.31	11.31	1	2.12	10.9	11.54	7.04	4.4	4.01	3.7	4.82	2.89	2.36	2.96	0.64
1992 年	57.38	54.46	14.24	1.61	3.63	11.7	12.99	7.88	6.5	5.94	4.18	4.73	3.53	2.86	2.5	0.9
1993 年	63.33	55.92	16.39	1.69	8.48	12.5	12.87	8.75	5.67	5.46	4.22	4.75	3.31	2.21	2.6	0.67
1994 年	65.96	58.5	18	0.97	13.2	13.3	12.7	9.28	6.07	5.7	4.6	4.7	3.64	2.53	2.84	0.7
1995 年	61.82	56.5	18.9	1.18	18.63	14	12.32	10	5.9	5.6	4.74	3.8	3.64	3.26	2.93	0.67
1996 年	58.78	51	17.5	2.01	18.5	14.8	9.6	10.54	4.26	3.15	4.56	3.64	4	3.2	2.93	0.56
1997 年	55.58	55.34	17.76	2.91	34	15.69	7	11.15	3.6	2.94	4.7	4.69	4.8	3.4	2.99	0.56
1998 年	55.61	56	17.76	6.1	44	17	7.74	12.33	3.2	2	4.85	3.8	5.65	3.4	3.09	0.55
1999 年	49	44.5	14	6.9	44.15	15	6.94	12.33	2	1.5	4.51	4.37	6.5	2.8	1.79	0.4
2000 年	45	42	13.33	7.05	44.2	15	6.49	13.02	1.9	1.46	3	3.5	7.15	2.92	1.08	0.35
2001 年	40	29.4	10	5	37	12	5.12	10.42	1.42	1.54	2.56	2.59	5	/	1.26	0.2

资料来源：整理自 1989 年至 2002 年《动脑杂志》相关各辑。

台湾电视谈话节目的兴起使其逐渐取代平面媒体的社论（言论），成为台湾传媒的舆论主导力量。从1995年起，绝大多数报纸广告金额开始全面往下滑，（见表2）《中国时报》、《联合报》尤为明显，此时正是台湾电视谈话节目在台湾崛起之时。从1996年至2000年台湾五大媒体有效广告量观察（见表3），也可发现电视与报纸的广告金额互为消长，从广告量的变化，可以看出电视媒体的影响力大为增强。

表9：1996年至2002年台湾五大媒体有效广告量（单位：千万元）

媒体别	1996年	1997年	1998年	1999年	2000年	2001年	2002年
无线电视	1827	1887	2213	1767	1300	1155	981
有线电视	603	681	1269	1455	1766	1614	2235
报纸	1279	1806	2115	1885	1874	1641	1219
杂志	398	483	588	609	720	650	661
电台	—	—	—	214	231	221	252

资料来源：张素华：《2000广告数字大调查》，台北：《广告杂志》，2001年3月版，第54页。詹宜轩：《站稳脚步，再度出发》，台北：《广告杂志》，2003年3月版，第48页。

而台湾电视谈话节目在台湾电视各类节目的地位也与日俱增。参考2004年台湾地区领导人选举刚结束后第一个上班日（3月22日周一）的尼尔森有线电视收视率排行榜，前40名热门节目中就有25个政论节目上榜。① 台湾电视谈话节目以压倒多数的优势，占据台湾电视各类节目的霸主地位。

台湾民众对台湾电视谈话节目的收视反应敏感，根据台湾广电基金发表的一份针对岛内无线及有线电视台晚间8点至9点的观众收视行为调查得知：大部分的观众同意“谈话性节目”具有让观众“发泄情绪”与“表达意见”的功能，而且他们能清楚指出观众“Call in的内容常与讨论主题不符”；其次，有八成的观众认为“Call in节目为喜欢的政治人物或政党说话”，观众认为这类节目很可能沦为某些政党的传声工具。② 调查显示：收看这类节目的观众大多数为收入不错的中产阶级及

---

① 数据参见资深媒体人简余晏、陈立宏于2004年6月于台湾政治大学新闻学系所做报告《电视闽南语政论节目的观众收视动机与行为研究——以“台湾心声”节目为例》，第2页，转引自邹振东：《类型与特点——析台湾电视谈话节目》，《中国广播电视学刊》，2006年第4期。

② 《1999年“广电基金”收视行为调查系列报导：无线及有线电视台晚间观众收视行为调查》，参见台湾广电基金网站：http：//www. bdf. org. tw/programs/media－research/88drama－news. doc。

没有收入的男性，且多半居住在都会地区。尽管调查显示，台湾民众对台湾电视谈话节目本质、真相、功能有较理性的认识，但台湾民众受电视谈话节目的影响是明显的。根据台湾《OPEN 周刊》于 2001 年 11 月针对民众收视电视谈话性 Call in 节目所做的调查显示：有 53.54% 的民众会收看电视 Call in 或谈话性的节目，同时其中有 39.87% 的民众认为，会因为收看新闻性的 Call in 或谈话节目，影响到其对政府施政的信任感；再者，也有 31.62% 的民众表示，因为收视这类节目而改变了年底“立委”选举的投票倾向，① 所以由此可见，电视谈话性 Call in 节目对于社会大众，确实是有着左右民意的作用。

台湾政治人物对台湾电视谈话节目的政治影响力不敢轻估。一方面他们从正面积极参与电视谈话节目，作为自己动员力量、树立形象的有效管道，这突出地表现在选举旺季时，候选人频繁出现在各个电视谈话节目中，以争夺选民的注意力。根据台湾广告主协会委托台湾新闻记者协会 2002 年 11 月底公布的“Call in 节目监看报告”显示，参选人为参与来宾的比例高达 71.7%，非选举参选人的只占 28.3%；② 另一方面政治人物对电视谈话节目的负面评论非常敏感，特别是对其中揭露事实真相的谈话节目十分惧怕，不惜以拉拢或威胁等手段，以达到让电视谈话节目沉默的目的。仅以 1999 年“9·21”大地震和 2005 年 8 月“高捷”弊案为例，国民党执政当局和民进党执政当局分别对同一个栏目——TVBS 的《2100 全民开讲》做出了手法虽然不一、但性质同样无耻的行径：1999 年的“9·21”大地震，李涛直接到灾区批评台湾当局救灾表现。灾民的哭天喊地、愤懑不满，让当时的国民党执政者如芒刺在背。当时的台湾当局领导人李登辉在国民党中常会上公开批评李涛，而李涛也在接受采访时透露：为了封口，当时的国民党高层曾找李涛，表示“支票数字随意填”，以换得李涛休假一个月，但被李涛拒绝。③ 2005 年 8 月份高捷弊案爆发，《2100 全民开讲》以此作为话题，连续几十天追问该案的黑幕，邀请相关人等参加讨论，目标直指台湾当局上层人物。10 月 26 日节目曝光陈哲男与陈敏贤一同出现在韩国某赌场的照片引发台湾政界地震，民怨沸腾，民进党“立院”党

① 台湾《民生报》，2001 年 11 月 15 日报道。

② 《Call in 节目　候选人最爱》，参见台湾广电基金会网站：http：//www. bdf. org. tw/infor/broadcaster/84/84 - 9/84 - 9p. html。

③ 黄创夏：《全民开讲杀伤力远胜连胡会　涛哥比战哥更有效“果”》，台湾《新新闻》，第 960 期，第 22—24 页。

团下令党籍成员禁止参加TVBS的《2100全民开讲》，随后，台湾“新闻局”宣布因为TVBS的资本结构要重新审查它的执照，TVBS愤起因应，广大台湾民众声援TVBS。

本来电视谈话节目以言论为主，事件的报道不属其专长，因为有新闻报道的栏目。但是近年来，许多重大事件的当事人或目击者，比如陈由豪爆料事件的陈由豪本人，以及“高捷弊案”的“深喉”，都愿意选择电视谈话节目作为曝光的第一渠道，使得电视谈话节目不仅拥有言论的武器，而且兼具新闻报道的功能，甚至本身就是制造新闻事件的重磅炸弹，显示出电视谈话节目在台湾政治社会不可替代，甚至无与伦比的影响力。陈水扁曾经透露他心目中的“媒体五大寇”，点名的就是李涛、李艳秋、李敖、赵少康、陈文茜，他们全是批评施政最为激烈的人，或是被他最看不顺眼节目的主持人。这“五大媒体之寇”无一例外的都是电视媒体的主持人，而且无一例外的都是电视谈话节目的主持人。①

综观台湾谈话类节目，有以下几个特点：

1. 议题选择，非此即彼的单项选择。

台湾电视谈话节目的议题操作诱迫观众进行单项选择，一些一边倒类型的电视谈话节目给出的议题，一般只有一个选项，观众只能做没有选择的选择；而一些打出中立、客观旗号的电视谈话节目给出的议题，虽然有两个或两个以上选项，观众也只能进行单项选择，而无法进行多项选择，因为给出的选项总是相互对立和相互排斥的，而且几乎没有折中的、中间的第三项选择。以最具包容性的TVBS的《2100全民开讲》为例，它是台湾不多的可以听到不同声音的电视谈话节目，附录一是该栏目2005年9月21日至2005年10月20日的议题。我们看见议题标题结尾的标点符号只有两个：惊叹号和问号。毫无疑问，惊叹号给出就是一个选项，而且惊叹号给人一种斩钉截铁、别无选择的感觉。如10月20日节目的议题标题：“施政满意度低过60，有什么脸要！”而问号则分三类：第一类是反问句式的问号，其语气比惊叹号还要强烈，还要不容置疑。如2005年10月19日的议题标题：“国债4.9兆　虚耗浪费　人民还要忍多久?”小学生都知道答案是“忍不了了”。第二类是设问式。如10月20日的议题标题：“谁让陈敏贤7亿小股掌大权？没答案，找

① 杨明哲：《前情治首长称扁曾点名媒体五大寇》，凤凰卫视，2004年02月20日报道，见凤凰网http：//news. phoenixtv. com/home/news/taiwan/200402/20/202810. html。

'总统'!”自问自答，答案一目了然。第三类是疑问句，或者没给出选项。如10月18日的选题标题：“百姓苦，肥水给了谁?”指向性非常清楚。或者给出选项，如9月21日的议题标题——《陈哲男：结合政商搞金权？擅自做主？奉旨?》。标题虽然给出了两个选项：“擅自做主”和“奉旨”，但只有一个答案，两者必居其一。

总之，台湾电视谈话节目在议题操作中非此即彼的单项选择，已成普遍现象，连声称中立的《2100全民开讲》也在诱导人们在两个极端中选择站位，这是台湾社会分裂在电视谈话节目中的投影。

2. 现场参与，乐此不疲的情绪宣泄。

如前所述，大部分台湾民众认为电视谈话节目具有让观众“发泄情绪”的功能，事实上，台湾电视谈话节目也在“情绪宣泄”上做足文章。以《2100全民开讲》为例，首先，节目制作者乐见“情绪的宣泄”，因为“宣泄的情绪”，最易引起观众的共鸣或反弹，这是刺激收视率的有效工具。前述议题标题几乎无一例外地选择用“惊叹号”和“问号”，这是两个最具情绪性的标点符号。再如有些被邀请的嘉宾，虽然不断有观众打电话来表示不满，但有趣的是这些嘉宾仍然名列节目的“好顾客名单”中，节目为什么不怕观众反感而转台？或许正是因为需要有这样的“靶子”，可以让观众的情绪之箭命中。

其次，现场参与讨论的嘉宾也不愿控制自己的情绪。情绪流露，甚至恰到好处的“失控”，正是嘉宾既满足节目需要、又树立自我形象的简单有效的手段。所以在台湾电视谈话节目中，经常出现谈话节目嘉宾“擦枪走火”，甚至“走人”。例如，台湾政论节目名嘴周玉蔻就曾经在华视的政论节目上，杠上了政治明星段宜康。两人在现场直播的节目中，为了“林佳龙该不该为妻舅许文龙的政治立场转变，向台中市民说明”，爆发言语冲突，段宜康还在现场节目中拔掉麦克风当场走人，全台观众都目睹这火爆的LIVE片段![①]

最后，现场的观众和Call in的观众也只能以宣泄情绪图一时之快，现场观众常常是作为节目的情绪道具或情绪背景来使用的，他们的主要功能就是“制造”现场气氛。这种“制造”一般是在两个极端中予以表现：一是呼应“支持的人”，一是挑战“反对的人”。比如在2001年11月3日《2100全民开讲》的节目中就曾经出

---

① 谢曜州、陈其锐：《LIVE节目走人！段宜康杠上周玉蔻》，台湾TVBS电视台2005年4月3日报道；另参见http：//www. gclub. com. tw/news/news_list. asp? no=alisa20050403123333。

现这样的情况：

一位亲民党现场支持者挑战林浊水，当其问完话后，民进党支持者则高呼“抗议”，更直接走向刚刚发言的观众旁表示抗议，现场开始打乱，李涛出面制止仍无法有效平息，台上邱毅表示民进党是暴民，现场更乱，直到李涛表示谁再乱将用镜头照摄，并请工作人员拉开两边观众后，才恢复平静。①

而 Call in 的观众，往往被限制打入电话的时间，一般每位不超过 30 秒，甚至更低。几十秒时间根本不可能把一个问题展开，Call in 观众能做的事只能是质问、表态、附和与攻击，表现的形式主要就是发泄情绪。2001 年 10 月 1 日的《2100 全民开讲》，一位桃园的陈先生直接开骂：“陈文茜你自认清高，……脱离民进党……现在还选立委，你以后当选到‘立法院’去脱衣服……。”②

情绪宣泄的主要表现方式：一是脱离议题发言，二是妖魔化对方，三是进行人身攻击，四是争吵不休，五是鼓噪，这些在台湾的电视谈话节目中随处可见。电视谈话节目不是不要情绪，而且情绪本身就是舆论力量的外在表现，但是台湾电视谈话节目的问题在于使这种情绪失控，而且往往满足并停留在情绪的宣泄上，使得谈话节目作为“公共论坛”的功能被大打折扣。连李涛自己对这种情绪的宣泄也表示出厌恶。李涛说：“每次主持现场的时候，发现来宾彼此都在讲废话，文不对题，在政治斗争中，只有胜利与失败；当权与失权，老实讲，我内心是很厌恶的。”③

3. 讨论过程，没有共识的各说各话。

台湾电视谈话节目的各说各话主要表现是：一、立场的预先设定；二、论证的不断重复；三、观点的始终不变。这不仅出现在那些只能听到一种声音的“一边倒型”和“枪手打手型”的电视谈话节目，而且同样出现在能够听到两种声音甚至多种声音的电视谈话节目中。那些经常在电视谈话节目中抛头露面的嘉宾，一个个像画了脸谱一样，还没开口，观众就会知道他是什么立场。“一边倒型”和“枪手打手型”的栏目在选择嘉宾时，自然必须事先选择和栏目立场一致的人，而像《2100 全民开讲》这样的栏目在选择嘉宾时同样以立场取人，区别只不过是它可以而且往

① 杨意菁：《民意与公共性：批判解读台湾电视谈话节目》，台湾《新闻学研究》，第 79 期，第 33 页。

② 杨意菁：《民意与公共性：批判解读台湾电视谈话节目》，台湾《新闻学研究》，第 79 期，第 23 页。

③ 黄创夏：《全民开讲杀伤力远胜连胡会　涛哥比战哥更有效“果”》，台湾《新新闻》，第 960 期，第 24 页。

往刻意选择不同立场的人。栏目对嘉宾的立场的取舍是制作方所预知或预设的，嘉宾的立场在节目中的表现也是观众所预料的。而谈话节目的即兴性，培养了一大批能够“即时思考”的人，议题非此即彼的单项选择，限制了嘉宾往纵深思考，但也便利了嘉宾的快速反应。嘉宾们只需用不变的立场以应万变，在这里立场代替了思考，立场直接就是观点，嘉宾有备而来的就是准备好能证明自己观点（立场）的材料，剩下的就是如何用自己的语言天赋和情绪来强化效果，所以，整个讨论过程中就出现论证的不断重复，而且观点永远不变。

请看2001年11月9日《2100全民开讲》的例子：

亲民党代表李庆华以资料说明：“……为什么会被删除，主要是经过‘朝野’四次协商，一百三十一亿的明细表没有送来，我用资料来讲话，我向‘立法院’秘书处要来的资料，……看下面的字（指用文件），本案来到已超过议程预定时间，无法提报‘院会’并案处理，……。”民进党代表田欣亦以资料回应：“……我觉得李庆华委员有点胡说八道，其实这有两个争议，一个是预算争议，一个是预算本身，部内的争议，你们看国民党在2000年编的预算……”李庆华回应：“我不知道民进党拿的是什么东西，我拿来的是秘书处公文，议事记录，说明6/5说明送来来不及排定6/6议事，所以那天删除掉了……”李涛接着表示要播国民党回应的画面，而田欣亦与李庆华皆再以资料说明一次。①

该期节目讨论的是“在野党”预算案的议题，由于立场的预定、论证的重复、观点的不变使得主持人李涛只能在节目中无奈地论述这是“一本预算”，各自表述。台湾电视谈话节目经常出现“你不要打断我的话”句式。有时嘉宾滔滔不绝，以致主持人数次示意谈话时间已到都不停止，只能靠关闭话筒才能消声，这表明来宾们普遍缺乏倾听的理性，而充满表达的欲望。即使再不利于自己的证据，嘉宾们也不会选择改变观点，甚至也不选择沉默，而是依然固执已见。在台湾电视谈话节目中，“你不要硬拗嘛”是经常听到的语句。硬拗到底的结果就是：讨论从来没有交流，讨论也无法拓展和深入，讨论开始就等于讨论的结束，所以没有妥协，也无法产生共识，讨论双方、对话双方像两条永远分离、永不相交的平行线，这正是台湾社会“信者恒信，不信者恒不信”的写照。

---

① 杨意菁：《民意与公共性：批判解读台湾电视谈话节目》，台湾《新闻学研究》，第79期，第35页。

"媒体即政治"在电视谈话节目中最直接的反映就是其泛政治化现象。铭传大学传播学院2001年的1月至3月，曾针对无线、有线电视，共十二个包括Call in节目在内的谈话性节目进行观察研究，发现该类型节目的政治议题过度泛滥。① 2000年12月份《天下》杂志的调查也指出，今天岛内的媒体是造成政治人物炒短线、社会人心浮动的原因之一；特别是一些电视上的Call in节目，经年累月把焦点淹没在政治议题及政治人物身上，助长了泛政治化的发酵，锁住了民众对这些争议的注意力，反而其他与人民福祉密切相关，如教育、环保、人文方面的议题，却相对地被忽略了。② 结果使得民众对媒体的不信任度高达37%，高于信任度的22%。③ 台湾学者杨意菁曾对2001年2—3月，10—11月《2100全民开讲》的议题作过分析（见表10）。我们看到无论是选举期间还是非选举期间，政治性议题占了压倒多数，（其中的核四议题其实也该划为政治议题），而财经社会议题不到2%，环保民生议题不到1%，而教育议题则干脆为零。

表10：《2100全民开讲》实际讨论议题属性

研究时间 \ 议题属性	非选举期间			选举期间	小计
	n（%）			n（%）	
	二月	三月	十月	十一月	
国内政治	12（46.2%）	24（100.0%）	24（75.0%）	20（76.9%）	80（74.1%）
国际政治	0（0.0%）	0（0.0%）	4（12.5%）	1（3.8%）	5（4.6%）
财经	0（0.0%）	0（0.0%）	1（3.1%）	1（.3.8%）	2（1.9%）
核四议题	13（50.0%）	0（0.0%）	0（0.0%）	0（0.0%）	13（12.0%）
选举	0（0.0%）	0（0.0%）	1（3.1%）	4（15.4%）	5（4.6%）
环保民生	1（3.8%）	0（0.0%）	0（0.0%）	0（0.0%）	1（0.9%）
教育议题	0（0.0%）	0（0.0%）	0（0.0%）	0（0.0%）	0（0.0%）
社会医疗	0（0.0%）	0（0.0%）	2（6.3%）	0（0.0%）	2（1.9%）
小计	26（100.0%）	24（100.0%）	32（100.0%）	26（100.0%）	108（100.0%）

资料来源：杨意菁：《民意与公共性：批判解读台湾电视谈话节目》，台湾《新闻学研究》，第79期，第17页。

① 数据参见台湾媒体观察基金会网页，http：//www.mediawatch.org.tw/media/2001101605.htm，。

② 高希均："专家专栏——观念台湾冲击"，台湾《远见》杂志，2000年9月号第171期，第36页，http：//www.gvm.com.tw/column－kao－v.asp？code＝1&wgvmno＝317。

③ 《看电视后，焦虑、心烦、没前途》，台湾《天下》杂志，2002年4月号，第144—145页。

综上所述，可以对台湾电视谈话节目作如下结论：

第一，话题是公共的，但公共的论坛并未形成理想的公共领域。其标志是民众仍然是情绪的、孤立的，他们和理性的、联结的公众还有很大差距。

第二，讨论是多元的，但多元的声音却呈现出一种断裂的多元。其标志是讨论不是一个相互倾听、相互妥协、寻找共识的过程。这种声音的多元只不过给不同立场的人提供了一个表达不同意见的机会，却没有实现一种可以在讨论中改变或修正意见的交流。

第三，参与是开放的，但开放的信道却是一种不平等的开放。其标志是民意的表达是被限制的和被代表的。台湾电视谈话节目难逃权力的控制，无论权力是来自政治还是来自金钱。

台湾的电视谈话节目是台湾目前最强势的舆论形式，它的正面作用与负面效果同样引人瞩目。台湾电视谈话节目的发达，是台湾舆论畸形的一个象征。它既是台湾这个撕裂社会之果，也是台湾这个撕裂社会之因。它被撕裂，同时又重新制造撕裂。笔者有一个观点：如果一个组织很卓越，应该从这个组织最坏的元素中找证据；如果一个组织出了问题，则应该从这个组织最好的元素去找原因。台湾的社会分裂，政治人物难辞其咎，而卷入政治、介入政治的媒体同样应该反思自己的社会角色，特别是以政论性节目为主打的台湾电视谈话节目，包括在舆论监督方面可圈可点的 TVBS《2100 全民开讲》在内，都应该全面认识媒体“善尽言责”的深刻含义。社会不幸媒体幸，当台湾媒体从电视谈话节目里，或者确切地说，从最适宜台湾电视谈话节目繁殖发育的政治文化和社会土壤里，获得高额收益时，即使有一千个理由可以证明：一个被撕裂的台湾不应由媒体负责，媒体仍应该扪心自问，是否在消除社会对立、促进族群和谐上尽到了足够的责任？

媒体的撕裂、政治的撕裂和社会的撕裂，台湾电视谈话节目为“媒体即政治”写下了最好的注脚。作为台湾政治文化与舆论的互动媒介，台湾的媒体政治从“政治媒体化”往“媒体即政治”方向发展，电视谈话节目也取代政治广告，成为这个时代反映台湾舆论与政治文化互动关系的最有代表性的舆论议题形式。

总之，作为台湾政治文化与舆论的互动媒介，台湾的媒体政治从“媒体政治化”转变为“政治媒体化”，并向“媒体政治”的方向发展，而反映台湾舆论与政治文化互动关系的台湾舆论议题的代表形式，也由社论到政治广告再到电视谈话节目。联系本章的第一节、第二节，我们可以发现，从台湾舆论议题的内容、结构、主体乃至形式，无不交织着台湾政治文化与舆论的互动，舆论与政治文化的关系复杂而深远。本书将在结语部分，继续揭示政治文化与舆论的互动模式。

结　语

台湾舆论议题演变与台湾政治文化变迁是台湾历史研究一个重要研究视角，以往的研究都没有将二者结合起来。从本研究可知，台湾舆论与政治文化密不可分，透彻研究二者的关系及其在互动框架中的嬗变殊有价值。在结语部分，本书将对台湾舆论议题的演变及台湾政治文化的变迁进行归纳，总结其历史进程的阶段性特点，并在深入研究的基础上，指出台湾舆论议题的演变与台湾政治文化的变迁虽大致合拍却未必同步，而对台湾舆论议题的细化研究也告诉我们，即使是台湾舆论的三大议题，其起步、逆转与高潮的节点也不是完全统一。因此，与之对应的台湾政治文化的政治情感、政治认知与政治评价也各有既同亦殊的历史发展轨迹，最后本书试图在台湾舆论议题与政治文化的互动个案上，进一步揭示政治文化与舆论互动关系的一般模式。

第一节　台湾舆论议题的演变与台湾政治文化的变迁

以往对台湾舆论的研究缺乏对其历史的考察，而从台湾舆论议题的演变中，处处可发现其背后的政治文化变迁。光复以来，台湾的舆论议题庞杂而多变，但深入分析可以发现台湾的舆论议题大致分为两类：第一类是诉求性议题，这些以明确诉求为目的的议题随着诉求的解决或转移而不再被人关注；第二类是认同性议题，这些以认同为指向的议题却因为人们在认知上的难以统一、在情感上的不能共鸣以及在评价上的无法一致而长久地被人们关注，其中特别是与政治文化相关的议题，由于政治的中心话语与文化的深层积淀的双重冲积，成为六十年来恒久影响台湾的舆论议题。它们分别是“省籍议题”、“台湾意识/中国意识议题”和“统独议题”，它们分别对应的是台湾政治文化的最典型的政治情感——“省籍情结”，最核心的政治认知——“台湾意识/中国意识”以及最重要的政治评价——“统独倾向”。由此，三大议题分别成为台湾政治文化中最典型的政治情感符号、政治认知符号与政治评价符号。而根据大多数学者都认可的政治文化定义，政治文化正是由政治情感、政治认知与政治评价三部分组成。因此，对这三大议题演变所分别进行的历史考察，正是对六十年来台湾政治文化变迁的系统梳理。

一、台湾舆论议题演变与政治文化变迁的阶段性特点

两岸学者一般都以 1986 年的“政治革新”（或以 1987 年的“解严”）以及 2000 年的政党轮替这两个标志性事件将光复以来的台湾历史分为三个时期，本书也据此将台湾的舆论议题演变及政治文化的变迁大致分为三个阶段，并分别命名为“高音喇叭”时代，“变调的立体声”时代和“喧嚣的双声道”时代。

1. “高音喇叭”时代。其关键字是“高”，表现在舆论议题上是高调压倒低音，在政治文化上是高位压抑低位。在高音喇叭下只有一个声音，没有其他声音，只有高音喇叭的声音向外输出，没有别的声音向高音喇叭输入。舆论议题的内容特点是“禁忌”，表现在包括“省籍议题”在内的所有族群议题被视为忌讳，而“统独议题”中的“台独议题”被严厉禁止，而“台湾意识/中国意识议题”中的“台湾意识议题”也被刻意压抑。与此对应的台湾政治文化则是“威权主义”的政治文化。台湾舆论议题的结构特点是“一元”，表现在“族群议题”上是没有“省籍议题”，只有“民族（认同）议题”；表现在“台湾意识议题”上是没有“台湾意识议题”只有“大中国意识议题”；表现在“统独议题”上是没有“台独议题”只有“统一议题”，其对应的台湾政治文化是民族主义的政治文化。这个阶段的政治文化是“民族主义”与“威权主义”相结合的政治文化，舆论议题的主体只能是“一极”，即党国一体的威权势力成为政治体系的输入方面的主要供应者以及舆论议题设置主体的绝对统治者。而媒体政治作为台湾舆论与政治文化的互动媒介，其表现出的传媒与政治关系是“媒体的政治化”，而反映台湾舆论与政治文化互动关系的最有代表性的舆论议题的形式就是社论。

2. “变调的立体声”时代。其关键字是“变”，指的是这一时期的台湾舆论议题开始变向，政治文化开始变轨。在多声道的立体声中，有的声音开始大声，有的声音开始沉默。这一阶段台湾舆论议题的内容特点是从“禁忌”到“开放”，原来

的“省籍议题”的忌讳，“台独议题”的禁止以及“台湾意识议题”的限制被先后打破，其对应的台湾政治文化开始从威权主义向“民主化”、“自由化”转轨。台湾舆论议题的结构也从“一元”到“多元”。在“台湾意识/中国意识议题”上，认同自己是中国人，认同自己是台湾人，以及认同自己既是台湾人也是中国人的声音共存；在“统独议题”上，赞同统一的人、支持独立的人以及维持现状的人观点互异，而即使是维持现状的人还分成“维持现状再统”、“维持现状再独”、“维持现状再说”以及“永远维持现状”的人。各种立场所发出的不同的声音，构成议题的结构多元，而在这多元结构中，“本土化”的声音逐渐抬头并成为主流，与此相对应的台湾政治文化也从民族主义向“本土化”方向发展。“民主化”、“自由化”和“本土化”的政治文化使舆论的主体从“单极”向多极发展，具体表现为从一党独尊向多党争雄，从行政主导到议会主导，从政治人物到意见领袖，从精英垄断向民众开放进行转变。而作为政治文化与舆论互动媒介的媒体政治，其表现的媒体与政治的关系，也从“媒体政治化”向“政治媒体化”转型，而反映舆论与政治文化互动关系的舆论议题的代表性形式则从社论转变为政治广告。

3. “喧嚣的双声道”时代。其关键字是“双”，指的是这一时期的舆论议题是双向对立，政治文化是双向冲突。对立冲突的双方各自喧嚣在不同的声道上，互不交集，各说各话。这一阶段舆论议题内容的特点是由“开放”走向“放纵”。在“省籍议题”上“省籍情结”被扭曲放大，各种以“出身决定论”来污辱对方的言词不受惩罚，肆意挑动族群冲突的议题没有忌惮；在“台湾意识/中国意识议题”上，“我是中国人”的事实可以被否定，中华文化的基本常识可以被抛弃，“卖台湾”的帽子可以任意强加；在“统独议题”上，违背两岸主流民意、罔顾国际舆论、刻意挑衅大陆底线的“台独议题”可以疯狂抛出，不惜把台湾人民带到战争与灾难的边缘。这一时期舆论议题内容所对应的政治文化是民粹主义政治文化。而舆论议题的结构也从“多元”发展到“二元”对立，表现在“省籍议题”上刻意制造“本省人”与“外省人”的冲突，在“台湾意识/中国意识议题”有意制造二者的对立，“台湾人”与“中国人”、“爱台湾”与“卖台湾”、“中国符号”与“台湾符号”，全部变成非此即彼的单项选择；在“统独议题”上，“统一议题”与“台独议题”更是针锋相对。这一时期台湾舆论议题结构所对应的政治文化是经由“本土化”转型向族群主义政治文化转变。“民粹主义”加“族群主义”的“群粹主义”政治文化使舆论的主体从“多极”发展为“多元并存的两极分化”。作为政治文化与舆论互动媒介的媒体政治，其表现的媒体与政治的关系也从“政治媒体化”向“媒体即政治”方向发展，而反映舆论与政治文化互动关系的舆论议题的代表性形式也从政治广告转变为电视谈话节目。

光复以来的台湾六十年历史，台湾的舆论议题发生了巨大的变化，使台湾舆论议题的内容从“禁忌”到“开放”再到“放纵”，舆论议题的结构从“一元”到“多元”再到“二元对立”，舆论议题的主体由“单极”到“多极”再到“多极并存的两极分化”，舆论议题的形式也从社论到政治广告再到电视谈话节目。与此同时，台湾政治文化也进行着艰难而痛苦的变迁，它从威权主义加民族主义的政治文化经由“民主化”、“自由化”与“本土化”的转型发展到民粹主义加族群主义的“群粹主义”政治文化。

二、台湾舆论演变与台湾政治文化变迁的要素性特点

台湾舆论议题的演变与台湾政治文化的变迁，不仅有其阶段性的特征，还有其要素性的特点。表现在台湾舆论议题与台湾政治文化这两个要素的发展轨迹各有特点，而且台湾舆论三大议题要素其发展过程也各有不同。

1. 台湾舆论议题演变与台湾政治文化变迁合拍却不同步。对台湾舆论议题演变与台湾政治文化变迁的深入研究，我们发现台湾舆论议题的演变与台湾政治文化的变迁大致合拍却并不完全同步。总体上说，舆论议题的演变基本上比政治文化的变迁先行一步。例如，70 年代的“乡土文学论战”与 1983 年的“台湾意识/中国意识”论战中，“省籍议题”、“台湾意识/中国意识议题”及“统独议题”就曾借“本土化议题”初试啼声，其舆论议题所指向的“民主化”、“自由化”与“本土化”，成为此后政治文化“民主化”、“自由化”和“本土化”转型的先导。而到了 1990 年代，随着“省籍议题”、“台湾意识/中国意识议题”与“统独议题”的先后逆转，台湾舆论议题又成为 2000 年政党轮替后政治文化转变的先声。

舆论议题的转变先于政治文化的转型是另一种意义的“舆论先行”。人们通常所说的“舆论先行”指的是一种政治策划。它的意思是说：在政治谋略中，“舆论”应该成为政治的先导，正如“兵马未动、粮草先行”一样，舆论为此后的政治行动先行一步。由此，舆论也常常被视为政治的风向标，预示后来的一系列的政治行动。而舆论议题比政治文化先行一步而产生的“舆论先行”指的是一种历史现象，它的意思是：在历史的演变中，“舆论”常常成为社会变迁的一种先兆。如导

言所述，舆论是历史河流的“浪花”，历史河流的转弯将提早在它的“浪花”里兆示，只不过“浪花”不会自己说话，而需要历史研究者不断地叩问。

2. 台湾舆论三大议题演变的过程同声却异曲。在对台湾舆论议题与政治文化进一步细化研究的基础上，我们发现台湾舆论议题的三大议题：“省籍议题”、“台湾意识/中国意识议题”、“统独议题”其各自的起点、发展、逆转、高潮的历史节点大致同拍却不尽相同，由此相对应的台湾政治文化的政治情感、政治认知与政治评价的变迁轨迹也同中有异。“台湾意识/中国意识议题”发端于日据时期，“省籍议题”则起源于光复之后，而“统独议题”作为两岸关系议题则是出现在1949年后的两岸分离之后。在“威权时代”，“省籍议题”沉寂于政治文化的无形忌讳里，而“台独议题”则潜藏在政治文化的有意禁止中，在“本土化议题”中，只有“台湾意识/中国意识议题”中的“台湾优先与中国优先”的内容最早在“威权主义”加“民族主义”的政治文化中抬头。这一源于台湾人政治认知在理想与现实价值选择的分歧，不像“省籍议题”能够动摇执政党的群众基础，也不像“台独议题”能够威胁执政党的法理基础，特别是它在承认“中国意识”前提下的提倡台湾优先，其最易得到当时居统治地位的政治文化的许可，也最易取得最广泛的台湾民众的支持。此后，爱乡、爱土直至“爱台湾”的议题，逐渐发展成为台湾最具有正当性的议题，以至“省籍议题”和“台独议题”都必须转向“爱台湾”的议题，才能确保自己在议题的正义性属于绝对的支配地位。

如果说“台湾意识/中国意识议题”是台湾“解严”前“本土化议题”的启蒙议题的话，“解严”之后，最早向正统的政治文化发难的议题是“省籍议题”，这个由李登辉亲手扣下扳机而发出的子弹，打响了颠覆正统政治文化的第一枪。“解严”伊始，执政的国民党还是台湾政治、经济乃至“民主化”、“自由化”的救世主，而“本土化”的议题的省籍操作，借由“2·28事件”的悲情，使国民党第一次陷于原罪之中。如果说启蒙主义靠的是“台湾意识/中国意识议题”对台湾人政治认知进行改变的话，由政治认知的改变带来的政治情感的解放才为政治文化的革命提供了源源不断的能量。长期的悲情所蓄积的能量被政治人物一点火就熊熊燃烧起来。任何一场革命性的转变，无论是政治事件还是政治文化，都需要强大的情感能量，“省籍议题”就这样成了舆论议题转变的第一支火把，而“省籍情结”则为政治文化的革命提供了厚积了四十年的能量。因此，台湾“政治革新”后，台湾的政治情感及其政治情感的符号成为台湾政治文化转型的先导。

“省籍议题”到1994年李登辉发表《身为台湾人的悲哀》之时达到顶峰。“省籍情结”的政治情感由于执政当局的最高领袖背书，确立了其在政治文化中的主流地位。但历史也由此逆转。在舆论议题上，“省籍议题”取得了正当性的地位，但其议题的高潮也开始衰退，因为有“本省人”的“总统”为其背书，“省籍议题”的“悲情情结”得到补偿，而在政治情感上，“省籍情结”的“悲情”越来越成为历史，其现实也被“外省人”的焦虑所慢慢取代。一个在政治、经济地位上失落的“外省人”，更因为“省籍议题”将国民党的原罪转嫁到“外省人”身上而感到了心理的落差，这种落差与打击较之有形的失落更为严重。但由于“省籍议题”无法在现实的“省籍情结”主客易位后吸收更多的“悲情”能量，它只有一方面不断回到历史中寻找“悲情”，另一方面在现实中继续寻找能量。

“省籍议题”的能源替代品在“台湾意识/中国意识议题”中找到了。由于“台湾意识/中国意识议题”可以把现实的大陆当成假想敌，又可以在台湾内部区分成“爱台湾”与“卖台湾”两大阵营，它比正逐渐丧失其现实性基础的“省籍议题”拥有更多的现实能源。从历史的“悲情”到现实的仇恨，“台湾意识/中国意识议题”找到了分化族群新的能源和新的标准，而又由于“台独议题”的敏感性不可轻举妄动，“台湾意识/中国意识议题”取代“省籍议题”成为台湾的主导议题。

这个逆转同样发生在1994年。在李登辉的《身为台湾人的悲哀》中，除了操弄“省籍议题”外，也开始将“省籍议题”偷偷地转换为“台湾意识/中国意识议题”。而如前所述，“台湾意识/中国意识议题”把假想敌设置在外，把真正的敌人分化于内，它既有强大的能量，又有巨大的欺骗性，由此展开的“台湾人/中国人”的认同议题、“去中国化”与“反去中国化”的议题，特别是“爱台湾”与“卖台湾”的议题，一方面将族群分化深入到身份的认同与文化的认同，另一方面也借此将议题操纵者置身于舆论的顶峰，“爱台湾”成为继“民主化”、“自由化”与反贪腐之后的第四座舆论高峰。谁拥有“爱台湾”的话语权，就把敌人置于万劫不复的深渊，从而让自己永远占据不败之地。

与此同时，“台独议题”也开始浮出水面。“台独议题”的高能量性使议题的操纵者对此舆论的核武器难以割舍，而“台独议题”的高危险性与高敏感性也让议题的操纵者谨小慎微。所以“台独议题”是所有“本土化议题”中最后逆转的，直到1999年李登辉抛出“两国论”，“台独议题”才终于因执政党最高领袖背书，从合法的议题转为正当的议题并进入主流议题的核心地带。李登辉绑架国民党在

"台独议题"一步步迈进，而最早推动"台独议题"的民进党由于要通过选举在体制内夺权，而不得以在"台独议题"上小退一步。这样，在"朝野"的合谋下，出现了"打着中华民国议题的台独"，而又由于"中华民国"也是统派阵营能接受的符号，"中华民国"这个在台湾各派所最能接受的最大公约数，成为"台独"分子"台独议题"的主流表述的一个借口。这样"打着中华民国旗号的台独"，这个既拥有中国符号又主张"台独"的矛盾论述，成为这一时期台湾"台独议题"的主流论述。

但没有什么比通过制造与挑拨台湾前途的分歧更能分化台湾的族群了。有关统"独"的政治评价成为区分台湾政党、组织、媒体、团体及民众阵营的最主要的标准，以统"独"光谱区分的政治色彩成为蓝绿对决的标志。2000 年后，政党轮替，"省籍议题"不能进一步地呼风唤雨，"台湾意识/中国意识议题"大行其道，而"台独议题"则是平时备用、选举祭出的最重量的武器。由于"台独议题"可以通过"台湾意识/中国意识议题"的转换成为"爱台湾"的议题，"台独议题"这一核武器就被议题操作者转化为核电站，供应其"安全阀域"内的巨大能量。

由于各种压力，执政后的民进党仍然不能不继续"打着中华民国的旗号进行台独"。它继承了李登辉后期的主流的"台独"论述，但是它并不甘于如此，因此，一心要把"中华民国"及所有中国符号去除的"文化台独""和"法理台独"就成为主流"台独"论述的两翼，而这两翼才是"台独"分子的真正用心，而主流"台独"不过是欺骗统派人士与中间人士的幌子。因此，处在两翼的"文化台独"与"法理台独"成为 2000 年后到 2008 年前台湾最活跃的议题，特别是"法理台独"，不断切香肠似地触及议题的最底线。一旦条件满足，"台湾意识/中国意识议题"主导有可能被"台独"议题所逆转，而逆转的这一天就是台湾的灾难。

尽管我们承认台湾的政治认知所带来的议题有可能被由台湾的政治评价所带来的议题逆转，但"台独议题"逆转"台湾意识/中国意识议题"的可能性微乎其微。"统一议题"在台湾一段时间沉默后，有可能再度成为台湾政治评价的主流议题，我们对此谨慎的乐观。

综上所述，台湾舆论议题演变与台湾政治文化变迁不仅各有其阶段性特点，在台湾舆论议题与台湾政治文化之间，在台湾舆论议题内部的三大议题之间，以及在台湾政治文化内部的政治情感、政治认知与政治评价之间，其历史发展的轨迹虽然大致同拍，却并不完全同步，大致同声，却各自"异曲"，显示出历史的复杂性，值得人们深入细致的研究。

第二节 舆论与政治文化的互动模式

在台湾舆论议题演变与台湾政治文化变迁的互动关系的个案研究基础上，本节将试图进一步揭示舆论与政治文化互动的一般模式。

由本研究可知，舆论议题，特别是其中具有长时间影响的舆论议题往往与政治文化有关，而政治文化的组成部分：政治情感、政治认知、政治评价也往往和舆论议题的组成要素相对应。从长时段看，舆论议题无论是其内容的转变、结构的变化，还是其主体的易动、形式的演变，无不交织着舆论与政治文化的密切互动。我们可以把舆论与政治文化互动模式制作成下面这个图式：

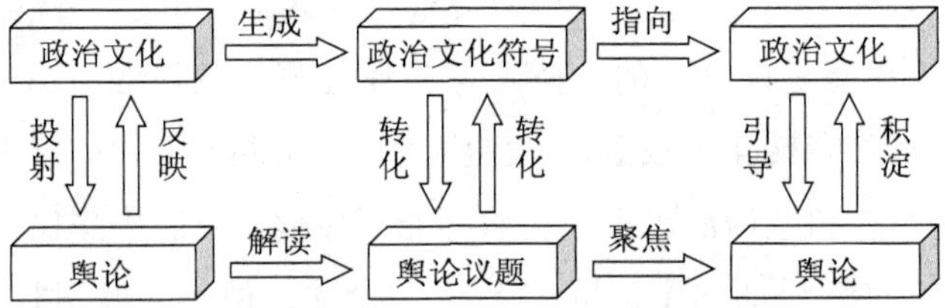

图 1 舆论与政治文化的互动模式

从上面这个图式看，舆论与政治文化存在两个方向的互动关系。第一个方向是从政治文化出发落脚到舆论，第二方向是从舆论出发最后归宿到政治文化。

第一个方向的关系链条如下：政治文化→（投射）舆论→（解读）舆论议题→（转化）政治文化符号→（指向）政治文化→（引导）舆论。其逻辑关系是：政治文化将其内容与内涵投射到舆论中，用政治文化将舆论中现有的议题进行解读，从而把不是政治文化议题的舆论议题转化为政治文化的符号，由此将政治文化符号的“所指”指向政治文化的内容与内涵，最后引导舆论。

以台湾舆论与政治文化的互动为例，如 2007 年在国际奥委会的协调下，2008 年北京奥组委与中国台北奥委会协商制定了 2008 年奥运火炬路线图，却遭到陈水扁当局以“矮化台湾”为由予以抵制。“奥运火炬路线图”是一个纯粹的体育议题，可是在台湾的政治文化投射下，这个体育议题就被解读成“矮化台湾”的政治文化的议题，使得“奥运火炬路线图”变成一个“台湾意识/中国意识”的政治文化符号，这个符号的“所指”指向的就是台湾人对台湾的政治认知和对中国的政治认知，政治文化就这样把一个体育议题转化为“台湾意识/中国意识议题”而引导舆论。

舆论与政治文化互动模式第二个方向的关系链条如下：舆论→（反映）政治文化→（生成）政治文化符号→（转化）舆论议题→（聚焦）舆论→（积淀）政治文化。

其逻辑关系是：舆论直接反映政治文化，使自己生成为政治文化的符号，并将政治文化符号转化为舆论议题，从而使舆论的关注得以聚集在政治文化所设置的议题上，而长期的舆论也使某些议题积淀下来成为政治文化本身，甚至成为政治文化的代码。

还是以台湾舆论与政治文化的互动为例。如1988年后的台湾屡屡出现有关“2·28事件”的舆论，这个舆论直接反映的是政治文化的典型政治情感——“省籍情结”，而使有关“2·28事件”的舆论变成为台湾政治情感的符号，并将这一台湾政治情感的符号转化为舆论议题，从而使“2·28事件”过了40年仍不断成为舆论关注的焦点，并随着政治文化的转型将“2·28事件”的舆论议题焦点，从“本省人的原罪”转化为“国民党与外省人的原罪”。而“2·28事件”经过长期的舆论也使“2·28”符号积淀成台湾政治文化的一个部分，甚至成为台湾政治文化的一个代码。

对舆论与政治文化互动模式的图示需要做如下说明：一、这个图式是循环的。上述两个方向的逻辑关系完成一个周期后，可以继续按上述图式进行下一个周期循环。也就是说政治文化经过一系列的生成转换最后落脚到舆论，而舆论也经过一系列的生成转换最后归宿到政治文化，此后，它们又将重新从投射与反映开始进入下一个循环周期。二、这个图式有若干小循环，它们看起来是两条横向的平行线，可是在两条平行线上的每一个站点，两条平行线都有纵向的关系相互交流，从而形成横向的政治文化→（生成）政治文化符号→（指向）政治文化，以及舆论→（解读）舆论议题→（聚焦）舆论两个小循环，以及纵向的，政治文化→（投射）舆论，而舆论→（反映）政治文化，政治文化符号→（转化）舆论议题而舆论议题→（转化）政治文化符号，以及政治文化→（引导）舆论而舆论→（积淀）政治文化符号的三个小循环。这两横三纵的小循环又可以重组成不同的循环，使舆论与政治文化的互动形成大循环套中循环、中循环套小循环这样一个复杂的关系组合。

特别需要强调的是上述图式不仅是一个空间的动感模式，而且是一个时间的动态模式，它不仅描述了其共时态中舆论与政治文化互动模式的结构图，而且还归纳了历时态中舆论与政治文化的互动模式的演变图。特别值得注意的是图式中的“积淀”关键词，经过长期的舆论，舆论可以积淀为政治文化的一部分，甚至某些议题可以直接成为政治文化的代码。

我们发现，台湾舆论与政治文化的互动，正显现出这样一个历史的结果：经过六十年的舆论议题的变化与沉淀，“省籍议题”、“台湾意识/中国意识议题”、“统独议题”不仅成为台湾舆论经久不衰的议题，而且作为台湾政治文化的政治情感符号、政治认知符号以及政治评价符号最后积淀为政治文化代码。事实上，“省籍议题”、“台湾意识/中国意识议题”以及“统独议题”，我们仅仅是在称呼上习惯称之为议题，而在实际的表现中这三大议题的绝大多数并不是直接以“省籍”、“台湾意识/中国意识”以及统“独”的名义出现在议题中，而是以其他的表现形式出现在议题中，比如“2·28”议题对应“省籍议题”；“教科书”议题对应“台湾意识/中国意识议题”；“入联公投”对应“统独议题”。因此，严格地说，“省籍议题”、“台湾意识议题”与“统独议题”已经变成了台湾政治文化的文化代码。它在台湾舆论议题中是议题的母题，在台湾政治文化中它是文化的代码，而符号则将二者结合起来。由此我们也可以看到为什么对台湾舆论的三大议题的梳理正是对台湾政治文化的代码进行解读。就这样，本研究从台湾舆论的议题中找到了破解台湾政治文化的代码。

参考文献

一、报纸期刊

［1］台湾《联合报》，1980—2007 年。

［2］台湾《中国时报》1950—2007 年。

［3］台湾《台湾日报》，1980—2006 年。

［4］台湾《工商时报》，1980—2007 年。

［5］台湾《中央日报》，1980—2006 年。

［6］台湾《自立晚报》，1980—2001 年。

［7］台湾《自由时报》，1980—2007 年。

［8］台湾《南方快报》，2003—2007 年。

［9］台湾《联合晚报》，1990—2006 年。

［10］台湾《苹果日报》，2003—2007 年。

［11］台湾《台湾立报》，2004—2007 年。

［12］台湾《台湾时报》，1980—2001 年

［13］台湾《民众日报》1987—1992 年。

［14］台湾《民生报》，1980—2006 年。

［15］台湾《中央月刊》，1985 年。

［16］台湾《新新闻》，2004—2007 年。

［17］台湾《八十年代》，1984 年。

［18］台湾《CHEERS》，2000—2006 年。

［19］台湾《东吴政治学报》，1997—2006 年。

[20] 台湾《财讯》，1998—2006 年。
[21] 台湾《远见》，2000—2007 年。
[22] 台湾《天下》，2002—2007 年。
[23] 台湾《民意》，1987—2000 年。
[24] 台湾《广告学研究》，1993—2006 年。
[25] 台湾《广播与电视》，1992—2006 年。
[26] 台湾《传播文化》，1992—2006 年。
[27] 台湾《台大新闻论坛》，1994—1997 年，2005—2006 年。
[28] 台湾《报学》，1953—1991 年。
[29] 台湾《台湾政治学刊》，2002—2007 年。
[30] 台湾《历史月刊》，2000—2007 年。
[31] 台湾《理论与政策》，2000—2007 年。
[32] 台湾《东亚研究》，2000—2007 年。
[33] 台湾《中国大陆研究》，2000—2007 年。
[34] 台湾《台湾社会学刊》，2000—2007 年。
[35] 台湾《新闻学研究》，1967—2007 年。
[36] 台湾《新党通讯》，1995 年。
[37] 台湾《台湾民主季刊》，2006 年。
[38] 台湾《天下》，2000—2006 年。
[39] 台湾《中国广告学刊》，1990—2006 年。
[40] 台湾《卫星与有线电视杂志》，1991—2006 年。
[41]《台湾研究》，1999—2007 年。
[42]《台湾研究集刊》，1985—2007 年。
[43]《读书》，1998—2007 年。
[44]《政治学研究》，1987—2007 年。
[45] 香港《文汇报》，2007 年。
[46] *Journal of International Affairs*，1992。

二、年鉴文献与纪念文集

[1]《中华民国出版年鉴》[M]，中国出版公司编，台北：中国出版公司，

1976 年、1978 年、1991 年版。

［2］《中华民国电视年鉴 2003—2004》［M］，陈静瑜等编，台北：台湾“行政院新闻局”，2005 年版。

［3］《中华民国广播年鉴 2003—2004》［M］，刘伟勋等编，台北：台湾“行政院新闻局”，2005 年版。

［4］《中华民国广告年鉴 2003—2004》［M］，“中华民国”广告年鉴编撰委员会编，台北：台北市广告代理商业公会，2005 年版。

［5］《中华民国电影年鉴》［M］，“中华民国”电影年鉴编辑委员会编，台北：“财团法人国家电影资料馆”，1991—1997 年版。

［6］《中华民国杂志年鉴 1950—1998》［M］，“中华民国”杂志年鉴编辑委员会编，台北：“中华民国”杂志事业协会，1998 年版。

［7］《中华民国广播电视年鉴 79—84》［M］，刘伟勋等编，台北：广播电视事业协会，1996 年版。

［8］《中华民国新闻年鉴五十年版》［M］，台北：台北市新闻记者公会，1961 年版。

［9］《中华民国新闻年鉴六十年版》［M］，台北：台北市新闻记者公会，1971 年版。

［10］《中华民国新闻年鉴七十年版》［M］，台北：台北市新闻记者公会，1981 年版。

［11］《中华民国新闻年鉴八十年版》［M］，台北：台湾中国新闻学会，1991 年版。

［12］《中华民国新闻年鉴 · 85 年版》［M］，“中华民国”新闻年鉴编辑委员会编，台北：台湾中国新闻学会，1997 年版。

［13］《联合报四十年》［M］，黄年主编，台北：联经出版事业公司，1991 年版。

［14］《联合报五十年（1951—2001）》［M］，杨选堂总编撰，台北：联合报社，2001 年版。

［15］《中国时报四十年》［M］，中国时报四十年编辑委员会编，台北：中国时报社，1990 年版。

［16］《中国时报五十年》［M］，中国时报五十年编辑委员会编，台北：中国时

报社，2000 年版。

［16］《二·二八事件资料集》［M］，邓孔昭编，台北：稻乡出版社，1991 年。

三、传记与回忆录

［1］《报人王惕吾　联合报的故事》［M］，王丽美著，台北：天下文化出版公司，1994 年版。

［2］《我与新闻事业》［M］，王惕吾著，台北：联经出版公司，1991 年版。

［3］《中文报业王国的兴起：王惕吾与联合报系》［M］，彭明辉著，台北：稻乡出版社，2001 年版。

［4］《联合报三十年的发展》［M］，王惕吾著，台北：联合报社，1981 年版。

［5］《只怕陈文茜》［M］，陈文茜著，台北：INK 印刷出版有限公司出版，2004 年版。

［6］《遇见百分之百的连战》［M］，陈凤馨著，台北：天下文化出版公司，1999 年版。

［7］《王惕吾先生纪念集》［M］，台北：联合报系创办人王惕吾纪念集编辑委员会，1997 年 3 月出版。

［8］《雷震回忆录》［M］，雷震著，香港：香港七十年代杂志社，1978 年版

［9］《晚年蒋介石》［M］，李松林著，北京：九州出版社，2006 年版。

［10］《提笔为时代——余纪忠》［M］，张慧英著，台北：时报文化出版公司，2002 年版。

［11］《自由的滋味——彭明敏回忆录》［M］，彭明敏著，台北：文艺出版社，1987 年版。

［12］阮毅成：《我在中央日报工作的回忆》［J］，收入《报学》，第六卷第五期，1980 年 12 月。

［13］《我国报纸读者投书内容研究》［J］，张锦华著，收入《报学》，第六卷第一期，1978 年 12 月。

［14］《蒋经国全传》［M］，刘红著，北京：华文出版社，1993 年版。

［15］《我没有编好省市版》［J］，荆溪人著，收入《报学》，第一卷第六期，1953 年 7 月。

［16］《浅析读者投书与民意》［J］，陈蔓蒂著，收入《报学》，第八卷第四期，

1991 年版。

［17］《文茜半生缘》［M］，夏珍著，台北：时报文化出版公司，1999 年版。

［18］《李万居传》［M］，王文裕著，台中：台湾省文献会，1996 年版。

［19］《黄肇珩：记者生涯与真实人生》［M］，黄肇珩著，台北：立绪文化公司，2000 年版。

［20］《新闻与我》［M］，楚崧秋著，台北：东大图书公司，1995 年版。

［21］《李万居评传》［M］，杨锦麟著，台北：人间出版社，1993 年版。

［22］《新闻岁月四十年》［M］，叶建丽著，台北《台湾新生报》，1994 年版。

［23］《杨亮功先生年谱》［M］，蒋永敬、李云汉、许师慎编，台北：联经出版事业公司，1988 年版。

［24］《百年报人——全方位的记者》［M］，郑贞铭著，台北：远流出版公司，2002 年版。

［25］《百年报人——跨世纪的报人》［M］，郑贞铭著，台北：远流出版公司，2002 年版。

［26］《台湾媒体变迁见证欧阳醇信函日记》（上）［M］，续伯雄辑注，台北：时英出版社，2000 年版。

［27］《台湾媒体变迁见证欧阳醇信函日记》（下）［M］，续伯雄辑注，台北：时英出版社，2000 年版。

［28］《百年报人——一代新闻宗师》［M］，郑贞铭著，台北：远流出版公司，2002 年版。

四、专著

［1］《漂流的台湾——联合报社论一百篇》［M］，黄年主编，台北：联合报社，2001 年版。

［2］《禁》［M］，史为鉴编著，台北：四季出版公司，1981 年版。

［3］《20 世纪传播学经典文本》［M］，张国良主编，上海：复旦大学出版社，2003 年版。

［4］《社会舆论原理》［M］，刘建明著，北京：华夏出版社，2002 年版。

［5］《历史学家的技艺》［M］，［法］马克·布洛赫，张和声、程郁译，上海：上海社会科学院出版社，1992 年版。

[6]《舆论学》[M]，［美］李普曼，林珊译，北京：中国人民大学新闻系，1984年版。

[7]《社会契约论》[M]，［法］卢梭，何兆武译，北京：商务印书馆，1987年版。

[8]《民意——沉默螺旋的发现之旅》[M]，［德］伊丽莎白·诺尔·纽曼著，翁秀琪、李东儒、李岱颖译，台北：远流出版公司，1994年版。

[9]《政治变迁与民主化》[M]，胡佛著，台北：三民书局，2004年版。

[10]《派系政治与台湾政治变迁》[M]，陈明通著，台北：新自然主义公司，2002年版。

[11]《认识台湾——台湾政治变迁五十年》[M]，彭怀恩著，台北：风云论坛出版社，1997年版。

[12]《变迁中台湾社会的中产阶级》[M]，萧新煌主编，台北：巨流图书公司，1990年版。

[13]《台湾的民主转型——从权威性的党国体系到竞争性的政党体系》[M]，吴文程著，台北：时英出版社，1996年版。

[14]《台湾政治发展》[M]，彭怀恩著，台北：风云论坛出版社，2003年版。

[15]《民主、转型？台湾现象》[M]，殷海光基金会主编，台北：桂冠图书公司，1998年版。

[16]《台湾政治建构》[M]，施正锋著，台北：前卫出版社，1999年版。

[17]《台湾政治史》[M]，丹尼·罗伊（Denny Roy）著，何振盛、杜嘉芬译，台北：台湾商务印书馆，2004年版。

[18]《民意与台湾政治变迁：1990年代台湾民意与选举政治的解析》[M]，游盈隆著，台北：月旦出版社，1996年版。

[19]《政治文化导论》[M]，王乐理著，台北：五南图书出版公司，2002年版。

[20]《政治文化的深思者——白鲁恂》[M]，唐光华著，台北：允晨文化公司，1982年版。

[21]《政治文化导论：理论与个案研究》[M]，江炳伦著，台北：韦伯文化出版公司，2002年版。

[22]《台湾政治文化的剖析》[M]，彭怀恩著，台北：风云论坛出版社，1996

年版。

［23］《中国政治文化的转型——台湾政治心理倾向》［M］，彭怀恩，台北：风云论坛出版社，1992 年版。

［24］《政治文化与政治人格》［M］，石之瑜著，台北：扬智出版社，2003 年版。

［25］《当代台湾政治分析》［M］，刘国深著，北京：九州出版社，2002 年版。

［26］《台湾政治概论》［M］，刘国深，北京：九州出版社，2006 年版。

［27］《大陆工作参考资料（合订本）》［M］，“行政院大陆委员会”编著，台北：台湾“陆委会”，2000 年版。

［28］《2002 年两岸政治与经济发展学术研讨会论文集》［C］，台湾政治大学中山研究所，2002 年版。

［29］《2003 年台湾政治学会年会暨“世局变动中的台湾政治”学术研讨会会议论文集》［C］，台北：台湾政治学会，2003 年版。

［30］《2003 台湾政治学会年会暨“世局变动中的台湾政治”学术研讨会会议论文集（Ⅱ）》［C］，台北：台湾政治学会，2003 年版。

［31］《分裂的国族认同，1975－1997》［M］，卢建荣著，台北：麦田出版社，1999 年版。

［32］《当代台湾的中国意识（对集体认同的反思）》［M］，石之瑜著，台北：正中书局，1993 年版。

［33］《台湾结与中国结》［M］，戴国煇著，台北：远流出版公司，1994 年版。

［34］《解读民调》［M］，［美］Sheldon R. Gawiser、G. Evans Witt，胡幼伟译，台北：五南图书出版股份有限公司，2001 年版。

［35］《民意与民意测验》［M］，郑贞铭著，台北：三民书局，2001 年版。

［36］《民意与公共政策：理论探讨与实证研究》［M］，余致力著，台北：五南图书出版股份有限公司，2002 年版。

［37］《民意调查》［M］，赖世培、丁庭宇、英季雍、夏学理著，台北：空中大学，1996 年版。

［38］《探索民意——民意调查技术之探索》［M］，谢邦昌著，台北：晓园出版社，2000 年版。

［39］《民意调查》［M］，陈义彦、洪永泰、盛杏湲、游清鑫、郑夙芬、陈陆辉

等著，台北：五南图书出版股份有限公司，2001 年版。

[40]《民调、策略、广告与选举预测论文等》[M]，梁世武编著，台北：世新大学民意调查研究中心，2000 年版。

[41]《普通语言学教程》[M]，[瑞士] 索绪尔著，高名凯译，北京：商务印书馆，1985 年版。

[42]《大众传播学总论》[M]，张隆栋主编，北京：中国人民大学出版社，1995 年版。

[43]《传播理论：起源、方法与应用》[M]，[美] 沃纳·赛佛林、小詹姆斯·坦卡德，郭镇之译，北京：华夏出版社，1999 年版。

[44]《中外传播学名著导读》[M]，郭建斌、吴飞主编，杭州：浙江大学出版社，2005 年版。

[45]《传播学教程》[M]，郭庆光著，北京：中国人民大学出版社，1999 年版。

[46]《政治文化和政治发展》[M]，[美] 派伊、维巴著，美国：普林斯顿大学出版社，1965 年版。

[47]《政治学分析辞典》[M]，[美] 普拉诺，胡杰译，北京：中国社会科学出版社，1986 年版。

[48]《公民文化》[M]，[美] 阿尔蒙德、维巴，徐湘林等译，北京：华夏出版社，1989 年版。

[49]《比较政治学：体系、过程和政策》[M]，[美] 加布里埃尔·A. 阿尔蒙德、小 G. 宾厄姆·鲍威尔，曹沛霖等译，上海：上海译文出版社，1987 年版。

[50]《百年来两岸民族主义的发展与反省》[M]，洪泉湖、谢政谕主编，台北：东大图书股份有限公司，2002 年版。

[51]《族群关系与国家认同》[M]，张茂桂等著，台北：业强出版社，1993 年版。

[52]《国史大纲》[M]，钱穆著，北京：商务印书馆，1996 年版。

[53]《台湾研究十年》，陈孔立主编，厦门：厦门大学出版社，1990 年版。

[54]《闽台民间信仰源流》[M]，林国平著，福州：福建人民出版社，2003 年版。

[55]《新闻学大辞典》[M]，甘惜分著，河南：河南人民出版社，1993 年版。

［56］《谁统治台湾：转型中的国家机器与权力结构》［M］，王振寰著，台北：巨流，1996年版。

［57］《政治文化与政治生活》［M］，胡佛著，台北：三民书局，1998年版。

［58］《台湾民众政治态度之世代研究》［D］，左中宜著，台湾中正大学政研所硕士论文，2002年。

［59］《从台湾政治到两岸关系》［M］，孙同文著，香港：海峡两岸关系研究中心，1999年版。

［60］《中国意识与台湾意识》［M］，黄国昌著，台湾：五南图书出版公司，1992年版。

［61］《民意理论与实务》［M］，王石番著，台北：黎明文化专业公司，1995年版。

［62］《人口问题与台湾政治变迁》［M］，杨莲福著，台北：博扬文化，2005年版。

［63］《闽台区域文化研究》［M］，林国平主编，北京：中国社会科学出版社，2000年版。

［64］《清代台湾移民社会研究》［M］，陈孔立著，厦门：厦门大学出版社，1990年版。

［65］《台湾历史研究》［M］，李祖基著，北京：台海出版社，2005年版。

［66］《台湾历史纲要》［M］，陈孔立著，北京：九洲图书出版社，1996年版。

［67］《爱憎二·二八——神话与史实：解开历史之谜》［M］，戴国煇、叶芸芸著，台北：远流出版公司，1992年版。

［68］《台湾总体相》［M］，戴国煇著，台北：远流出版公司，1989年版。

［69］《二二八事件：台湾人的噩梦！》，闽台通讯社编：1988年版。

［70］《台湾光复初期历史》［M］，赖泽涵主编，台北："中央研究院"中山人文社会科学研究所，1993年版。

［71］《农业发展与政策》［M］，沈宗瀚著，台北：台湾商务印书馆，1975年版。

［72］《马来西亚的族群政党政治（1955—1995）》［M］，王国璋著，台北：唐山出版社，1997年版。

［73］《台湾人论》［M］，徐宗懋著，台北：时报公司，1993年版。

[74]《当代台湾社会的族群想象》[M]，王甫昌著，台北：群学出版公司，2004年版。

[75]《多元融合的族群关系与文化》（民进党政策白皮书）[M]，张茂桂执笔，台北：民进党中央党部，1993年版。

[76]《台湾民主运动40年》[M]，李筱峰著，台北：自立晚报，1987年版。

[77]《台湾的社会问题》[M]，杨国枢、叶启政主编，台北：巨流图书公司，1991年版。

[78]《台湾政治选举文化》[M]，黄嘉树、程瑞主编，台北：博扬文化，2001年版。

[79]《大众传播学：影响研究范式》[M]，常昌富等编选，北京：中国社会科学出版社，2000年版。

[80]《禁忌·原罪·悲剧，新生代看二二八》[M]，陈俐甫著，曹永和序，台北：稻乡出版社，1990年4月出版。

[81]《苦闷的台湾》[M]，王育德著，台北：前卫出版社，1999年版。

[82]《两岸关系史》[M]，张春英主编，福州：福建人民出版社，2004年版。

[83]《关山镇志·下册》[M]，施添福编，台东：台东县关山镇公所，2002年版。

[84]《台湾文化断层——现象评析》[M]，黄美英著，台北：稻乡出版社，1990年版。

[85]《海峡两岸新文学思潮的渊源和比较》[M]，朱双一、张羽著，厦门：厦门大学出版社，2006年版。

[86]《族群问题与族群关系》[M]，邵宗海、杨逢泰、洪泉湖著，台北：幼狮文化事业公司，1995年版。

[87]《社群主义》[M]，俞可平著，北京：中国社会科学出版社，1998年版。

[88]《族群》[M]，[美]哈罗德·伊萨克著，邓伯宸译，台北：立绪出版社，2004年版。

[89]《谢长廷新文化教室》[M]，谢长廷著，台北：月旦出版公司，1995年版。

[90]《战后台湾四十年》[M]，李祖基著，北京：光明日报出版社，1990年版。

[91]《“两岸关系学术研讨会”论文集》[C]，台北：政治大学选举研究中心，1999年版。

[92]《台湾报业史》[M]，王天滨著，台北：亚太图书出版社，2003年版。

[93] [法]《新史学》[M]，J. 勒高夫，P. 诺拉，R. 夏蒂埃，J. 勒韦尔主编，姚蒙译，上海：上海译文出版社，1989年版。

[94]《解读年代》[M]，胡忠信著，台北：我识出版社出版，2004年版。

[95]《亚细亚的孤儿》[M]，吴浊流著，北京：华夏出版社，1996年版。

[96]《台湾心灵探索》[M]，谢里法著，台北：前卫出版社，1999年版。

[97]《一些中国人的想法》[M]，丁邦新，何怀硕，陈师孟，洪惟仁等著，台北：台湾大学，1987年版。

[98]《统独十四辩—如何与人辩论台独问题》[M]，李筱峰著，台北：玉山社，1995年版。

[99]《民粹亡台论》[M]，黄光国著，中国友谊出版公司，1997年版。

[100]《台湾政治转型与两岸关系》[M]，姜南扬著，湖北：武汉出版社，1999年版。

[101]《奉献与奋斗》[M]，台北：“行政院新闻局”，1995年版。

[102]《舆论学——原理、方法与应用》[M]，韩运荣、喻国明著，北京：中国传媒大学出版社，2005年版。

[103]《我国中央、联合与中国时报三大日报内容之统计分析》[R]，李瞻著，台北：“国科会”专题报告，1975年。

[104]《文化资本与社会炼金术——布迪厄访谈录》[M]，包亚明著，上海：上海人民出版社，1997年版。

[105]《在事实与规范之间》[M]，[德]哈贝马斯著，童世骏译，北京：三联书店，2003年版。

[106]《电视》[M]，李瞻著，台北：允晨文化实业股份有限公司，1984年3月出版。

[107]《中国新闻史》[M]，曾虚白主编，台北：三民书局，1984年版。

[108]《台湾新闻事业概观》[M]，方积根、唐润华、李秀萍等编著，北京：新华出版社，1990年版。

[109]《政治广告与选举》[M]，彭芸编著，台北：正中书局，1992年11月

出版。

[110]《公共领域的结构转型》[M]，[德] 哈贝马斯著，曹卫东等译，上海：学林出版社，1999 年版。

[111]《出卖李涛——2100 全民开讲幕后秘辛》[M]，杨军良著，台北：智商文化，1997 年版。

[112]《台湾人四百年史》[M]，史明著，台北：蓬岛文化公司，1980 年版。

[113]《郑成功与明郑台湾史研究》[M]，邓孔昭著，北京：台海出版社，2002 年版。

[114]《台湾通史》[M]，连横著，北京：商务印书馆，1983 年版。

[115]《台湾通史辩误》[M]，邓孔昭著，南昌：江西人民出版社，1990 年 4 月出版。

[116]《台独的社会真实与新闻真实》[M]，黄徙著，台北：稻香出版社，1992 年版。

[117]《民进党转型之痛》[M]，郭正亮著，台北：天下远见，1998 年版。

[118]《全球化下的台海安全》[M]，林季东等编，台北：扬智文化，2003 年版。

[119]《中国第一个民主体系》[M]，蔡玲、马若孟著，台北：三民书局，1998 年版。

[120]《大陆工作参考资料（合订本）》第 1 册 [M]，台湾“行政院大陆委员会”编著，台北：台湾“陆委会”，1998 年版。

[121]《中国台湾问题》干部读本 [M]，中共中央台湾工作办公室、国务院台湾事务办公室编，北京：九洲图书出版社，1998 年版。

[122]《两岸关系：两岸共识与两岸歧见》[M]，邵宗海著，台北：五南图书出版公司，1998 年版。

[123]《2004“全国”客家人口基础资料调查研究》[M]，“行政院客家委员会”，台北：“行政院客家委员会”，2004 年版。

[124]《政府大陆政策重要文件》[M]，“行政院大陆委员会”编著，台北：“行政院大陆委员会”，2002 年 4 月出版。

[125]《2005 年台湾问题报告》[M]，邹振东主编，北京：华艺出版社，2006 年 12 月出版。

［126］《国民党在台 50 年》［M］，刘红、郑庆勇/著，北京：九州出版社，2001 年版。

［128］《闽台海上交通研究》［M］，王耀华、谢必震主编，北京：中国社会科学出版社，2000 年版。

［129］Seib，Philip.（1987）. Who's in charge? How the Media shape News and Politicians Win Votes? Publishing Company。

［130］Smith，A. D.（1991）. National Identity. Reno：University of Nevada Press. Calhoun，Craig.（1994）. Social theory and the politics of identity. In Craig Calhoun，ed. Social Theory and the Politics of Identity，pp. 9－36. Oxford：Blackwell。

［131］Vasil. R·K.（1980）. Ethnic Politics in Malaysia New Ddhi：Radianc Publisher。

［132］Bertrand Badie，"comparative analysis in political science：requiem of resurrection?"，political studies，vol. 37：344－347. Bertrand Badie，"democracy and religion：logics of culture and logic of action"，international social science journal，vol. 43（1991）：511－516。

［133］Clifford Geertz，The Interpretation of cultures（New York：basic books，1973），89。

［134］Gabriel A. Almond and Sidney Verba，The Civic culture，Princeton，NJ：Princeton University Press 1963，P12－26。

五、论文

［1］黄光国：《"依持主义"与"党派主义"：台湾政治文化的变迁》［D］，收入"国科会 84—86 年度社会组专题计划补助成果发表会"，台北：台北中央研究院社会学研究所，1998 年。

［2］黄秀端：《台湾政治文化变迁与民主化》［D］，收入"台湾地区民主化回顾检讨与展览研讨会"文集，台北：中山大学政治学研究所，1995 年。

［3］廖达琪：《台湾地方政治变迁初探》［J］，收入台湾《台湾政治学刊》，2002 年 6 期。

［4］黄秀端：《政治文化：过去、现在与未来》［J］，收入台湾《东吴政治学报》，1997 年第 8 期。

［5］游清鑫:《二十一世纪台湾选民的政党认同，政党形象的探索》［D］，收入《2002 年两岸政治与经济发展学术研讨会论文》，台北:“国立”政治大学中山研究所，2002 年版。

［6］游清鑫、萧怡清:《台湾民众政党认同的持续与变迁》［D］，收入《2003 年台湾政治学会年会暨“世局变动中的台湾政治”学术研讨会会议论文集》，2003 年版。

［7］吴乃德:《面包与爱情: 初探台湾民众民族认同的变迁》［D］，收入《2002 年台湾政治学会年会暨全球化与台湾政治学术研讨会论文集（一)》，台北: 台湾政治学会，2002 年版。

［8］刘义周、何思因:《台湾民众的台湾人/中国人认同及变动》［D］，收入《政治大学选举研究中心“两岸关系学术研讨会”论文集》，1999 年 5 月 15 日。

［9］杨芙宜:《国家认同的分歧或共识? 台湾民主化后的国家认同转变》［D］，收入“2003 年台湾政治学会年会暨‘世局变动中的台湾政治’学术研讨会”文集，台北: 台湾政治学会，2003 年。

［10］刘义周:《民众的“台湾人/中国人认同”发展趋势》［D］，收入《2003 台湾政治学会年会暨“世局变动中的台湾政治”学术研讨会会议论文集（Ⅱ)》，台北: 台湾政治学会，2003 年版。

［11］蔡佳泓、郑凤芬:《1990 年代台湾族群的流动》［D］，收入《台湾政治学会年会暨世局变动中的台湾政治学术研讨会会议论文集》，台北: 台湾政治学会，2003 年版。

［12］王涂发:《战后台湾经济的发展》［D］，收入《台湾史论文精选》，台北: 玉山出版社，2000 年版。

［13］庄英章:《族群互动，文化认同与“历史性”: 客家研究的发展脉络》［J］，台湾《历史月刊》，2004 年版。

［14］陈陆辉、周应龙:《台湾民众统独立场的持续与变迁》［J］，台湾《台湾东亚研究》，2004 年 35 卷 2 期。

［15］陈义彦、陈陆辉:《模棱两可的态度还是不确定的未来: 台湾民众统独观的解析》［J］，台湾《中国大陆研究》，2003 年 46 卷 5 期。

［16］吴乃德:《认同冲突和政治信念: 现阶段台湾族群政治的核心难题》［J］，台湾《台湾社会学》，2002 年第 4 期。

[17] 公丕祥、李义生:《商品经济与政治文化观念》[J],《政治学研究》,1987年第1期。

[18] 王甫昌:《族群动员与台湾反对运动的支持转移》[J],台湾《中国论坛》,1990年9月25日第360期。

[19] 翁秀琪:《民意与大众传播研究的结合》[J],台湾《新闻学研究》,1990年第42期。

[20] 翁秀琪:《选民的意见形成》[J],台湾《新闻学研究》。

[21] 杨意菁:《民意与公共性:批判解读台湾电视谈话节目》[J],《新闻学研究》,第79期。

[22] 许胜懋:《通婚家庭子女之台湾人/中国人认同(1992—2001年)》[J],台湾《理论与政策》,2004年17卷4期。

[23] 吴秀光《北高市长选举结果与民意调查间的吊诡》[J],《台湾民主季刊》第三卷第四期,2006年12月;

[24] 曾虚白:《董显光先生与新闻事业》[J],收入《报学》,第四卷第十期,1973年6月。

[25] 张锦华《多元文化主义与我国广播政策——以台湾原住民与客家族群为例》[J],收入台湾《广播与电视》,1997年第3期。

[26] 任熙雍:《十年来报业的发展》[D],收入《中华民国新闻年鉴六十年版》,台北:台北市新闻记者公会,1971年版。

[27] 王洪钧:《报禁开放一年几个值得深思的问题》[D],收入《中华民国新闻年鉴八十五年版》,"中国新闻学会"编,1996年版。

[28] 郑自隆:《1992年二届"立法委员"选举竞选广告策略分析》[D],台湾《广告年鉴》台北:台北市广告代理商同业公会,1993年第5辑。

[29] 李旺台:《党外杂志发展史略》[J]《八十年代》,1984年4月3日第1期。

[30] 薛云峰:《电视传播与族群语言的传承——以公共电视台之客家节目为例》[D],台湾大学新闻研究所硕士学位论文,2000年。

[31] 简余晏、陈立宏:《电视闽南语政论节目的观众收视动机与行为研究——以"台湾心声"节目为例》[D],台湾政治大学新闻学系报告,2004年6月。

[32] 李振广:《当代台湾政治文化转型探源》[D],北京大学博士论文,

2002 年。

［33］施飞：《台湾政党与大众传媒关系研究》［D］，厦门大学台湾研究院硕士学位论文，2003 年。

［34］杨锦麟：《台湾党外杂志概述〈1979—1985〉》［J］，《台湾研究集刊》，1985 年第 2 期。

［35］陈飞宝：《台湾大众媒体与政党权力之争》［J］，《台湾研究》，1999 年第 4 期。

［36］邹振东《2005 年台湾舆论年度报告》［D］，收入《2005 年台湾问题研究报告》，邹振东主编，北京：华艺出版社，2006 年 12 月版。

［37］邹振东：《台湾舆论发展变化的历史拐点及趋势》［J］，《台湾研究》，2006 年 3 期。

［38］桑兵：《从眼光向下回到历史现场》［J］，《中国社会科学》，2005 年第 1 期。

［39］陈昭瑛：《论台湾的本土化运动：一个文化史的考察》［J］，《中外文学》第 23 卷，第 9 期。

［40］邹振东：《不对称与反不对称》［J］，《中国广播电视学刊》，2004 年第 9 期。

［41］邹振东：《类型与特点——析台湾电视谈话节目》［J］，《中国广播电视学刊》，2006 年第 4 期。

［42］丘淼、陈培爱：《政治传播中的媒介权力》［J］，《现代传播》双月刊 2002 年第 1 期。

［43］马惊涛、李永枝：《如何应对马英九“新中间主义”路线?》［J］，《南风窗》，2007 年 5 月 8 日出版。

［44］古远清：《台湾文坛“双陈大战”》［J］，《台声》杂志 2001 年 4 期。

［45］邓志松：《民主社会中的民粹运动：一个理论的检讨》［J］，2000 年台湾政治学会第七届年会暨“跨越 2000 年的政治学研究：两岸学者论坛”研讨会论文，2000 年 12 月 9—10 日。

六、参考网站

［1］台湾中时电子报网站：http：//news. chinatimes. com/。

［2］台湾联合新闻网：http：//www. udn. com/。

［3］台湾《自由时报》网站：http：//www. libertytimes. com. tw/。

［4］《台湾立报》网站：http：//www. lihpao. com/argu. asp。

［5］台湾《新新闻》杂志网站：http：//www. new7. com/。

［6］台湾《远见》杂志网站：http：//www. gvm. com. tw/。

［7］台湾“中选会”网站：http：//www. cec. gov. tw。

［8］台湾“陆委会”网站：http：//www. mac. gov. tw。

［9］台湾“总统府”网站：http：//www. president. gov. tw/。

［10］台湾“民政部”网站：http：//www. moi. gov. tw/。

［11］国民党网站：http：//www. kmt. org. tw/。

［12］民进党网站：http：//www. dpp. org. tw/。

［13］台湾 TVBS 电视台网站：http：//www. tvbs. com. tw/news/。

［14］台湾东森新闻网：http：//www. ettoday. com/。

［15］台湾年代电视台民调中心：http：//survey. eracom. com. tw。

［16］台湾广电基金会网站：http：//www. bdf. org. tw/。

［17］台湾媒体观察基金会网站：http：//www. mediawatch. org. tw/。

［18］台湾“百万人民倒扁总部”网站：http：//www. newtaiwan. org. tw/index. php。

［19］香港凤凰卫视网站：http：//phtv. phoenixtv. com/。

［20］新加坡《联合早报》网：http：//www. zaobao. com。

［21］中国网：http：//www. china. com. cn/。

［22］新华网：http：//www. xinhuanet. com。

［23］中国台湾网：http：//www. chinataiwan. org/。

后　记

本书是在笔者的博士论文《台湾政治文化的符号变迁研究——光复以来台湾的舆论议题演变》基础上改写而成的。从2002年开题，到2007年答辩，再到2014年出版，写作6年，雪藏7年，从动笔到付梓，一晃13年。

2007年博士论文通过，承蒙厦门大学新闻传播学院垂爱，纳入丛书，但我却迟迟未拿出书稿，用“懒”来解释似乎说不过去，因为博士论文是现成的，只要改一下体例，就可以出版，真正的原因可能还是心存惶恐。大量的学术垃圾一年一年成批量生产，一本本学术著作，放在书架，藏在库存，我很怀疑到底有多少书籍最后入了读者的法眼。多少博士论文一通过就成为垃圾，多少学术专著一出版就速朽，我做不到没来由的自信，又不好意思拒绝，就这样一年一年拖了下来。这期间黄星民教授一直在催稿，答应了好几次交稿时间，最后都爽约。到了2012年再催，觉得不能这样没“信用”，这才重新把博士论文打开。隔了5年重看论文，感到一些观点尚属新鲜，一些结论还是有效，一些“砖头”仍可引玉，这才有了些底气和干劲。开始动笔全面修改，增加了一些资料，又把研究的时间跨度延伸到2013年当下。心想如果不给它收尾，可以一直这样写下去，还是赶紧交稿吧。

我几乎所有的写作过程都是愉悦的，这一篇却是例外。博士论文第一稿写了40来万字，交给导师林仁川教授，被打了回来，理由是第一稿其实是三篇博士论文的内容，要求我改成15万字。接到这个“噩耗”，我的感觉就是好不容易游到岸边，却又被一脚踢回到水里。重新看我的手稿（那时我打字还不是那么利索，当然现在也还是笨手笨脚），我发现这不是靠删删减减就可以完成的。如果将论文一分为三，工程可能更为浩大，不如推倒从来。这个时候，我又接触到政治文化，开始着迷，发现政治文化可以把舆论议题引向深入，于是重新出发，2007年最后交稿，25万字，还是超出了10万字。

这是我唯一写着想“吐”的文章。我绝大部分文章即便不是写得满心欢喜，至少也不痛苦，极少数不愿意署名的应景文章，也用自己的小聪明飞快应付。但这一次写博士论文，直接毁了我的“三观”。到后来，我常常坐在家里的阳台，看着对面邻居家在装修的工人，突然非常羡慕那些体力劳动者。撇开经济收入不算，如果自己身强力壮，挑担子真的比写文章幸福指数要高啊！我曾经把这种体验讲给周宁教授听，他居然跟我有强烈的共鸣。

这篇文章我说写得要“吐”，不是心理反应，而是生理反应。最后三四个月，我得了电脑综合症，在电脑前坚持不到一刻钟，人就会冒虚汗，双手放在键盘，身体就不能够平衡，只能用一根手指一个键一个键打字，血一波一波往头顶涌，停在太阳穴，仿佛随时就会晕过去。实在坚持不住了，我就起身到旁边的沙发休息五分钟，然后又强迫自己走到电脑桌前。一个晚上这样折腾十几、二十次。我第一次想到放弃。“放弃”本来从不属于我的词汇，但这一次博士论文写作，我感到坚持不下去了。此前，听导师说，跟我同一年考进的博士研究生同学，他选择了放弃，我还很不理解，不就是一篇论文吗？这时我深深理解了。

这篇论文我用了笨功夫。比如，台湾的《中国时报》从1950年到2007年，我按照时间顺序，一天天看下去，其他能找到的报刊，都是这样一天天、一期期看下去。如果能找到原始版的就不看电子版，因为看原刊、原报，可以看到编排和广告。这样一天天看下去，哪些舆论议题突然出现，哪些舆论议题慢慢消失，也就一目了然。除了看台湾报纸，还看台湾电视。这里碰到了一个麻烦，电视作为证据，如何做注释？如果读者想核实证据，通过注释又无法找到出处，岂不是无法验证？所以，电视的很多证据只好舍弃。本来，如果图方便，我可以写台湾的媒体，这个领域自己驾轻就熟，资料也多，可我偏偏选择看不见、摸不着的舆论，这样不仅新闻学、传播学的理论不够用，资料面也变得更广，其他可以投机取巧的还有时间的跨度，为什么要写60年？压缩一下，至少资料的搜集可以大幅度减轻。

我之所以自讨苦吃，主要是上了一个人的当，他就是郑振满教授。博士期间，旁听郑教授的课，被他的“碎碎念”洗脑。他一直鼓吹博士论文的重要性，认为一个人的博士论文应该成为他学术生涯指标性的东西，并成为之后学术研究的源泉；同时他还有一个理论，那就是越聪明的学者，越是要用笨功夫至少写一本书，这样就可以不怕悠悠之口说你要小聪明、是野狐禅。现在看来，正确的理论未必能指导出正确的实践。这篇博士论文无论如何算不上指标性的东西，更不要说成为我未来学术研究的源泉。

但闽南人说“吃苦当吃补”，“吃亏就是赚便宜”。扪心自问，这篇用笨功夫做成的博士论文，还是让我收获不少。台湾舆论，成为我近些年来业余时间一直关注的焦点。偶尔憋不住，被《南方周末》等报刊诱惑一下，写了一系列有关台湾舆论的文章：《2000 年、2004 年台湾地区选举舆论战复盘》、《2008 年台湾选战复盘》、《2012 台湾“大选”复盘》、《这是台湾政治转型的阵痛——王金平关说案背后的台湾社会》……这些文章都是在《南方周末》整版甚至一版半刊发。一万多字的文章，我基本上一两天就写就。显然，博士论文的笨功夫没有白费。博士论文写得痛苦，这些报刊文章却写得痛快淋漓，旁人觉得文字恣意潇洒，谁知道背后辛酸。布罗代尔的长时段史学对我影响很大，舆论任何表面的浪花，我都可以将之还原到历史的长河中进行长时段的考察。2012 年台湾大选，我干脆在《南方周末》开设了《台湾选举历史笔记》专栏。由于不能直接写当下的选举，回过头写台湾的选举历史，越写越有趣，比直接写当下的选举更让人感到意犹未尽、意味深长。

更大的收获在于，由于长期跟踪台湾舆论，而台湾舆论的发达与复杂几乎无与伦比，我发现西方舆论学无论是概念范畴还是理论体系，已经无法很好地解释和分析台湾的舆论现象，于是自己琢磨出一整套舆论的分析工具和解释工具。虽然很多不能写进博士论文，可是足以另辟蹊径地洞察和诠释台湾社会。特别是当我用这一套分析工具与解释工具反过来观察大陆，简直就像杀鸡用牛刀，所谓的舆论迷思顿时豁然开朗。恰在此时，《南方周末》邀请我做其评论版的专栏作者，于是我就开始一周一次的对大陆的舆论把脉。写得多了，在这个圈子混了个脸熟，又蒙《新京报》盛情相邀在其评论版开设专栏，专栏名字直接就叫做《舆论场》。这样每周在一南一北两个报刊开专栏，挤占了我几乎全部的业余时间。但一个媒体人应该时刻触摸时代的体温，自己不以为苦，乐在其中，并且结识了不少好朋友。这些文章我隔三差五贴到博客，绝大部分被新浪、腾讯和凤凰网推荐在首页。2012 年在我毫不知情的情况下，居然被凤凰网评为 2012 十大洞察力博主。

这一次我在自己博士论文的基础上重写此书，深深体会到人是历史的动物，发现许多文字、许多观点，如果当时没有用博士论文记录下来，如今叫我重新写作，已经写不出来了。本书从 30 多岁写到 40 多岁，现在又即将到知天命的年龄。30 岁的文字，当然不同于 40 岁的文字。一本不起眼的书，居然虚耗 13 年。容颜易改，灵魂难老！作为一名历史学人应该学会留下历史痕迹。在这里，请允许我把7年前写下的博士论文后记，附录如下：

博士论文后记

2001年于我的人生具有特殊的意义。这一年，我考取中国近现代史博士研究生，从此，历史不仅是我的研究领域，而且成了我的生存方式。

这一年，我36岁。我发现自己已走过的人生刚好分成两半。前18年，我生长在江西井冈山茨坪，在这个看不到地平线的小镇，四周环绕着绵绵不绝的大山。在我初中时的一首小诗里，我把被大山曲曲折折地分割的天际线叫做“地折线”。在“地折线”吃掉的天空之外，有我多少童年的幻想和想象！

后18年，我栖居在海滨城市厦门。在这里求学、就业、娶妻、生子。城市仍不大，海也不辽阔。但毕竟连接着太平洋，如果努力登高望远，还是能够看到一望无际的大海。

这一年，我突然意识到我的人生居然开始有了“历史”，原来的生活只有当下和未来的呵。什么时候我的思绪开始离开眼前做不完的事、未来做不完的梦，不知不觉地把目光投回到过去了呢？

在研究历史对象变迁的同时，我自己的人生也开始悄悄转型。从曾经心比天高的少年，自信人生二百年，到今天终于明白有的梦想已经注定不能实现，有的人生已经注定无法重来。想超越历史却又被历史规定的我，不再属于过去。

在这样的时刻，历史从远方向我的目光走来，从深处在我的心头泛起，给我无穷的启迪和智慧。历史给我的所有，皆在“情理”之中。于“情”是“同情”，于“理”是“理解”。当我用历史的眼光打量世界，发现世事一切皆有源，一切皆有本；当我用历史的尺度评点人生，感悟生命有多少可忽略，有多少可包容。

历史告诉我们，历史原来如此；历史又告诉我们，历史本不应如此。谁能读懂时间的秘密，谁就能参透历史的玄机。我以为，在人文社会学科里，绝大部分属于空间的学科，只有三门学科属于时间这一维，它们是历史学、新闻学和未来学。我有幸以新闻为业，以历史为学，但未来能够把握和预测么？

2005年的一天傍晚，因一件小事，我觉得有必要教育女儿小婴子知足和感恩，但怎样对八岁的女儿谈这空洞的道理呢。我想起了“历史”。我问女儿，你生下来是不是光溜溜的？（点头）你自己带来什么东西么？（摇头）你现在所有的东西，都是你生下来之后才有的，对不对？（点头）无论你得到多少，你都赚了对不对？（点头）所以无论如何，你都比生下来时东西多得多，对不对？（点头）所以你要学会知足，对不对？（点头）还有，你生下来肩不能扛，手不能提，脚不会走，甚至话都不会说，靠你自己你能活下来吗？（摇头）能得到那么多东西么？（摇头）你那么多东西，都是靠别人的帮助，你才得到的，所以你要不要对别人的帮助感恩呢？（使劲点头）。我不知道女儿的点头和摇头是不是真的听懂了。这历史的小常识，也是历史的大智慧，对于我们这些成人，又有多少人听懂了呢？

谈到感恩，该进入博士论文后记必不可少的感谢部分了。这很像电视节目片尾的鸣谢字幕。但接下来的感谢，与其说是电视业者的职业惯例，不如说是历史学人的心存感激。

首先，我要感谢恩师林仁川教授，正是他在我的人生中注入了“历史”，使我进入了一个具有古老渊源而又历久弥新的新领域。他对学问的严谨，对学术的包容和对学生的关爱，处处表现出历史学者的豁达与智慧。感谢师母，在许多细节中，让我感受到长者般的厚爱。

我要感谢我的硕士生导师林兴宅教授，在我人生另一个转折点中，他为我洞开了思维的另一扇窗口，使我体验到思维的无穷乐趣。

我还要感谢我的大学老师，特别是不能忘怀我的中小学老师。他们是井冈山小学、井冈山中学的老师，这个名单一长串，无法一一列举。如果没有他们的关爱与呵护，我的人生轨迹在任何一个节点上都有可能分叉甚至逆转。

这时，我非常想念厦门大学图书馆，特别是想念井冈山图书馆。我在小学三年级时，每个周末在井冈山图书馆“打工”，得到的“报酬”就是可以进入书库挑书，以及一次性可以借三四本书（按规定一次只能借一本书），这使我有条件囫囵吞枣地看了大量的不适合我年龄的书。那时候图书馆没有童话，也没有中外名著，有的只是类似农村阶级斗争大队支书如何挽救或斗争生产队长的小说。现在看来我当时吃了大量的“垃圾食品”，但垃圾食品也是食品，也能填补我幼小饥饿的心灵。就这样，我把井冈山图书馆当时除了看不懂的自然科学以外的上万册书几乎翻了个遍。事实证明，只要有书就不是件坏事。此后，我发现自己经常在二三流甚至是四五流的作品中找到灵感，真正高山仰止的伟大作品从来不会给我直接的灵感，它们只是一辈子让我受用。

在博士研究生学习阶段，我要感谢厦门大学台湾研究院的各位教授，特别是陈孔立、刘国深、邓孔昭、李祖基、孙云、周翔鹤教授；感谢中国社科院台湾研究所的余克礼、刘红、孙升亮、谢郁、毛仲伟研究员；感谢上海东亚研究所章念驰研究员、上海台湾研究所严安林研究员。在史学方法论上，我从厦门大学人文学院历史系郑振满教授那里获益良多，谨致谢意。

在论文写作阶段，我曾有机会当面请教许多台湾人士，他们的不吝赐教，令我受益匪浅。其中政界、学界、业界等知名人士有：李敖、王金平、江丙坤、叶耀鹏、洪秀柱、雷倩、李纪珠、周守训、李胜峰、郑贞铭、彭怀恩、刘幼俐、熊杰、杨志宏、江岷钦、孙立群、盛治仁、杨莲福、赵怡、陈清河、陈刚信、陈守国、成嘉玲、林圣芬、黄年、周天瑞、王丰、陆嘉麟、尹乃菁、兰萱、蔡诗萍、殷羽凡、林天琼、林大法。

需要感谢的还有海协会副会长、厦门大学新闻传播学院院长张铭清，国台办新闻局李惟一、杨毅、范丽青、安峰山。

感谢我的同事黄晓林、林敏，特别是施飞、郑林、黄鹏云，在资料的收集和整理上给我很大的帮助，需要好好地谢谢她们。

感谢我的家人：父爱如山，母爱如海，三春之晖，寸草之心；感谢我可爱的女儿带给我的快乐，感谢她外爷外婆对她的悉心照料，使我没有后顾之忧；感谢我的兄弟姐妹，桂兰、振铎、汉兰、振冈、振武，使我享受手足之情的温暖。

如果博士论文可以献给某一个人，这篇拙作可以有很多的选择。妻子李晓红、女儿邹思容，她们都有无数的理由与我分享这个并不成熟的果实，因为她们分担了无数论文写作的艰辛，这是一篇在在职期间没有请过一天假而完全靠工作之余蚂蚁搬家般写成的论文，不能说字字心血，的确也字字辛苦。但我还是希望这篇论文能够献给我的父母邹洪安、袁琴芬，不仅是因为他们的包容、善良和无私的爱，更重要的是基于这样一个理由：一篇历史学的博士论文，作者理应将论文献给自己的“历史”源头。所以我将这微不足道的礼物献给我平凡而伟大的父亲母亲！

2007 年 8 月 27 日于厦门

本书即将付梓，自己既庆幸又遗憾，尽管论文拖了 6 年才写完，父亲还是看到了我博士毕业。但遗憾的是，因为我的愚钝与偷懒，出版又拖了 7 年，父亲却等不到这本书的问世了。人生一切都可放过，但人生一切也须抓紧。2009 年的冬日，有一天下午我来到父母住的小区，正要上楼，远远看到父母在小区的辅道上散步。夕阳下两个人的背影，无比温暖。其时，父亲已经得了癌症，只是瞒着他不知道而已。我的泪水一下子涌出，我多么希望上天有眼，让这样温暖的背影永远留在这个小区……

我把我的博士论文献给了我的父母，这本脱胎于博士论文的我的第一本学术专著，理所应当，还是要献给我的父亲母亲，无论他们是近在咫尺，还是远在天边。

2013 年 11 月 28 日初稿

2014 年 6 月 15 日定稿

新书简介

陈孔立著作系列

定价：55.00元

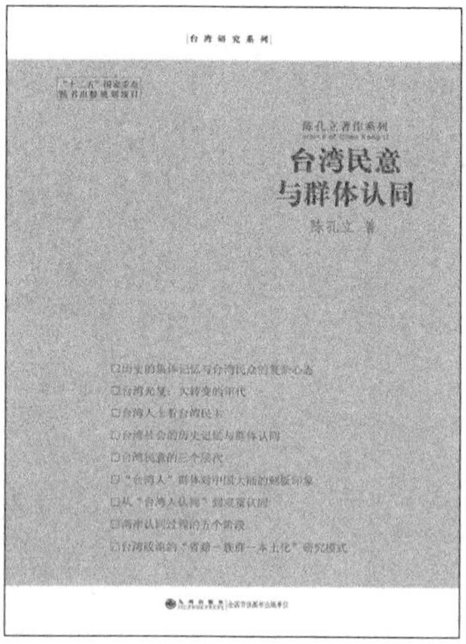

定价：48.00元

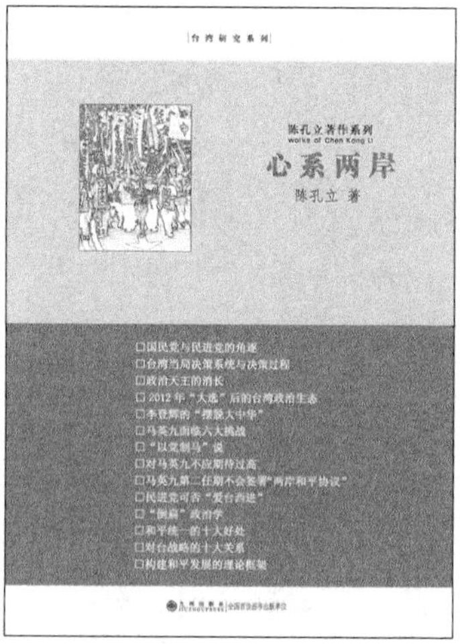

定价：75.00元

《台湾史事解读》

本书是作者研究台湾史事的专题论文集。全书分三部分，第一部分是对台湾研究的历史观和方法论的考察，第二部分是对台湾若干史事的辨正，第三部分主要针对台湾方面有人蓄意制造“历史失忆”的行为，对台湾历史作出了深刻的解读。

《台湾民意与群体认同》

本书是作者研究台湾民众心态和民意趋向的文集。全书分三部分，第一部分着重分析不同社会政治背景下台湾民众的复杂心态，第二部分研究台湾民众的身份认同问题，第三部分提出了“省籍—族群—本土化”的台湾政治研究模式，对台湾近年来“去中国化”等现象进行了深刻的剖析。

《心系两岸》

本书是作者多年来研究台湾政局和两岸关系发展的一部文章合集，全书将岛内蓝绿较量、观察国民党、观察民进党、剖析“台独”言论和两岸政治大局及政治难题等内容分为两个部分：观察台湾和关注两岸。研究范围涉及2012年“大选”后岛内政治生态、马英九第二任期执政理念、两岸间政治难题的解决方案等等。

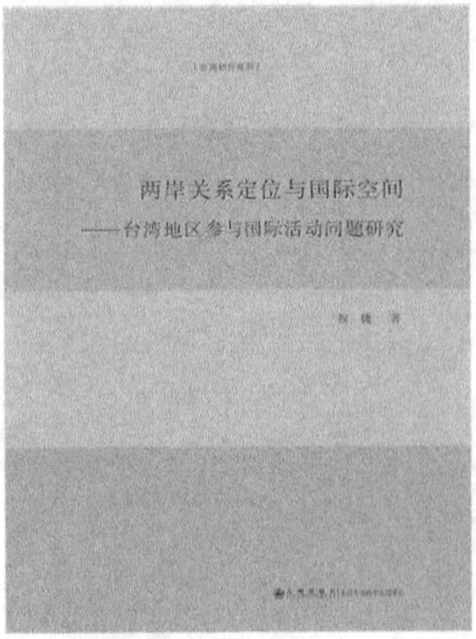

两岸关系定位与国际空间——台湾地区参与国际活动问题研究

本书为解决两岸关系定位和台湾地区参加国际活动进行理论上的准备，并形成具有现实可行性的方案，认为解决台湾地区参加国际活动的问题，既需要政治人物的智慧和魄力，也需要理论的助力。

祝　捷　著
定价：66.00元

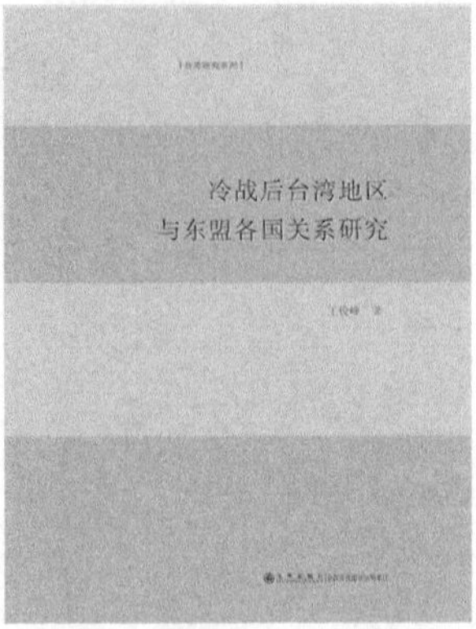

冷战后台湾地区与东盟各国关系研究

本书主要讲述了冷战结束后台湾与东盟各国的关系发展演变，在和平解决台湾问题、实现祖国的最终统一过程中，就如何提升台湾问题和平解决的机会系数、推动两岸的和平统一与中国的和平崛起，提出了自己的见解。

王俊峰　著
定价：42.00元

台湾“国家认同”问题概论

本书从台湾“国家认同”问题切入，分析论证了台湾“国家认同”的概念、内涵、特点和现状等问题，进而深入探讨了影响台湾“国家认同”变化的各种因素，在理论探讨和实证基础上，提出了有效、系统、务实的对策建议。

刘　红　著
定价：58.00元

台湾民主化与政治变迁——政治衰退的视角

本书主要用亨廷顿的政治衰退理论来看台湾政治现代化进程及其得失，比较系统地探讨台湾政治变迁和民主化过程中出现的政治衰退所及其理论意涵，对于理解台湾政治未来发展方向有一定的价值。

陈　星　著
定价：38.00元

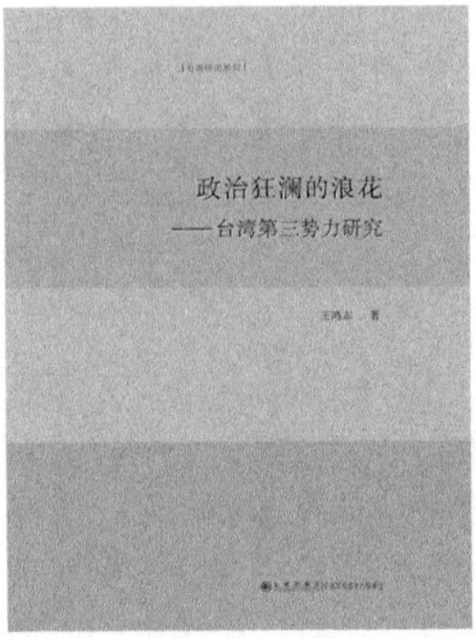

政治狂澜的浪花——台湾第三势力研究

本书研究了独立于两大政党之外、以影响政治为目标且有一定影响力的组织或有组织背景的个人，揭示了此第三方势力对台湾版图变迁的影响和非政党型第三方势力的发展脉络及概况，揭示其存在的必然性和发展的局限性。

王鸿志　著
定价：32.00元

与祖国同生——台湾同胞在大陆的抗战足迹

本书讲述抗日战争时期台湾同胞冲破日本殖民政府的封锁，积极奔赴大陆支持祖国抗战事业的英勇事迹。书中有丰富的历史资料，包括大量馆藏解密档案和珍贵的历史图片及历史人物的诗文和书信等，具有极高的史料价值。

陈小冲　编著
定价：46.00元

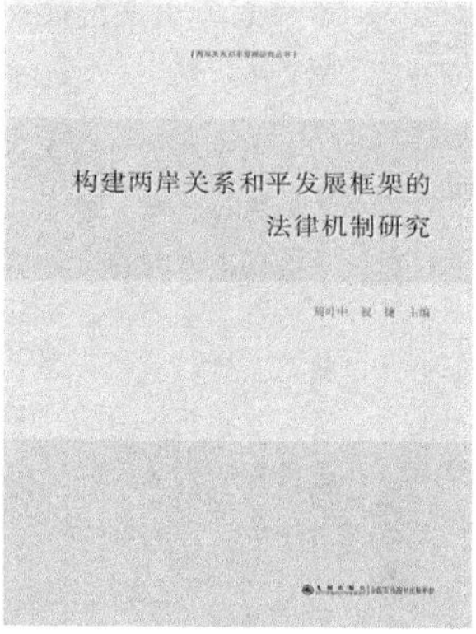

构建两岸关系和平发展框架的法律机制研究

本书以构建两岸和平发展框架的法律机制为研究对象，先从宏观方面论述宪法机制对于构建两岸和平发展框架的意义以及构建该框架的法律障碍和解决机制；进而从微观入手，论述构建行政合作机制及司法协调机制面临的困境。

周叶中　祝　捷　主编

定价：48.00元

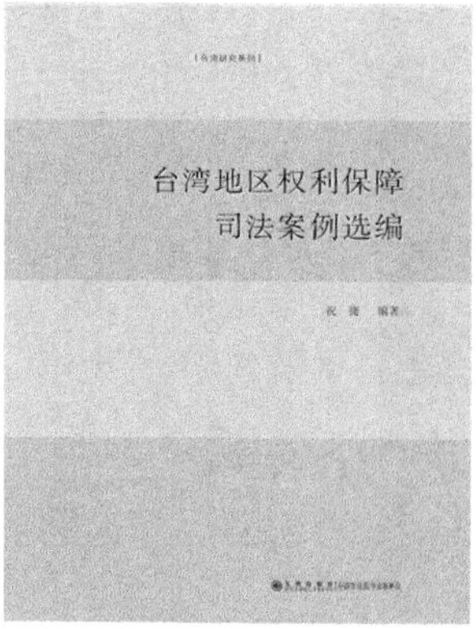

台湾地区权利保障司法案例选编

本书以台湾地区“宪政改革”后“大法官解释”为研究对象，分基本权利保障的总论和基本权利保障的分论两部分，对台湾地区法律制度进行介绍和分析，案例均与台湾地区人民的基本权利息息相关。

祝　捷　编著

定价：60.00元

战后美日台关系史研究（1945-1995）

近代以来，美、日始终对台湾抱有独占性战略图谋，这是美日台关系缘起的历史定位。从地缘战略的角度对战后美日台关系的历史特质与演进历程进行阐述，亦是本书的目标之一。

王　键　著

定价：52.00元

《海峡两岸法学研究》（第一辑）

本书为首届两岸和平发展法学论坛的论文集，大陆学者论文和台湾学者论文分别以简体字和繁体字排版，各自分为法治理论、民事法治和刑事法治三部分，既有两岸法治发展的理论分析，也有契合当下两岸事务和经贸往来的具体问题的讨论。

海峡两岸关系法学研究会　编

定价：78.00元

“九二共识”文集

本书汇集1992至2012年11月底两岸有关“九二共识”的存证资料，包括亲历香港会谈前后两会磋商和达成“九二共识”过程的权威人士的回忆；重要文件和新闻报道；两岸的权威宣示和阐述；海内外专家学者的研究成果和评论等。

许世铨　杨开煌　主编

定价：49.90元

潮起潮落

本书以纪实性的手法，全面展示了海协会、海基会机制的产生背景和两会成立以来的折冲与共处历史，深入挖掘了台湾各界对两岸关系的复杂反思与抉择过程，揭示了两岸筋骨相连的血脉联系和命运共同体关系。

郑　剑　著

定价：98.00元

尹全海等　整理

定价：290.00元

中央政府赈济台湾文献·清代卷

本书为清政府赈济台湾相关原始文献的史料选编，包含起居注档案、兵部档案、户部档案、奏折等各种文献形式，说明了当时中央政府对台湾的有效管辖和治理，说明了当时台湾与大陆统一于一个中央政府的历史事实。

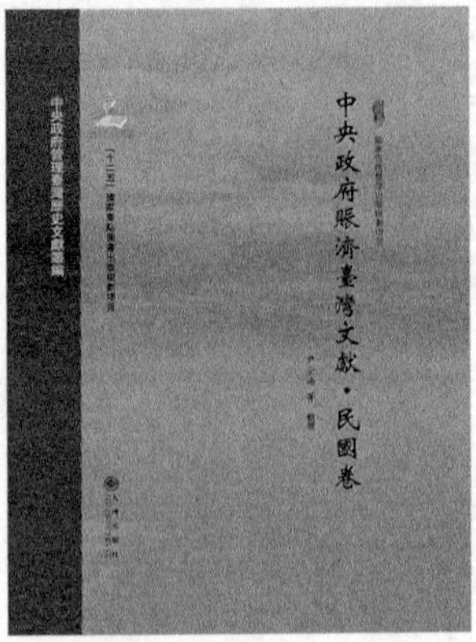

尹全海等　整理

定价：360.00元

中央政府赈济台湾文献·民国卷

本书为民国政府赈济台湾的原始文献，包含善后救济总署台湾分署往来函电、台湾分署专项救济文件、台湾分署救济工作简报、台湾分署署务会务记录四部分。

陈小冲　主编

定价：82.00元

厦台关系史料选编（1895-1945）

厦门与台湾一衣带水，在日本殖民统治台湾期间（1895年台湾被强占直至1945年台湾光复），两者关系尤为曲折复杂。该书汇集了这期间的历史档案和国内及厦门本地主要媒体的相关报道，全方位地展现了厦台关系的方方面面。

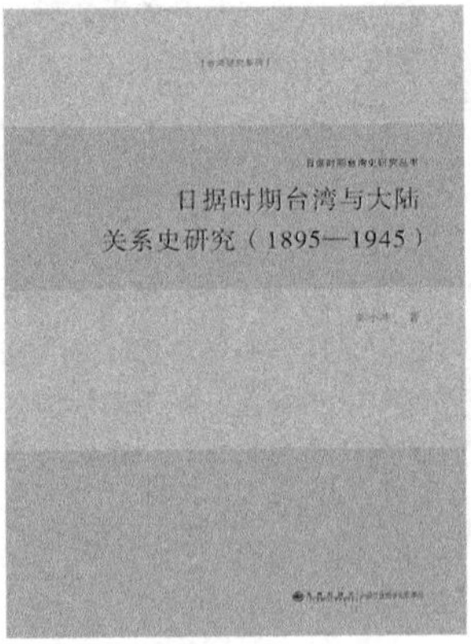

陈小冲　著

定价：42.00元

日据时期台湾与大陆关系史研究（1895-1945）

本书针对前期研究偏向于台湾义勇队、台湾籍民的状况，增加日据时期两岸人员往来、经贸联系、文化交流等的探讨；还搜集原始档案、报章杂志等罕见史料，展现了台湾与大陆关系在殖民当局隔离政策夹缝中的生存和发展。

全国台湾研究会　编　周志怀　主编

定价：68.00元

台湾 2013

本书是对2013年两岸经贸、政党、军事等方面的整体论述和介绍，包括综述、台湾大事记、祖国大陆对台重要文献和统计资料四部分，深入介绍台湾社会经贸、政党、军事等各方面的情况，为研究者提供便利和权威的参考资料。

周志怀　主编

定价：88.00元

两岸关系和平发展的巩固与深化

本书选编全国台湾研究会2012年学术研讨会精品论文，收入了台湾问题专家李逸舟、刘国深、杨立宪等的论文50余篇，是有关两岸关系、台湾问题最新、最权威的研究成果。